普通高等教育“十三五”规划教材

税务会计与纳税筹划

主　编　魏永宏　安存红
副主编　朱艳苹　高祥晓
参　编　韩春丽　王　培　侯小娜
　　　　徐　征　郭　薇

机械工业出版社

本书是根据普通高等院校培养应用型本科人才的根本任务和以就业为导向的办学宗旨而编写的，是为高等院校财会类专业编写的专业教材。全书共12章，以具体税种为主线，分别从基本法规、应纳税额的计算、会计核算和申报与缴纳四个方面，对现行的主要税种进行了全面的阐述。同时，本书还系统地介绍了纳税筹划的基本理论与实际操作技能，并结合大量案例，采用“原理与思路”“案例说明”“特别提示”的形式进行实务分析。为方便教学和自学，在每章后都配有思考与练习。

本书结构清晰、思路独特，有很强的实用性，可作为本科院校财会类专业的教材，也可作为高职高专、函授、自考财会类等专业的辅导用书，还可作为广大工商企业的财会人员以及财政、税务审计、贸易等部门专业人员业务学习的参考用书。

图书在版编目（CIP）数据

税务会计与纳税筹划/魏永宏，安存红主编．—北京：机械工业出版社，2016.1（2017.11重印）
普通高等教育“十三五”规划教材
ISBN 978－7－111－52262－1

Ⅰ.①税…　Ⅱ.①魏…②安…　Ⅲ.①税务会计－高等学校－教材②税收筹划－高等学校－教材　Ⅳ.①F810.42

中国版本图书馆CIP数据核字（2016）第001610号

机械工业出版社（北京市百万庄大街22号　邮政编码100037）
策划编辑：常爱艳　　责任编辑：常爱艳　马碧娟
版式设计：霍永明　　责任校对：张　薇
封面设计：张　静　　责任印制：孙　炜
保定市中画美凯印刷有限公司印刷
2017年11月第1版第3次印刷
184mm×260mm · 18.25印张 · 446千字
标准书号：ISBN 978－7－111－52262－1
定价：36.00元

凡购本书，如有缺页、倒页、脱页，由本社发行部调换

电话服务
服务咨询热线：010-88379833
读者购书热线：010-88379649

网络服务
机 工 官 网：www.cmpbook.com
机 工 官 博：weibo.com/cmp1952
教育服务网：www.cmpedu.com
金 书 网：www.golden-book.com

前　　言

随着会计法规的进一步完善、税制改革的进一步深化，如何将各种税款的计算、缴纳与具体会计准则指导下的会计核算结合起来，是当前企业会计实务亟需解决的一个主要问题。在美国的财会、管理类等专业中，一门必修的课程就是怎样才能减少缴纳的税金，即纳税筹划。在我国，纳税筹划越来越被人们接受，也越来越引起人们的普遍关注，必将成为税务会计的主要内容。本书就是为适应这种需要而编写的。

本书是为高等院校财会类专业编写的专业教材。全书分为两部分：第一部分是第一～十章，属于税务会计的内容；第二部分是第十一～十二章，属于纳税筹划的内容。本书系统地阐述了现行主要税种的基本法规、应纳税额的计算、会计核算和申报与缴纳，以及纳税筹划的基本原理与主要税种的筹划实务。按照知识教育与素质教育、能力教育、技术教育兼顾的原则，希望读者从本书中得到的不仅是“知识点”，还应该包括一种思维方式、操作能力与应变能力。

本书具有以下三个特点：

(1) 新颖。以我国最新颁布的税收与会计法规、制度为主要依据，并尽可能在书中体现出来。

(2) 实用。注重税收知识与会计核算的结合，突出税款的计算与申报、会计处理与纳税筹划的实际操作技能，书中列示的企业纳税申报与会计处理过程中的基本表单，与实际业务完全接轨，是现行制度下企业税务会计处理和纳税筹划的全真模拟和实战演练。

(3) 突出案例。特别是纳税筹划部分，突出了案例在书本知识和财会实践之间的桥梁作用，体现了书本知识与实际工作之间的“零距离”。本书力求通过案例提高读者运用所学知识解决实际问题的能力，实现培养应用型本科人才的根本任务和以就业为导向的办学宗旨。

本书每章都配有学习目标、思考与练习，充分体现了本书的完整性、配套性和可读性。本书除了可作为普通高等院校财会类专业的教材外，还可作为高职高专、函授、自考财会类专业的辅导用书，也可作为广大工商企业的财会人员以及财政、税务、审计、贸易等部门专业人员业务学习的参考用书。

本书由魏永宏、安存红担任主编，由朱艳苹、高祥晓担任副主编。全书由魏永宏教授审稿并定稿。各章的撰写具体分工如下：第一章由安存红执笔，第二章由安存红、郭薇执笔，第三章由侯小娜执笔，第四章由王培执笔，第五章由朱艳苹、郭薇执笔，第六、七章由高祥晓执笔，第八、十章由韩春丽、朱艳苹执笔，第九章由徐征执笔，第十一、十二章由魏永宏执笔。

本书在编写过程中参阅了国内同行的专著和教材，在此致以诚挚的谢意。

由于编者理论水平和实践经验有限，书中不足之处在所难免，恳请专家学者和广大读者批评指正。

魏永宏

目　录

第一章 税务会计概述

【学习目标】

1. 了解我国税务会计的产生与发展。
2. 理解税务会计的概念。
3. 明确税务会计的特点、对象。
4. 掌握税务会计与财务会计的联系与区别。

第一节　税务会计的产生与发展

一、税务会计的产生与发展过程

税收作为国家财政收入的主要来源，是国家为了履行其所承担的公共职能，凭借政治权力，按照法律规定标准，对一部分社会产品进行无偿分配，以取得财政收入的一种形式。税收是一个分配范畴，也是一个历史范畴，它是社会历史和生产关系发展到一定阶段的产物。

在我国奴隶社会时期，就产生了官厅会计，用于计算并记录赋税实物或货币的收入和支出情况。按照《周礼》的记载，周朝中央政权的组织是以冢宰为首的天地四时六官制度，既天官冢宰、地官司徒、春官宗伯、夏官司马、秋官司寇、冬官司空六大官员。天官冢宰“帅其属而掌邦治，以佐王均邦国”，总揽国家财政大权，在天官之下设置“司会”作为计官之长，主管朝廷财政经济收支的全面核算。地官司徒“帅其属而掌邦教，以佐王安抚邦国”，下设小司徒管理京城以及四郊人民、田地、赋税事务。当时的税制比较简单，仅限于对征收结果从国家的角度进行较为健全、完整的核算和监督，这类经济活动基本上属于税务会计的范畴。在中国会计发展史上，官厅会计早于民间会计，它包含现在的预算会计（政府会计）、财务会计，甚至在一定程度上，也包含税务会计的某些因素。随着社会生产力的进一步发展，会计核算的意识逐步得以强化，这是税务会计产生的直接动因。

然而，我国的税务会计与国际上近代产生的税务会计含义不同。从国际上看，18 世纪末，英国首创所得税，使税务会计的发展跃上一个新台阶。随着所得税课税制度的不断完善，主要经济发达国家普遍以所得税取代了流转税而成为各国税制体系中的主体税种，所得税会计也成为各国税务会计的主体。所得税因其税款的形成和计算依据直接涉及企业的投资与筹资，以及企业的供、产、销或商品流转的全过程，从而对税务会计的产生和发展起到了巨大的推动作用。1954 年法国开征增值税，为税务会计提供了更加丰富的内容与更高的核算要求，无论是计算方法还是核算方式，税务会计都应与之相适应，即要求企业在会计凭证和账簿中提供反映收入的形成和物化劳动转移的价值以及转移价值中所包括的已纳税金情况的信息，只有这样才能正确反映增值额，从而正确计算企业应纳的增值税。可以说，增值税的产生对税务会计的发展起到了重要的促进作用。

会计发展的历史证明：只有当会计发展到一定阶段，企业成为独立的法人实体，税务会计才有可能从财务会计中分立出来，并成为一个独立的分支，因为企业作为独立核算、自负盈亏的法人实体，必须依法纳税，而税款的缴纳又会直接减少纳税人的利益，因而现代企业都非常重视税收问题，纳税已成为其生产经营决策的一个越来越重要的因素。企业力求在不违反税法规定的前提下，最大限度地减少税收负担。税务会计正是适应企业经营管理的需要而产生并逐步发展起来的。由此可见，所得税课税制度的出现，推动了税务会计的产生；增值税课税制度的产生，促进了税务会计的进一步发展；而税收征纳双方的需要则是税务会计产生和发展的直接动因。随着税制的逐步健全和会计核算技术的日趋完善，税务会计最终从传统的财务会计中分立出来，与财务会计、管理会计共同构成会计学科的三大分支，税务会计知识也相应地成为会计专业人员所必须具备的专业知识。

二、我国的税务会计模式

按照税务会计的模式来划分，有美英的税会分离模式、法德的税会同一模式和日韩的税会混合（即适度分离）模式。我国的社会环境决定了我国税务会计采用税会适度分离模式。其主要原因是我国政府在国家政治、经济生活中发挥着重大作用，会计准则、会计制度和税收法律制度的制定，分别隶属于不同的职能部门。会计准则、会计制度的具体制定者为财政部会计司，通过《企业会计准则》等会计规范对财务会计的理论和实务加以规范，而没有像美国那样主要通过民间机构制定会计规则；税收法规的制定者包括全国人民代表大会及其常务委员会、国务院、财政部和国家税务总局，通过颁布《中华人民共和国企业所得税法》（以下简称《企业所得税法》）、《中华人民共和国增值税暂行条例》（以下简称《增值税暂行条例》）、《中华人民共和国增值税暂行条例实施细则》（以下简称《增值税暂行条例实施细则》）等加以规范；而《中华人民共和国会计法》等会计法律则需要经过全国人民代表大会或其常务委员会通过。可见，我国的会计与税收之间存在着天然的联系，它们之间的沟通与合作既有可能也非常重要。

第二节　税务会计的概念与特点

一、税务会计的概念

关于税务会计的定义在国内外有多种表述，其中主要观点包括以下几种：

（1）日本著名税务会计专家武田昌辅认为：税务会计是为计算企业法人的课税所得而设立的会计，是以企业会计为依据，按税法的要求对既定的盈利进行加工、修正的会计。

（2）美国著名税务会计专家史蒂文·吉特曼博士（Dr. Steven Giterman）认为：税务会计主要是处理某项目何时被确认为收入或费用账务问题的一种专业会计。

（3）我国著名税务会计学者盖地教授认为：税务会计是以国家现行税收法规为准绳，运用会计学的理论和方法，连续、系统、全面地对税款的形成、计算和缴纳，即税务活动引起的资金运动进行核算和监督的一门专业会计。

综上所述，本书对于税务会计的定义如下：税务会计是以国家税法为依据，以货币计量为基本形式，运用会计学的基本理论和方法，对纳税单位纳税活动引起的资金运动进行核算、监督和筹划的一门专业会计。它融税收法规和会计核算为一体，是财务会计学与税收学在一定程度上的有机结合。它是专门适应纳税人的需要，将会计的基本理论、方法同纳税活动相结合而形成的一门边缘学科。

税务会计这一学科，围绕纳税这个中心问题，需要进行深入研究。研究范畴既包括税务会计的概念、目标、原则、模式、领域等一系列理论问题，也包括如何利用财务会计所提供的资料进行税款的计算、核算、缴纳等实务问题。

二、税务会计的特点

税务会计虽然与财务会计有着紧密的联系和众多的相同点，但是，作为一门相对独立的会计，与财务会计相比，有其不同的特点：

1. 税法的制约性

税法的制约性是指税务会计是以国家现行的税收法规为依据，按照税收法律制度对税款的形成、计算、申报和缴纳进行核算与监督。这一特性源于税收所固有的强制性、无偿性和固定性的形式特征。税收的形式特征决定了企业的税务资金运动完全受制于税收法律制度。企业发生的各种应税行为必须按照税法规定缴纳各种不同的税收，税务会计必须按照法律预先规定的课税对象和适用税率计算应纳税款，并按照法定的程序定期申报和缴纳。因此，税务会计必然以税法为准绳。

从形式上说，税务会计是受会计准则、会计制度和税收法律制度双重因素制约的。但实质上，如果对某项经济业务的处理两者相一致，则税务会计遵循财务会计原则；如果对某项经济业务的处理不一致，就需要按照税法的规定对财务会计的处理结果进行纳税调整。这充分体现了税务会计要遵循税法的制约性这一特点。

2. 会计主体的特定性

不论什么性质的企事业单位，不管其隶属于哪个部门或行业，只要被确认为纳税人，在处理税务事宜时都必须依照税法，运用税务会计核算的专门方法对其经营活动进行核算和监督，这就使得税务会计成为企事业单位涉税活动核算和监督的一个重要手段。如果一个企事业单位或机关团体不是税法规定的纳税人，则不需要按照税务会计的要求进行税务会计核算。即使作为纳税人，税务会计的核算内容也只是纳税人的税务活动过程中所表现的有关经济业务，税务会计只对这部分内容进行核算和监督。因此，税务会计是根据其核算对象是否涉及税收来确定其税务会计主体地位的。

3. 核算目的的双重性

税务会计核算需要兼顾国家和纳税人两方的利益，正确处理好国家、企业和个人之间的分配关系。一方面要保护国家利益，严格遵守国家的税收法律及其有关规定，保证国家税收政策的落实和国家税收收入的及时、足额入库；另一方面又要维护纳税人的合法权益，在遵守税法的前提下，通过税务会计的纳税筹划，尽最大可能地降低纳税人的税收负担。

4. 会计差异的可调性

税务会计在收入确认、存货计价、折旧计提、坏账准备等方面虽然与财务会计存在着各种差异，但是这些差异都是可以通过专门的方法进行调整的。例如，企业的利息支出，只需将其划分为金融机构借款和非金融机构借款，将其中不能扣除的部分剔除后，相应调整利润额，就可以将税前会计利润调整成应纳税所得额。由于财务会计和税务会计都要以会计准则为基础，所以对由于企业会计处理与税法规定不一致造成差异的项目，既要调整应纳税所得额，又要调整企业账户记录。

第三节　税务会计的对象与作用

一、税务会计的对象

税务会计的对象即税务会计核算与监督的对象，因此，在企业中凡是能够用货币计量的涉税事项都是税务会计的研究对象，其主要包括经营收入、成本费用与资产计价、经营成果的确定与应纳税所得额的调整、税额的计算与缴纳、罚金缴纳和税收减免。

二、税务会计的目标

财务会计的总体目标是对外提供真实、有用的会计信息，满足经济利益相关者的需求。税务会计作为财务会计中相对独立的组成部分，其总体目标与财务会计的总体目标应当是一致的，但由于其相对的独立性，其具体目标又有特定性，具体概括为以下几点：

1. 依法履行纳税义务，维护纳税人的合法权益

税务会计以国家税法为依据，利用财务会计提供的相关资料，及时正确地分析、核算税务成本与费用，详实地填报纳税申报表，足额地缴纳各项税款，依法履行纳税义务，维护纳税人的合法权益。

2. 正确进行纳税会计处理，协调与财务会计的信息关系

财务会计是依据会计准则、会计制度进行核算的。税务会计要依据国家税法的规定对财务会计核算的数字信息进行调整，以便在对外报告中正确披露税后的财务信息。财务会计要保持其稳定性、谨慎性和规范性，税务会计要保持其依法性。当两者出现矛盾时，税务会计要依法处理、协调好与财务会计的关系，正确地反映税务会计信息。

3. 科学地进行税务筹划，提高纳税人的经济效益

税收对企业而言是企业的成本与费用，在其他成本、费用不变的情况下，税务会计要科学地进行税务筹划，事先进行税负分析与测算，选择税负较轻的纳税方案，努力降低企业的税务成本与费用，为企业寻求经济纳税的有效途径。

三、税务会计的作用

税务会计的作用是税务会计目标的具体体现。税务会计既要以国家税收法律法规为依据，促使企业正确履行纳税义务，又要使企业在国家税法允许的范围内，追求企业纳税方面的经济效益。因此，其主要作用包括以下几点：

（1）反映和监督企业对国家税收法规、制度的贯彻执行情况，认真履行纳税义务，正确处理国家与企业的关系。

（2）按照国家现行税法所规定的税种、计税依据、纳税环节、税目、税率等，正确计算企业在纳税期内的应纳税款，并进行正确的会计处理。

（3）按照税务机关的规定，及时、足额地缴纳各种税金，充分履行纳税义务，进行相应的会计处理。

（4）正确编制、及时报送会计报表和纳税申报材料，认真执行税务机关的审查意见。

（5）正确进行企业税务资金运动的财务分析，不断提高企业执法的自觉性和税务管理水平，不断加强企业的纳税意识和办税能力。

（6）筹划好企业的税务活动和生产经营活动，优化企业的税收负担，节约纳税成本，防范和化解纳税风险。在保证及时、足额完成税收上缴任务的前提下，降低企业的税负水平。

第四节　税务会计的基本前提与原则

一、税务会计的基本前提

税务会计以财务会计为核算基础，所以，财务会计的基本前提一般也适用于税务会计，如会计分期、货币计量等。但由于税务会计有其自身的特点，其基本前提也有其特殊性。具体来说，税务会计的基本前提包括以下几个方面：

1. 纳税主体

纳税主体就是税法规定的直接负有纳税义务的实体，包括单位和个人。正确界定纳税主体，就是要求每个纳税主体应与其他纳税主体分开，保持单独的会计记录并报告其纳税状况。纳税主体与财务会计中的会计主体有密切联系，但不一定等同。会计主体是财务会计为之服务的特定单位或组织，会计处理的数据和提供的财务信息，被严格限制在一个特定的、独立的或相对独立的经营单位之内。纳税主体必须是能够独立承担纳税义务的纳税人。在一般情况下，会计主体应该是纳税主体。但在特定情况下，两者不一定重合。在某些垂直领导的行业，如铁路运输、银行，由中国铁路总公司、各银行总行集中纳税，其基层单位是会计主体，但不是纳税主体。又如，在对稿酬征缴个人所得税时，其纳税人并非会计主体，而作为扣缴义务人的出版社或杂志社则成为这一纳税事项的会计主体。作为税务会计的一项基本前提，应侧重从会计主体的角度来理解和应用纳税主体。

2. 持续经营

持续经营的前提意味着该纳税人将继续存在足够长的时间以实现它现在的承诺，如预期所得税在将来被继续课征，这是所得税款递延、亏损前溯或后转以及时间性差异能够存在并且能够使用纳税影响会计法、进行所得税跨期摊配的理由所在。

3. 纳税会计期间

在持续经营的假设前提下，纳税会计主体是一个长期经营单位，其经营活动是连续不断的。为保证在税法规定的纳税期限内及时、足额缴纳税款，需要将纳税会计主体持续不断的生产经营活动划分为一定期间，据以及时计算、缴纳税款，结算账目、编制报告，从而披露纳税会计信息。这种将纳税会计主体的经营期人为地划分为一段段首尾相接、等间距的较短期间，便是纳税会计分期。这些期间便是纳税会计期间。例如，《企业所得税法》规定的纳税年度是自公历 1 月 1 日起至 12 月 31 日止。纳税人在一个纳税年度的中间开业，或者由于合并、关闭等原因，使该纳税年度的实际经营期限不足 12 个月的，应当以其实际经营期限为一个纳税年度。纳税人清算时，应当以清算期间作为一个纳税年度。纳税人在税法规定的范围内选择、确定纳税年度，但必须符合税法规定的采用和改变应纳税年度的办法，并且遵循税法中所做出的关于对不同企业组织形式、企业类型的各种限制规定。

4. 货币时间价值

货币在其周转使用中由于时间因素而形成的差额价值，称为货币时间价值。这一基本前提已成为税收立法、税收征管的基点，因此，各个税种都明确规定了纳税义务发生时间的确认原则、申报期限、缴库期限等。正因为如此，递延确认收入或加速确认费用可以产生巨大的资金优势。在税收筹划实践中，人们逐步认识到最少纳税和最迟纳税的重要性。与此同时，政府及财税部门也深感货币时间价值原则的重要性，十分注重税收的及时性。

二、税务会计的原则

税务会计作为一种特定的专业会计，虽然具有自身的特点，但仍属于企业会计的范畴，首先应遵循一般会计原则，即客观性原则、相关性原则、可比性原则、权责发生制原则、收入与费用配比原则、按实际成本计价原则、划分收益性支出与资本性支出原则、及时性原则、稳健性原则、清晰性原则、一致性原则、全面性原则和重要性原则。但税务会计又具有一定的特殊性，在遵守一般会计原则的基础上，还应遵循其特有的原则。

税务会计的特殊性原则包括以下几点：

1. 税法遵从原则

税法与会计准则都是国家处理经济活动的规范。税务会计在核算和监督企业的税务活动时，必须以税法为准绳，严格遵守税收法律法规的相关规定，正确确认计税依据，准确计算应纳税额，及时足额上缴税款，严格履行纳税义务。同时，纳税人还必须依照《中华人民共和国税收征收管理法》（以下简称《税收征收管理法》）的要求进行税务登记、建立健全账簿凭证管理制度，严格按照规定使用发票、及时进行纳税申报，这些都构成了税务会计的系列活动。

2. 较少运用谨慎原则

谨慎原则是指企业经济业务的处理应保持谨慎的态度，以达到规避风险的目的。税法从保证国家财政收入的角度出发，较少运用谨慎原则。为与税法保持一致，税务会计在处理有关可以预见的损失或费用、不确定的收入或收益时，必须较少运用谨慎原则。

财务会计的主要目的是向管理部门、股东、贷款人或其他方面提供有用的信息。税务会计的目的是保证公平纳税。由于目的不同，税法可能会无视某些公认的会计原则。例如，财务会计一般鼓励会计人员稳健，这会促使他们低估而不是高估收益。然而税法一般不允许纳税人像财务会计那样预计未来费用，只有在有客观依据表明费用已经发生的情况下方可扣除。由于运用谨慎原则的不同，使税务会计确定的应税销售额、应纳税所得额与财务会计确定的销售收入、会计利润会有所不同。一般来说，税务会计对谨慎原则的运用主要体现在事前核算与监督税务计划上。通过税务计划合理安排企业税务支出的空间与时间，可以达到降低企业税务支出规模的目的。

3. 税收筹划原则

税收筹划是指纳税人在投资、理财或经营过程中，通过事先的精心策划和巧妙安排，充分利用税收法律的非限制性规定、可选择性条款，以及引导性优惠政策，以达到最大节税利益的一种理财活动。

税务会计的一项重要目标就是提供准确的纳税资料和信息，以促进企业生产发展，提高经济效益。对此，企业的税务会计人员应深刻理解现行税收规定的有关精神，在不违法的前提下，合理筹划税务活动，研究节税策略，争取减少纳税支出，以获得经济利益最大化，这不仅符合经营者的利益，也符合债权人和投资者的利益。同时，税务会计的筹划活动不仅有利于税务机关加强税收征收管理，堵塞税法漏洞，完善反避税措施，还有利于通过对纳税人进行有效的引导，更好地贯彻国家的税收政策。

4. 接受审查原则

企业税务会计的结果是企业进行纳税申报以及缴纳税款的直接依据，企业税务会计核算的正确与否，直接关系到国家的财政收入，所以，企业要对税务会计资料的真实性负责，任何违反税法规定少纳或不纳税款的行为，都是应该受到法律惩罚的。税务机关应对企业税务会计资料加强审查和监督，进行定期或不定期的检查，及时堵塞漏洞，保证税收的及时、足额入库。根据《税收征收管理法》的规定，纳税人、扣缴义务人必须接受税务机关依法进行的纳税检查，如实反映情况，提供有关资料，不得拒绝、隐瞒。

第五节　纳税的基本程序

纳税程序是指纳税人履行纳税义务应遵循的法定手续和先后顺序。这既是纳税人正确履行纳税义务的基本步骤，也是税务机关实施税收征管的一般规则。按照纳税程序办事，有利于建立正常的纳税秩序，保证税款及时足额入库，提高税收征收管理质量。

《税收征收管理法》和其他相关税务行政法规、规章规定的一般程序如下：

（1）纳税人领取营业执照后，按规定向主管税务机关申请办理税务登记，由税务机关核发税务登记证。

（2）纳税人办理税务登记后，应确定办税主管领导、主管会计、主管办税人员。

（3）纳税人按照发票管理制度的规定购买、使用发票，并建立内部的发票管理制度。

（4）纳税人按期如实向主管税务机关进行纳税申报，并按规定报送有关报表、资料。

（5）纳税人按照规定的期限，将应纳税款如期缴入国库。

（6）纳税人按照税务机关的要求，进行纳税自查并有义务接受税务机关定期或不定期的检查。

纳税程序主要适用于从事生产和经营活动的纳税人，其他非从事生产经营活动的纳税人是否需要办理税务登记，由省、自治区、直辖市税务局具体确定；对不需要办理税务登记的纳税人也不办理纳税鉴定。

由于税务机关对不同的纳税人采取不同的征收方式，因此，不同纳税人的具体纳税程序不尽相同。财务会计制度健全、经济核算制度完备、纳税情况一贯正常的大中型国营、集体企业，经税务机关批准，可由纳税人自行计算审核，自行缴纳税款，税务机关定期进行检查；财务会计制度不健全的部分国营和集体企业，由纳税人自行计算申报，经税务机关审核后再缴纳税款；对于个体工商户一般采取纳税人自行申报，经纳税小组民主评议和税务机关核定后缴纳税款的方式。对不办理营业执照和税务登记的，按“临时经营”征税。

一、税务登记

税务登记又称纳税登记，是指税务机关根据税法规定，对纳税人的生产、经营活动进行登记管理的一项法定制度，也是纳税人依法履行纳税义务的法定手续。

（一）税务登记的程序、内容与注意事项

1. 税务登记的程序

企业包括企业在外地设立分支机构和从事生产、经营的场所，个体工商户和从事生产、经营的事业单位（以下统称从事生产、经营的纳税人），向生产、经营所在地税务机关申报办理税务登记。

从事生产、经营的纳税人领取工商营业执照（含临时工商营业执照）的，应当自领取工商营业执照之日起30日内申报办理设立税务登记，税务机关核发税务登记证及副本（纳税人领取临时工商营业执照的，税务机关核发临时税务登记证及副本）。

纳税人在申报办理税务登记时，应当根据不同情况向税务机关如实提供以下证件和资料：

（1）工商营业执照或其他核准执业证件。

（2）有关合同、章程、协议书。

（3）银行账户证明。

（4）组织机构统一代码证书。

（5）法定代表人或负责人或业主的居民身份证、护照或其他合法证件。

（6）税务机关要求的其他需要提供的资料。

2. 税务登记表的主要内容

税务登记表的主要内容包括：

（1）单位名称、法定代表人或者业主的姓名及其居民身份证、护照或者其他合法证件的号码。

（2）住所、经营地点。

（3）登记类型。

（4）核算方式。

（5）生产经营方式。

（6）生产经营范围。

（7）注册资金（资本）、投资总额。

（8）生产经营期限。

（9）财务负责人、联系电话。

（10）国家税务总局确定的其他有关事项。

3. 税务登记后应注意的事项

（1）国家税务局、地方税务局对同一纳税人的税务登记应当采用同一代码，信息共享，一般情况下从事工商行业者的税务登记由国家税务局办理，从事其他行业的税务登记由地方税务局办理。

（2）税务机关对税务登记证件实行定期验证和换证制度。纳税人应当在规定的期限内持有关证件到主管税务机关办理验证或者换证手续。

（3）纳税人应当将税务登记证件正本在其生产、经营场所或者办公场所公开悬挂，接受税务机关检查。

（4）纳税人遗失税务登记证件的，应当在15日内书面报告主管税务机关，并登报声明作废。

（5）从事生产、经营的纳税人到外县（市）临时从事生产、经营活动的，应当持税务登记证副本和所在地税务机关填开的外出经营活动税收管理证明，向营业地税务机关报验登记，接受税务管理。

（6）从事生产、经营的纳税人外出经营，在同一地累计超过180天的，应当在营业地办理税务登记手续。

（7）纳税人按照国务院税务主管部门的规定使用税务登记证件，税务登记证件不得转借、涂改、损毁、买卖或者伪造。

（二）变更、停止、复业和注销税务登记

1. 变更税务登记

变更税务登记是指纳税人税务登记内容发生重要变化时，向税务机关申报办理的一种税务登记手续。

纳税人办理税务变更的情形应当包括发生改变单位名称、改变法定代表人、改变住所和经营地点（不涉及主管税务机关变动的）、扩大和缩小生产经营范围、其他税务登记内容等。

纳税人已在工商行政管理机关办理变更登记的，应当自工商行政管理机关变更登记之日起30日内，向原税务登记机关如实申报办理变更税务登记，按照规定不需要在工商行政管理机关办理变更登记，或其变更登记的内容与工商登记内容无关的，应当自税务登记内容实际发生变化之日起30日内，或自有关机关批准或宣布变更之日起30日内申报办理变更税务登记。

2. 停业、复业税务登记

实行定期定额征收方式的个体工商户需要停业的，应当在停业前（通常为停业前1个星期）向税务机关申报办理停业税务登记。纳税人的停业期限不得超过1年。

纳税人应当于恢复生产经营之前，向税务机关申报办理复业税务登记，如实填写停业、复业报告书，领回并启用税务登记证件、发票领购簿及其停业前领购的发票。

纳税人停业期满不能及时恢复生产、经营的，应当在停业期满前填写延期复业申请审批表，向主管地方税务机关提出延长停业登记申请，如实填写停业、复业报告书，主管地方税务机关核准后发放核准延期复业通知书，方可延期。

纳税人停业期满未按期复业又不申请延长停业的，主管地方税务机关视为已恢复营业，实施正常的税收征收管理。纳税人在停业期间发生纳税义务的，应当按照税收法律、行政法规的规定申报缴纳税款。

3. 注销税务登记

注销税务登记是指纳税人发生解散、破产、撤销以及其他情形，依法终止纳税义务的，在向工商行政管理机关或者其他机关办理注销登记前，持有关证件向原税务登记机关申报办理注销税务登记的活动。

（1）按照规定不需要在工商行政管理机关或者其他机关办理注销登记的，应当自有关机关批准或者宣告终止之日起15日内，持有关证件向原税务登记机关申报办理注销税务登记。

（2）纳税人因住所、经营地点变动，涉及变更税务登记机关的，应当在向工商行政管理机关或者其他机关申请办理变更或注销登记前，或者住所、经营地点变动前，向原税务登记机关申报办理注销税务登记，并在30日内向迁达地税务机关申报办理税务登记。

（3）纳税人被工商行政管理机关吊销营业执照或者被其他机关予以撤销登记的，应当自营业执照被吊销或者被撤销登记之日起15日内，向原税务登记机关申报办理注销税务登记。

（4）纳税人办理注销税务登记前，应当向税务机关提交相关证明文件和资料，结清应纳税款、多退（免）税款、滞纳金和罚款，缴销发票、税务登记证件和其他税务证件，经税务机关核准后，办理注销税务登记手续。

（三）税务登记证的使用与检查

从事生产、经营的纳税人向生产、经营地或者纳税义务发生地的主管税务机关申报办理税务登记时，所颁发的登记凭证叫作税务登记证件。

根据《中华人民共和国税收征收管理法实施细则》的规定，除按照规定不需要发给税务登记证件的外，纳税人办理下列事项时，必须持税务登记证件：

（1）开立银行账户。

（2）申请减税、免税、退税。

（3）申请办理延期申报、延期缴纳税款。

（4）领购发票。

（5）申请开具外出经营活动税收管理证明。

（6）办理停业、歇业。

（7）其他有关税务事项。

税务机关应当加强税务登记证件的管理，采取实地调查、上门验证等方法，或者结合税务部门和工商部门之间，以及国家税务局（分局）、地方税务局（分局）之间的信息交换比对进行税务登记证件的管理。

二、纳税申报

纳税申报是指纳税人按照税法规定定期就计算缴纳税款的有关事项向税务机关提出的书面报告，是税收征收管理的一项重要制度。

纳税人必须依照法律、行政法规的规定或者税务机关依照法律、行政法规的规定确定的申报期限、申报内容如实办理纳税申报，报送纳税申报表、会计报表以及税务机关根据实际需要要求纳税人报送的其他纳税资料。具体包括：

（1）会计报表及其说明材料。

（2）与纳税有关的合同、协议书及凭证。

（3）税控装置的电子报税资料。

（4）外出经营活动税收管理证明和异地完税凭证。

（5）境内或者境外公证机构出具的有关证明文件。

（6）纳税人、扣缴义务人的纳税申报表或者代扣代缴、代收代缴税款报告表。这些表格的主要内容包括：①税种、税目；②应纳税项目或者应代扣代缴、代收代缴税款项目；③计税依据；④扣除项目及标准；⑤适用税率或者单位税额；⑥应退税项目及税额、应减免税项目及税额；⑦应纳税额或者应代扣代缴、代收代缴税额；⑧税款所属期限；⑨延期缴纳税款、欠税、滞纳金等。

（7）扣缴义务人办理代扣代缴、代收代缴税款报告时，除了应当如实填写代扣代缴、代收代缴税款报告表，还要报送代扣代缴、代收代缴税款的合法凭证以及税务机关规定的其他有关证件、资料。

（8）税务机关规定应当报送的其他有关证件、资料。

（一）纳税申报方式

经税务机关批准，纳税人、扣缴义务人可以采取以下几种申报方式：

1. 自行申报

自行申报是指纳税人、扣缴义务人按照规定的期限自行到主管税务机关办理纳税申报手续。根据申报的地点不同，自行申报可分为直接到办税服务厅申报、到巡回征收点申报和到代征点申报三种。

2. 邮寄申报

纳税人、扣缴义务人可以采取邮寄申报的方式，将纳税申报表及有关的纳税资料通过邮局寄送主管税务机关。具体做法如下：纳税人自行或者委托税务代理人核算应纳税款，填写纳税申报表（对于自核自缴的纳税人还应填写缴款书并到银行缴纳税款），在法定的申报纳税期内使用国家税务总局和国家邮政局联合制定的专用信封将纳税申报表及有关资料送邮政部门交寄，或者由投递员上门收寄，以交寄时间为申报时间；邮政部门将邮寄申报信件以同城邮政特快专递的方式送交税务机关；税务机关打印完税凭证，以挂号信的形式寄回纳税人。

3. 数据电文方式

数据电文方式是指税务机关确定的电话语音、电子数据交换和网络传输等电子方式。纳税人采取数据电文方式办理纳税申报的，应当按照税务机关规定的期限和要求保存有关资料，并定期书面报送主管税务机关。目前，比较盛行的网上报税，一般是纳税人提交《关于申请采用“网上办税”及“电子缴税”的声明》，由税务机关为纳税人设立网上申报用户号，纳税人可以通过税务机关网站进行网络电子申报以及其他网上涉税事项申请。

4. 代理申报

纳税人、扣缴义务人可以委托税务代理机构办理纳税申报。该种方式一般适用于生产、经营规模小又确无申报能力的纳税人。适用本方法的纳税人可委托经批准的、具有税务代理资格的税务代理机构在规定的申报期限内办理纳税申报手续。

（二）纳税申报的具体要求

（1）不论当期是否发生纳税义务，除经税务机关批准外，纳税人、扣缴义务人都应按规定办理纳税申报或者报送代扣代缴、代收代缴税款报告表。

（2）实行定期定额方式缴纳税款的纳税人，可以实行简易申报、简并征期等申报纳税方式。

（3）纳税人享受减税、免税待遇的，在减税、免税期间应当按照规定办理纳税申报。

（4）纳税人、扣缴义务人按照规定的期限办理纳税申报或者报送代扣代缴、代收代缴税款报告表确有困难，需要延期的，应当在规定的期限内向税务机关提出书面延期申请，经税务机关核准，在核准的期限内办理。

纳税人、扣缴义务人因不可抗力，不能按期办理纳税申报或者报送代扣代缴、代收代缴税款报告表的，可以延期办理，但应当在不可抗力情形消除后立即向税务机关报告。税务机关应当查明事实，予以批准。经核准，延期办理前述规定的申报、报送事项的，应当在纳税期内按照上期实际缴纳的税额或者税务机关核定的税额预缴税款，并在核准的延期内办理税款结算。

【思考与练习】

一、复习思考题

1. 什么是税务会计？税务会计的特点包括哪些？
2. 如何理解税务会计的目标和前提假设？
3. 税务会计的原则有哪些？
4. 纳税申报的主要方式和具体内容有哪些？

二、综合练习题

1. 结合财务会计的学习，谈一谈你对税务会计与财务会计分离的看法。
2. 结合最新的《企业会计准则》和最新的《企业所得税法》，指出两者在具体规定中的主要差异。

第二章 增值税会计

【学习目标】

1. 掌握增值税的纳税义务人、税目和税率等基本法规的内容。
2. 了解增值税专用发票的使用和管理。
3. 掌握销项税额、进项税额、应纳税额的计算。
4. 熟练掌握及运用增值税有关业务会计处理的基本技能。

第一节 增值税基本法规的规定

一、增值税的纳税人和扣缴义务人

凡在我国境内销售货物或者提供加工、修理修配劳务，交通运输业、邮政业、电信业、部分现代服务业服务，以及进口货物的单位和个人都是增值税的纳税义务人。其中，单位是指企业、行政单位、事业单位、军事单位、社会团体及其他单位，个人是指个体工商户和其他个人。

企业租赁或承包给他人经营的，以承租人或承包人为纳税义务人。

进口货物的收货人或办理报关手续的单位和个人为进口货物的纳税人。

我国境外单位或个人在境内提供应税劳务和应税服务，在境内未设有经营机构的，以其境内代理人为扣缴义务人；在境内没有代理人的，以购买方或接受方为扣缴义务人。

二、增值税的征税范围

1. 增值税征税范围的一般规定

增值税的征税范围包括货物的生产、批发、零售和进口四个环节，此外，加工和修理修配劳务以及提供的应税服务也属于增值税的征税范围。

货物是指有形动产，包括电力、热力、气体在内。销售货物是指有偿转让货物的所有权。凡是把货物的所有权交给购买方，并从购买方取得货币、货物或其他经济利益的，都属于销售货物。

加工是指受托加工货物的业务，即委托方提供原料、主要材料，受托方按照委托方的要求，制造货物并收取加工费的业务。

修理修配是指受托对损伤和丧失功能的货物进行修复，使其恢复原状和功能的业务。

进口货物是指申报进入我国海关境内的货物。

应税服务是指陆路运输服务、水路运输服务、航空运输服务、管道运输服务、邮政普遍服务、邮政特殊服务、其他邮政服务、基础电信服务、增值电信服务、研发和技术服务、信息技术服务、文化创意服务、物流辅助服务、有形动产租赁服务、鉴证咨询服务、广播影视服务。

2. 征税范围的特殊项目

征税范围的特殊项目包括以下几项：

（1）货物期货（包括商品期货和贵金属期货），在期货的实物交割环节纳税。

（2）银行销售金银的业务，应当征收增值税。

（3）典当业销售死当物品，寄售商店代销寄售物品（包括居民个人寄售的物品在内），应当征收增值税。

（4）基本建设单位和从事建筑安装业务的企业附近工厂、车间生产的水泥预制构件、其他构建或建筑材料，凡用于本单位或本企业的建筑工程的，应视同对外销售，在移送使用环节征收增值税。

（5）执罚部门和单位查处的属于一般商业部门经营的商品，具备拍卖条件的，由执罚部门或单位商同级财政部门同意后，公开拍卖。其拍卖收入作为罚没收入由执罚部门和单位如数上缴财政，不予征税。对经营单位购入拍卖物品再销售的，应照章征收增值税。

（6）电力公司向发电企业收取的过网费，应当征收增值税。

3. 对视同销售货物行为的征税规定

单位或个体工商户的下列行为，视同销售货物，应征收增值税：

（1）将货物交付其他单位或者个人代销。

（2）销售代销货物。

（3）设有两个以上机构并实行统一核算的纳税人，将货物从一个机构移送到其他机构用于销售，但相关机构设在同一县（市）的除外。

（4）将自产、委托加工的货物用于非应税项目。

（5）将自产、委托加工的货物用于集体福利或个人消费。

（6）将自产、委托加工或购买的货物作为投资，提供给其他单位或个体经营者。

（7）将自产、委托加工或购买的货物分配给股东或投资者。

（8）将自产、委托加工或购买的货物无偿赠送给其他单位或者个人。

4. 对混合销售行为和兼营行为的征税规定

混合销售行为是在同一项销售行为中既涉及应税货物又涉及非增值税应税劳务。混合销售行为的特点是：销售货物与提供非应税劳务由同一纳税人实现，价款是同时从一个购买方取得的。

《增值税暂行条例实施细则》中规定：对于从事货物的生产、批发或零售的企业及个体工商户（包括以从事货物的生产、批发或者零售为主，并兼营非增值税应税劳务的单位和个体工商户在内）的混合销售行为，均视为销售货物，缴纳增值税；对于其他单位和个人的混合销售行为，视为销售非增值税应税劳务，不缴纳增值税。

兼营行为是指纳税人在从事应税货物销售或提供应税劳务的同时，还从事非应税劳务（即营业税规定的各项劳务），且从事的非应税劳务与某一项销售货物或提供应税劳务并无直接的联系和从属关系。纳税人兼营非应税项目的，应分别核算货物或应税劳务和非应税项目的销售额，未分别核算的，由主管税务机关核定货物或者应税劳务的销售额。

5. 营业税改征增值税试点

2011 年，经国务院批准，财政部、国家税务总局联合下发《营业税改征增值税试点方案》。从 2012 年 1 月 1 日起，上海在交通运输业和部分现代服务业中正式启动营业税改征增值税（以下简称“营改增”）试点，在现行的增值税 17% 标准税率和 13% 低税率基础上，新增 11% 和 6% 两档低税率。近几年，“营改增”试点地区已扩展到全国，“营改增”的行业不断扩大。其应税服务是指陆路运输服务、水路运输服务、航空运输服务、管道运输服务、邮政普遍服务、邮政特殊服务、其他邮政服务、基础电信服务、增值电信服务、研发和技术服务、信息技术服务、文化创意服务、物流辅助服务、有形动产租赁服务、鉴证咨询服务、广播影视服务。

三、增值税一般纳税人和小规模纳税人的认定

由于增值税实行凭增值税专用发票抵扣税款的制度，根据《增值税暂行条例》及《增值税暂行条例实施细则》的规定，划分一般纳税人和小规模纳税的基本依据是：纳税人的会计核算是否健全、是否能够提供准确的税务资料以及企业规模的大小。现行的增值税制度中以纳税人年应税销售额的大小和会计核算水平这两个标准为依据来划分一般纳税人和小规模纳税人。

（一）小规模纳税人的认定

小规模纳税人的认定标准如下：

（1）从事货物生产或提供应税劳务的纳税人，以及以从事货物生产或提供应税劳务为主，并兼营货物批发或零售的纳税人，年应税销售额在 50 万元（含）以下的。

（2）其他纳税人，年应税销售额在 80 万元（含）以下的。

（3）应税服务年销售额未超过 500 万元的。

以从事货物生产或提供应税劳务为主是指纳税人的年货物生产或者提供应税劳务的销售额占年应税销售额的比重在 50% 以上。

年应税销售额超过小规模纳税人标准的其他个人按小规模纳税人纳税；非企业型单位、不经常发生应税行为的企业，可选择按小规模纳税人纳税。

（二）一般纳税人的认定

1. 一般纳税人的基本认定规范

（1）年应税销售额超过小规模纳税人认定标准的企业和企业型单位，除另有规定外，应当向主管税务机关申请一般纳税人资格认定。

（2）年应税销售额未超过标准以及新开业的纳税人，可以向主管税务机关申请一般纳税人资格认定。对于符合下列条件的纳税人，主管税务机关应当为其办理一般纳税人认定：

1）有固定的生产经营场所。

2）能够按照国家统一的会计制度规定设置账簿，根据合法、有效的凭证进行核算，能够提供准确的税务资料。

2. 不办理一般纳税人资格认定的情形

根据税法规定，下列纳税人不办理一般纳税人资格认定：

（1）个体工商户以外的其他个人。其他个人是指自然人。

（2）选择按照小规模纳税人纳税的非企业型单位。

（3）选择按照小规模纳税人纳税的不经常发生应税行为的企业。

四、增值税的税目、税率

1. 一般纳税人的税目、税率

增值税的税目、税率如表 2-1 所示。

表 2-1 增值税的税目、税率

税目	征收范围	税率（%）
一、出口货物和财政部、国家税务总局规定的应税服务	不包括国家禁止出口的货物（如天然牛黄、麝香、铜和铜基合金等）和国家限制出口的部分货物（如矿砂及精矿、钢铁初级产品、原油、车用汽油、煤炭、原木、尿素产品、山羊绒、鳗鱼苗、某些援外货物等）	0
二、提供增值电信服务、现代服务业服务	不包括有形动产租赁服务（有形动产租赁服务适用 17% 的税率）	6
三、提供交通运输业服务、邮政服务、基础电信服务		11
四、农业产品	包括粮食、蔬菜、烟叶（不包括复烤烟叶）、茶叶（包括各种毛茶）、园艺植物、药用植物、油料植物、纤维植物、糖料植物、林业产品、其他植物、水产品、畜牧产品、动物皮张、动物毛绒和其他动物组织	13
五、粮食复制品	包括切面、挂面、饺子皮、馄饨皮、面皮、米粉等	13
六、食用植物油	包括芝麻油、花生油、豆油、菜籽油、葵花籽油、棉籽油、玉米胚油、茶油、胡麻油、核桃油和以上述油为原料生产的混合油	13
七、自来水		13
八、暖气、热气、热水、冷气	含利用工业余热生产、回收的暖气、热气和热水	13
九、煤气	包括焦炉煤气、发生炉煤气和液化煤气	13
十、石油液化气		13
十一、天然气	包括气田天然气、油田天然气、煤田天然气和其他天然气	13
十二、沼气	包括天然沼气和人工生产的沼气	13
十三、居民用煤炭制品	包括煤球、煤饼、蜂窝煤和引火炭	13
十四、图书、报刊、音像制品、电子出版物	不包括邮政部门发行的报刊	13
十五、饲料	包括单一饲料、混合饲料和配合饲料，不包括直接用于动物饲养的粮食和饲料添加剂	13
十六、化肥	包括化学氮肥、磷肥、钾肥、复合肥料、微量元素肥和其他化肥	13
十七、农药	包括杀虫剂、杀菌剂、除草剂、植物生长调节剂、植物性农药、微生物农药、卫生用药和其他农药原药、农药制剂	13
十八、农业机械	包括拖拉机、土壤耕整机械、农田基本建设机械、种植机械、植物保护管理机械、收获机械、场上作业机械、排灌机械、农副产品加工机械、农业运输机械（不包括三轮农用运输车以外的农用汽车）、畜牧业机械、渔业机械（不包括机动渔船）、林业机械（不包括森林砍伐机械和集材机械）、小农具（不包括农业机械零部件）	13
十九、农用塑料薄膜		13
二十、食用盐		13

（续）

税目	征收范围	税率（%）
二十一、二甲醚		13
二十二、原油	包括天然原油和人造原油	17
二十三、其他货物	包括纳税人销售或者进口的除上述货物以外的其他货物	17
二十四、加工、修理、修配劳务		17

2. 一般纳税人按照简易办法征收增值税的征收率

（1）销售自产的下列货物，可选择按照简易办法依照3%的征收率计算缴纳增值税：

1）县级及县级以下小型水力发电单位生产的电力。小型水力发电单位是指各类投资主体建设的装机容量为5万kW以下（含5万kW）的水力发电单位。

2）建筑用和生产建筑材料所用的砂、土、石料。

3）以自己采掘的砂、土、石料或其他矿物连续生产的砖、瓦、石灰（不含黏土实心砖、瓦）。

4）用微生物、微生物代谢产物、动物毒素、人或动物的血液或组织制成的生物制品。

5）自来水。

6）商品混凝土（仅限于以水泥为原料生产的水泥混凝土）。

一般纳税人选择按简易办法计算缴纳增值税后，36个月内不得变更。

（2）销售货物属于下列情形之一的，暂按简易办法依照3%的征收率计算缴纳增值税：

1）寄售商店代销寄售物品（包括居民个人寄售的物品在内）。

2）典当业销售死当物品。

3）经国务院或国务院授权机关批准的免税商店零售的免税品。

（3）纳税人销售自己使用过的物品，按下列政策执行：

1）一般纳税人销售自己使用过的按规定不得抵扣且未抵扣进项税额的固定资产，按简易办法依3%征收率减按2%征收增值税，并且应开具普通发票，不得开具增值税专用发票。

2）一般纳税人销售自己使用过的其他固定资产，按照有关规定执行。

3）一般纳税人销售自己使用过的除固定资产以外的物品，应当按照适用税率征收增值税。

3. 小规模纳税人的征收率

（1）增值税对小规模纳税人采用简易征收办法，小规模纳税人的征收率为3%。

（2）小规模纳税人（除其他个人外）销售自己使用过的固定资产，减按2%的征收率征收增值税。

（3）小规模纳税人销售自己使用过的除固定资产以外的物品，应按3%的征收率征收增值税。

五、增值税的优惠政策

1. 法定减免

按照《增值税暂行条例》的规定，下列项目可免征增值税：

(1) 农业(包括种植业、养殖业、林业、水产业、牧业)生产者销售的自产初级农业产品;免征增值税的农业产品必须符合以下两个条件:

1) 农业生产者生产的初级农业产品。

2) 农业生产者自己销售的初级农业产品。

(2) 避孕药品和用具。

(3) 向社会收购的古旧图书。

(4) 直接用于科学研究、科学试验和教学的进口仪器、设备。

(5) 外国政府、国际组织无偿援助的进口物资和设备等。

(6) 符合国家规定的进口的供残疾人专用的物品,如假肢、轮椅、矫形器等。

(7) 个人(不包括个体工商户)销售的自己使用过的物品,但是不包括摩托车、游艇、应当征收消费税的汽车等(上述项目应当按照3%的征收率计算缴纳增值税)。

2. 增值税的起征点

增值税的具体起征点由省级财政厅(局)和国家税务局在规定幅度内确定,并报财政部、国家税务总局备案。

(1) 销售货物、应税劳务、应税服务按期纳税的起征点为月销售额5 000~20 000元。

(2) 按次纳税的起征点为每次(日)销售额300~500元。

第二节 增值税的计算

一、一般纳税人应纳增值税的计算

一般纳税人销售货物或者提供应税劳务(以下简称销售货物或者应税劳务),应纳税额为当期销项税额抵扣当期进项税额的余额。其计算公式为:

应纳税额 = 当期销项税额 − 当期进项税额

(一) 销项税额的计算

销项税额是指纳税人销售货物或应税劳务,按照销售额和规定的税率计算并向购买方收取的增值税税额。其计算公式为:

销项税额 = 销售额 × 增值税税率

1. 一般销售方式下销售额的确定

公式中的"销售额"是指纳税人销售货物或应税劳务,向购买方收取的全部价款和价外费用。所谓价外费用,是指在价格以外向购买方收取的手续费、补贴、基金、集资费、返还利润、奖励费、违约金、延期付款利息、包装费、包装物租金、储备费、优质费、运输装卸费、代收款项、代垫款项及其他各种性质的价外收费。但下列项目不包括在内:

(1) 向购买方收取的销项税额。

(2) 受托加工应征消费税的消费品所代收代缴的消费税。

(3) 同时符合以下条件的代垫运费:①承运部门的运费发票是开具给购货方的;②纳税人将该项发票转交给购货方的。

(4) 销售货物的同时代办保险等而向购买方收取的保险费,以及向购买方收取的代购买方缴纳的车辆购置税。

凡价外费用，无论其会计制度如何核算，均应并入销售额计征增值税。

2. 特殊销售方式下销售额的确定

（1）折扣销售。纳税人采取折扣方式销售货物，如果销售额和折扣额在同一张发票上分别注明的，可按折扣后的销售额征收增值税；如果将折扣额另开发票，则不论其在财务上如何处理，均不得从销售额中减去折扣额。

（2）以旧换新销售。纳税人采取以旧换新方式销售货物的，应按新货物的同期销售价格确定销售额，不得减去旧货物的回收价格。

（3）还本销售。纳税人采取还本方式销售货物的，以实际收到的全部收入确定销售额，不得从销售额中减去还本支出。

（4）销货退回或折让。一般纳税人因销货退回或折让而退还给购买方的增值税，应从发生销货退回或折让当期的销项税额中扣减。

（5）出租、出借包装物。纳税人为销售货物而出租、出借包装物收取的押金，单独记账核算的，不并入销售额征税。但对因逾期未收回包装物不再退还的押金，应并入销售额，按所包装货物的适用税率征税。

从1995年6月1日起，对销售除啤酒、黄酒外的其他酒类产品而收取的包装物押金，无论是否返还以及会计上如何核算，均应并入销售额征税。

（6）视同销售货物行为销售额的确定。纳税人销售货物或应税劳务的价格明显偏低，又无正当理由的，以及视同销售行为而无销售额的，由主管税务机关核定其销售额。其核定顺序如下：

1）按纳税人最近时期同类货物的平均销售价格确定。

2）按其他纳税人最近时期同类货物的平均销售价格确定。

3）按组成计税价格确定。其计算公式为：

$$组成计税价格 = 成本 \times (1 + 成本利润率)$$

属于应征消费税的货物，其组成计税价格中应加计应纳的消费税税额。

对于组成计税价格中的成本，销售自产货物的，为实际生产成本；销售外购货物的，为实际采购成本或实际商品销售成本。成本利润率由国家税务总局确定，一般为10%。但属于应从价定率征收消费税的货物，其成本利润率为《消费税若干具体问题的规定》中所规定的成本利润率。

（7）混合销售行为和兼营非应税劳务销售额的确定。经国家税务总局所属征收机关确认的纳税人的混合销售行为和兼营的非应税劳务，按前述征税范围的规定应当征收增值税的，其销售额分别为货物与非应税劳务的销售额合计、货物或应税劳务与非应税劳务的销售额合计。

（8）含税销售额的换算。一般纳税人销售货物或者应税劳务采用销售额和销项税额合并定价方法的，按下列公式计算销售额：

$$销售额 = \frac{含税销售额}{1 + 税率}$$

（二）进项税额的计算

进项税额是指纳税人购进货物或接受应税劳务，所支付或者负担的增值税税额。进项税额与销项税额是相互对应的两个概念，在购销业务中，对于销货方而言，在收回货款的同时，收到销项税额，对于购货方则是在支付货款的同时支付了进项税额，即销货方收取的销项税额就是购货方支付的进项税额。

1. 准予抵扣的进项税额

(1) 纳税人购进货物或应税劳务，从销售方取得的增值税专用发票上注明的增值税税额。

(2) 纳税人进口货物，从海关取得的完税凭证上注明的增值税税额。

(3) 纳税人向农业生产者购买免税农业产品，或者向小规模纳税人购买免税农业产品，准予按照买价和13%的扣除率计算进项税额，从当期销项税额中扣除。其进项税额的计算公式为：

$$\text{免税农业产品的进项税额} = \text{农业产品买价} \times 13\%$$

(4) 企业购置增值税防伪税控系统专用设备和通用设备，可凭购货所取得的增值税专用发票所注明的税额从增值税销项税额中抵扣。

2. 纳税人购进货物不得从销项税额中抵扣的进项税额

(1) 购进货物或应税劳务未按规定取得并保存增值税扣税凭证。

(2) 购进货物或应税劳务的增值税扣税凭证上未按规定注明增值税税额及其他有关事项。

(3) 用于非应税项目、免税项目、集体福利或个人消费的购进货物或应税劳务。

(4) 非正常损失的购进货物及其相关的应税劳务。

(5) 非正常损失的在产品、库存商品所耗用的购进货物或应税劳务。

(6) 国务院财政、税务主管部门规定的纳税人自用消费品。

(7) 符合上述 (3)～(6) 项规定的货物的运输费用和销售免税货物的运输费用。

纳税人已抵扣进项税额的购进货物或应税劳务发生上述 (3)～(6) 项所列情况的，应将该项购进货物或应税劳务的进项税额从当期发生的进项税额中扣减，无法准确确定该项进项税额的，按当期实际成本计算应扣减的进项税额。

3. 兼营免税或非应税项目

纳税人兼营免税项目或非应税项目而无法准确划分不得抵扣的进项税额的，按下列公式计算不得抵扣的进项税额：

$$\text{不得抵扣的进项税额} = \text{当月全部进项税额} \times \frac{\text{当月免税项目销售额、非应税项目销售额合计}}{\text{当月全部销售额、营业额合计}}$$

(三) 应纳税额的计算

纳税人销售货物或应税劳务按以下公式计算应纳税额：

$$\text{应纳税额} = \text{当期销项税额} - \text{当期进项税额} = \text{当期销售额} \times \text{税率} - \text{当期进项税额}$$

纳税人因当期销项税额小于当期进项税额而不足抵扣时，其不足部分可结转下期继续抵扣。

【例 2-1】 宏盛公司为增值税一般纳税人，适用增值税税率为17%，2015 年 3 月有关生产经营业务如下：

(1) 销售 A 产品给某大型商场，开具增值税专用发票，取得不含税销售额 80 万元。

(2) 销售 B 产品，开具普通发票，取得含税销售额 29.25 万元。

(3) 将试制的一批应税新产品用于本企业基建工程，成本价为 20 万元，成本利润率为10%，该新产品无同类产品市场销售价格。

(4) 购进货物取得增值税专用发票，注明支付的货款为 60 万元、进项税额为 10.2 万元，货物验收入库。

(5) 向农业生产者购进免税农产品一批，支付收购价 30 万元，取得相关的合法票据，农产品验收入库。本月下旬将购进的农产品的 20% 用于本企业职工福利。

计算该企业 2015 年 3 月应缴纳的增值税税额。

解

(1) 销售 A 产品的销项税额为：

$$销项税额 = 80 \times 17\% = 13.6(万元)$$

(2) 销售 B 产品的销项税额为：

$$销项税额 = 29.25 \div (1 + 17\%) \times 17\% = 4.25(万元)$$

(3) 用于基建的新产品的销项税额为：

$$销项税额 = 20 \times (1 + 10\%) \times 17\% = 3.74(万元)$$

(4) 外购货物应抵扣的进项税额为：

$$进项税额 = 10.2(万元)$$

(5) 外购免税农产品应抵扣的进项税额为：

$$进项税额 = 30 \times 13\% \times (1 - 20\%) = 3.12(万元)$$

(6) 该企业 3 月份应缴纳的增值税税额为：

$$应纳增值税税额 = 13.6 + 4.25 + 3.74 - 10.2 - 3.12 = 8.27(万元)$$

二、小规模纳税人应纳增值税的计算

小规模纳税人销售货物或应税劳务实行简易办法计算应纳税额。即按照销售额和规定的综合征收率计算应纳税额。其计算公式为：

$$应纳税额 = 销售额 \times 征收率$$

其销售额比照一般纳税人的有关办法确定，即纳税人向购买方收取的全部价款和价外费用，但不包括向购买方收取的增值税税额。小规模纳税人销售货物或应税劳务采用销售额和应纳税额合并定价方法的，按以下公式计算销售额：

$$销售额 = \frac{含税销售额}{1 + 征收率}$$

小规模纳税人的征收率统一规定为 3%。小规模纳税人因销货退回或折让退还给购货方的销售额，应从发生销货退回或折让当期的销售额中扣减。

【例 2-2】 宏达公司为增值税小规模纳税人，2015 年 2 月取得含税销售额 54 500 元，因货物发送错误而发生销货退回 3 000 元，计算宏达公司当月应纳的增值税税额。

解

$$应纳税额 = [(54\,500 - 3\,000) \div (1 + 3\%)] \times 3\% = 1\,500(元)$$

第三节　增值税的会计核算

一、销项税额的会计处理

销项税额是指纳税人销售货物和提供应税劳务，按照销售额和税率计算并向买方收取的

增值税税额。一般纳税人的销项税额主要是运用“应交税费——应交增值税”二级账户下的“销项税额”“转出未交增值税”两个项目进行会计处理的。其中，“销项税额”项目专门用来记录纳税主体销售货物或提供应税劳务应收取的增值税税额，发生时在贷方用蓝字登记，销货退回或销售折让时借记“应交税费——应交增值税（销项税额）”账户。“转出未交增值税”项目，专门用来记录纳税主体期末将“应交税费——应交增值税”二级账户的贷方数额转入“应交税费——未交增值税”账户的贷方数额，发生时用蓝字登记在借方。

（一）一般销售行为销项税额的会计处理

纳税人在采取直接收款销售时，应在收讫价款、开出发票账单，并将提货单交给对方时确认销项税额，而不管对方是否提货；在采取委托收款销售时，应在开出发票账单，并向银行办妥收款手续时确认销项税额。在会计处理上，按已确认的销项税额贷记“应交税费——应交增值税（销项税额）”账户；按已确认的收入额贷记“主营业务收入”“其他业务收入”等账户；按已确认的销项税额和收入的合计，借记“银行存款”“库存现金”“应收账款”等账户。但是如果尚未将发出货物所有权的主要风险和报酬转移给购货方，则既不能确认销项税额，也不能确认收入，只能将发出的货物实际成本借记“发出商品”账户。

【例 2-3】宏发设备制造有限公司销售所生产的机器设备两台，对外开出增值税专用发票，注明价款为 380 000 元，增值税税款为 64 600 元。款项已收妥存入银行。其会计处理如下：

借：银行存款　　444 600

　　贷：主营业务收入　　380 000

　　　　应交税费——应交增值税（销项税额）　　64 600

纳税人销售应税货物，如果发生销货退回或销售折让，则不论是当月销售的退货与折让，还是以前月份销售的退货与折让，均应借记当月的“主营业务收入”账户；如果销货方能够收到给购货方开出的原增值税专用发票的发票联和税款抵扣联或取得购货方税务机关开出的“企业进货退出及索取折让证明单”，则销货方可以开具红字增值税专用发票，并凭红字增值税专用发票上记载的增值税税额，借记“应交税费——应交增值税（销项税额）”账户，否则一律不得冲减销项税额；如果发生销售折扣，而不能将折扣额与正常销售额开在一张发票上，则销售折扣额只能全部作为销货方的融资费用，在发生当期，借记“财务费用”账户，不能冲减销项税额。

【例 2-4】宏通家用电器批发公司 2015 年 1 月对外销售家电产品一批，对外开具增值税专用发票，注明价款为 430 000 元，增值税税额为 73 100 元，该批家电产品的实际采购成本为 400 000 元，并承诺保修期为 6 个月，保修期内如果发生质量问题准予退货。3 月发生退货两笔，其中一笔已退回原来开具的增值税专用发票，并凭此开具红字增值税专用发票，注明退回家电 7 台，每台售价 2 000 元，增值税 340 元；另一笔既没退回原开具的增值税专用发票，也未取得对方税务机关开具的“企业进货退出及索取折让证明单”。两笔共计退现金 25 740 元。所退家电共 11 台重新验收入库，每台实际采购成本为 1 700 元。

2015 年 1 月销售家电产品时的会计处理如下：

借：银行存款　　503 100

　　贷：主营业务收入　　430 000

　　　　应交税费——应交增值税（销项税额）　　　　73 100

同时：

借：主营业务成本　　　　400 000

　　贷：库存商品　　　　400 000

发生销货退回时的会计处理如下：

借：主营业务收入　　　　14 000

　　应交税费——应交增值税（销项税额）　　　　2 380

　　贷：库存现金　　　　16 380

同时：

借：主营业务收入　　　　9 360

　　贷：库存现金　　　　9 360

同时：

借：库存商品　　　　18 700

　　贷：主营业务成本　　　　18 700

（二）委托代销和受托代销销项税额的会计处理

纳税人将其生产、经营的应税货物委托代理商代为销售的，在实际业务处理时主要区分以下两种方式：一种是代理商收取手续费方式的代销，在收到代销清单的时候确认收入；另一种是视同买断方式销售。

视同买断的代销方式，即由委托方和受托方签订协议，委托方按协议价格收取委托代销商品的货款，实际售价可由受托方自定，实际售价与协议价之间的差额归受托方所有的销售方式。由于这种销售方式本质上仍是代销，委托方将商品交付给受托方时，商品所有权上的风险和报酬并未转移给受托方。因此，委托方在交付商品时不确认收入，受托方也不作为购进商品处理。受托方将商品销售后，应按实际售价确认为销售收入，并向委托方开具代销清单。委托方收到代销清单后，再确认收入。

而实践中发生的买断方式的委托代销，其实质上是正常的购销处理，并不属于代销方式。

1. 收取手续费方式的代销业务处理

在收取手续费方式下，委托方于收到代销清单时确认收入。发出商品时通过“发出商品”科目核算，收到代销清单后结转成本。

【例 2-5】 宏青股份有限公司（以下简称宏青公司）为增值税一般纳税人，适用的增值税税率为17%。该公司2014年12月份发生如下业务（销售价款均为不含税价）：

（1）12月3日，与A公司签订协议，委托其代销商品一批。根据代销协议，A公司代销商品按实际售价的10%收取手续费。该批商品的协议价为100万元，实际成本为60万元。商品已运往A公司。

（2）12月31日，宏青公司收到A公司开来的代销清单，列明已售出该商品的60%，款项尚未收到。

宏青公司的账务处理如下：

（1）发出商品时：

借：发出商品　　　　600 000

贷：库存商品 600 000

（2）收到代销清单时：

借：应收账款 702 000

贷：主营业务收入 600 000

应交税费——应交增值税（销项税额） 102 000

借：销售费用 60 000

贷：应收账款 60 000

借：主营业务成本 360 000

贷：发出商品 360 000

A 公司的账务处理如下：

（1）收到商品时：

借：受托代销商品 1 000 000

贷：受托代销商品款 1 000 000

（2）销售商品时：

借：银行存款 702 000

贷：应付账款 600 000

应交税费——应交增值税（销项税额） 102 000

（3）发出代销清单时：

借：应交税费——应交增值税（进项税额） 102 000

贷：应付账款 102 000

借：受托代销商品款 600 000

贷：受托代销商品 600 000

（4）确认手续费收入时：

借：应付账款 60 000

贷：其他业务收入 60 000

2. 视同买断方式的代销业务处理

在视同买断代销方式情况下，如果符合销售商品收入确认条件，则委托方应在发出商品时确认收入。

但若受托方没有将商品售出时可以将商品退回给委托方，或受托方因代销商品出现亏损时可以要求委托方补偿，那么委托方在交付商品时不确认收入，而应在收到代销清单时再确认收入。

【例 2-6】 宏康制药有限公司（以下简称宏康公司）委托安国医药销售公司（以下简称安国公司）销售 A 药品 1 000 件，每件转让协议价 100 元，该商品成本为 80 元/件，增值税税率为 17%，委托协议上注明安国公司可将无法销售的商品退回。宏康公司收到安国公司开来的代销清单时开具增值税专用发票，发票上注明：售价 100 000 元，增值税税额 17 000 元。安国公司实际销售时按每件 150 元的价格出售，开具的增值税专用发票上注明：售价 150 000 元，增值税税额 25 500 元。

委托方宏康公司的账务处理如下：

（1）将商品交付给受托方时：

借：发出商品　　80 000
　　贷：库存商品　　80 000

(2) 收到受托方的代销清单时：

借：应收账款——安国公司　　117 000
　　贷：主营业务收入　　100 000
　　　　应交税费——应交增值税（销项税额）　　17 000

借：主营业务成本　　80 000
　　贷：发出商品　　80 000

受托方安国公司的账务处理如下：

(1) 收到宏康公司的代销商品时：

借：受托代销商品　　100 000
　　贷：受托代销商品款　　100 000

(2) 实际销售时：

借：银行存款　　175 500
　　贷：主营业务收入　　150 000
　　　　应交税费——应交增值税（销项税额）　　25 500

借：主营业务成本　　100 000
　　贷：受托代销商品　　100 000

借：受托代销商品款　　100 000
　　贷：应付账款——宏康公司　　100 000

(3) 按合同协议价将款项付给宏康公司时：

借：应付账款——宏康公司　　100 000
　　应交税费——应交增值税（进项税额）　　17 000
　　贷：银行存款　　117 000

3. 买断方式的代销业务处理

【例 2-7】 宏保公司与 A 公司签订协议，委托其代销商品一批。根据代销协议，A 公司购入该批商品的协议价为 100 万元，实际成本为 80 万元，代销协议注明：A 公司自行决定销售价格，并且在取得代销商品后，无论是否能够卖出、是否获利，均与宏保公司无关。

本例题中宏保公司与 A 公司签订的代销协议实质上是一种买断方式的商品销售合同，宏保公司应在商品发出的时候确认收入的实现并结转相应成本。宏保公司的账务处理如下：

借：应收账款　　1 170 000
　　贷：主营业务收入　　1 000 000
　　　　应交税费——应交增值税（销项税额）　　170 000

借：主营业务成本　　800 000
　　贷：库存商品　　800 000

（三）包装物销售及包装物押金销项税额的会计处理

纳税人无论是单独出售包装物还是随货出售单独计价包装物，都应在反映包装物销售收入的同时，反映包装物的销项税额，借记“应收账款”“银行存款”等账户，贷记“其他业务收入”“应交税费——应交增值税（销项税额）”账户。

如果纳税人出借包装物，则出借包装物收取的逾期一年未退的押金、逾期未收回出借包装物没收的押金以及加收的押金，都应作为计税销售额反映包装物押金的销项税额，借记“其他应付款”账户，贷记“应交税费——应交增值税（销项税额）”账户。

【例 2-8】 宏光电缆公司本期对外销售电缆一批，同时随货销售包装物木轴 4 个，对外开具增值税专用发票，内列电缆货款 90 000 元，增值税税额 15 300 元，木轴款 4 000 元，增值税税额 680 元。款项尚未收到。其会计处理如下：

借：应收账款	109 980	
贷：主营业务收入		90 000
其他业务收入		4 000
应交税费——应交增值税（销项税额）		15 980

（四）混合销售销项税额的会计处理

纳税人在生产经营活动中，如果销售应税货物或应税劳务的同时涉及非应税劳务，则应将非应税劳务收入额作为混合收入，一并缴纳增值税。在会计处理上，借记“银行存款”“库存现金”“应收账款”等账户，贷记“主营业务收入”“其他业务收入”“应交税费——应交增值税（销项税额）”账户。

【例 2-9】 宏泰设备有限公司本期销售所产设备 10 台，对外开具增值税专用发票，内列设备价款 580 000 元，增值税税额 98 600 元，设备安装费 50 000 元，增值税税额 8 500 元，款项总计 737 100 元，收讫存入银行。其会计处理如下：

借：银行存款	737 100	
贷：主营业务收入		580 000
其他业务收入		50 000
应交税费——应交增值税（销项税额）		107 100

（五）以旧换新销售销项税额的会计处理

以旧换新销售是指销售方在销售商品的同时回收与所售商品相同的旧商品。在这种销售方式下，销售的商品应当按照销售商品收入的确认条件确认收入，回收的商品作为购进商品处理。

纳税人采取以旧换新方式销售应税货物的，除了金银首饰可以按实际收取的不含税价款作为计税销售额外，其他的以旧换新销售业务，必须以新货物的同期正常销售价格确定计税销售额，不得扣减旧货物的回收价。在会计处理上，按扣除回收旧货物应收或实收价税合计，借记“银行存款”“应收账款”“应收票据”账户，按回收的旧货物所抵价款，借记“原材料”账户；按新货物正常对外销售不含税价款计提的销项税额，贷记“应交税费——应交增值税（销项税额）”账户。

【例 2-10】 宏乐电器有限公司推出冰箱以旧换新的促销活动，当日共销售冰箱 400 台，每台冰箱正常对外销售的含税价为 2 925 元，采取以旧换新方式回收一台旧冰箱抵付货款 800 元后，每台冰箱实收价款 2 125 元，冰箱组开来销售日报。

$$每台冰箱的不含税价格 = 2\ 925 \div (1 + 17\%) = 2\ 500(元)$$

其会计处理如下：

借：银行存款	850 000	
原材料	320 000	
贷：主营业务收入		1 000 000

应交税费——应交增值税（销项税额）　　170 000

（六）视同销售行为销项税额的会计处理

1. 将应税货物用于非应税项目、免税项目、集体福利和个人消费销项税额的会计处理

纳税人如果将应税货物用于非应税项目、免税项目、集体福利和个人消费，则除了用于发放职工实物工资外，按会计制度规定一律不反映应税货物的销售收入和销售成本，但按税法规定，应于货物移送使用时作为视同销售处理，按应税货物正常的市场销售公允价值作为计税销售额，计提增值税销项税额，贷记“应交税费——应交增值税（销项税额）”账户，按应税货物的账面价值加上相关税费后的数额，借记“生产成本”“制造费用”“应付职工薪酬”“其他应付款”“销售费用”等账户，按照应税货物的账面余额，贷记“原材料”“库存商品”等账户。

【例2-11】 宏家彩电制造公司，共有职工100名，2014年2月，公司以其生产的成本为5 000元的液晶彩电作为春节福利发放给公司职工。该型号液晶彩电的售价为每台7 000元，宏家彩电制造公司适用的增值税税率为17%；假定100名职工中，85名为直接参加生产的职工，15名为总部管理人员。

彩电的售价总额 = 7 000 × 85 + 7 000 × 15 = 595 000 + 105 000 = 700 000（元）

彩电的增值税销项税额 = 7 000 × 85 × 17% + 7 000 × 15 × 17%
= 101 150 + 17 850 = 119 000（元）

（1）公司决定发放非货币性福利时，应做如下账务处理：

借：生产成本　　696 150
　　管理费用　　122 850
　　贷：应付职工薪酬——非货币性福利　　819 000

（2）实际发放非货币性福利时，应做如下账务处理：

借：应付职工薪酬——非货币性福利　　819 000
　　贷：主营业务收入　　700 000
　　　　应交税费——应交增值税（销项税额）　　119 000

借：主营业务成本　　500 000
　　贷：库存商品　　500 000

【例2-12】 承例2-11，宏家彩电制造公司于2015年1月购进100台不含税价格为500元的电暖气作为春节福利发放给公司职工，收到增值税专用发票，电暖气的增值税税率为17%。

电暖气的售价金额 = 500 × 85 + 500 × 15 = 42 500 + 7 500 = 50 000（元）

电暖气的进项税额 = 500 × 85 × 17% + 500 × 15 × 17% = 7 225 + 1 275 = 8 500（元）

（1）购买电暖气时的账务处理如下：

借：应付职工薪酬——非货币性福利　　58 500
　　贷：银行存款　　58 500

（2）发放非货币性福利时的账务处理如下：

借：生产成本　　49 725
　　管理费用　　8 775
　　贷：应付职工薪酬——非货币性福利　　58 500

2. 将应税货物用于基本建设销项税额的会计处理

纳税人如果将应税货物用于基本建设，虽然按会计制度规定不反映应税货物的销售收入和销售成本，但按税法规定应于移送使用时，按应税货物的正常对外销售市场公允价值作为计税销售额，计提增值税销项税额，贷记“应交税费——应交增值税（销项税额）”账户，按用于基本建设的应税货物的账面成本余额，贷记“库存商品”等账户，按账面成本余额和销项税额的合计，借记“在建工程”账户。

【例 2-13】 宏创科技电子公司将其所生产的一批电子器材用于公司的基本建设工程，该批电子器材的账面成本为 300 000 元，市场正常销售价格为 390 000 元。其会计处理如下：

借：在建工程	366 300	
贷：库存商品		300 000
应交税费——应交增值税（销项税额）		66 300

3. 以自产产品对外投资销项税额的会计处理

以自产产品对外投资，从会计角度来看属于非货币性资产交换。因此，会计核算遵照《企业会计准则第 7 号——非货币性资产交换》进行会计处理。但是，无论会计上如何处理，只要税法规定需要缴纳增值税的，都应当计算增值税销项税额，记入“应交税费——应交增值税”科目中的“销项税额”专栏。

【例 2-14】 宏甲公司为增值税一般纳税人，2015 年 2 月以自产 A 产品对乙公司进行投资，双方协议按产品的售价作价。该批产品的成本为 100 万元，假设售价和计税价格均为 120 万元。该产品的增值税税率为 17%。假设该笔交易符合《企业会计准则第 7 号——非货币性资产交换》规定的按公允价值计量的条件，乙公司收到投入的产品作为原材料使用。

（1）宏甲公司的账务处理如下：

借：长期股权投资	1 404 000	
贷：主营业务收入		1 200 000
应交税费——应交增值税（销项税额）		204 000
借：主营业务成本	1 000 000	
贷：库存商品		1 000 000

（2）被投资企业乙公司的账务处理如下：

借：原材料	1 200 000	
应交税费——应交增值税（进项税额）		204 000
贷：实收资本		1 404 000

4. 将应税货物用于分配股利销项税额的会计处理

纳税人将应税货物用于向投资者分配股利、利润、红利时，不能按债务重组方式进行会计处理，应按税法要求，在应税货物移送环节作为视同销售处理，计提增值税销项税额，而且还应反映应税货物的销售收入和销售成本，借记“应付股利”账户，贷记“主营业务收入”“其他业务收入”和“应交税费——应交增值税（销项税额）”账户；同时，借记“主营业务成本”“其他业务成本”账户，贷记“库存商品”“原材料”等账户。

【例 2-15】 宏万汽车公司上年末已宣告发放股东现金股利 4 680 000 元，现因资金相对紧张，改用公司自产的高档轿车 20 辆发放实物股利。该种轿车每辆制造成本为 120 000 元，每辆正常对外销售的不含税售价为 200 000 元。其会计处理如下：

借：应付股利　　4 680 000

　　贷：主营业务收入　　4 000 000

　　　　应交税费——应交增值税（销项税额）　　680 000

同时：

借：主营业务成本　　2 400 000

　　贷：库存商品　　2 400 000

5. 将应税货物用于对外捐赠销项税额的会计处理

按税法规定，纳税人将应税货物用于对外捐赠，无论是公益性捐赠还是非公益性捐赠，均应于货物移送时作为视同销售处理，按其正常对外销售的市场公允价值计提增值税销项税额，贷记“应交税费——应交增值税（销项税额）”账户；按对外捐赠货物的账面余额，贷记“库存商品”“原材料”等账户；按对外捐赠货物的账面成本与相关税费之和，借记“营业外支出”账户。

【例 2-16】 宏民制药有限公司向灾区捐赠账面成本为 80 000 元的应急药品，该批药品正常市场销售的不含税售价为 100 000 元，适用增值税税率为 17%。其会计处理如下：

借：营业外支出　　97 000

　　贷：库存商品　　80 000

　　　　应交税费——应交增值税（销项税额）　　17 000

（七）其他特殊情况下销项税额的会计处理

1. 将应税货物用于非货币性资产交换销项税额的会计处理

将应税货物用于非货币性资产交换，应判断是否同时具备以下两个条件：一是具有商业实质；二是换入资产或换出资产的公允价值能够可靠地计量。

对于能够同时满足上述两个条件的非货币性资产交换应当按照视同销售处理。根据《企业会计准则第 14 号——收入》，按照公允价值确认销售收入，同时结转销售成本。按公允价值确认的收入和按账面价值结转的成本之间的差额，即换出资产公允价值和换出资产账面价值的差额，在利润表中作为营业利润的构成部分予以列示。换入资产与换出资产涉及相关税费的，如换出存货视同销售应计算销项税额，换入资产作为存货应当确认可抵扣的进项税额。

不能同时满足上述两个条件的非货币性资产交换应当以换出资产账面价值为基础确定换入资产成本，无论是否支付补价，均不确认损益。

【例 2-17】 宏创设备有限公司以一批库存商品交换 B 公司拥有的作为交易性金融资产的 C 公司股票。宏创设备有限公司换出的库存商品账面价值为 70 000 元，在交换日的公允价值为 80 000 元，并已计提存货跌价准备 10 000 元；B 公司交易性金融资产的初始确认成本为 80 000 元，在交换日的公允价值为 70 000 元，前期由于公允价值上升，已确认了 2 000 元的公允价值变动。B 公司将换入的商品作为原材料使用。宏创设备有限公司收到 B 公司支付的补价 10 000 元并存入银行，增值税税率为 17%，不考虑其他税费。

宏创设备有限公司的会计处理如下：

首先判断该项交易具有商业实质且换入和换出资产的公允价值均能可靠计量。

补价 ÷ 换出资产公允价值的比例 = 10 000 ÷ 80 000 = 12.5% < 25%，故该项交易为非货币性资产交换。

增值税税额 = 80 000 × 17% = 13 600（元）

借：交易性金融资产——成本　　83 600
　　银行存款　　10 000
　　贷：主营业务收入　　80 000
　　　　应交税费——应交增值税（销项税额）　　13 600

借：主营业务成本　　60 000
　　存货跌价准备　　10 000
　　贷：库存商品　　70 000

B 公司的账务处理如下：

借：原材料　　80 000
　　应交税费——应交增值税（进项税额）　　13 600
　　贷：银行存款　　10 000
　　　　交易性金融资产——成本　　80 000
　　　　　　　　　　——公允价值变动　　2 000
　　　　投资收益　　1 600

2. 将应税货物用于抵债销项税额的会计处理

债务人以库存材料、商品、产品抵偿债务，应视同销售进行核算。企业可将该项业务分为两部分：一部分是将库存材料、商品、产品出售给债权人，取得货款。出售库存材料、商品、产品业务与企业正常的销售业务处理相同，其发生的损益计入当期损益。另一部分是以取得的货币清偿债务。当然在这项业务中实际上并没有发生相应的货币流入与流出。

【例 2-18】 宏星电缆公司（以下简称宏星公司）与其原材料供应商乙公司签订债务重组协议，乙公司同意宏星公司以所产的电缆产品抵付应付的材料款项 520 000 元，宏星公司向乙公司开具增值税专用发票，内列电缆款 400 000 元，增值税税额 68 000 元，该批电缆的实际制造成本为 320 000 元，宏星公司为运送此批电缆以现金支付运费 1 000 元，取得专业运输公司开具的运费发票。其会计处理如下：

借：应付账款　　520 000
　　应交税费——应交增值税（进项税额）　　110
　　贷：主营业务收入　　400 000
　　　　库存现金　　1 000
　　　　营业外收入——债务重组收益　　51 110
　　　　应交税费——应交增值税（销项税额）　　68 000

借：主营业务成本　　320 000
　　贷：库存商品　　320 000

3. 售后回购销项税额的会计处理

售后回购是指销售商品的同时，销售方同意日后再将同样或类似的商品购回的销售方式。在这种方式下，销售方应根据合同或协议条款判断企业是否已将商品所有权上的主要风险和报酬转移给购货方，以确定是否确认销售商品收入。在大多数情况下，回购价格固定或等于原售价加合理回报，售后回购交易属于融资交易，商品所有权上的主要风险和报酬没有转移，收到的款项应确认为负债；回购价格大于原售价的差额，企业应在回购期间按期计提利息，计入财务费用。

企业采用售后回购方式融入资金的，应按实际收到的金额，借记“银行存款”科目，贷记“其他应付款”“应交税费——应交增值税（销项税额）”等科目。回购价格与原销售价格之间的差额，应在售后回购期间内按期计提利息费用，借记“财务费用”科目，贷记“其他应付款”科目。按照合同约定购回该项商品时，应按实际支付的金额，借记“其他应付款”科目和“应交税费——应交增值税（进项税额）”科目，贷记“银行存款”科目。

【例 2-19】 2015 年 5 月 1 日，宏甲公司向乙公司销售一批商品，开出的增值税专用发票上注明的销售价款为 100 万元，增值税税额为 17 万元。该批商品的成本为 80 万元；商品并未发出，款项已经收到。协议约定，宏甲公司应于 9 月 30 日将所售商品购回，回购价为 110 万元（不含增值税税额）。

宏甲公司的账务处理如下：

（1）5 月 1 日销售商品开出增值税专用发票时：

借：银行存款	1 170 000	
贷：其他应付款		1 000 000
应交税费——应交增值税（销项税额）		170 000

（2）回购价大于原售价的差额，应在回购期间按期计提利息费用，计入当期财务费用。由于回购期间为 5 个月，货币时间价值影响不大，采用直线法计提利息费用，每月计提利息费用为 2 万元（10 ÷ 5）。

借：财务费用	20 000	
贷：其他应付款		20 000

（3）9 月 30 日回购商品时，收到的增值税专用发票上注明的商品价格为 110 万元，增值税税额为 18.7 万元，款项已经支付。

借：财务费用	20 000	
贷：其他应付款		20 000
借：其他应付款	1 100 000	
应交税费——应交增值税（进项税额）	187 000	
贷：银行存款		1 287 000

4. 售后租回销项税额的会计处理

售后租回是指销售商品的同时，销售方同意在日后再将同样的商品租回的销售方式。在这种方式下，销售方应根据合同或协议条款判断销售商品是否满足收入确认条件。通常情况下，售后租回属于融资交易，企业不应确认收入，售价与资产账面价值之间的差额应当分别不同情况进行处理：

（1）如果售后租回交易认定为融资租赁，则售价与资产账面价值之间的差额应当予以递延，并按照该项租赁资产的折旧进度进行分摊，作为折旧费用的调整。

（2）如果售后租回交易认定为经营租赁，则应当分别情况处理：①有确凿证据表明售后租回交易是按照公允价值达成的，则售价与资产账面价值的差额应当计入当期损益。②售后租回交易如果不是按照公允价值达成的，则售价低于公允价值的差额应计入当期损益；但若该损失将由低于市价的未来租赁付款额补偿，则有关损失应予以递延，并按与确认租金费用相一致的方法在租赁期内进行分摊；如果售价高于公允价值，则其大于公允价值的部分应予以递延，并在租赁期内分摊。

二、进项税额的会计处理

增值税一般纳税人进项税额的会计处理，主要通过“应交税费——应交增值税”二级账户下的“进项税额”和“进项税额转出”项目进行。

其中，“进项税额”项目用来专门记录取得货物或接受应税劳务而支付的准予从销项税额中抵扣的增值税税额，纳税人取得货物或接受应税劳务支付进项税额时，用蓝字登记在借方；退回所取得货物或取得销售折扣、折让的进项税额登记在贷方。

“进项税额转出”项目用来专门记录取得的货物和生产的在产品、库存商品等发生非正常损失及改变用途等原因，从而不应从销项税额中抵扣，按规定转出的增值税税额。应由纳税主体负担的进项税额，在发生时用蓝字登记在贷方。

（一）一般纳税人购进项目进项税额的会计处理

1. 从国内购进货物进项税额的会计处理

国内购进货物，在会计处理上应按增值税专用发票上注明的增值税税额，借记“应交税费——应交增值税（进项税额）”账户，按照增值税专用发票上记载的应计入采购成本的金额，借记“材料采购”“在途物资”“原材料”“库存商品”“周转材料”“管理费用”“制造费用”“销售费用”“其他业务成本”等账户；按照应付或实际支付的金额，贷记“应付账款”“应付票据”“预付账款”“银行存款”“其他货币资金”等账户，购入的货物发生退货或取得进货折扣、折让时，应做相反的会计处理。

【例2-20】宏明公司2015年12月8日用银行汇票，从外地购入原材料一批，取得对方开来的增值税专用发票，内列货款200 000元，增值税税额34 000元，同时以转账支票支付该批材料运费10 000元，取得运费发票。材料到达时按实际成本验收入库。

付款时的会计处理如下：

$$应抵扣进项税额=34\ 000+10\ 000\times 11\%=35\ 100（元）$$

借：在途物资　　208 900

　　应交税费——应交增值税（进项税额）　　35 100

　　贷：其他货币资金——银行汇票　　234 000

　　　　银行存款　　10 000

验收入库时的会计处理如下：

借：原材料　　208 900

　　贷：在途物资　　208 900

如果一般纳税人购进应税货物并取得合法扣税凭证后，发生进货退回或进货折扣、折让，则应在冲减取得应税货物采购成本的同时，冲减抵扣的进项税额，根据对方开具的红字增值税专用发票上的增值税税额，借记“银行存款”“应付账款”“应付票据”“其他应付款”等账户，贷记“应交税费——应交增值税（进项税额）”账户；同时，贷记“原材料”“库存商品”“周转材料”等账户。

【例2-21】承例2-20，对所购原材料退货，收到对方的红字增值税专用发票，上面注明所退货物价款为30 000元，增值税税额为5 100元。

宏明公司的会计处理如下：

借：银行存款　　35 100
　　贷：应交税费——应交增值税（进项税额）　　5 100
　　　　原材料　　30 000

2. 接受应税劳务进项税额的会计处理

纳税人接受应税劳务时，应按取得的增值税专用发票上注明的增值税税额，借记“应交税费——应交增值税（进项税额）”账户，按增值税专用发票上的记载，应计入加工修理修配货物、劳务成本的金额，借记“委托加工物资”“制造费用”“管理费用”“销售费用”“其他业务成本”等账户；按应付或实际支付的金额，贷记“应付账款”“银行存款”等账户。

【例2-22】 宏金公司拨付原材料88 000元，委托外单位配套加工，以转账支票支付加工费，取得加工单位开来的增值税专用发票，内列加工费26 000元，增值税4 420元，材料加工完毕按实际成本验收入库。

（1）拨付加工材料时的会计处理如下：

借：委托加工物资　　88 000
　　贷：原材料　　88 000

（2）支付加工费时的会计处理如下：

借：委托加工物资　　26 000
　　应交税费——应交增值税（进项税额）　　4 420
　　贷：银行存款　　30 420

（3）加工完毕验收入库时的会计处理如下：

借：原材料　　114 000
　　贷：委托加工物资　　114 000

3. 进口货物进项税额的会计处理

纳税人进口货物，应按照海关提供的完税凭证上注明的增值税税额，借记“应交税费——应交增值税（进项税额）”账户，按照进口货物的实际采购成本，借记“材料采购”“在途物资”“原材料”“库存商品”“周转材料”等账户；按照应付或实际支付的金额，贷记“应付账款”“银行存款”“其他货币资金”等账户。

【例2-23】 宏新科技电子公司从国外进口电子元件一批，到岸价格580 000元，以信用证保证金支付，同时以银行汇票支付进口关税145 000元，进口增值税123 250元，以转账支票支付该批电子元件的国内运费10 000元，并取得专业运输公司的运费发票。电子元件按实际成本验收入库。

$$应抵扣的进项税额 = (580\ 000 + 145\ 000) \times 17\% + 10\ 000 \times 11\% = 124\ 350(元)$$

其会计处理如下：

借：原材料　　733 900
　　应交税费——应交增值税（进项税额）　　124 350
　　贷：其他货币资金——信用证保证金　　580 000
　　　　　　　　　　——银行汇票　　268 250
　　　　银行存款　　10 000

4. 购进免税农产品进项税额的会计处理

纳税人购进免税农产品时，应按购入农产品的买价和规定的扣除率计算进项税额，借记“应交税费——应交增值税（进项税额）”账户；按购进农产品的实际成本数额，借记“材料采购”“在途物资”“原材料”“库存商品”等账户；按照应付或实际支付的金额，贷记“应付账款”“银行存款”“库存现金”等账户。

【例 2-24】 宏恒果品批发公司以现金向果农收购水果一批，法定收购凭证内列明买价 160 000 元，同时以转账支票支付该批水果运输费 5 000 元，取得专业运输公司开具的运费发票。

应抵扣的进项税额 = 160 000 × 13% + 5 000 × 11% = 21 350（元）

宏恒公司付款时会计处理如下：

借：在途物资　143 650
　　应交税费——应交增值税（进项税额）　21 350
　　贷：库存现金　160 000
　　　　银行存款　5 000

（二）转入扣除项目进项税额的会计处理

1. 接受投资转入货物进项税额的会计处理

纳税人接受投资者以应税货物投资入股时，应按投资者开具的增值税专用发票上注明的增值税税额，借记“应交税费——应交增值税（进项税额）”账户，按投资双方确认的应税货物的价值，贷记“实收资本”“股本”“资本公积”账户，按投资双方确认的应税货物的价值减去应抵扣的增值税税额，加上支付的其他税费，借记“原材料”“库存商品”“周转材料”账户，按支付或应付的其他税费额，贷记“银行存款”“应付账款”等账户。

【例 2-25】 宏华股份有限公司收到股东的原材料投资入股，双方协商确认价值为 1 000 000 元，取得投资方开具的增值税专用发票，内列增值税税额为 136 000 元。公司以转账方式支付该批原材料运费 6 000 元，取得专业运输公司开来运费发票。按投资协议，投资者在公司享有股份 10 万股，每股价值 4 元。原材料按 910 000 元的计划成本验收入库。

应抵扣的进项税额 = 136 000 + 6 000 × 11% = 136 660（元）

其会计处理如下：

借：原材料　910 000
　　应交税费——应交增值税（进项税额）　136 660
　　贷：股本　400 000
　　　　资本公积——股本溢价　600 000
　　　　银行存款　6 000
　　　　材料成本差异　40 660

2. 接受捐赠货物进项税额的会计处理

企业接受捐赠的货物时按该货物的公允价值借记“原材料”“应交税费——应交增值税（进项税额）”科目，贷记“营业外收入——捐赠利得”科目。

企业计缴所得税时如果捐赠收入金额不大，所得税费用负担不重，则直接借记“所得税费用”科目，贷记“应交税费——应交所得税”科目。如果捐赠收入金额较大，所得税费用负担较重，则应按照捐赠资产计算的所得税费用，借记“所得税费用”科目，按照计算的递延所得税负债，贷记“递延所得税负债”科目。

【例2-26】宏业科技电子有限公司为中外合资经营企业，本期接受国外客户捐赠模具一批，捐赠方提供的发票账单内列明该批模具价值100 000元。公司以转账支票支付报关进口关税20 000元，进口增值税20 400元。企业适用的所得税税率为25%，受赠模具按实际成本验收入库。

受赠模具验收入库时的会计处理如下：

借：低值易耗品——模具　　120 000
　　应交税费——应交增值税（进项税额）　　20 400
　　贷：银行存款　　40 400
　　　　营业外收入——捐赠利得　　100 000
借：所得税费用　　25 000
　　贷：应交税费——应交所得税　　25 000

（三）一般纳税人进项税额转出的会计处理

1. 取得应税货物改变用途进项税额的会计处理

纳税人取得的应税货物，已于取得时将其所负担的增值税税额作为进项税额登记入账，如果将应税货物改变用途，用于基本建设、免税项目、非应税项目、集体福利、个人消费等，也应将该部分进项税额从已登记的进项税额中转出，借记“在建工程”“工程物资”“生产成本”“制造费用”“应付职工薪酬”等账户，贷记“应交税费——应交增值税（进项税额转出）”账户。

【例2-27】宏月电缆公司将其作为原材料购进的钢材一批领用出库，用于公司新厂房建设工程，出库单内列明出库数量25吨，每吨实际采购成本2 000元。其会计处理如下：

应转出进项税额 $=25\times2\ 000\times17\%=8\ 500$（元）

借：在建工程　　58 500
　　贷：原材料　　50 000
　　　　应交税费——应交增值税（进项税额转出）　　8 500

2. 取得应税货物发生非正常损失进项税额的会计处理

纳税人购进的应税货物发生非正常损失，其进项税额不得从销项税额中扣除，但因发生非正常损失的应税货物所负担的增值税税额在取得时已作为进项税额登记入账，因此，在发生非正常损失时，应将这部分进项税额从已登记入账的进项税额中转出，借记“生产成本”“制造费用”“管理费用”“营业外支出”“其他应收款”“待处理财产损溢”等账户，贷记“应交税费——应交增值税（进项税额转出）”账户。

【例2-28】宏创科技电子公司发生火灾，烧毁大量电子元件，盘点清单列明烧毁电子元件实际成本为160 000元，经与保险公司协商应由保险公司赔偿80%。

应转出进项税额 $=160\ 000\times17\%=27\ 200$（元）

其会计处理如下：

借：其他应收款——保险公司　　149 760
　　营业外支出——非常损失　　37 440
　　贷：原材料　　160 000

应交税费——应交增值税（进项税额转出）　　27 200

（四）几种特殊情况下进项税额的会计处理

1. 一般纳税人购入工程物资进项税额的会计处理

纳税人购进工程物资，应当区分该工程物资用于建造的固定资产类别，如用于有形动产则其购进过程中的进项税额准许抵扣，若用于不动产，则不属于增值税的纳税范围，其进项税额不得抵扣，原已抵扣过进项税额的应予以转出。

【例 2-29】宏隆设备制造有限公司以银行汇票购入生产所需设备 2 台，供货商开具增值税专用发票，内列设备货款 500 000 元，增值税税款 85 000 元，设备专用备件价款 20 000 元，增值税税款 3 400 元。

支付款项时的会计处理如下：

借：在建工程　　585 000
　　工程物资——专用备件　　23 400
　　应交税费——应交增值税（进项税额）　　88 400
　　贷：其他货币资金——银行汇票　　608 400

2. 购入直接用于非应税项目、免税项目、集体福利、个人消费货物或劳务进项税额的会计处理

纳税人购入应税货物或应税劳务，如果直接用于非应税项目、免税项目、集体福利、个人消费，则无论是否取得合法扣税凭证，其进项税额都不得抵扣，只能按照取得有关发票账单上的价税合计，借记“原材料”“在途物资”“材料采购”“制造费用”“生产成本”“其他业务成本”“应付职工薪酬”等账户，按照应付或实际支付的价款合计，贷记“银行存款”“应付账款”“应付票据”等账户。

【例 2-30】宏康制药有限公司以转账支票购入生产避孕药物所需原材料一批，取得对方开具的增值税专用发票，内列货款 300 000 元，增值税税额 51 000 元。

支付材料款时的会计处理如下：

借：在途物资　　351 000
　　贷：银行存款　　351 000

【例 2-31】宏月电缆公司年终表彰优秀员工，以转账方式购买表彰用品一批，取得某批发商开具的增值税专用发票，内列货款 7 000 元，增值税税额 1 190 元，款项由工会经费负担，其会计处理如下：

借：应付职工薪酬——工会经费　　8 190
　　贷：银行存款　　8 190

3. 购进应税货物或接受应税劳务取得普通发票进项税额的会计处理

纳税人购进应税货物或接受应税劳务，如果不能取得增值税专用发票等合法扣款凭证，则尽管其所支付或负担的款项中含有增值税款，也一律不得抵扣进项税额。为此，只能按取得的有关发票账单所列金额合计，借记“在途物资”“物资采购”“原材料”“库存商品”“包装物”“低值易耗品”“生产成本”“制造费用”“管理费用”等账户，贷记“银行存款”“应付账款”“应付票据”等账户。

【例 2-32】宏民环保设备有限公司，以现金方式从零售商店购入办公用品一批，取得普通零售发票，内列办公用品价款合计 654.27 元。其会计处理如下：

借：管理费用　　654.27
　　贷：库存现金　　654.27

三、一般纳税人应纳税额的会计处理

1. 账户设置

在“应交税费——应交增值税”下设置“转出未交增值税”“转出多交增值税”“已交税金”项目，并设置“应交税费——未交增值税”二级账户，用来核算本期应纳税额。

“应交税费——应交增值税（转出未交增值税）”科目，记录企业月终将当期发生的应缴未缴增值税转账的金额。做转账处理后，“应交税费——应交增值税”的期末余额不再包括当期应缴未缴的增值税税额。

“应交税费——应交增值税（转出多交增值税）”科目，记录企业月终转出多缴的增值税税额。此项转账后，“应交税费——应交增值税”科目的期末余额不会包含多缴增值税因素。

“应交税费——应交增值税（已交税金）”科目，记录企业当月上缴本月应缴的增值税税额。企业已缴纳的增值税税额用蓝字登记；退回多缴的增值税税额用红字登记。

“应交税费——未交增值税”二级账户，用来专门核算纳税人以前各期发生的增值税的缴纳情况，其中前期未缴增值税记贷方，前期多缴增值税记借方，本期实际缴纳前期应缴增值税记借方，期末余额可能在借方，也可能在贷方，贷方余额表示前期结余的未缴增值税，借方余额表示前期结余的多缴增值税。

2. 上缴增值税的会计处理

企业应区别上缴上月或以前月份应缴未缴增值税与上缴当月应缴增值税，进行不同的会计处理。

【例 2-33】 某企业 3 月份应缴增值税为 8.42 万元，会计处理如下：

（1）企业采用按月纳税，则 3 月月末将当月应缴未缴增值税转账时：

借：应交税费——应交增值税（转出未缴增值税）　　84 200
　　贷：应交税费——未交增值税　　84 200

4 月初上缴 3 月未缴增值税时：

借：应交税费——未交增值税　　84 200
　　贷：银行存款　　84 200

（2）企业采用按期预缴，按月结算，上缴当月应缴增值税时：

借：应交税费——应交增值税（已缴税金）　　84 200
　　贷：银行存款　　84 200

应纳税额为负数，则表明企业当期购进货物较多，出现当期销项税额小于当期进项税额不足抵扣的情况，按税法规定，不足抵扣部分可以结转到下期继续抵扣，留在“应交税费——应交增值税”账户的借方，不需要进行账务处理。

四、小规模纳税人应纳税额的会计核算

1. 小规模纳税人核算的特点

（1）小规模纳税人销售货物或提供应税劳务，只能开具普通发票，不能开具增值税专用发票，但凡是能够认真履行纳税义务的小规模企业，经上级税务机关批准，可由税务机关代

开增值税专用发票。

（2）小规模纳税人销售货物或提供应税劳务，实行简易办法计算应纳税额。

（3）小规模纳税人的销售额不包括其应纳税额。采用销售额和应纳税额合并定价方法的，应将含税销售额换算为不含税销售额，其换算公式为：

$$不含税销售额=\frac{含税销售额}{1+征收率}$$

2. 小规模纳税人的会计处理

小规模纳税人购入货物无论是否具有增值税专用发票，其支付的增值税税额均不单独计入进项税额，不得从应纳税额中扣减，而应计入购货成本；销售收入按不含税价格计算；设置“应交税费——应交增值税”账户进行核算，不需要在“应交税费——应交增值税”账户中设置专栏。

【例2-34】 宏欣公司是一家生产型小规模纳税企业，本期购进原材料一批，价款4 000元（不含税），增值税税额680元，销售商品一批，零售价为10 300元，做会计分录如下：

（1）购进材料时：

	借方	贷方
借：在途物资	4 680	
贷：银行存款		4 680

（2）材料验收入库时：

	借方	贷方
借：原材料	4 680	
贷：在途物资		4 680

（3）销售商品时：

$$应交增值税=10\ 300\div(1+3\%)\times3\%=300(元)$$

	借方	贷方
借：库存现金	10 300	
贷：主营业务收入		10 000
应交税费——应交增值税		300

（4）下月月初缴纳税金时：

	借方	贷方
借：应交税费——应交增值税	300	
贷：银行存款		300

第四节　增值税的申报与缴纳

一、增值税的纳税义务发生时间

纳税义务发生时间是纳税人发生应税行为应当承担纳税义务的起始时间。按销售结算方式的不同，具体包括：

（1）采取直接收款方式销售货物的，不论货物是否发出，均为收到销售额或取得索取销售额的凭据的当天。

（2）采取托收承付和委托银行收款方式销售货物的，为发出货物并办妥托收手续的当天。

（3）采取赊销和分期收款方式销售货物的，为书面合同约定的收款日期的当天；无书面合同或者书面合同没有约定收款日期的，为货物发出的当天。

(4) 采取预收货款方式销售货物的，为货物发出的当天。但生产销售生产工期超过 12 个月的大型机械设备、船舶、飞机等货物的，为收到预收款或者书面合同约定的收款日期的当天。

(5) 委托其他纳税人代销货物的，为收到代销单位销售的代销清单或者收到全部或者部分货款的当天；未收到代销清单及货款的，为发出代销货物满 180 天的当天。

(6) 销售应税劳务的，为提供劳务同时收讫销售额或取得索取销售额的凭据的当天。

(7) 纳税人发生视同销售货物行为的，为货物移送的当天。

二、增值税的纳税期限

增值税的纳税期限分别为 1 日、3 日、5 日、10 日、15 日、1 个月或者 1 个季度，以 1 个季度为纳税期限的规定仅适用于小规模纳税人以及财政部和国家税务总局规定的其他纳税人。纳税人的具体纳税期限，由主管税务机关根据纳税人应纳税额的大小分别核定；不能按照固定期限纳税的，可以按次纳税。

以 1 个月或者 1 个季度为 1 个纳税期的纳税人，自期满之日起 15 日内申报纳税；以 1 日、3 日、5 日、10 日或 15 日为 1 个纳税期的纳税人，自期满之日起 5 日内预缴税款，于次月 1 日起 15 日内申报纳税并结清上月应纳税款。

进口货物应纳的增值税，应当自海关填发海关进口增值税专用缴款书之日起 15 日内申报并缴纳税款。

三、增值税的纳税地点

1. 固定业户的纳税地点

固定业户应向其机构所在地主管税务机关申报纳税。总机构和分支机构不在同一县（市）的，应当分别向所在地主管税务机关申报纳税；经国务院财政、税务主管部门或者其授权的财政、税务机关批准，可以由总机构汇总向总机构所在地主管税务机关申报纳税。

固定业户到外县（市）销售货物或者提供应税劳务的，应当向其机构所在地主管税务机关申请开具外出经营活动税收管理证明，向其机构所在地主管税务机关申报纳税。对未开具证明的，应当向销售地或者劳务发生地主管税务机关申报纳税；未向销售地或者劳务发生地主管税务机关申报纳税的，由其机构所在地主管税务机关补征税款。

2. 非固定业户的纳税地点

非固定业户销售货物或者提供应税劳务的，应当向销售地或者劳务发生地主管税务机关申报纳税。未向销售地或者劳务发生地主管税务机关申报纳税的，由其机构所在地或者居住地主管税务机关补征税款。

3. 进口货物增值税的纳税地点

进口货物的，应当由进口人或代理人向报关地海关申报纳税。

扣缴义务人应当向其机构所在地或者居住地的主管税务机关申报缴纳其扣缴的税款。

四、增值税的纳税申报

1. 一般纳税人的纳税申报

增值税一般纳税义务人应按有关规定及时办理纳税申报，并如实填写《增值税纳税申报表（一般纳税人适用）》及其附表，具体格式如表 2-2 ~ 表 2-8 所示。

表 2-2　增值税纳税申报表

（一般纳税人适用）

根据国家税收法律法规及增值税相关规定制定本表。纳税人不论有无销售额，均应按税务机关核定的纳税期限填写本表，并向当地税务机关申报。

金额单位：元（列至角分）

税款所属时间：自　年　月　日至　年　月　日　　填表日期：　年　月　日

纳税人识别号				所属行业：	
纳税人名称	（公章）	法定代表人姓名		注册地址	生产经营地址
开户银行及账号		登记注册类型			电话号码

项目		栏次	一般货物、劳务和应税服务		即征即退货物、劳务和应税服务	
			本月数	本年累计	本月数	本年累计
销售额	（一）按适用税率计税销售额	1				
	其中：应税货物销售额	2				
	应税劳务销售额	3				
	纳税检查调整的销售额	4				
	（二）按简易办法计税销售额	5				
	其中：纳税检查调整的销售额	6				
	（三）免、抵、退办法出口销售额	7			—	—
	（四）免税销售额	8			—	—
	其中：免税货物销售额	9			—	—
	免税劳务销售额	10			—	—
税款计算	销项税额	11				
	进项税额	12				
	上期留抵税额	13				—
	进项税额转出	14				
	免、抵、退应退税额	15			—	—
	按适用税率计算的纳税检查应补缴税额	16			—	—
	应抵扣税额合计	17 = 12 + 13 − 14 − 15 + 16		—		—
	实际抵扣税额	18（如 17 < 11，则为 17，否则为 11）				
	应纳税额	19 = 11 − 18				
	期末留抵税额	20 = 17 − 18				—
	简易计税办法计算的应纳税额	21				
	按简易计税办法计算的纳税检查应补缴税额	22			—	—
	应纳税额减征额	23				
	应纳税额合计	24 = 19 + 21 − 23				
税款缴纳	期初未缴税额（多缴为负数）	25				
	实收出口开具专用缴款书退税额	26			—	—
	本期已缴税额	27 = 28 + 29 + 30 + 31				
	①分次预缴税额	28		—		—
	②出口开具专用缴款书预缴税额	29		—	—	—
	③本期缴纳上期应纳税额	30				
	④本期缴纳欠缴税额	31				
	期末未缴税额（多缴为负数）	32 = 24 + 25 + 26 − 27				
	其中：欠缴税额（≥0）	33 = 25 + 26 − 27		—		—
	本期应补（退）税额	34 = 24 − 28 − 29		—		—
	即征即退实际退税额	35	—	—		
	期初未缴查补税额	36			—	—
	本期入库查补税额	37			—	—
	期末未缴查补税额	38 = 16 + 22 + 36 − 37			—	—

授权声明	如果你已委托代理人申报，请填写下列资料： 为代理一切税务事宜，现授权 （地址）　　为本纳税人的代理申报人，任何与本申报表有关的往来文件，都可寄予此人。 授权人签字：	申报人声明	本纳税申报表是根据国家税收法律法规及相关规定填报的，我确定它是真实的、可靠的、完整的。 声明人签字：

主管税务机关：　　接收人：　　接收日期：

表 2-3　增值税纳税申报表附列资料（一）

（本期销售情况明细）

税款所属时间：　　年　　月　　日至　　年　　月　　日

纳税人名称：（公章）　　　　　　　　　　　　　　　　　　　　　　　　金额单位：元（列至角分）

项目及栏次				开具税控增值税专用发票		开具其他发票		未开具发票		纳税检查调整		合计			应税服务扣除项目本期实际扣除金额	扣除后	
				销售额	销项（应纳）税额	销售额	销项（应纳）税额	销售额	销项（应纳）税额	销售额	销项（应纳）税额	销售额	销项（应纳）税额	价税合计		含税（免税）销售额	销项（应纳）税额
				1	2	3	4	5	6	7	8	9 = 1 + 3 + 5 + 7	10 = 2 + 4 + 6 + 8	11 = 9 + 10	12	13 = 11 − 12	14 = 13 ÷ (100% + 税率或征收率) × 税率或征收率
一、一般计税方法计税	全部征税项目	17% 税率的货物及加工修理修配劳务	1											—	—	—	—
		17% 税率的有形动产租赁服务	2														
		13% 税率	3											—	—	—	—
		11% 税率	4														
		6% 税率	5														
	其中：即征即退项目	即征即退货物及加工修理修配劳务	6	—	—	—	—	—	—	—	—			—	—	—	—
		即征即退应税服务	7	—	—	—	—	—	—	—	—						
二、简易计税方法计税	全部征税项目	6% 征收率	8							—	—			—	—	—	—
		5% 征收率	9							—	—			—	—	—	—
		4% 征收率	10							—	—			—	—	—	—
		3% 征收率的货物及加工修理修配劳务	11							—	—			—	—	—	—
		3% 征收率的应税服务	12							—	—						
		预征率　%	13a							—	—						
		预征率　%	13b							—	—						
		预征率　%	13c							—	—						
	其中：即征即退项目	即征即退货物及加工修理修配劳务	14	—	—	—	—	—	—	—	—			—	—	—	—
		即征即退应税服务	15	—	—	—	—	—	—	—	—						
三、免抵退税	货物及加工修理修配劳务		16	—	—		—		—	—	—		—	—	—	—	—
	应税服务		17	—	—		—		—	—	—		—				—
四、免税	货物及加工修理修配劳务		18				—		—	—	—		—	—	—	—	—
	应税服务		19	—	—		—		—	—	—		—				—

表 2-4 增值税纳税申报表附列资料（二）

（本期进项税额明细）

税款所属时间： 年 月 日至 年 月 日

纳税人名称：（公章） 金额单位：元（列至角分）

一、申报抵扣的进项税额				
项 目	栏 次	份 数	金 额	税 额
（一）认证相符的税控增值税专用发票	1 = 2 + 3			
其中：本期认证相符且本期申报抵扣	2			
前期认证相符且本期申报抵扣	3			
（二）其他扣税凭证	4 = 5 + 6 + 7 + 8			
其中：海关进口增值税专用缴款书	5			
农产品收购发票或者销售发票	6			
代扣代缴税收缴款凭证	7		—	
运输费用结算单据	8			
	9	—	—	—
	10	—	—	—
（三）外贸企业进项税额抵扣证明	11	—	—	
当期申报抵扣进项税额合计	12 = 1 + 4 + 11			

二、进项税额转出额		
项 目	栏 次	税 额
本期进项税转出额	13 = 14 至 23 之和	
其中：免税项目用	14	
非应税项目用、集体福利、个人消费	15	
非正常损失	16	
简易计税方法征税项目用	17	
免抵退税办法不得抵扣的进项税额	18	
纳税检查调减进项税额	19	
红字专用发票通知单注明的进项税额	20	
上期留抵税额抵减欠税	21	
上期留抵税额退税	22	
其他应作进项税额转出的情形	23	

三、待抵扣进项税额				
项 目	栏 次	份 数	金 额	税 额
（一）认证相符的税控增值税专用发票	24	—	—	—
期初已认证相符但未申报抵扣	25			
本期认证相符且本期未申报抵扣	26			
期末已认证相符但未申报抵扣	27			
其中：按照税法规定不允许抵扣	28			
（二）其他扣税凭证	29 = 30 至 33 之和			
其中：海关进口增值税专用缴款书	30			
农产品收购发票或者销售发票	31			
代扣代缴税收缴款凭证	32		—	
运输费用结算单据	33			
	34			

四、其他				
项 目	栏 次	份 数	金 额	税 额
本期认证相符的税控增值税专用发票	35			
代扣代缴税额	36	—	—	

表 2-5　增值税纳税申报表附列资料（三）

（应税服务扣除项目明细）

税款所属时间：　　年　　月　　日至　　年　　月　　日

纳税人名称：（公章）　　　　金额单位：元（列至角分）

项目及栏次	本期应税服务价税合计额（免税销售额）	应税服务扣除项目				
		期初余额	本期发生额	本期应扣除金额	本期实际扣除金额	期末余额
	1	2	3	4 =2 +3	5(5≤1 且5≤4)	6 =4 –5
17% 税率的有形动产租赁服务						
11% 税率的应税服务						
6% 税率的应税服务						
3% 征收率的应税服务						
免抵退税的应税服务						
免税的应税服务						

表 2-6　增值税纳税申报表附列资料（四）

（税额抵减情况表）

税款所属时间：　　年　　月　　日至　　年　　月　　日

纳税人名称：（公章）　　　　金额单位：元（列至角分）

序号	抵减项目	期初余额	本期发生额	本期应抵减税额	本期实际抵减税额	期末余额
1	增值税税控系统专用设备费及技术维护费	1	2	3 =1 +2	4≤3	5 =3 –4
2	分支机构预征缴纳税款					
3						
4						
5						
6						

表 2-7 固定资产进项税额抵扣情况表

填表日期：　　年　　月　　日

纳税人名称：(公章)　　　　　　　　　　　　　　　　　金额单位：元（列至角分）

项目	当期申报抵扣的固定资产进项税额	申报抵扣的固定资产进项税额累计
增值税专用发票		
海关进口增值税专用缴款书		
合计		

表 2-8 增值税减免税申报明细表

税款所属时间：自　　年　　月　　日至　　年　　月　　日

纳税人名称（公章）：　　　　　　　　　　　　　　　　金额单位：元（列至角分）

一、减税项目						
减税性质代码及名称	栏次	期初余额	本期发生额	本期应抵减税额	本期实际抵减税额	期末余额
		1	2	3 = 1 + 2	4≤3	5 = 3 - 4
合计	1					
××××减税性质代码及名称	2					
××××减税性质代码及名称	3					
××××减税性质代码及名称	4					
	5					
	6					
二、免税项目						
免税性质代码及名称	栏次	免征增值税项目销售额	免税销售额扣除项目本期实际扣除金额	扣除后免税销售额	免税销售额对应的进项税额	免税额
		1	2	3 = 1 - 2	4	5
合计	7					
出口免税	8		—	—	—	—
××××免税性质代码及名称	9					
××××免税性质代码及名称	10					
××××免税性质代码及名称	11					
	12					
	13					
	14					
	15					

2. 小规模纳税人的纳税申报

小规模纳税人无论有无计税销售额，均应按主管税务机关核定的纳税期限填列《增值税纳税申报表（小规模纳税人适用）》，并于次月 1 ~ 10 日内办理纳税申报，结清上月应纳税款。申报表的具体格式如表 2-9 和表 2-10 所示。

表 2-9　增值税纳税申报表

（小规模纳税人适用）

纳税人识别号：□□□□□□□□□□□□□□□□□□□□

纳税人名称（公章）：　　　　金额单位：元（列至角分）

税款所属期：　　年　　月　　日至　　年　　月　　日　　　　填表日期：　　年　　月　　日

	项　　目	栏次	本期数		本年累计	
			应税货物及劳务	应税服务	应税货物及劳务	应税服务
一、计税依据	（一）应征增值税不含税销售额	1				
	税务机关代开的增值税专用发票不含税销售额	2				
	税控器具开具的普通发票不含税销售额	3				
	（二）销售使用过的应税固定资产不含税销售额	4（4≥5）		—		—
	其中：税控器具开具的普通发票不含税销售额	5		—		—
	（三）免税销售额	6 = 7 + 8 + 9				
	其中：小微企业免税销售额	7				
	未达起征点销售额	8				
	其他免税销售额	9				
	（四）出口免税销售额	10（10≥11）				
	其中：税控器具开具的普通发票销售额	11				
二、税款计算	本期应纳税额	12				
	本期应纳税额减征额	13				
	本期免税额	14				
	其中：小微企业免税额	15				
	未达起征点免税额	16				
	应纳税额合计	17 = 12 − 13				
	本期预缴税额	18			—	—
	本期应补（退）税额	19 = 17 − 18			—	—

纳税人或代理人声明：	如纳税人填报，由纳税人填写以下各栏：
本纳税申报表是根据国家税收法律法规及相关规定填报的，我确定它是真实的、可靠的、完整的。	办税人员：　　　　财务负责人： 法定代表人：　　　　联系电话：
	如委托代理人填报，由代理人填写以下各栏：
	代理人名称（公章）：　　　　经办人： 联系电话：

主管税务机关：　　　　接收人：　　　　接收日期：

表 2-10 增值税纳税申报表（小规模纳税人适用）附列资料

税款所属期： 年 月 日至 年 月 日 填表日期： 年 月 日

纳税人名称（公章）： 金额单位： 元（列至角分）

应税服务扣除额计算			
期初余额	本期发生额	本期扣除额	期末余额
1	2	3（3≤1+2之和，且3≤5）	4=1+2-3

应税服务计税销售额计算			
全部含税收入	本期扣除额	含税销售额	不含税销售额
5	6=3	7=5-6	8=7÷1.03

增值税纳税申报表主表及附表的填表说明请参阅税法的有关规定，本书不再赘述。

【思考与练习】

一、复习思考题

1. 阐述增值税、增值税纳税义务人的含义。
2. 简述增值税的征税范围及具体规定。
3. 简述增值税一般纳税人与小规模纳税人的具体规定及其差别。
4. 简述增值税税率的具体适用范围及税率档次。
5. 什么是销售额、销项税额、混合销售及兼营非应税劳务？
6. 什么是视同销售？其内容包括哪些？
7. 什么是进项税额？准予从销项税额中抵扣的进项税额有何规定？不准从销项税额中抵扣的进项税额有何规定？
8. 月末如何进行增值税的结转？

二、综合练习题

1. 经纬纺织机械厂主要生产销售各种型号纺织机械。2015 年 4 月份，其主要发生下列涉税经济业务：

（1）4 月 3 日，销售纺织机械 3 台给上海第一纺织厂，开出增值税专用发票，注明单价 12 000 元，代垫运杂费 800 元，已办妥托收手续。

（2）4 月 6 日，发出 2 月份以预收货款方式销售给蓝天机械销售公司 5 台纺织机械，每台不含税售价 14 000 元，开具增值税专用发票。同时向购买方收取装卸费 3 510 元。

（3）4 月 12 日，采取分期收款方式销售给某纺织厂生产线一套，开具普通发票，金额为 128.7 万元。合同规定 4 月份付款 40%，5、6 月份各付款 30%。

（4）4 月 20 日，收到天津纺织厂转来的“企业进货退出及索取折让证明单”，2 月份销售的一台纺织机因存在质量问题，要求退货。开出红字增值税专用发票，并退回货款，不含税售价为 15 000 元。

（5）4 月 23 日，天津纺织厂退回的机器入库，成本为 12 500 元。

要求：计算销项税额，并编制会计分录。

2. 国贸商都 2015 年 2 月份主要发生下列涉税经济业务：

（1）2 月 1 日，委托丰台商场代销 10 台电视机；协议规定，丰台商场按每台含税售价 2 500 元对外销售，并按该价格与企业结算。按 6% 计算手续费，在结算货款时抵扣。产品已发给商场，每台电视机成本 2 200元。

（2）2 月 5 日，食品部取得营业收入 351 000 元（含税）。

(3) 2月9日，将库存的洗衣粉500袋，作为福利发给职工，每袋零售价15.21元，不含税进价为10.25元。

(4) 2月15日，将一批库存食品送给敬老院，含税价值65 520元，不含税进价为40 000元。

(5) 2月28日，收到丰台商场代销清单，销售代销电视机6台。按代销合同规定结算款项。

(6) 本月将企业已使用过的下列固定资产对外出售：①送货用摩托车1辆，原价8 000元，售价5 000元；②货车1辆，原价80 000元，售价50 000元；③旧设备1台，原价30 000元，售价40 000元。

要求：计算销项税额，并编制会计分录。

3. 贵阳市第一食品厂为一般纳税人，2015年4月发生如下涉税业务：

(1) 本月销售食品共取得不含税收入210 000元。

(2) 本月收回上月委托外单位加工的食品200 000元，应支付加工费72 000元（不含税），加工食品已验收入库，并收到受托方开来的增值税专用发票。加工费尚未支付。

(3) 从粮油经营部购进面粉一批，取得的增值税专用发票上注明价款185 000元，面粉已验收入库，开出支票，另支付搬运费600元。

(4) 因仓库管理不善，部分库存面粉霉烂，经盘点损失面粉23 000元。

(5) 因管理不善，部分本厂生产的库存食品被盗，经盘点损失食品36 000元，通过该企业生产成本明细账中的有关数据，测算出生产成本中已抵扣的外购项目（主要是面粉）金额占生产成本的比例为55%。

要求：计算应纳税额，并编制会计分录。

4. 红旗百货商场2015年6月份有关业务如下：

(1) 6月1日，商场购进货物一批，价款为62 000元，对方单位代垫运杂费1 000元，取得增值税专用发票，商场采用商业汇票结算，货到入库。

(2) 6月6日，商场本日零售销售收入244 100元，其中包括食用植物油商品销售收入45 200元。

(3) 6月12日，商场因质量问题退回上月购进水果罐头一批，价款为50 000元，增值税税额为8 500元，退货款未收到，已收到红字发票。

(4) 6月15日，商场购进商品一批，价款为80 000元，增值税专用发票注明的增值税税额为13 600元，货款未付。商品已入库。

(5) 6月16日，商场本日零售销售收入138 600元，其中税率为13%的销售收入为50 850元。

(6) 6月20日，商场发现1日购入商品规格不符合要求，经协商，供货方同意给予10%的折让，开出“企业进货退出及索取折让证明单”并转交给供货方，款已收到，并收到红字发票。

(7) 6月22日，商场销售给某单位一批商品，价格为50 000元，进价为42 000元，商场同意给予5%的折扣，开出增值税专用发票，已收到款项。

(8) 6月28日，商场批发销售商品一批，价款为170 000元，成本为150 000元；随同产品出售单独计价的包装物2 000个，每个售价3.5元、成本3元，开出增值税专用发票。

要求：编制会计分录，计算本月进项税额、销项税额及应纳税额。

第三章 消费税会计

【学习目标】

1. 了解在我国开征消费税的意义。
2. 明确消费税的概念。
3. 重点掌握消费税的税目、应纳税额的计算。
4. 熟练运用消费税的会计处理方法。
5. 掌握消费税的申报与缴纳

第一节 消费税基本法规的规定

消费税是世界各国广泛实行的税种，在开征国税收收入总额中占有相当比重，在发展中国家地位尤其重要。本章将详细介绍消费税的概念、特点、消费税的计算、纳税申报与消费税的会计处理。

一、消费税的纳税义务人

（一）消费税的概念

消费税是对在我国境内从事生产、委托加工和进口应税消费品的单位和个人，就其销售额或销售数量，在特定环节征收的一种税。简单地说，消费税是对特定的消费品和消费行为征收的一种税。

（二）消费税的特点

1. 征税范围具有选择性

消费税并非对所有的货物实行普遍征收，而是仅仅对一些特定的消费品或消费行为征收，即只对税法规定的少数消费品，如烟、酒、化妆品、贵重首饰、鞭炮焰火、成品油、摩托车、小汽车、木制一次性筷子、实木地板、高档手表、高尔夫球、游艇、电池、涂料15个税目，有的税目还进一步划分若干子目。

2. 征税环节具有单一性

消费税采用的是一次课征制，即在生产（进口）、流通或消费的某一个环节一次征收，而不是在消费品生产、流通或消费的每个环节多次征收。也就是说，应税消费品只要在生产（进口）、流通或消费的某一个环节征税之后，其他环节则不再征收消费税，即一次课征制。

3. 征收方法具有灵活性

为了适应不同应税消费品的情况，更好地体现国家产业政策和消费政策，消费税采用了从价定率、从量定额、从价定率和从量定额复合征收的多种计税方法。

4. 平均税率水平比较高且税负差异大

消费税属于国家运用税收杠杆对某些消费品和消费行为特殊调节的税种。为了有效体现国家政策，消费税的平均税率水平一般定得比较高，并且不同征税项目的税负差异较大，对需要限制或控制消费的消费品，通常税负较重。

5. 消费税具有转嫁性

消费税是对消费应税消费品的课税。因此，无论在哪个环节征收，消费品中包含的消费税款最终都要转嫁到消费者身上，由消费者负担，税负具有转嫁性。

（三）消费税的纳税义务人

在我国境内生产、委托加工和进口应税消费品的单位和个人，为消费税纳税义务人。具体包括从事生产和进口应税消费品的国有企业、集体企业、私有企业、股份制企业、合营企业、合作企业、合伙企业、外商投资企业、外国企业以及我国香港、澳门、台湾的企业和其他经济组织或者华侨、港澳台同胞投资兴办的企业、行政单位、事业单位、军事单位、社会团体、外国的机构和我国香港、澳门、台湾的机构等一切单位以及个体经营者和其他个人，包括中华人民共和国公民和外国公民。

二、消费税的征税范围

消费税的征税范围为在中华人民共和国境内生产、委托加工和进口《中华人民共和国消费税暂行条例》（以下简称《消费税暂行条例》）规定的消费品，其具体包括以下内容：

1. 在我国境内生产的应税消费品

应税消费品的范围包括四大类、十五种产品。

第一类：有害消费品。这类消费品过度消费对人体健康、社会秩序、生态环境等方面造成危害的特殊消费品，如烟、酒、鞭炮焰火、木制一次性筷子、实木地板等。

第二类：奢侈品、非生活必需品，如贵重首饰、化妆品、高档手表、高尔夫球及球具等。

第三类：高能耗及高档消费品，如小汽车、摩托车、游艇等。

第四类：不可再生和替代的石油类消费品，如成品油等。

2. 从国外进口的应税消费品

经营进口上述应税消费品的，均属于消费税的课税范围。为了减少征税成本，进口环节缴纳的消费税由海关代征。

3. 自产自用的应税消费品

所谓自产自用的应税消费品，就是纳税人生产应税消费品后，不是直接用于对外销售，而是用于自己连续生产应税消费品或用于其他方面的应税消费品。纳税人自产自用的应税消费品，用于连续生产应税消费品的，不纳消费税；但用于其他方面的，应于移送使用时纳税。

用于连续生产的应税消费品是指直接用于连续生产应税消费品，并构成产品生产成本的应税消费品。用于其他方面的应税消费品，是指纳税人用于生产非应税消费品和在建工程、管理部门、非生产机构，提供劳务以及用于馈赠、赞助、集资、广告、样品、集体福利、奖励等方面的应税消费品。

4. 委托加工的应税消费品

委托加工的应税消费品是指由委托方提供原材料和主要材料，受托方只收取加工费和代垫部分辅助材料加工的应税消费品。对于受托方提供原材料生产的应税消费品，或者受托方先将原材料卖给委托方，然后再接受加工的应税消费品，以及受托方以委托方名义购进原材料生产的应税消费品，不论纳税人在财务上如何核算，是否作销售处理，均不得作为委托加工的应税消费品，而应按照销售自制的应税消费品缴纳消费税。

三、消费税的税目、税率

我国消费税共设置了15个税目，包括烟、酒、化妆品、贵重首饰及珠宝玉石、鞭炮焰火、成品油、摩托车、小汽车、高档手表、木制一次性筷子、实木地板、高尔夫球及球具、游艇、电池、涂料。有些税目还进一步划分了若干子目，一般在应税消费品的生产、委托加工和进口环节缴纳。

（一）消费税的税目

1. 烟

凡是以烟叶为原料加工生产的产品，不论使用何种辅料，均属于本税目的征税范围。包括卷烟（包括进口卷烟、白包卷烟、手工卷烟和未经国务院批准纳入计划的企业及个人生产的卷烟）、雪茄烟和烟丝三个子目。

2. 酒

（1）白酒。白酒是指以高粱、玉米、大米、糯米、大麦、小麦、青稞、白薯（红薯、地瓜）、木薯、马铃薯（土豆）、芋头、山药等各种粮食和薯类为原料，经过糖化、发酵后，采用蒸馏方法酿制的白酒。

（2）黄酒。黄酒是指以糯米、粳米、籼米、大米、黄米、玉米、小麦、薯类等为原料，经加温、糖化、发酵、压榨所酿制的酒。

（3）啤酒。啤酒是指以大麦或其他粮食为原料，加入啤酒花，经过糖化、发酵、过滤所酿制的含有二氧化碳的酒。

（4）其他酒。其他酒是指除粮食白酒、薯类白酒、黄酒、啤酒以外，酒度在1度以上的各种酒，包括糠麸白酒、其他原料白酒、土甜酒、复制酒、果木酒、汽酒、药酒等。

3. 化妆品

化妆品包括香水、香水精、香粉、口红、指甲油、胭脂、眉笔、唇笔、蓝眼油、眼睫毛、成套化妆品等。

4. 贵重首饰及珠宝玉石

金银珠宝首饰包括凡以金、银、白金、宝石、珍珠、钻石、翡翠、珊瑚、玛瑙等高贵稀有物质以及其他金属、人造宝石等制作的各种纯金银首饰及镶嵌首饰（含人造金银、合成金银首饰等）。

珠宝玉石的种类包括钻石、珍珠、松石、青金石、欧泊石、橄榄石、长石、玉、石英、玉髓、石榴石、锆石、尖晶石、黄玉、碧玺、金绿玉、绿柱石、刚玉、琥珀、珊瑚、煤玉、龟甲、合成刚玉、合成宝石、双合石、玻璃仿制品。

5. 鞭炮焰火

鞭炮又称爆竹，是用多层纸密裹火药，接以药引线制成的一种爆炸品。焰火是指烟火剂，一般系包扎品，内装药剂，点燃后烟火喷射，呈各种颜色，有的还变幻成各种景象。

6. 成品油

成品油包括汽油、柴油、石脑油、溶剂油、航空煤油、润滑油、燃料油七个子目。

7. 摩托车

（1）轻便摩托车。轻便摩托车是指最大设计车速不超过50km/h、发动机气缸总工作容积不超过50ml的两轮机动车。但气缸容量250ml（不含）以下的小排量摩托车不征收消费税。

（2）摩托车。摩托车是指最大设计车速超过50km/h、发动机气缸总工作容积超过50ml、空车重量不超过400kg（带驾驶室的正三轮车及特种车的空车重量不受此限）的两轮和三轮机动车。但气缸容量250ml（不含）以下的小排量摩托车不征收消费税。

8. 小汽车

小汽车是指由动力驱动，具有四个或四个以上车轮的非轨道承载的车辆。

9. 高尔夫球及球具

高尔夫球及球具是指从事高尔夫球运动所需的各种专用装备，包括高尔夫球、高尔夫球杆及高尔夫球包（袋）等。高尔夫球杆的杆头、杆身和握把属于本税目的征收范围。

10. 高档手表

高档手表是指销售价格（不含增值税）每只在10 000元（含）以上的各类手表。

11. 游艇

游艇是指长度大于8m小于90m，船体由玻璃钢、钢、铝合金、塑料等多种材料制作，可以在水上移动的水上浮载体。按照动力划分，游艇分为无动力艇、帆艇和机动艇。

12. 木制一次性筷子

木制一次性筷子，又称卫生筷子，是指以木材为原料经过锯段、浸泡、旋切、刨切、烘干、筛选、打磨、倒角、包装等环节加工而成的各类一次性使用的筷子。未经打磨、倒角的木质一次性筷子属于本税目征税范围。

13. 实木地板

实木地板是指以木材为原料，经锯割、干燥、刨光、截断、开榫、涂漆等工序加工而成的块状或条状的地面装饰材料。

14. 电池

电池是一种将化学能、光能等直接转换为电能的装置，一般由电极、电解质、容器、极端，通常还有隔离层组成的基本功能单元，以及用一个或多个基本功能单元装配成的电池组。范围包括原电池、蓄电池、燃料电池、太阳能电池和其他电池。

自2015年2月1日起对电池（铅蓄电池除外）征收消费税；对无汞电池、金属氢化物镍蓄电池（又称“氢镍蓄电池”或“镍氢蓄电池”）、锂源电池、锂离子蓄电池、太阳能电池、全钒液流电池免征消费税。2015年12月31日前对铅蓄电池缓征消费税；自2016年1月1日起，对铅蓄电池按4%税率征收消费税。

15. 涂料

涂料是指涂于物体表面能形成具有保护、装饰或特殊性能的固态涂膜的一类液体或固体材料之总称。自2015年12月1日起对涂料征收消费税，施工状态下挥发性有机物含量低于420g/L（含）的涂料免征消费税。

（二）消费税的税率

消费税的税率是消费税税制的中心环节，具体体现国家的产业政策和消费政策，反映纳税人的负担程度，关系到国民经济相关部门之间以及国家、集体、个人三者之间的经济利益。

现行消费税按从价征税和从量征税实行比例税率和定额税率两种形式。对于从价征税的应税消费品，实行产品差别比例税率，目前税率由1%～56%共有十五档；对于从量征税的应税消费品，实行定额税率，目前单位税额由1.2～250元共有七档。消费税税率形式的选择，主要是根据课税对象的具体情况来确定的，对一些供求基本平衡、价格差异不大、计量单位规范的消费品，应选择计税简便的定额税率，如黄酒、啤酒、成品油等；对一些供求矛盾突出、价格差异较大，计量单位不规范的消费品，应选择税价联动的比例税率，如雪茄烟、烟丝、化妆品、护肤护发品、鞭炮、焰火、贵重首饰及珠宝玉石、摩托车、小汽车等；另有对同一消费品同时采用两种计税方法计算税额，即复合征收方法，如卷烟、白酒等。

消费税税目、税率（税额）表如表3-1所示。

表3-1 消费税税目、税率（税额）表

税目		征收范围	计税单位	税率	
				固定税额/元	比例税率
一、烟					
1. 卷烟	甲类卷烟（生产或进口环节）	包括每条（200支）调拨价格在70元（不包括增值税）以上的卷烟和进口卷烟	大箱（5万支）	150	56%
	乙类卷烟（生产或进口环节）	包括每条（200支）调拨价格不足70元（不包括增值税）的卷烟	大箱（5万支）	150	36%
	批发环节				11%
2. 雪茄烟					36%
3. 烟丝		包括斗烟、莫合烟、烟末、水烟、黄红烟丝等			30%
二、酒					
1. 白酒		每斤的标准按500克（或者500毫升）计算	斤	0.5	20%
2. 黄酒			吨	240	
3. 啤酒	甲类	出厂价格每吨3 000元（不包括增值税）以上的；娱乐业、饮食业自制的	吨	250	
	乙类	出厂价格每吨不足3 000元（不包括增值税）的	吨	220	
4. 其他酒		包括糠麸白酒、其他原料白酒、土甜酒、复制酒、果木酒、汽酒、药酒等			10%
三、化妆品		包括香水、香水精、香粉、口红、指甲油、胭脂、眉笔、蓝眼油、眼睫毛、成套化妆品、高级护肤护发品等			30%
四、贵重首饰及珠宝玉石					

（续）

税　　目	征收范围	计税单位	税率	
			固定税额/元	比例税率
1. 金银首饰、钻石及钻石饰品	（零售环节适用）			5%
2. 其他首饰和玉石				10%
五、鞭炮焰火				15%
六、成品油				
1. 汽油	包括车用汽油、航空汽油、起动汽油	升	1.52	
2. 柴油	包括轻柴油、重柴油、农用柴油和军用柴油	升	1.20	
3. 石脑油	包括非标准汽油、重整生成油、拔头油、戊烷原料油、轻裂解料、重裂解料、加氢裂化尾油、芳烃抽余油	升	1.52	
4. 溶剂油	包括用于涂料、油漆、食用油、印刷油墨、皮革、农药、橡胶、化妆品生产和机械清洗、胶黏行业的轻质油，以及橡胶填充油、溶剂油原料	升	1.52	
5. 润滑油	包括矿物性润滑油、矿物性润滑油基础油、植物性润滑油、动物性润滑油、化工原料合成润滑油	升	1.52	
6. 燃料油	包括蜡油、船用重油、常压重油、减压重油、180CTS燃料油、7号燃料油、糠醛油、工业燃料、4~6号燃料油	升	1.20	
7. 航空煤油		升	1.20	
七、摩托车	汽缸容量为250ml的			3%
	汽缸容量在250ml以上的			10%
八、小汽车				
1. 乘用车	汽缸容量（排气量，下同）在1.0L（含）以下的			1%
	汽缸容量在1.0L以上至1.5L（含）的			3%
	汽缸容量在1.5L以上至2.0L（含）的			5%
	汽缸容量在2.0L以上至2.5L（含）的			9%
	汽缸容量在2.5L以上至3.0L（含）的			12%
	汽缸容量在3.0L以上至4.0L（含）的			25%
	汽缸容量在4.0L以上的			40%

（续）

税　　目	征 收 范 围	计税单位	税率	
			固定税额/元	比例税率
2. 中轻型商用客车				5%
九、高尔夫球及球具				10%
十、高档手表				20%
十一、游艇				10%
十二、木制一次性筷子				5%
十三、实木地板				5%
十四、电池	包括原电池、蓄电池、燃料电池、太阳能电池和其他电池			4%
十五、涂料				4%

四、消费税的优惠政策

（一）出口免税

自2009年1月1日起，对纳税人出口应税消费品，免征消费税；国务院另有规定的除外。

（二）石脑油

自2008年1月1日起，石脑油生产企业销售给乙烯、芳烃类产品生产企业作为生产乙烯、芳烃类产品原料的石脑油，实行石脑油使用管理证明单管理。享受免征石脑油消费税的生产企业，应按照《税收征收管理法》及其实施细则和相关规定办理免税申报。并提供下列资料：

（1）石脑油使用管理证明单免税联清单以及免税联。

（2）税务机关要求报送的其他资料。

（三）航空煤油

自2006年4月1日起，航空煤油暂缓征收消费税。

（四）乙醇汽油

自2009年1月1日起，对用外购或委托加工收回的已税汽油生产的乙醇汽油免税。

（五）成品油生产企业生产自用油

（1）从2009年1月1日起，对成品油生产企业在生产成品油过程中，作为燃料、动力及原料消耗掉的自产成品油，免征消费税。

（2）从2009年1月1日到《财政部　国家税务总局关于对成品油生产企业生产自用油免征消费税的通知》下发前，成品油生产企业生产自用油已经缴纳的消费税，符合上述免税规定的，予以退还。

（六）利用废弃的动植物油生产纯生物柴油

（1）从2009年1月1日起，对同时符合下列条件的纯生物柴油免征消费税：

1）生产原料中废弃的动物油和植物油用量所占比重不低于70%。

2）生产的纯生物柴油符合国家标准《柴油机燃料调合生物柴油》（BD100）。

（2）从2009年1月1日至《财政部　国家税务总局关于对利用废弃的动植物油生产纯生物柴油免征消费税的通知》下发前，生物柴油生产企业已经缴纳的消费税，符合该通知第一条免税规定的予以退还。

（七）葡萄酒

（1）2006年7月1日起，境内从事葡萄酒生产的单位或个人之间销售葡萄酒，实行葡萄酒购货证明单管理。葡萄酒购货证明单由购货方在购货前向其主管税务机关申请领用，销货方凭证明单的退税联向其主管税务机关申请已纳消费税退税。

（2）2006年7月1日起，以进口葡萄酒为原料连续生产葡萄酒的纳税人，实行凭海关进口消费税专用缴款书抵减进口环节已纳消费税的管理办法。以进口葡萄酒为原料连续生产葡萄酒的纳税人，准予从当期应纳消费税税额中抵减海关进口消费税专用缴款书注明的消费税，如当期应纳消费税不足抵减的，余额留待下期抵减。

第二节　消费税的计算

消费税的计算比较复杂，一般采用从价定率计税、从量定额计税和从价从量复合计税等基本方法计算应纳税额。

一、从量定额计税

实行从量定额征收的应税消费品，以应税消费品的销售数量为计税依据，按照规定的适用税额标准计算应纳税额。其应纳税额的计算公式如下：

应纳税额 = 应税消费品销售数量 × 适用税额标准

在实际销售过程中，一些纳税人往往将计量单位混用，《中华人民共和国消费税暂行条例实施细则》中具体规定了吨与升两个计量单位的换算标准：

啤酒	1t = 988L	黄酒	1t = 962L
汽油	1t = 1 388L	柴油	1t = 1 176L
石脑油	1t = 1 385L	溶剂油	1t = 1 282L
润滑油	1t = 1 126L	燃料油	1t = 1 015L
航空煤油	1t = 1 246L		

对采用定额税率征税的货物，必须核定其销售数量，来作为计税依据。具体的核定方法如下：

（1）销售应税消费品的，为应税消费品的销售数量。

（2）自产自用应税消费品的，为应税消费品的移送使用数量。

（3）委托加工应税消费品的，为纳税人收回的应税消费品数量。

（4）进口的应税消费品，为海关核定的应税消费品进口征税数量。

二、从价定率计税

实行从价定率征收的应税消费品，以含消费税而不含增值税的销售额（也称应税消费品的销售额）为计税依据，按照规定的适用税率计算应纳税额。其应纳税额的计算公式如下：

应纳税额＝应税消费品销售额×适用税率

1. 应税销售行为的确定

（1）有偿转让应税消费品所有权的行为。即以从受让方取得货币、货物、劳务或其他经济利益为条件转让应税消费品所有权的行为。

（2）纳税人自产自用的消费品用于其他方面的。即纳税人用于生产非应税消费品和在建工程、管理部门、非生产机构、提供劳务以及用于馈赠、赞助、广告、职工福利、奖励等，均视同对外销售。

（3）委托加工的应税消费品。委托加工是指委托方提供原料和主要材料，受托方只收取加工费和代垫部分辅助材料加工的应税消费品。

2. 销售额的确定

（1）纳税人生产销售的应税消费品，销售额是指纳税人销售应税消费品所收取的全部价款和收取价外费用。所谓价外费用包括价外收取的基金、集资款、包装费、返还利润、补贴、违约金（延期付款利息）和手续费、包装费、储备费、优质费、运输装卸费、代收款项、代垫款项以及其他各种性质的价外收费。但下列项目不包括在内：

1）承运部门的运费发票开具给购货方，并且由纳税人将该项发票转交给购货方的代垫运费。

2）由国务院或者财政部批准设立的政府性基金，由国务院或者省级人民政府及财政、价格主管部门批准设立的行政事业性收费，在收取时开具了省级以上财政部门印刷的财政票据，并且所收款项全额上缴财政。

3）向购买方收取的销项税额（增值税）。

（2）纳税人连同包装销售的应税消费品，根据不同情况分别确定销售额。包装物作价的，无论包装物是否单独计价，也不论在会计上如何核算，均应并入应税消费品的销售额中征收消费税。如果包装物不作价随同产品销售，而是收取押金（收取酒类产品的包装物押金除外），此项押金则不应并入应税消费品的销售额中征税。但对因逾期未收回包装物不再退还的和已收取一年以上押金的，应并入应税消费品的销售额，按照应税消费品的适用税率征收消费税。对于既作价随同应税消费品销售，又另外收取押金的包装物押金，凡纳税人在规定的期限内不予退还的，均应并入应税消费品的销售额，按照应税消费品的适用税率征收消费税。对酒类产品生产企业销售酒类产品（黄酒、啤酒除外）而收取的包装物押金，无论押金是否返还与会计上如何核算，均需并入酒类产品销售额中，依酒类产品的适用税率征收消费税。

三、从价从量复合计税

现行消费税的征收范围中，卷烟、白酒两类应税消费品采用从价从量复合计税方法，该方法是指采用从价定率和从量定额相结合计税的方法计算应税消费品的应纳税额。其应纳税额的计算公式如下：

应纳税额＝应税消费品销售额×适用税率＋应税消费品销售数量×适用税额标准

第三节　消费税的会计核算

一、自产自用应税消费品的会计处理

（一）自产自用应税消费品应纳税额的计算

纳税人自产自用的应税消费品，用于连续生产应税消费品的不纳税，用于其他方面的在移送使用时纳税。“用于其他方面”是指纳税人用于生产非应税消费品和在建工程、管理部门、非生产机构、提供劳务及用于馈赠、赞助、集资、广告、样品、职工福利、奖励等方面的应税消费品。其计税依据是有同类消费品销售价格的，按同类消费品的销售价格计税，无同类消费品销售价格的，按组成计税价格计税。

$$销售额 = \frac{自产自用应税消费品}{实际移送使用数量} \times \frac{同类消费品销售价格}{（或组成计税价格）}$$

1. 同类消费品销售价格

同类消费品销售价格是指纳税人当月销售的同类消费品的销售价格，如果当月同类消费品的各期销售价格高低不同，则应按销售数量加权平均计算。但销售的应税消费品有下列情况之一的，则不得列入加权平均计算：

（1）销售价格明显偏低又无正当理由。

（2）无销售价格的，如果当月无销售或当月未完结，应按照同类消费品上月或最近月份的销售价格计算纳税。

2. 组成计税价格。其计算公式如下：

$$组成计税价格 = \frac{成本 + 利润}{1 - 消费税税率}$$

$$组成计税价格 = 成本 \times (1 + 成本利润率) + 消费税税额$$

或

$$组成计税价格 = \frac{成本 \times (1 + 成本利润率)}{1 - 消费税税率}$$

成本是指应税消费品的产品生产成本。

利润是指根据应税消费品的全国平均成本利润率计算的利润。应税消费品的全国平均利润率由国家税务总局确定，应税消费品全国平均成本利润率为：①高档手表20%；②高尔夫球及球具、游艇、甲类卷烟、白酒10%；③乘用车8%；④贵重首饰及珠宝玉石、摩托车6%；⑤乙类卷烟、烟丝、其他酒、酒精、化妆品、鞭炮焰火、中轻型商用客车、木制一次性筷子、实木地板5%。

【例3-1】张华白酒有限公司在春节前，以福利形式发给每位职工粮食类白酒2件（12斤），该种白酒每件制造成本为200元，公司职工人数为1 000人，计算该公司应交纳的消费税。

解

组成计税价格 =（成本 + 利润）÷（1 − 消费税税率）

=（200 ×1 000 +200 ×1 000 ×10%）÷（1 −20%）=275 000（元）

应纳消费税税额 =275 000 ×20% +1 ×1 000 ×12 ×0.5 =61 000（元）

【例3-2】某客车有限公司用其所生产的中轻型商用客车150辆进行投资，该种车制造成本为50 000元/辆，市场销售价格为70 000元/辆（不含增值税），另捐赠同类车一辆，问该公司应缴纳的增值税和消费税分别是多少？

解

应缴纳的增值税税额 = 151 × 70 000 × 17% = 1 796 900（元）

应缴纳的消费税税额 = 151 × 70 000 × 5% = 528 500（元）

（二）自产自用应税消费品消费税的会计处理

1. 正常销售业务的会计处理

销售应税消费品计提应交消费税时，应借记“营业税金及附加”等账户，贷记“应交税费——应交消费税”账户；实际缴纳消费税时，应借记“应交税费——应交消费税”账户，贷记“银行存款”账户。

【例3-3】美颜化妆品有限公司本期销售化妆品一批，对外开具增值税专用发票，内列货款240 000元，增值税税额40 800元。销货价税款已收妥存入银行。

应纳消费税税额 = 240 000 × 30% = 72 000（元）

期末计提应纳消费税税额及会计处理如下：

借：营业税金及附加　　72 000

　　贷：应交税费——应交消费税　　72 000

实际缴纳消费税时的会计处理如下：

借：应交税费——应交消费税　　72 000

　　贷：银行存款　　72 000

【例3-4】中原卷烟厂本期对外销售每标准条调拨价格为90元的卷烟500标准箱，经核实，期初库存外购烟丝买价1 000万元，本期购进烟丝买价300万元，期末库存外购烟丝400万元。

期末计提应纳消费税税额及会计处理如下：

应纳消费税税额 = 90 × 500 × 250 × 56% + 500 × 150 −

（10 000 000 + 3 000 000 − 4 000 000）× 30%

= 6 300 000 + 75 000 − 2 700 000 = 3 675 000（元）

借：营业税金及附加　　3 675 000

　　贷：应交税费——应交消费税　　3 675 000

实际缴纳消费税时的会计处理如下：

借：应交税费——应交消费税　　3 675 000

　　贷：银行存款　　3 675 000

【例3-5】顺达石化公司于2015年6月销售汽油56吨，柴油83吨。假定汽油的不含税销售价格为11 200元/吨，实际成本为9 000元/吨；柴油的不含税销售价格为9 200元/吨，实际成本为7 000元/吨。款项已收到并存入银行。计算如下（汽油税额为1.4元/升；柴油税额为0.8元/升）：

汽油应纳税额 = 56 × 1 388 × 1.4 = 108 819.2（元）

柴油应纳税额 = 83 × 1 176 × 0.8 = 78 086.4（元）

该公司当月应纳消费税总额 = 108 819.2 + 78 086.4 = 186 905.6（元）

计提消费税时，其会计处理如下：

借：营业税金及附加　　186 905.6
　　贷：应交税费——应交消费税　　186 905.6

上缴税款时，其会计处理如下：

借：应交税费——应交消费税　　186 905.6
　　贷：银行存款　　186 905.6

2. 自产自用的应税消费品的会计处理

（1）用于连续生产应税消费品的会计处理。纳税人自产自用的应税消费品用于连续生产应税消费品的，不纳消费税，只进行实际成本的核算。

【例3-6】大明烟厂领用库存自产烟丝4吨，用于连续生产卷烟，烟丝的实际总成本为7 000元。则领用时该酒厂会计处理如下：

借：生产成本　　7 000
　　贷：原材料　　7 000

（2）用于连续生产非应税消费品的会计处理。纳税人自产自用的应税消费品用于连续生产非应税消费品的，由于最终产品不属于应税消费品，所以，应在移送使用环节纳消费税。在领用时应借记“生产成本”科目，贷记“原材料”“应交税费——应交消费税”等科目。

【例3-7】陆丰实木地板制造厂领用库存自产实木地板若干，用于连续装修新建办公楼。实木地板的实际成本为63 000元（实木地板的成本利润率为5%），无同类应税消费品的销售价格。

应纳消费税税额 = 63 000 ×（1 + 5%）÷（1 − 5%）× 5% = 3 481.58（元）

则领用时该厂会计处理如下：

借：生产成本　　66 481.58
　　贷：原材料　　63 000
　　　　应交税费——应交消费税　　3 481.58

（3）用于其他方面的会计处理。纳税人用于其他方面的应税消费品，是指纳税人用于在建工程、管理部门、非生产机构、提供劳务以及用于馈赠、赞助、集资、广告、样品、集体福利、奖励等方面的应税消费品。用于其他方面的应税消费品应视同销售，在按成本转账的同时，按同类消费品的销售价格或组成计税价格和适用税率（增值税税率和消费税税率）计算增值税销项税额和消费税，应借记“在建工程”“销售费用”“应付职工薪酬”“营业外支出”“固定资产”等科目，贷记“库存商品”“应交税费——应交增值税（销项税额）”“应交税费——应交消费税”科目。

【例3-8】某高档手表厂研制一种新型手表，为了开拓市场，将该手表赠送给有关客户20块。该新型手表无同类产品销售价格，该产品单位实际成本为15 000元。（高档手表成本利润率为25%）

组成计税价格 = 15 000 ×（1 + 25%）÷（1 − 20%）= 23 437.50（元）

应纳增值税税额 = 23 437.5 × 17% = 3 984.38（元）

应纳消费税税额 = 23 437.5 × 20% = 4 687.50（元）

则赠送时，该厂会计处理如下：

借：营业外支出　　158 671.88
　　贷：库存商品　　150 000

应交税费——应交增值税（销项税额）　　3 984. 38
应交税费——应交消费税　　4 687. 50

二、委托加工应税消费品的会计处理

（一）委托加工应税消费品应纳税额的计算

随着社会分工进一步细化，专业化生产和协作的加强，企业、单位和个人由于设备、技术、人力等方面的限制，常常要委托其他单位代为加工应税消费品，然后将加工好的应税消费品收回或直接销售或直接使用。作为委托加工的应税消费品必须具备以下两个条件，其一是委托方提供原材料和主要材料；其二是受托方只收取加工费和代垫部分辅助材料。

委托加工的应税消费品，于委托方提货时，由受托方代收代缴消费税。委托加工收回的应税消费品直接用于销售的，在销售时不再缴纳消费税；用于连续生产应税消费品的，已纳税款按规定准予抵扣。

委托加工的应税消费品，其销售额的确认公式如下：

销售额 = 委托方收回应税消费品数量 × 同类消费品销售价格（或组成计税价格）

没有同类消费品销售价格的，按组成计税价格确定。

实行从价定率办法计算纳税的组成计税价格计算公式如下：

$$组成计税价格 = \frac{材料成本 + 加工费}{1 - 消费税税率}$$

实行复合计税办法计算纳税的组成计税体格计算公式如下：

$$组成计税价格 = \frac{材料成本 + 加工费 + 委托加工数量 \times 定额税率}{1 - 消费税税率}$$

组成委托加工计税价格的材料成本是指委托方所提供加工材料的实际成本，并且委托加工应税消费品的纳税人，必须在委托加工合同上如实注明（或者其他方式提供）材料成本，凡未提供材料成本或者提供的材料成本不实时，应按税务机关核定的材料成本计算组成计税价格。

组成委托加工计税价格的加工费是指受托方加工应税消费品向委托方所收取的、包括代垫辅助材料的全部费用。

【例 3-9】 碧玉日化公司委托外协单位加工化妆品半成品，按加工合同要求，拨付原材料费 137 000 元，支付加工费 40 000 元，支付受托方垫付辅料费 8 000 元。受托方无同类新产品。加工完毕收回后用于继续生产化妆品。加工税费以转账支票付讫。该公司应支付给受托方增值税与消费税的计算过程如下：

组成计税价格 =（材料成本 + 加工费）÷（1 − 消费税税率）

=（137 000 + 40 000 + 8 000）÷（1 − 30%）= 264 285. 71（元）

应纳消费税税额 = 264 285. 71 × 30% = 79 285. 71（元）

应纳增值税税额 =（40 000 + 8 000）× 17% = 8 160（元）

【例 3-10】 靓靓化妆品有限公司将库存化妆品发出，委托外协单位加工成套化妆品后直接对外出售，发出半成品账面成本为 563 000 元，支付加工费 80 000 元；外协单位同类消费品计税销售额为 650 000 元，加工税费以银行本票付清。加工完毕验收入库待售。该公司应支付给加工方的增值税与消费税的计算过程如下：

$$应付增值税税额 = 80\ 000 \times 17\% = 13\ 600（元）$$

$$应付消费税税额 = 650\ 000 \times 30\% = 195\ 000（元）$$

（二）委托加工应税消费品应纳消费税的会计处理

委托方委托加工的应税消费品由受托方代收代缴消费税，委托方收回加工的应税消费品后，如果用于连续生产消费品的，其已纳消费税款准予按照规定，从连续生产的应税消费品应纳消费税税额中抵扣，委托方收回加工的应税消费品后直接用于销售的，在销售时不再缴纳消费税，此时委托方应将受托方代收代缴的消费税随同应支付的加工费一并计入委托加工的应税消费品成本之中。因此在会计处理上，如果委托加工环节支付的消费税允许抵扣税额，则应借记“应交税费——应交消费税”账户，贷记“银行存款”等账户；如果委托加工环节支付的消费税不允许抵扣税额，则应借记“委托加工物资”等账户，贷记“银行存款”等账户。

1. 委托方收回后直接用于销售的应税消费品的会计处理

如果委托方将委托加工应税消费品收回后直接用于销售，应将受托方代收代缴的消费税和支付的加工费一并计入委托加工应税消费品的成本，则借记“委托加工物资”“库存商品——委托外部加工库存商品”“生产成本——委托加工产品”等科目，贷记“应付账款（银行存款）”等科目。

【例3-11】 2015年8月，速洁公司委托某加工厂加工一次性筷子一批，该受托单位没有同类产品销售价格，该一次性筷子总成本35 000元，支付加工费13 000元，支付其他费用2 000元。计算该批一次性筷子应纳的消费税税额。

$$组成计税价格 = (35\ 000 + 13\ 000 + 2\ 000) \div (1 - 5\%) = 52\ 631.58（元）$$

$$该加工厂应代收代缴消费税 = 52\ 631.58 \times 5\% = 2\ 631.58（元）$$

$$支付增值税税额 = (13\ 000 + 2\ 000) \times 17\% = 2\ 550（元）$$

其会计处理如下：

（1）发出材料时：

	借方	贷方
借：委托加工物资	35 000	
贷：原材料		35 000

（2）支付加工费、消费税和增值税时：

	借方	贷方
借：委托加工物资	52 631.58	
应交税费——应交增值税（进项税额）	2 550	
贷：银行存款		55 181.58

（3）收回加工后应税消费品时：

	借方	贷方
借：库存商品	87 631.58	
贷：委托加工物资		87 631.58

2. 委托方收回后用于连续生产应税消费品的会计处理

如果委托方将委托加工的应税消费品收回后用于连续生产应税消费品，则应将受托方代收代缴的消费税记入“应交税费——应交消费税”科目的借方，在最终应税消费品计算缴纳消费税时予以抵扣，而不是计入委托加工应税消费品的成本中。委托方在提货时，按应支付的加工费等借记“委托加工物资”等科目，按受托方代收代缴的消费税，借记“应交税费——应交消费税”科目，按支付加工费应负担的增值税税额借记“应交税费——应交增值税（进项税额）”科目，按加工费与增值税、消费税之和贷记“银行存款”等科目；待加工成最终应税消费品销售时，按最终应税消费品应缴纳的消费税，借记“营业税金及附加”科目，贷记“应交税费——应交消费税”科目；“应交税费——应交消费税”科目中这两笔借贷方发生额的差额为实际应缴的消费税；缴纳时，应借记“应交税费——应交消费税”科目，贷记“银行存款”科目。

【例3-12】 奈尔有限公司于2015年6月委托某加工厂加工烟丝，发出材料成本60 000元，该公司支付加工费35 000元，增值税税额5 950元。该公司无同类、同量烟丝的销售价格，该批烟丝收回后连续生产某种甲类卷烟100箱对外销售。取得销售收入550 000元，则该公司的会计处理如下：

（1）发出材料时：

	借方	贷方
借：委托加工物资	60 000	
贷：原材料		60 000

（2）支付加工费、消费税和增值税时：

$$组成计税价格=(60\ 000+35\ 000)\div(1-30\%)=135\ 714.29(元)$$

$$应支付消费税税额=135\ 714.29\times30\%=40\ 714.29(元)$$

$$应支付增值税税额=35\ 000\times17\%=5\ 950(元)$$

	借方	贷方
借：委托加工物资	35 000	
应交税费——应交增值税（进项税额）	5 950	
应交税费——应交消费税	40 714.29	
贷：银行存款		81 664.29

（3）最终该种甲类卷烟实现销售时确认收入，计算消费税时：

$$最终应纳消费税税额=550\ 000\times56\%+100\times150=323\ 000(元)$$

$$最终应纳增值税税额=550\ 000\times17\%=93\ 500(元)$$

	借方	贷方
借：银行存款	643 500	
贷：主营业务收入		550 000
应交税费——应交增值税（销项税额）		93 500
借：营业税金及附加	323 000	
贷：应交税费——应交消费税		323 000

（4）计算缴纳当期实际应纳的消费税时：

$$当期实际应纳消费税税额=323\ 000-40\ 714.29=282\ 285.71(元)$$

	借方	贷方
借：应交税费——应交消费税	282 285.71	
贷：银行存款		282 285.71

（5）受托方代收代缴消费税的会计处理如下：

	借方	贷方
借：银行存款	81 664.29	
贷：主营业务收入		35 000
应交税费——应交增值税（销项税额）		5 950
应交税费——应交消费税		40 714.29

3. 准予从应纳消费税税额中扣除原料已纳消费税税款的应税消费品

（1）外购或委托加工收回的已税烟丝生产的卷烟。

（2）外购或委托加工收回的已税化妆品生产的化妆品。

（3）外购或委托加工收回的已税珠宝玉石生产的贵重首饰及珠宝玉石。

（4）外购或委托加工收回的已税鞭炮焰火生产的鞭炮焰火。

（5）以外购或委托加工收回的已税杆头、杆身和握把为原料生产的高尔夫球杆。

（6）以外购或委托加工收回的已税木制一次性筷子为原料生产的木制一次性筷子。

（7）以外购或委托加工收回的已税实木地板为原料生产的实木地板。

（8）以外购或委托加工收回的已税汽油、柴油、石脑油、燃料油、润滑油用于连续生产应税成品油。

（9）以外购或委托加工收回的已税摩托车用于生产应税摩托车（如用外购或委托加工两轮摩托车改装三轮摩托车）。

按照规定，当期准予扣除的外购或委托加工收回的应税消费品的已纳消费税税款，应按当期生产领用数量计算。

对于外购已税消费品，当期准予扣除的已纳消费税税款的计算公式如下：

$$\begin{matrix}\text{当期准予扣除的外购}\\\text{应税消费品的已纳税款}\end{matrix}=\begin{matrix}\text{当期准予扣除的外购的}\\\text{应税消费品的买价}\end{matrix}\times\begin{matrix}\text{外购应税消费品}\\\text{消费税税率}\end{matrix}$$

$$\begin{matrix}\text{当期准予扣除的外购}\\\text{应税消费品买价}\end{matrix}=\begin{matrix}\text{期初库存的外购}\\\text{应税消费品的买价}\end{matrix}+\begin{matrix}\text{当期购进的}\\\text{应税消费品的买价}\end{matrix}-\begin{matrix}\text{期末库存的外购}\\\text{应税消费品的买价}\end{matrix}$$

三、进口应税消费品的会计处理

（一）进口应税消费品应纳税额的计算

进口应税消费品以进口商品总值为课税对象，进口或代理进口应税消费品的单位和个人，为进口应税消费品消费税的纳税义务人。进口的应税消费品，于报关进口时交纳，由海关代征。

纳税人进口应税消费品，按照组成计税价格和规定的税率计算应纳税额。其计算公式如下：

1. 实行从价定率办法的应税消费品的应纳税额的计算

$$\text{组成计税价格}=\frac{\text{关税完税价格}+\text{关税}}{1-\text{消费税税率}}$$

$$\text{应纳税额}=\text{组成计税价格}\times\text{消费税税率}$$

公式中所称关税完税价格是指海关核定的关税计税价格。

2. 实行从量定额办法的应税消费品的应纳税额的计算

$$\text{应纳税额}=\text{应税消费品数量}\times\text{消费税单位税额}$$

公式中所称应税消费品数量是指海关核定的应税消费品进口征税数量。

3. 实行复合计税办法的应税消费品的应纳税额的计算

如果进口的应税消费品属于适用从价与从量相结合计征产品，在公式的分子中还应加上“消费税定额税”项目。

例如，依据确定的进口卷烟消费税适用比例税率，计算进口卷烟消费税组成计税价格和应纳消费税税额。

$$\text{进口卷烟消费税组成计税价格} = \frac{\text{关税完税价格} + \text{关税} + \text{消费税定额税}}{1 - \text{进口卷烟消费税适用比例税率}}$$

$$\text{应纳消费税税额} = \text{进口卷烟消费税组成计税价格} \times \text{进口卷烟消费税比例税率} + \text{消费税定额税}$$

其中

$$\text{消费税定额税} = \text{海关核定的进口卷烟数量} \times \text{消费税定额税率}$$

【例3-13】耀华公司于2015年9月进口小汽车4辆，小汽车的到岸价格折合人民币为350 000元，应纳关税70 000元，适用消费税税率5%。该公司进口小汽车的应纳消费税计算如下：

进口小汽车的组成计税价格 =(350 000 +70 000) ÷(1 - 5%) =442 105.26(元)

进口小汽车应纳消费税税额 =442 105.26 ×5% =22 105.26(元)

（二）进口应税消费品消费税的会计处理

进口的应税消费品，应在进口时，由进口者缴纳消费税，缴纳的消费税应计入进口应税消费品的成本。

企业进口应税消费品，应当自海关填发税款缴款书的次日起15日内缴纳，企业不交税不得提货。因此，缴纳消费税与进口货物入账基本上没有时间差。为简化核算手续，进口应税消费品缴纳的消费税不通过“应交税费——应交消费税”科目核算，在将消费税计入进口应税消费品成本时，直接贷记“银行存款”科目。在特殊情况下，如出现先提货、后缴纳消费税的，也可以通过“应交税费——应交消费税”科目核算应缴消费税额。

企业进口的应税消费品可能是固定资产、原材料等。因此，在进口时，按应税消费品的到岸价格加关税连同消费税及不允许抵扣的增值税，借记“固定资产”“材料采购”等科目，按支付的允许抵扣的增值税，借记“应交税费——应交增值税（进项税额）”科目，按其合计数，贷记“银行存款”等科目。

【例3-14】华光外贸进出口公司于2015年3月进口100辆小轿车，每辆车关税完税价格为人民币14.3万元，缴纳关税4.1万元。已知小轿车适用的消费税税率为9%。

进口小轿车的组成计税价格 =100 ×(143 000 +41 000) ÷(1 -9%) =20 219 780(元)

进口小轿车应纳消费税税额 =20 219 780 ×9% =1 819 780.2(元)

进口小轿车应纳增值税税额 =20 219 780 ×17% =3 437 362.6(元)

支付小轿车价款时会计处理如下：

借：固定资产　　20 219 780

　　应交税费——应交增值税（进项税额）　　3 437 362.6

　　贷：银行存款　　23 657 142.6

四、金银首饰、钻石及其饰品应纳税额的会计处理

在中华人民共和国境内从事金银首饰零售业务的单位和个人，为金银首饰消费税的纳税义务人。委托加工、委托代销金银首饰的，受托方也是纳税人。

金银首饰的零售业务是指将金银首饰销售给中国人民银行批准的金银首饰生产、加工、

批发、零售单位以外的单位和个人的业务。

下列行为视同零售业务：

（1）为经营单位以外的单位和个人加工金银首饰。加工包括带料加工、翻新改制、以旧换新等业务，不包括修理、清洗业务。

（2）经营单位将金银首饰用于馈赠、赞助、集资、广告样品、职工福利、奖励等方面。

（3）未经中国人民银行总行批准，经营金银首饰批发业务的单位将金银首饰销售给经营单位。

对既销售金银首饰，又销售非金银首饰的生产经营单位，应将两类商品划分清楚，分别核算销售额。凡划分不清楚或不能分别核算的，在生产环节销售的，一律从高适用税率征收消费税；在零售环节征收的，一律按金银首饰征收消费税。金银首饰与其他产品组成成套消费品销售的，应按销售额全额征收消费税。

（一）金银首饰、钻石及其饰品应纳税额的计算

（1）纳税人销售金银首饰，其计税依据为不含增值税的销售额，如果纳税人销售金银首饰的销售额中未扣除增值税税款，则在计算消费税时，应按以下公式换算为不含增值税税款的销售额。

$$金银首饰的销售额=\frac{含增值税的销售额}{1+增值税税率或征收率}$$

（2）金银首饰连同包装物销售的，无论包装是否单独计价，也无论会计上如何处理，均应并入金银首饰的销售额。

（3）纳税人采用以旧换新（含翻新改制）方式销售金银首饰的，应按实际收取的不含增值税的全部价款确定计税依据征收消费税。

（4）生产、批发、零售单位用于馈赠、赞助、集资、广告、样品、职工福利、奖励等方面的金银首饰，应按纳税人销售同类金银首饰的销售价格确定计税依据征收消费税；没有同类金银首饰的销售价格的，应按照组成计税价格计算纳税。组成计税价格的计算公式如下：

$$组成计税价格=\frac{购进原价\times(1+利润率)}{1-金银首饰消费税税率}$$

纳税人为生产企业时，公式中的购进原价为生产成本。

（二）金银首饰、钻石及其饰品应纳消费税的会计处理

1. 自购自销金银首饰应纳消费税的会计处理

消费税是价内税，含在商品的销售收入中，故金银首饰应纳的消费税计入销售税金。商品流通企业销售金银首饰的收入应记入“主营业务收入”科目，其应纳的消费税相应记入“营业税金及附加”科目。

企业采用以旧换新方式销售金银首饰的，在销售实现时，按旧首饰的作价借记“材料采购”科目；按加收的差价和收取的增值税部分，借记“库存现金”等科目；按旧首饰的作价与加收的差价，贷记“主营业务收入”科目，按收取的增值税，贷记“应交税费——应交增值税（销项税额）”科目；同时按税法规定计算应缴纳的消费税税金，应借记“营业税金及附加”科目，贷记“应交税费——应交消费税”科目。

2. 受托代销金银首饰应纳消费税的会计处理

企业受托代销金银首饰的，以受托方为消费税的纳税人。受托代销有不同的方式，一种是收取手续费方式，即根据所代销的金银首饰量向委托方收取手续费。在这种情况下，收取的手续费计入代购代销收入，根据销售价格计算缴纳的消费税，相应冲减代购代销收入，销售实现时，应借记“代购代销收入”科目，贷记“应交税费——应交消费税”科目。

不采用收取手续费方式代销的，通常由委托方与受托方签订一个协议价，委托方按协议价收取所代销的货款，实际销售的货款与协议价之间的差额归受托方所有。在这种情况下，受托方缴纳消费税的会计处理与自购自销相同。

3. 金银首饰包装物应纳消费税的会计处理

根据有关规定，金银首饰连同包装物销售的，无论包装物是否单独计价，均应并入金银首饰的销售额，计征消费税。为此，现行会计制度规定，金银首饰连同包装物销售的，应分别按下列情况进行会计处理：

（1）随同金银首饰销售不单独计价的包装物，其收入随同销售的商品一并计入商品销售收入。因此包装物应交的消费税与金银首饰本身销售应交的消费税应一并计入销售税金。

（2）随同金银首饰销售单独计价的包装物，其收入应记入“其他业务收入”科目。因此包装物应交的消费税应记入“其他业务支出”科目。

4. 自购自用金银首饰应纳消费税的会计处理

从事批发、零售商品业务的企业将金银首饰用于馈赠、赞助、集资、广告、样品、集体福利、奖励等方面的，应按规定征收消费税。在会计核算上，对自购自用的金银首饰，应按成本结转，按规定计算缴纳的消费税也应随同成本一起转入同一科目，则借记“营业外支出”“销售费用”“应付福利费”等科目，贷记“库存商品”和“应交税费——应交增值税（进项税额转出）”“应交税费——应交消费税”等科目。采用售价核算库存商品的企业，还应及时分摊相应的商品进销差价。

【例 3-15】 某商场为增值税一般纳税人，某月本商场将经营的金银首饰一批作为礼品送给客户，该批金银首饰的成本为 36 000 元，当月同类金银首饰的零售价为 48 000 元。则该企业消费税的计算和会计处理如下：

应纳消费税税额 = 48 000 ÷ (1 + 17%) × 5% = 2 051.28（元）

应纳增值税税额 = 48 000 ÷ (1 + 17%) × 17% = 6 974.35（元）

	借方	贷方
借：营业外支出	45 025.63	
贷：库存商品		36 000
应交税费——应交增值税（销项税额）		6 974.35
——应交消费税		2 051.28

第四节　消费税的申报与缴纳

一、消费税的纳税期限与纳税地点

1. 消费税的纳税期限

消费税的纳税期限分别为 1 日、3 日、5 日、10 日、15 日、1 个月或 1 个季度。纳税人具体的纳税期限，由主管税务机关根据纳税人应纳税额的大小分别核定；不能按固定期限纳税的，可以按次纳税。

纳税人以 1 个月或以 1 个季度为 1 个纳税期的，自期满之日起 15 日内申报纳税；以 1 日、3 日、5 日、10 日或者 15 日为 1 个纳税期的，自期满之日起 5 日内预缴税款，于次月 1 日起 15 日内申报纳税并结清上月应纳税款。

纳税人进口应税消费品，应当自海关填发海关进口消费税专用缴款书之日起 15 日内缴纳税款。

如果纳税人不能按照规定的纳税期限依法纳税的，将按《税收征收管理法》的有关规定处理。

2. 消费税的纳税地点

消费税具体的纳税地点有：

（1）纳税人销售的应税消费品，以及自产自用的应税消费品，除国家另有规定的外，应当向纳税人核算地主管税务机关申报纳税。

（2）委托加工的应税消费品，除委托个人加工外，由受托方向所在地主管税务机关代收代缴消费税税款。

（3）进口的应税消费品，由进口人或者其代理人向报关地海关申报纳税。

（4）纳税人到外县（市）销售或委托外县（市）代销自产应税消费品的，于应税消费品销售后，回纳税人核算地或所在地缴纳消费税。

纳税人的总机构与分支机构不在同一县（市）的，应当分别向各自机构所在地的主管税务机关申报纳税，财经政部、国家税务总局或者其授权的财政税务机关批准，可以由总机构汇总向总机构所在地的主管税务机关申报纳税。

（5）纳税人销售的应税消费品，如因质量等原因由购买者退回时，经所在地主管税务机关审核批准后，可退还已征收的消费税，但不能自行直接抵减应纳税款。

3. 消费税纳税申报

纳税人报缴税款的方法，由所在地税务机关视不同情况，从下列方法中确定一种：

（1）纳税人按期向税务机关填报纳税申报表，并填写纳税缴款书，向其所在地代理金库的银行缴纳税款。

（2）纳税人按期向税务机关填报纳税申报表，由税务机关审核后填发缴款书，并按期缴纳。

（3）对会计核算不健全的小型业户，税务机关可根据其产销情况，按季按年核定应纳税额，并分月缴纳。

二、消费税的纳税申报表

消费税的纳税人无论有无发生消费税的纳税义务，均应按规定期限填制消费税纳税申报表，向主管税务机关办理消费税的纳税申报。

酒类应税消费品消费税纳税申报表主表及附表的具体格式如表 3-2 ~ 表 3-5 所示。

表 3-2　酒类应税消费品消费税纳税申报表

税款所属期：　　　　年　　月　　日至　　　　年　　月　　日

纳税人名称（公章）：　　　　　　　　纳税人识别号：□□□□□□□□□□□□□□□□□□□□

填表日期：　　年　　月　　日　　　　　　　　　　金额单位：元（列至角分）

项目 应税消费品名称	适用税率		销售数量	销售额	应纳税额
	定额税率	比例税率			
粮食白酒	1 元/kg	20%			
薯类白酒	1 元/kg	20%			
啤酒	250 元/t	—			
啤酒	220 元/t	—			
黄酒	240 元/t	—			
其他酒	—	10%			
合计	—	—	—	—	

本期准予抵减税额：	**声明** **此纳税申报表是根据国家税收法律的规定填报的，我确定它是真实的、可靠的、完整的。** 经办人（签章）： 财务负责人（签章）： 联系电话：
本期减（免）税额：	
期初未缴税额：	
本期缴纳前期应纳税额：	（如果你已委托代理人申报，请填写） **授权声明** 为代理一切税务事宜，现授权________ __________（地址）________________ 为本纳税人的代理申报人，任何与本申报表有关的往来文件，都可寄予此人。 授权人签章：
本期预缴税额：	
本期应补（退）税额：	
期末未缴税额：	

以下由税务机关填写

受理人（签章）：　　　　受理日期：　　　年　　月　　日　　　受理税务机关（章）：

表 3-3　本期准予抵减税额计算表

税款所属期：　　　　年　　月　　日至　　　　年　　月　　日

纳税人名称（公章）：　　　　　　　　纳税人识别号：□□□□□□□□□□□□□□□□□□□□

填表日期：　　　　年　　月　　日　　　　　　　　　　　单位：吨、元（列至角分）

一、当期准予抵减的外购啤酒液已纳税款计算

1. 期初库存外购啤酒液数量：

2. 当期购进啤酒液数量：

3. 期末库存外购啤酒液数量：

4. 当期准予抵减的外购啤酒液已纳税款：

二、当期准予抵减的进口葡萄酒已纳税款：

三、本期准予抵减税款合计：

附：准予抵减消费税凭证明细

	号码	开票日期	数量	单价	定额税率（元/吨）
啤酒（增值税专用发票）					
	合计	—		—	—
葡萄酒（海关进口消费税专用缴款书）	号码	开票日期	数量	完税价格	税款金额
	合计	—			

表 3-4　本期代收代缴税额计算表

税款所属期：　　年　月　日至　　年　月　日

纳税人名称（公章）：　　纳税人识别号：□□□□□□□□□□□□□□□□□□□□

填表日期：　　年　月　日　　　　金额单位：元（列至角分）

项目 \ 应税消费品名称		粮食白酒	薯类白酒	啤酒	啤酒	黄酒	其他酒	合计
适用税率	定额税率	1 元/kg	1 元/kg	250 元/t	220 元/t	240 元/t	—	—
	比例税率	20%	20%	—	—	—	10%	—
受托加工数量								—
同类产品销售价格						—		—
材料成本						—		—
加工费						—		—
组成计税价格						—		—
本期代收代缴税款								

表 3-5　生产经营情况表

税款所属期：　　年　月　日至　　年　月　日

纳税人名称（公章）：　　纳税人识别号：□□□□□□□□□□□□□□□□□□□□

填表日期：　　年　月　日　　　　金额单位：元（列至角分）

项目 \ 应税消费品名称	粮食白酒	薯类白酒	啤酒（适用税率 250 元/t）	啤酒（适用税率 220 元/t）	黄酒	其他酒
生产数量						
销售数量						
委托加工收回酒类应税消费品直接销售数量						
委托加工收回酒类应税消费品直接销售额						
出口免税销售数量						
出口免税销售额						

其他应税消费品消费税纳税申报表主表及附表的具体格式如表 3-6～表 3-10 所示。

表 3-6 其他应税消费品消费税纳税申报表

税款所属期：　　年　月　日至　　年　月　日

纳税人名称（公章）：　　　　纳税人识别号：□□□□□□□□□□□□□□□□□□□□

填表日期：　　年　月　日　　　　金额单位：元（列至角分）

项目 应税消费品名称	适用税率	销售数量	销售额	应纳税额
合计	—	—	—	

<table>
<tr><td>本期准予抵减税额：</td><td rowspan="3">声明
此纳税申报表是根据国家税收法律的规定填报的，我确定它是真实的、可靠的、完整的。
经办人（签章）：
财务负责人（签章）：
联系电话：</td></tr>
<tr><td>本期减（免）税额：</td></tr>
<tr><td>期初未缴税额：</td></tr>
<tr><td>本期缴纳前期应纳税额：</td><td rowspan="4">（如果你已委托代理人申报，请填写）
授权声明
为代理一切税务事宜，现授权________ ___________（地址）________________ 为本纳税人的代理申报人，任何与本申报表有关的往来文件，都可寄予此人。
授权人签章：</td></tr>
<tr><td>本期预缴税额：</td></tr>
<tr><td>本期应补（退）税额：</td></tr>
<tr><td>期末未缴税额：</td></tr>
</table>

以下由税务机关填写

受理人（签章）：　　受理日期：　　年　月　日　　受理税务机关（章）：

表 3-7 本期准予扣除税额计算表

税款所属期： 年 月 日至 年 月 日

纳税人名称（公章）： 纳税人识别号：| | | | | | | | | | | | | | | | | | | | |

填表日期： 年 月 日 金额单位：元（列至角分）

项目 \ 应税消费品名称					合计
当期准予扣除的委托加工应税消费品已纳税款计算	期初库存委托加工应税消费品已纳税款				—
	当期收回委托加工应税消费品已纳税款				—
	期末库存委托加工应税消费品已纳税款				—
	当期准予扣除委托加工应税消费品已纳税款				
当期准予扣除的外购应税消费品已纳税款计算	期初库存外购应税消费品买价				—
	当期购进应税消费品买价				—
	期末库存外购应税消费品买价				—
	外购应税消费品适用税率				—
	当期准予扣除外购应税消费品已纳税款				
本期准予扣除税款合计					

表 3-8　准予扣除消费税凭证明细表

税款所属期：　　年　月　日至　　年　月　日

纳税人名称（公章）：　　　　纳税人识别号：

填表日期：　　年　月　日　　　　金额单位：元（列至角分）

应税消费品名称	凭证类别	凭证号码	开票日期	数量	金额	适用税率	消费税税额
合计	—	—	—	—	—	—	

表 3-9　本期代收代缴税额计算表

税款所属期：　　年　月　日至　　年　月　日

纳税人名称（公章）：　　纳税人识别号：□□□□□□□□□□□□□□□□□□□□

填表日期：　　年　月　日　　　　金额单位：元（列至角分）

应税消费品名称 项目				合计
适用税率				—
受托加工数量				—
同类产品销售价格				—
材料成本				—
加工费				—
组成计税价格				—
本期代收代缴税款				

表 3-10　生产经营情况表

税款所属期：　　年　月　日至　　年　月　日

纳税人名称（公章）：　　纳税人识别号：□□□□□□□□□□□□□□□□□□□□

填表日期：　　年　月　日　　　　金额单位：元（列至角分）

应税消费品名称 项目				
生产数量				
销售数量				
委托加工收回应税消费品直接销售数量				
委托加工收回应税消费品直接销售额				
出口免税销售数量				
出口免税销售额				

消费税纳税申报表主表及附表的填表说明请参阅税法的有关规定，本书不再赘述。

【思考与练习】

一、复习思考题

1. 消费税的征税项目有哪些?

2. 委托加工应税消费品，收回后直接用于销售与收回后连续生产应税消费品，在会计处理上有什么不同?

3. 金银首饰包装物的消费税怎样进行会计处理?

4. 消费税有哪些纳税环节?

二、综合练习题

1. 2015 年 3 月，某日化厂将自制的化妆品 30 盒作为福利发给职工，同类化妆品的销售价格为每盒 300 元（含税），共 9 000 元，该化妆品的成本 5 400 元，适用消费税税率 30%，增值税税率 17%。

要求：计算消费税、增值税应纳税额并作相关会计处理。

2. 2015 年 5 月，某汽车生产厂销售小汽车 15 辆，气缸容量为 2. 0L，出厂价为 150 000 元/辆（不含增值税），收取款项存入银行，价外收取有关费用为 11 700 元/辆（含增值税）。消费税税率 5%，增值税税率 17%。假设不考虑其他税费。

要求：计算消费税应纳税额并做出相关会计处理。

3. 甲化妆品厂委托乙化工厂加工化妆品，甲化妆品厂和乙化工厂均为增值税一般纳税人，甲化妆品厂提供原材料 55 000 元，化妆品加工完毕，甲化妆品厂支付乙化工厂加工费 20 000 元，增值税税额 3 400 元。甲化妆品厂收回委托加工的化妆品验收入库，准备连续加工化妆品。化妆品的消费税税率 30%，增值税税率 17%。

要求：计算消费税应纳税额并做相关会计处理。

4. 甲酒厂欠乙酒厂款项 300 000 元，双方协议决定，甲酒厂以白酒 30t 抵偿乙酒厂债务，白酒每吨售价 8 500 元（不含增值税），每吨成本 5 000 元，增值税税率 17%，消费税税率 20%，消费税定额税率为 1 元/kg，不再向乙厂收取增值税。

要求：计算甲酒厂应纳增值税、消费税，并做相关会计分录。

5. 某啤酒厂将自己生产的啤酒 5t 作为福利发给职工，1t 用于广告宣传，让客户免费品尝。该啤酒每吨成本为 2 000 元，不含税出厂价为 3 000 元/t，增值税税率 17%，消费税定额税率为 250 元/t。

要求：计算应纳增值税、消费税，并做相关会计分录。

第四章 关税会计

【学习目标】

1. 了解关税的征纳管理。
2. 理解关税的概念。
3. 掌握关税的计税依据、应纳税额的计算方法。
4. 熟练运用关税核算的基本原理。

第一节　关税基本法规的规定

一、关税的概念和分类

（一）关税的概念

关税是由海关依法对进出境的货物、物品征收的一种流转税。所谓的境是指关境，又称海关境域或关税领域，是国家实施同一海关法规和关税制度的境域。与关境相对应的是国境，国境是一个国家以边界为界限，全面行使主权的境域，包括全部的领土、领海和领空。一般情况下，一个国家的国境与关境是一致的，但当一个国家在国境内设立自由贸易港、自由贸易区、保税区、保税仓库时，这些区域就进出口关税而言就在关境之外，即关境会小于国境，如我国。根据《中华人民共和国香港特别行政区基本法》和《中华人民共和国澳门特别行政区基本法》，香港和澳门保持自由港地位，为我国的单独关境区。当几个国家结成关税同盟，组成一个共同的关境，成员国之间相互取消关税，对外实行共同的关税税则时，就其成员国而言，关境就会大于国境，如欧盟。

关税法是指国家制定的调整关税征收与缴纳权利义务的法律规范。我国现行关税基本制度是 1987 年 1 月颁布并经 2000、2013 年两次修订的《中华人民共和国海关法》（以下简称《海关法》），其基本法规包括 2003 年 11 月由国务院发布的《中华人民共和国进出口关税条例》（以下简称《进出口关税条例》），以及由国务院关税税则委员会审定并报国务院批准，作为条例组成部分的《中华人民共和国海关进出口税则》等。

（二）关税的分类

在各国每个阶段不同的关税政策下，采取不同的关税征收方法，关税也因此形成了不同的类型。根据不同的标准和依据，关税可以划分为不同的种类。

1. 按照征收的目的分类

按照征收的目的分类，可将关税分为财政关税和保护关税。

（1）财政关税。财政关税又称收入关税，是以增加国家财政收入为主要目的而课征的关税。随着世界经济的发展，财政关税的意义逐渐降低，而为保护关税所取代。

（2）保护关税。保护关税是以保护本国经济发展为主要目的而课征的关税。保护关税主要是进口关税，税率较高。通过征收高额进口关税，使进口商品的成本较高，从而削弱它在进口国市场的竞争能力，以达到保护本国经济发展的目的。保护关税是实现一个国家对外贸易政策的重要措施之一。

2. 按照货物和物品的流动方向分类

按照货物和物品的流动方向分类，可将关税分为进口关税、出口关税和过境关税。

（1）进口关税。进口关税是指对国外输入本国的货物和物品征收的一种税。它是一种最主要的关税。进口关税通常在外国货物进入关境或国境时征收；或在外国货物从保税仓库提出运往国内市场时征收。征收进口关税的目的在于保护本国市场和增加财政收入。

（2）出口关税。出口关税是指对货物出境征收的一种税。为了降低出口货物的成本，提高本国货物在国际市场上的竞争力，世界各国一般不征或很少征出口关税。但为了限制本国某些产品或自然资源的输出，或为了保护本国生产、本国市场供应和增加财政收入以及某些特定的要求，有些国家也征收出口关税。目前主要是一些发展中国家在征收出口关税，我国仅对少数货物征收出口关税。

（3）过境关税。过境关税又称通过税，是指对外国经过本国国境（关境）运往另一国的货物征收的关税。过境关税最早产生并流行于欧洲国家，主要是为了增加国家财政收入。但是，由于过境关税严重阻碍了国际贸易的发展，现已被绝大多数国家废止。

3. 按照税率的制定分类

按照税率的制定分类，可将关税分为自主关税和协定关税。

（1）自主关税。自主关税又称国定关税，是一个国家基于其主权，独立自主制定并有权修订的关税，包括关税税率及各种法规、条例。国定税率一般高于协定税率，适用于没有签订关税贸易协定的国家。

（2）协定关税。协定关税是两个或两个以上的国家，通过缔结关税贸易协定而制定的关税。协定关税有双边协定税率、多边协定税率和片面协定税率三种税率。双边协定税率是两个国家达成协议而互相减让的关税税率。多边协定税率是两个以上的国家之间达成协议而相互减让的关税税率，如《关税及贸易总协定》中相互减让税率的协议。片面协定税率是指一国对他国输入的货物降低税率，为其输入提供方便，而他国并不以降低税率回报的税率制度。

4. 按照关税的差别分类

按照关税的差别分类，可将关税分为歧视关税和优惠关税。

（1）歧视关税。歧视关税是指通过提高关税税率，加重关税负担，达到保护和报复目的的关税，可以分为反补贴关税、反倾销关税和报复关税。反补贴关税是出口国政府间接或直接给予出口产品津贴或补贴，进口国在进口该产品时就津贴或补贴部分征收的附加关税。反倾销关税是对于特别出口国的特定产品，进口国专门征收的一种附加关税。报复关税是因对方国家对本国货物、船舶或企业实行歧视性税收待遇，而在进口对方国货物、船舶或企业产品时加征的关税。

（2）优惠关税。优惠关税是由于历史、政治、经济上的原因，缔约国之间或单方面给予的比正常关税税率低的优待关税，分为互惠关税、特惠关税、最惠国待遇和普惠制。互惠关税是两国间协商签订协定，对进出口货物相互提供较低的关税税率直至免税。特惠关税是一个国家或某一经济集团对某些特定国家的全部进口货物或部分货物单方给予低关税或免税待遇的特殊优惠。最惠国待遇是对于缔约国一方给予第三国的一切特权、优惠和豁免，缔约国另一方可以享受同样待遇。普惠制是发达国家对来自发展中国家的某种进口货物，特别是工业制成品和半制成品给予普通的关税优惠，而不求发展中国家给予回报的制度。

（三）关税的特点

关税作为独特的税种，除了具有一般税种的特点外，还具有以下特点：

（1）征税对象是进出境的货物和物品。

（2）关税是单一环节的价外税。

（3）关税具有较强的涉外性。

二、关税的纳税义务人和征税对象

1. 纳税义务人

进口货物的收货人、出口货物的发货人、进出境物品的所有人是关税的纳税义务人。

进出口货物的收、发货人是依法取得进出口经营权，并进口或者出口货物的法人或者其他社会团体。进出口物品的所有人包括该物品的所有人和推定为所有人的人。一般情况下，对于携带进境的物品，推定其携带人为所有人；对分离运输的行李，推定相应的进出境旅客为所有人；对以邮寄方式进境的物品，推定其收件人为所有人；以邮寄方式或其他运输方式出境的物品，推定其寄件人或托运人为所有人。

物品的纳税人是物品的持有人、所有人或收件人。具体包括：

（1）入境旅客随身携带的行李和物品的持有人。

（2）各种运输工具上服务人员入境时携带的自用物品的持有人。

（3）进口个人邮件的收件人。

（4）馈赠物品及以其他方式入境个人物品的所有人。

2. 征税对象

关税的征税对象，是准许进出我国国境或关境的货物和物品。货物是指贸易性商品；物品包括入境旅客随身携带的行李和物品，各种运输工具上服务人员携带进出口的自用物品、个人邮寄物品、馈赠物品及以其他方式入境的个人物品。

三、关税的税率及其运用

关税税则又称海关税则，是根据国家关税政策和经济政策，通过一定的方法程序制定和公布实施的，对进出口的应税商品和免税商品加以系统分类的一览表。

（一）进口关税税率

在我国加入WTO（世界贸易组织）之后，为履行我国在加入WTO关税减让谈判中承诺的有关义务，享有WTO成员方应有的权利，根据《进出口关税条例》，自2004年1月1日起，我国进口税则设有最惠国税率、协定税率、特惠税率、普通税率、关税配额税率等形式。对进口货物在一定时期内可以实行暂定税率。经过调整，我国2015年进口税则税目总数为8285个。

最惠国税率适用于原产于与我国共同适用最惠国待遇条款的WTO成员方的进口货物，

或原产于与我国签订有相互给予最惠国待遇条款的双边贸易协定的国家或地区的进口货物，以及原产于我国境内的进口货物。

协定税率适用于原产于我国参加的含有关税优惠条款的区域性贸易协定有关缔约方的进口货物。

特惠税率适用于原产于与我国签订有特殊优惠关税协定的国家或地区的进口货物。

普通税率适用于原产于上述国家或地区以外的其他国家或地区的进口货物，以及原产地不明的进口货物。按照普通税率征税的进口货物，经国务院关税税则委员会特别批准，可以适用最惠国税率。适用最惠国税率、协定税率、特惠税率的国家和地区名单，由国务院关税税则委员会决定。

适用最惠国税率的进口货物有暂定税率的，应当适用暂定税率；适用协定税率、特惠税率的进口货物有暂定税率的，应当从低适用税率；适用普通税率的进口货物，不适用暂定税率。按照国家规定实行关税配额管理的进口货物，关税配额内的，适用关税配额税率；关税配额外的，按其适用税率的规定执行。

根据税委会〔2011〕3号文件，《进境物品税调整方案》自2011年1月27日起开始实施。调整后的《中华人民共和国进境物品进口税率表》如表4-1所示。

表4-1 进境物品进口税率表

税号	税率（%）	物品名称
1	10	书报、刊物、教育专用电影片、幻灯片、原版录音带，金、银及其制品，计算机、视频摄录一体机、数字照相机等信息技术产品，照相机，食品，饮料，本表税号2、3、4及备注不包括的其他商品
2	20	纺织品及其制品、电视摄像机及其他电器用具、自行车、手表、钟表（含配件、附件）
3	30	高尔夫球及球具、高档手表
4	50	烟、酒、化妆品

注：斜体部分为本次《进境物品税调整方案》涉及调整项目。

（二）出口关税税率

我国出口税则为一栏税率，即出口税率。国家仅对少数资源型产品及易于竞争杀价、盲目出口、需要规范出口秩序的半制成品征收出口关税。

例如，2005年出口税则共37个税目，有25个实施暂定税率，如对鳗鱼苗等174项出口商品实行暂定税率，其中：①对148个纺织品税目（涉及61、62章的部分服装）实行出口暂定税率，包括特定区域的一般贸易、加工贸易和边境小额贸易等都需征收出口税；②对出口尿素每吨征收260元的暂定出口关税，征税的期限为2005年1月1日至2005年3月31日；③对未锻轧铝征收出口暂定关税时，征收范围包括加工贸易的商品。

（三）特别关税

特别关税包括报复性关税、反倾销关税、反补贴关税和保障性关税。征收特别关税的货物、适用国别、税率、期限和征收办法，由国务院关税税则委员会决定，海关总署负责实施。

1. 报复性关税

任何国家或地区对其进口的原产于我国的货物征收歧视性关税或者给予其他歧视性待遇

的，我国对产于该国或地区的进口货物，可以征收报复性关税。

2. 反倾销关税与反补贴关税

为保护我国产业，根据《中华人民共和国反倾销条例》和《中华人民共和国反补贴条例》的规定，进口产品经过初裁确定倾销或补助行为成立，并由此对国内产业造成损害的，可以采取临时反倾销或反补贴措施，实施期限自决定之日起，一般不超过4个月。采取临时措施在特殊情况下，可以征收反倾销税和反补贴税，征收期一般不超过5年。

3. 保障性关税

当某种商品进口量剧增，对我国相关产业带来巨大威胁或损害时，按照WTO有关规则，可以启动一般保障措施，即在与有相关实质性利益的国家或地区进行磋商后，在一定时期内提高该项商品的进口关税或采取数量限制措施，以保护国内相关产业不受损害。

四、关税的减免税优惠

关税的减免税可以分为法定减免税、特定减免税和临时减免税三类。

1. 法定减免税

法定减免税是根据《海关法》和《进出口关税条例》的法定条文规定的减免税。法定减免税货物进出口时，纳税人无须提出申请，海关可按规定直接予以减免。海关对法定减免税货物一般不进行后续管理。享受法定减免税待遇的货物主要有：

（1）关税税额在人民币50元以下的一票货物，可免征关税。

（2）无商业价值的广告样品和货样，可免征关税。

（3）外国政府、国际组织无偿赠送的物资，可免征关税。

（4）进出境运输工具装载的途中必需的燃料、物料和饮食用品，可免征关税。

（5）经海关批准暂时进境或暂时出境并在6个月内复运出境或复运进境的下列货物，可暂免征收关税：

1）在展览会、交易会、会议及类似活动中展示或者使用的货物。

2）文化、体育交流活动中使用的表演、比赛用品。

3）进行新闻报道或者摄制电影、电视节目使用的仪器、设备及用品。

4）开展科研、教学、医疗活动使用的仪器、设备及用品。

5）在上述1）~4）项活动中使用的交通工具及特种车辆。

6）货样。

7）供安装、调试、检测设备时使用的仪器和工具。

8）盛装货物的容器。

9）其他用于非商业目的的货物。

（6）为境外厂商加工、装配成品和为制造产品而进口的原材料、辅料、零件、部件、配套件和包装物料，海关按照实际加工出口的成品数量免征进口关税；或对进口料、件先征进口关税，再按照实际加工出口的成品数量予以退税。

（7）因故退还的中国出口货物，经海关审查属实，可予以免征进口关税，但已征收的出口关税不予退还。

（8）因故退还的境外进口货物，经海关审查属实，可予以免征出口关税，但已征收的进口关税不予退还。

（9）进口货物如有以下情形，经海关审查属实，可酌情减免进口关税：

1）在境外运输途中或者在起卸时，遭受损坏或者损失的。

2）起卸后海关放行前，因不可抗力遭受损毁或者损失的。

3）海关查验时已经破漏、损坏或者腐烂，经证明不是保管不慎造成的。

（10）我国缔结或参加的国际条约规定减征、免征关税的货物、物品，按照规定予以减免关税。

2. 特定减免税

特定减免税亦称政策性减免税，是指在法定减免税以外，由国务院或国务院授权的机关颁布法规、规章特别规定的减免税。特定减免税货物一般有地区、企业和用途的限制，海关需要进行后续管理，并进行减免税统计。这主要包括：①科教用品；②残疾人专用品；③扶贫慈善性捐赠物资；④加工贸易用品；⑤边境贸易加工物资；⑥保税区进出口货物；⑦出口加工区进出口货物；⑧进口设备；⑨特定行业或用途的减免税政策。

3. 临时减免税

临时减免税是指在法定和特定减免税以外的其他减免税，即由国务院根据《海关法》对某个单位、某类商品、某个项目或某批进出口货物的特殊情况，给予特别照顾，一案一批，专门下达的减免税，一般不能比照执行。

关税纳税义务人要求对其进出口货物临时减征或免征进出口关税的，应当在货物进出口前书面说明理由，并附必要的证明和资料，向所在地海关申请。所在地海关审查属实后，转报海关总署，海关总署或者海关总署会同财政部按照国务院的规定审查批准。

我国已经加入 WTO，为遵循统一、规范、公平、公开的原则，有利于统一税法、公平税负、公平竞争，国家严格控制减免税，一般不办理个案临时减免税，对特定减免税也在逐步规范、清理，对不符合国际惯例的税收优惠政策将逐步予以废止。

第二节 关税的计算

一、关税完税价格的确定

关税完税价格是海关计征关税所使用的计税价格，是海关以进出口货物或物品的实际交易价格为基础审定的价格。实际交易价格是一般贸易项目下进口或出口货物的买方为购买该项货物向卖方实际支付或应当支付的价格。纳税人向海关申报的价格不一定等于完税价格，只有经海关审核并接受的申报价格才能作为完税价格。

2014 年 2 月 1 日施行新的《中华人民共和国海关审定进出口货物完税价格办法》。该办法分总则，进口货物的完税价格，特殊进口货物的完税价格，进口货物完税价格中的运输及其相关费用、保险费的计算，出口货物的完税价格，完税价格的审查确定，附则，共 7 章 55 条。

（一）进口货物完税价格的确定

1. 进口货物的成交价格

进口货物的成交价格，因有不同的成交条件而有不同的价格形式，常用的价格条款有 FOB、CRF、CIF 三种。

FOB，即“船上交货”，又称“离岸价格”，是指卖方在合同规定的装运港把货物装上买方指定的船上，并负责货物上船为止的一切费用和风险。

CRF，即“成本加运费”，又称“离岸加运费价格”，是指卖方负责将合同规定的货物装上买方指定运往目的港的船上，负责货物装上船为止的一切费用和风险，并支付运费。

CIF，即“到岸价格”，是指卖方负责将合同规定的货物装上买方指定运往目的港的船上，办理保险手续，并支付运费和保险费。

2. 一般进口货物完税价格的确定

进口货物以海关审定的交易价格为基础的到岸价格（CIF）为完税价格。到岸价格包括货物价格及货物运抵我国关境内输入地点起卸前的包装费、运费、保险费和其他劳务费等。

具体完税价格的审定包括以下注意事项：

（1）货物交易价格之外如果发生下列费用，应一并计入完税价格：

1）货物进口人以在国内生产、制造、使用或出版、发行的目的而向境外的货物卖方支付的与该进口货物有关的商标权、专利权、专有技术、著作权、计算机软件和资料等费用。

2）货物交易过程中进口人向卖方支付的佣金。

3）货物运抵我国关境内输入地点起卸前由买方支付的包装费、运费、保险费及其他劳务费用。

（2）若在货物交易价格之内已包括下列费用，且能单独分列，则应从完税价格中扣除：

1）进口人向其境外采购代理人支付的买方佣金。

2）卖方付给买方的正常价格回扣。

3）机械设备、工业设施类货物进口后发生的基建、安装、调试、技术指导等费用。

（3）进口货物完税价格中的运费和保险费的确定如下：

1）海运进口货物应计算至货物运抵我国境内的卸货口岸。

2）陆运进口货物应计算至货物运抵我国关境的第一口岸为止，若交易价格中所包括的运费、保险费、杂费计算至内地到达口岸的，关境的第一口岸至内地到达口岸的以上费用，不予扣除。

3）空运进口货物应计算至进入境内的第一口岸，若交易价格为进入关境的第一口岸外的其他口岸，则应计算至目的地口岸。

3. 特殊进口货物完税价格的确定

（1）运往境外加工的货物，出境时向海关报明，并在海关规定时限内复运进境的，确定其完税价格应该按照以下几个步骤：

1）以加工后的货物进入关境时的到岸价格（CIF）与原出境货物相同或类似货物在进入关境时的到岸价格（CIF）的差额作为完税价格。

2）若无法得到原出境货物在进入关境时的到岸价格（CIF），则可用原出境货物申报出境时的离岸价格（FOB）替代。

3）若上述方法均不能确定，则可用该出口货物在境外加工时支付的工料费加上运抵我国关境输入地点起卸前的包装费、运费、保险费和其他劳务费等一切费用作为完税价格。

（2）运往境外修理的机械器具、运输工具或其他货物，出境时已向海关报明，并在海关规定期限内复运进境的，按审查后的修理费和料件费作为完税价格。

（3）以租赁和租借方式进入关境的货物，以海关审查确定进境货物的租金作为完税价格。如租赁进境的货物是一次性支付租金，则可以海关审定进口货物的交易价格作为完税价格。

4. 进口货物关税完税价格中运输及相关费用、保险费的计算

（1）以一般陆运、海运、空运方式进口的货物。在进口货物的运输及相关费用、保险费的计算中，陆运进口货物，应计算至货物运抵境内的第一口岸；如果运输及相关费用、保险费支付至目的地口岸，则应计算至目的地口岸。海运进口货物，应计算至货物运抵境内的卸货口岸；如果货物的卸货口岸是内河（江）口岸，则应计算至内河（江）口岸。空运进口货物，应计算至货物运抵境内的第一口岸；如果货物的目的地为境内的第一口岸外的其他口岸，则应计算至目的地口岸。

陆运、海运和空运进口货物的运费和保险费，应当按照实际支付的费用计算。如果进口货物的运费无法确定或未实际发生，则海关应当按照该货物进口同期运输行业公布的运费率（额）计算运费，按照“货价加运费”总额的3‰计算保险费。

（2）以其他方式进口的货物。邮运进口的货物，应当以邮寄费用作为运输及相关费用、保险费；以境外边境口岸价格条件交易的铁路或公路运输进口货物，海关应当按照货价的1%计算运输及相关费用、保险费；作为进口货物的自驾进口的运输工具，海关在审定关税价格时，可以不另行计入运费。

（二）出口货物完税价格的确定

1. 以交易价格为基础的完税价格

出口货物的完税价格，由海关以货物向境外销售的交易价格为基础审查确定，并应包括货物运至我国境内输出地点装载前的运输及相关费用、保险费，但其中包括的出口关税税额应当扣除。

出口货物的交易价格是指货物出口销售到我国境外时买方实际支付或应该支付的价格。出口货物的交易价格中含有支付给境外的佣金的，如果单独列明，则应当扣除。其计算公式如下：

$$\text{出口关税完税价格} = \frac{\text{离岸价格(FOB)}}{1+\text{出口关税税率}} - \text{单独列明的支付给境外的佣金}$$

【例 4-1】 大华进出口贸易公司向印度尼西亚出口钨砂 12 吨，交易价格为到岸价格 9 600 美元，其中运费 900 美元，保险费 90 美元，关税税率为 10%。试计算应纳关税税额（当日外汇牌价 1 美元 =6.85 元人民币）。

解

$$\text{关税完税价格} = (9\,600-900-90)\times 6.85\div(1+10\%) = 53\,616.82(\text{元})$$

$$\text{应纳关税税额} = 53\,616.82\times 10\% = 5\,361.68(\text{元})$$

2. 出口货物海关估价方法

出口货物的交易价格不能确定时，完税价格由海关依次使用下列方法估定：

（1）同时或大约同时向同一国家或地区出口的相同货物的交易价格。

（2）同时或大约同时向同一国家或地区出口的类似货物的交易价格。

（3）根据境内生产相同或类似货物的成本、利润和一般费用、境内发生的运输及其相关费用、保险费计算所得的价格。

（4）按照合理方法估定的价格。

二、进出口货物无法得到运输及相关费用金额时的处理

进口货物以国外离岸价格（FOB）交易的，完税价格中应当另加运抵我国关境口岸的运费、保险费和其他杂费，原则上应按实际支付的金额计算。若无法得到实际支付金额，也可以按如下公式计算：

$$完税价格=\frac{FOB+运费}{1-保险费率}$$

其中，运费按该货物进出口同期运输行业公布的运费率（额）计算；按照“货价加运费”总额的3‰计算保险费。即

$$保险费=(货价+运费)\times 3‰$$

【例4-2】 天达进出口公司从加拿大进口某种商品800吨，离岸价格为52 000美元，运费每吨40美元，保险费率3‰，当日的外汇牌价1美元=6.8元人民币，关税税率为20%。试计算该批进口商品的应纳关税税额。

解

$$运费=800\times 40\times 6.8=217\ 600(元)$$

$$关税完税价格=(52\ 000\times 6.8+217\ 600)\div(1-3‰)=572\ 918.76(元)$$

$$应纳关税税额=572\ 918.76\times 20\%=114\ 583.75(元)$$

三、关税应纳税额的计算

1. 从价税的计算

$$应纳税额=应税进(出)口货物数量\times 单位完税价格\times 适用税率$$

【例4-3】 恒远贸易公司从美国进口某类商品3 000件，单件商品的到岸价格CIF为600元人民币，该类商品的进口关税税率为20%，试计算该批商品的应纳关税税额。

解

$$关税完税价格=3\ 000\times 600=1\ 800\ 000(元)$$

$$应纳关税税额=1\ 800\ 000\times 20\%=360\ 000(元)$$

2. 从量税的计算

$$应纳税额=应税进(出)口货物数量\times 单位货物应纳税额$$

3. 复合税的计算

我国目前实行的复合税都是先计征从量税，再计征从价税。

$$应纳税额=\begin{matrix}应税进(出)\\口货物数量\end{matrix}\times\begin{matrix}单位货物\\应纳税额\end{matrix}+\begin{matrix}应税进(出)\\口货物数量\end{matrix}\times\begin{matrix}单位完税\\价格\end{matrix}\times\begin{matrix}适用\\税率\end{matrix}$$

第三节 关税的会计核算

一、关税核算的账户设置

为了正确地反映和核算企业缴纳关税的情况，企业应在“应交税费”账户下设置“应交税费——应交关税”二级账户。该账户贷方反映企业应该缴纳的关税税额，借方反映企业已经缴纳的关税税额；余额一般在贷方，表示企业应缴而未缴的关税税额。同时，企业负担的

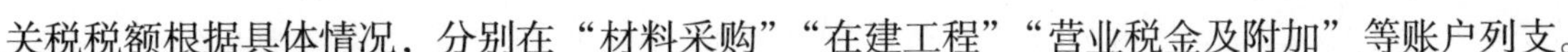

关税税额根据具体情况，分别在“材料采购”“在建工程”“营业税金及附加”等账户列支。

二、关税的会计处理

（一）进口关税的核算

1. 自营进口业务关税的会计处理

企业自营进口商品应支付的进口关税，应通过“应交税费——应交关税”账户核算，同时，按进口商品的国外货价、应交的进口关税、消费税和国外运费、保险费等，一并构成进口商品的采购成本，记入“材料采购”账户。商品到达我国口岸目的地后发生的费用应计入销售费用（或管理费用），收到的进口佣金冲减进价。

【例 4-4】 鲲鹏进出口贸易公司进口一批零配件，海关审定的关税完税价格为 6 000 000 美元，进口关税税率 20%，增值税税率 17%（当日外汇牌价 1 美元 =6.8 元人民币）。试计算其应纳关税，并做出相应的账务处理。

（1）计算应纳关税和增值税税额。

$$应纳关税税额 = 6\ 000\ 000 \times 6.8 \times 20\% = 8\ 160\ 000(元)$$

$$材料采购成本 = 6\ 000\ 000 \times 6.8 + 8\ 160\ 000 = 48\ 960\ 000(元)$$

$$应纳增值税税额 = 48\ 960\ 000 \times 17\% = 8\ 323\ 200(元)$$

（2）会计处理如下：

1）购进商品并计算应纳关税税额：

借：材料采购	48 960 000	
贷：应付账款		40 800 000
应交税费——应交关税		8 160 000

2）实际缴纳关税税额和增值税税额：

借：应交税费——应交关税	8 160 000	
——应交增值税（进项税额）	8 323 200	
贷：银行存款		16 483 200

3）商品验收入库：

借：库存商品	48 960 000	
贷：材料采购		48 960 000

企业被批准减免进口关税的，在收到退回的税款时，应借记“银行存款”账户，贷记“应交税费——应交关税”账户；同时结转退回的税款，即借记“应交税费——应交关税”账户，贷记“材料采购”“固定资产”“在建工程”等账户。

2. 代理进口业务关税的会计处理

工业企业通过外贸企业代理进口原材料应支付的进口关税，不通过“应交税费”账户核算，而是将其与进口原材料的货款、国外运费、保险费、国内费用等一并计入进口原材料的采购成本。

商业企业通过外贸企业代理进口原材料应支付的国内费用在“销售费用”账户中列支。

企业根据与外商签订的加工装配和补偿贸易合同而引进的国外设备，所支付的关税在“固定资产”“在建工程”账户中列支。

【例 4-5】 硕丰进出口贸易公司从澳大利亚进口一批原材料，委托单位划来的进口货款

280 万元人民币已汇入公司账户。该原材料到岸价格 CIF 为 24 万美元，关税税率为 20%，代理手续费为进价的 5%。原材料验收入库，并已与委托单位结算完毕。已知增值税税率为 17%，当日外汇牌价 1 美元 =6.8 元人民币。试计算其应纳关税，并做出相应的会计处理。

（1）委托单位为工业企业时，有关的计算如下：

进口商品应负担的关税税额 =240 000 ×6.8 ×20% =326 400(元)

物资采购成本 =240 000 ×6.8 ×(1 +5%) +326 400 =2 040 000(元)

应纳增值税税额 =2 040 000 ×17% =346 800(元)

（2）工业企业的会计处理如下：

预付进口货款时：

借：预付账款　　2 800 000

　　贷：银行存款　　2 800 000

收到硕丰进出口贸易公司转来有关单据及商品时：

借：原材料　　2 040 000

　　应交税费——应交增值税（进项税额）　　346 800

　　贷：预付账款　　2 386 800

与硕丰进出口贸易公司结算款项，该企业预付货款 2 800 000 元，实际用了 2 386 800 元，应收回货款 413 200 元：

借：银行存款　　413 200

　　贷：预付账款　　413 200

（3）硕丰进出口贸易公司的会计处理如下：

收到委托单位划来的进口货款时：

借：银行存款　　2 800 000

　　贷：预收账款——工业企业　　2 800 000

对外支付进口商品货款时：

借：应付账款——某外商（240 000 ×6.8）　　1 632 000

　　贷：银行存款　　1 632 000

计算支付进口关税、增值税时：

借：预收账款——工业企业　　326 400

　　贷：应交税费——应交关税　　326 400

借：应交税费——应交关税　　326 400

　　　　　　——应交增值税（进项税额）　　346 800

　　贷：银行存款　　673 200

将进口商品交付委托单位，并收取手续费时：

借：预收账款——工业企业　　81 600

　　贷：主营业务收入（或其他业务收入）（240 000 ×6.8 ×5%）　　81 600

将增值税转出时：

借：预收账款——工业企业　　346 800

　　贷：应交税费——应交增值税（销项税额）　　346 800

若上例中为某商业企业直接采购商品，则该商业企业的有关处理如下：

应纳关税税额 = 240 000 × 6.8 × 20% = 326 400（元）

材料采购成本 = 240 000 × 6.8 + 326 400 = 1 958 400（元）

应纳增值税税额 = （240 000 × 6.8 + 326 400）× 17% = 332 928（元）

采购时：

借：材料采购　　1 958 400

　　应交税费——应交增值税（进项税额）　　332 928

　　贷：银行存款——美元户（240 000 美元）　　1 632 000

　　　　　　　　——人民币户　　659 328

验收入库时：

借：原材料　　1 958 400

　　贷：材料采购　　1 958 400

【例 4-6】 日进公司（小规模纳税人）委托某外贸公司从新西兰进口一台不需安装的设备，关税完税价格为 30 万美元，关税税率 20%，增值税税率 17%。已知当日外汇牌价 1 美元 = 6.85 元人民币。试问该笔业务应如何进行会计处理？

（1）设备成本的计算如下：

设备成本 = 300 000 × 6.85 ×（1 + 20%）×（1 + 17%）= 2 885 220（元）

（2）会计处理如下：

借：固定资产　　2 885 220

　　贷：长期应付款（或银行存款）　　2 885 220

（二）出口关税的会计处理

我国对出口商品一般不征出口关税。出口产品若需要缴纳关税，则支付时可直接记入“营业税金及附加”账户。

【例 4-7】 远达公司出口产品的国内港口离岸价格 FOB 为 7 000 000 元人民币，出口关税税率 40%，关税以支票付讫。计算其应纳关税，并做出相应的会计处理。

（1）应纳关税税额的计算如下：

关税完税价格 = 7 000 000 ÷（1 + 40%）= 5 000 000（元）

应纳出口关税税额 = 5 000 000 × 40% = 2 000 000（元）

（2）会计处理如下：

计算应缴关税时：

借：营业税金及附加　　2 000 000

　　贷：应交税费——应交关税　　2 000 000

实际缴纳关税时：

借：应交税费——应交关税　　2 000 000

　　贷：银行存款　　2 000 000

【例 4-8】 永华公司代理某企业出口一批商品，该商品的离岸价格 FOB 为 480 000 元人民币，出口关税税率为 20%，手续费 28 600 元。计算其应纳关税，并做出相应的账务处理。

（1）应纳关税税额的计算如下：

应纳关税税额 = 480 000 ÷（1 + 20%）× 20% = 80 000（元）

（2）会计处理如下：

计算应缴关税时：

借：应收账款　　80 000

　　贷：应交税费——应交关税　　80 000

借：应交税费——应交关税　　80 000

　　贷：银行存款　　80 000

计算应收手续费时：

借：应收账款　　28 600

　　贷：主营业务收入（或其他业务收入）　　28 600

收到委托单位支付的税款及手续费时：

借：银行存款　　108 600

　　贷：应收账款　　108 600

企业被批准减免出口关税的，在收到退回的税款时，应借记“银行存款”账户，贷记“应交税费——应交关税”账户；同时结转退回的出口关税，借记“应交税费——应交关税”账户，贷记“营业税金及附加”账户。

第四节　关税的申报与缴纳

一、关税的申报

（1）进口货物的纳税义务人应当自运输工具申报进境之日起 14 日内，出口货物的纳税义务人应当在货物运抵海关监管区后装货的 24 小时前，向货物的进出境地海关申报（海关特准的除外）。进出口货物转关运输的，按照海关总署的规定执行。进口货物到达前，纳税义务人经海关核准可以先行申报，具体办法由海关总署规定。

（2）纳税义务人应当依法客观地向海关申报，并按照海关的规定提供货物的确定完税价格，进行商品归类，确定原产地以及采取反倾销、反补贴或者保障措施等所需的资料；必要时，海关可以要求纳税义务人补充申报。

（3）纳税义务人应当按照税则规定的目录条文和商品归类总规则、类注、章注、子目注释以及其他归类注释，对其申报的进出口货物进行商品归类，并归入相应的税则号列；海关应当依法审核确定该货物的商品归类。

（4）海关可以要求纳税义务人提供确定商品归类所需的有关资料；必要时，海关可以组织化验、检验，并将海关认定的化验、检验结果作为商品归类的依据。

（5）海关为审查申报价格的真实性和准确性，可以查阅、复制与进出口货物有关的合同、单据、结付汇凭证、发票、账册、业务函电、录音录像制品和其他反映交易双方关系及交易活动的资料。海关质疑纳税义务人申报的完税价格并且所涉关税数额较大的，经直属海关关长或者其授权的隶属海关关长批准，依据海关总署的协助查询账户通知书及相关核查人员的工作证件，可以查询纳税义务人在银行或者其他金融机构开立的企业账户的资金往来情况，并向金融监督管理机构通报有关情况。

（6）海关质疑纳税义务人申报的完税价格的，应当将质疑的理由书面告知纳税义务人，要求其在规定的期限内做出书面说明并提供相关资料。纳税义务人在规定的期限内未做说明、未提供相关资料，或者做出书面说明并提供相关资料后海关仍有充分理由质疑其申报价格的真实性和准确性的，海关可以不接受纳税义务人申报的完税价格。

（7）海关审查核准进出口货物的完税价格后，纳税义务人可以要求海关就如何确定其进出口货物的完税价格做出书面说明。

二、关税的缴纳

（1）纳税义务人应当自海关填发税款缴款书之日起 15 日内向指定银行缴纳税款。纳税义务人未按期缴纳税款的，从滞纳税款之日起，按日加收滞纳金，金额为滞纳税款的万分之五。纳税义务人应当自海关填发滞纳金缴款书之日起 15 日内向指定银行缴纳滞纳金。缴款期限届满日为休息日或者法定节假日时，顺延至休息日或者法定节假日之后的第一个工作日。国务院临时调整休息日与工作日的，海关应当按照调整后的情况计算缴款期限。海关以人民币计征关税、滞纳金等。进出口货物的交易价格以及有关费用以人民币以外的币种计价的，按照中国人民银行公布的基准汇率折算为人民币计算其完税价格；以基准汇率币种以外的外币计价的，按照国家有关规定套算为人民币计算其完税价格。

（2）纳税义务人因不可抗力或者在国家税收政策调整的情形下，无法按期缴纳税款的，经海关总署批准，可以延期缴纳税款，延长期限最长不得超过 6 个月。

（3）进出口货物的纳税义务人在规定的纳税期限内存在明显转移、藏匿其应税货物以及其他财产行为的，海关可以责令纳税义务人提供担保；纳税义务人不能提供担保的，海关可以按照《海关法》的规定采取税收保全措施。

（4）纳税义务人、担保人自缴纳税款期限届满之日起超过 3 个月仍未缴纳税款的，海关可以按照《海关法》的规定采取强制执行措施。

三、关税的退还、补征和追征

1. 关税的退还

（1）海关发现多征税款的，应当立即通知纳税义务人办理退还手续。

（2）纳税义务人发现多缴税款的，自缴纳税款之日起 1 年内，可以以书面形式要求海关退还多缴的税款并加算银行同期活期存款利息；海关应当自受理退税申请之日起 30 日内查实并通知纳税义务人办理退还手续。纳税义务人应当自收到通知之日起 3 个月内办理有关退税手续。

（3）有下列情形之一的，纳税义务人自缴纳税款之日起 1 年内，可以申请退还关税，并应当以书面形式向海关说明理由，提供原缴款凭证及相关资料：

1）已征进口关税的货物，因品质或者规格原因，原状退货复运出境的。

2）已征出口关税的货物，因品质或者规格原因，原状退货复运进境，并已重新缴纳因出口而退还的国内环节有关税收的。

3）已征出口关税的货物，因故未装运出口，申报退关的。

2. 关税的补征和追征

（1）进出口货物进境或出境后，海关发现少征或者漏征税款的，应当自缴纳税款或者货物进出境之日起 1 年内，向纳税义务人补征税款。因纳税义务人违反规定造成少征或者漏征税款的，海关可以自缴纳税款或者货物进出境之日起3年内追征税款，并从缴纳税款或者货物进出境之日起按日加收滞纳金，金额为少征或者漏征税款的万分之五。

（2）需由海关监管使用的减免税进口货物，在监管年限内转让或者移作他用需要补税的，海关应当根据该货物的进口时间折旧估价，补征进口关税。

【思考与练习】

一、复习思考题

1. 试述关税的含义和类型。
2. 关税的征税对象包括哪些？
3. 关税具有哪些特点？
4. 试简述特定减免税。
5. 试简述关税完税价格。
6. 试述关税的计算方法。
7. 企业自营进口商品应支付的进口关税怎样进行会计处理？
8. 关税的缴纳方法包括哪些？

二、综合练习题

假设以下各经济业务外汇牌价均为1美元=6.85元人民币（保留两位小数）。

1. 恒通公司进口货物一批，以CIF青岛500 000美元的价格成交，关税税率为20%。

要求：计算应纳关税税额。

2. 翔达公司进口货物一批，成交价格为FOB旧金山300 000美元，公司另支付运费20 000美元，关税税率为10%，保险费率为3‰。

要求：计算应纳关税税额。

3. 泽林公司生产一批产品出口澳大利亚，以FOB上海300 000美元的价格成交，关税税率为20%。

要求：计算应纳关税税额。

4. ABC公司生产一批产品出口美国，以CIF旧金山400 000美元的价格成交，其中运费为40 000美元，保险费为6 000美元，关税税率为10%。

要求：计算应纳关税税额。

5. 盛天外贸公司从国外自营进口商品一批，该商品的到岸价格为300 000元人民币，进口商品的关税税率为20%，代征增值税税率为17%，公司以银行存款支付。

要求：计算该公司应纳关税税额，并做相应的会计处理。

6. 旭阳公司从国外进口设备一台，以CIF大连300 000美元的价格成交，保险费率为3‰，关税税率为10%，代征增值税税率为17%。

要求：计算该公司应纳关税税额，并做相应的会计处理。

7. A公司委托某外贸公司进口商品一批，成交价格为FOB纽约10 000美元，另支付运费500美元，包装费200美元，保险费300美元，代理手续费按货价的2%收取，关税税率为10%，委托单位已将货款10 000美元汇入外贸公司的账户。该批商品运达后，向委托单位办理结算。

要求：计算应纳关税税额，并做相应的会计处理。

第五章 出口货物退（免）税会计

【学习目标】

1. 明确出口退（免）税的原则。
2. 了解出口退（免）税政策。
3. 掌握出口退（免）税的计算方法。
4. 熟练运用出口退（免）税的会计处理技术。

第一节 出口货物退（免）税概述

一、出口货物退（免）税制度的目的

出口货物退（免）税是指在国际贸易中货物输出国对输出境外的货物免征其在本国境内消费时应缴纳的税金或退还其按本国税法规定已缴纳的税金（增值税、消费税）。这是国际贸易中通常采用的并为各国所接受的一种税收措施，目的在于鼓励各国出口货物进行公平竞争。

我国的出口货物退（免）税制度是根据我国国情建立起来的、相对独立于其他国内税收管理的一种专项税收制度。1994 年，我国对工商税制进行了全面改革。根据改革的指导思想，国家税务总局对退税范围、计算办法、常规管理、清算检查等做了具体规定，随后还根据实际情况进行了多次改革和完善。

二、出口货物退（免）税制度的主要内容

我国出口退税制度主要有以下几方面内容：

（1）享有出口退税权的企业是指经有关部门批准的、有进出口经营权的企业，主要是外贸公司和有进出口经营权的生产企业，包括外商投资企业，还有出口量较小的一些特殊企业，如外轮供应公司、免税品公司等。

（2）享受退税的出口货物，除免税货物、禁止出口货物和明文规定不予退税的货物外，其他货物都可享受退税政策。退税的税种为增值税和消费税。

（3）增值税出口退税率。除财政部和国家税务总局根据国务院决定而明确的增值税出口退税率外，出口货物的退税率为其适用税率。应税服务的退税率为其按照“营改增”规定适用的增值税税率。

（4）出口应税消费品的退税率。消费税的退税率即是消费税的征税率，消费税征多少退多少，能够实现彻底的退税。兼营不同税目的或不同税率的应税消费品出口的，应分别核

算销售额或销售数量；未分别核算的，应从高适用征税率，但从低适用退税率。

（5）出口退税主要实行以下两种办法：

1）对外贸企业出口货物实行免税和退税的办法，即对出口货物销售环节免征增值税，对出口货物在前各个生产流通环节已缴纳的增值税予以退税。

2）对生产企业自营或委托出口的货物实行免、抵、退税办法，对出口货物本道环节免征增值税，对出口货物所采购的原材料、包装物等所含的增值税允许抵减其内销货物的应缴税款，对未抵减完的部分再予以退税。

出口退税的税款实行计划管理。财政部每年在中央财政预算中安排出口退税计划，同国家税务总局分配下达给各省（自治区、直辖市）执行。不允许超计划退税，当年的计划不得结转下年使用。

出口企业的出口退税全部实行计算机电子化管理，通过计算机申报、审核、审批。我国从2003年起启用了“口岸电子执法系统”出口退税子系统。对企业申报退税的报关单、外汇核销单等出口退税凭证，实现了与签发单证的政府机关信息对审的办法，确保了申报单据的真实性和准确性。

（6）出口应税消费品退（免）税政策。纳税义务人出口应税消费品与已纳增值税出口货物一样，国家都是给予退（免）税优惠的。出口应税消费品同时涉及增值税和消费税，并且退（免）消费税与出口货物退（免）增值税在退（免）税范围的限定、退（免）税办理程序、退（免）税审核及管理上都有许多一致的地方，因此，本书只介绍对应税消费品退（免）消费税的某些不同于出口货物退（免）增值税的特殊规定。

出口应税消费品退（免）税政策有以下三种情况：

1）出口应税消费品免税并且退税。该项政策使以下企业可以向税务机关申请出口退税：①有进出口经营权的企业购进应税消费品直接；②企业受其他企业委托代理出口应税消费品。

2）出口应税消费品免税但不退税。该项政策使以下企业可以在生产环节就地免征消费税：①有进出口经营权的生产企业自营出口；②生产企业委托外贸公司代理出口自产的应税消费品，依据出口数量免征消费税，但不予办理退还消费税。

3）出口应税消费品不免税并且不予退税。该项政策主要适用于除生产企业、外贸企业以外的其他企业，具体是指商贸企业委托外贸公司代理出口应税消费品，一律不予退（免）税。

第二节　出口货物退（免）税的计算与申报

根据国际社会通行的惯例和我国现阶段的国情，我国制定并实施了出口货物退（免）税制度。有出口经营权的企业出口的货物，除另有规定者外，可在货物报关出口并在财务上做销售处理后，凭有关凭证按月报送税务机关批准退还或免征增值税和消费税。

一、外贸企业一般贸易出口货物应退增值税的计算与申报

外贸企业出口货物增值税的计算应依据购进出口货物增值税专用发票上所注明的进项税额和退税率计算。实行出口退（免）税电子化管理后，外贸企业出口货物应退增值税的计

算，具体有以下两种方法：

（一）单票对应法

所谓单票对应法，是指在出口和进货的关联号内进货数据和出口数据配齐申报，对进货数据实行加权平均，合理分配各出口占用的数量，计算出每笔出口的实际退税额。它是出口退税二期网络版管理软件审核系统中设置的一种退税基本方法。在一次申报的同关联号的同一商品代码下应保持进货数量和出口数量完全一致，进货、出口均不结余。对每一笔进货分批出口的，应到主管税务机关开具进货分批申报单。其基本公式如下：

$$\text{应退税额}=\text{不含增值税购进金额}\times\text{退税率}$$

$$\text{应退税额}=\text{出口货物数量}\times\text{加权平均单价}\times\text{退税率}$$

现行的出口与进货的对应方式主要有以下四种：一是出口一票进货一票；二是出口多票进货一票；三是出口一票进货多票；四是出口多票进货多票。

（二）加权平均法

采用加权平均法是指出口企业进货按企业代码 + 部门代码 + 商品代码汇总，加权平均计算每种商品代码下的加权平均单价和平均退税率；出口申报按同样的关键字计算本次实际进货占用，即用上述加权平均单价乘以实际退税数量乘以平均退税率计算每种商品代码下的应退税额。审核数据按月（按期）保存，进货结余自动保留（出口退税二期网络版管理软件保留进货结余而忽略出口结余，出口退税一期网络版管理软件自动保留进货及出口结余），可供下期退税时继续使用。

1. 进货凭证审核后

$$\text{进货本次可用金额}=\text{上期结余金额}+\text{本期发生金额}+\text{释放出口金额}$$

$$\text{进货本次可用数量}=\text{上期结余数量}+\text{本期发生数量}+\text{释放出口数量}$$

$$\text{进货本次可退税额}=\text{上期结余可退税额}+\text{本期发生可退税额}+\text{释放出口退税额}$$

$$\text{平均单价}=\frac{\text{进货本次可用金额}}{\text{进货本次可用数量}}$$

$$\text{平均退税率}=\frac{\text{进货本次可退税额}}{\text{进货本次可用金额}}$$

2. 出口申报基本审核后

$$\text{出口进货金额}=\text{出口数量}\times\text{平均单价}$$

$$\text{应退税额}=\text{出口进货金额}\times\text{平均退税率}$$

3. 出口申报综合审核后

根据增值税进货凭证累计（剩余）可用数量及出口数量对比确认实际退税数量，计算应退税额。

$$\text{出口进货金额}=\text{实际退税数量}\times\text{平均单价}$$

$$\text{应退税额}=\text{出口进货金额}\times\text{平均退税率}$$

二、外贸企业进料加工贸易复出口货物应退增值税的计算

外贸企业中的出口企业将经主管出口退税税务机关签章的申报表报送主管征税税务机关，征税税务机关据此可按规定税率计算销售料件的税款，但增值税专用发票上注明的应缴税款不计征入库，而由主管出口退税税务机关在出口企业办理出口货物退税时，在其应退税

额中抵扣。由于征、退税有差异，现行政策规定实际应抵扣税额暂按复出口货物退税率计算扣除。从而保证进料加工业务在国内加工生产环节能按照增值税的原理计征经加工增值部分的增值税税额。同时也保证出口企业将进料加工复出口货物按一般贸易的原则做自营销售后，其进口料件已减免税部分不再计算退税。

外贸企业进料加工应退税额的计算公式为：

$$应退税额=出口货物数量\times加权平均进价\times退税率-销售进口料件的应抵扣税额$$

$$\begin{matrix}销售进口料件的\\应抵扣税额\end{matrix}=\begin{matrix}销售进口\\料件金额\end{matrix}\times\begin{matrix}复出口货\\物退税额\end{matrix}-\begin{matrix}进口料件海关实\\征增值税税额\end{matrix}$$

三、外贸企业收购小规模纳税人出口货物应退增值税的计算

（1）凡从小规模纳税人购进持普通发票特准退税的抽纱工艺品等12类出口货物的，同样实行销售出口货物的收入免税并退还出口货物进项税额的方法。由于小规模纳税人使用的是普通发票，其销售额和应纳税额没有单独计价，而小规模纳税人应纳的增值税也是价外计征的，所以，必须将合并定价的销售额先换算成不含税价格，然后据以计算出口货物应退税额。其计算公式为

$$应退税额=\frac{普通发票所列含增值税销售金额}{1+征收率}\times退税率$$

（2）凡从小规模纳税人购进税务机关代开增值税专用发票的出口货物的，按以下公式计算应退税额：

$$应退税额=增值税专用发票注明的金额\times退税率$$

四、外贸企业委托加工出口货物应退增值税的计算

外贸企业委托生产企业加工收回后报关出口的货物，按购进国内原、辅材料的增值税专用发票上注明的进项税额，依原、辅材料的退税率计算原、辅材料的应退税额。支付的加工费，依出口货物的退税率计算加工费的应退税额。

五、生产企业出口货物劳务增值税“免、抵、退”税的计算

1. 当期应纳税额的计算

$$当期应纳税额=当期销项税额-(当期进项税额-当期不得免征和抵扣税额)$$

$$\begin{matrix}当期不得免征\\和抵扣税额\end{matrix}=\begin{matrix}当期出口\\货物离岸价\end{matrix}\times\begin{matrix}外汇人民\\币折合率\end{matrix}\times\left(\begin{matrix}出口货物\\适用税率\end{matrix}-\begin{matrix}出口货物\\退税率\end{matrix}\right)-\begin{matrix}当期不得免征和\\抵扣税额抵减额\end{matrix}$$

$$\begin{matrix}当期不得免征和\\抵扣税额抵减额\end{matrix}=\begin{matrix}当期免税购进\\原材料价格\end{matrix}\times\left(\begin{matrix}出口货物\\适用税率\end{matrix}-\begin{matrix}出口货物\\退税率\end{matrix}\right)$$

2. 当期“免、抵、退”税额的计算

$$当期“免、抵、退”税额=\begin{matrix}当期出口货\\物离岸价\end{matrix}\times\begin{matrix}外汇人民\\币折合率\end{matrix}\times\begin{matrix}出口货物\\退税率\end{matrix}-\begin{matrix}当期“免、抵、退”\\税额抵减额\end{matrix}$$

$$当期“免、抵、退”税额抵减额=当期免税购进原材料价格\times出口货物退税率$$

3. 当期应退税额和免抵税额的计算

（1）当期期末留抵税额≤当期“免、抵、退”税额时：

$$当期应退税额=当期期末留抵税额$$

当期免抵税额 = 当期“免、抵、退”税额 - 当期应退税额

（2）当期期末留抵税额 > 当期“免、抵、退”税额时：

当期应退税额 = 当期“免、抵、退”税额

当期免抵税额 = 0

当期期末留抵税额为当期增值税纳税申报表中“期末留抵税额”。

六、外贸企业出口应税消费品应退消费税的计算

外贸企业出口应税消费品，除退还其已纳的增值税外，还应退还其已纳的消费税。消费税的退税办法分别依据该消费品的征税办法确定，即退还该消费品在生产环节实际缴纳的消费税。其计算公式分别为

（1）实行从价定率征收办法的：

应退税额 = 购进出口货物的进货金额 × 消费税税率

（2）实行从量定额征收办法的：

应退税额 = 出口数量 × 单位税额

七、出口退（免）消费税后期的管理

出口的应税消费品办理退税后发生退关或者国外退货，进口时应予以免税的，报关出口者必须及时向其所在地主管税务机关申报补缴已退的消费税税款。

纳税义务人直接出口的应税消费品办理免税后发生退关或国外退货，进口时应予以免税的，经所在地主管税务机关批准，可暂不办理补税，待其转为国内销售时，再向其主管税务机关申报补缴消费税。

第三节　出口货物退（免）税的会计核算

一、外贸企业出口退（免）税的会计处理

外贸企业出口货物有自营出口和委托出口两种形式，其出口货物所获得的增值税退税款，在会计处理上，应冲减相应的进项税额或已交税金，而且不并入利润征收企业所得税。计算应退增值税时，借记“其他应收款——应收补贴款”账户，贷记“应交税费——应交增值税（出口退税）”账户；计算不予退还的增值税税额时，借记“主营业务成本”账户，贷记“应交税费——应交增值税（进项税额转出）”账户；实际收到出口货物退回的增值税时，借记“银行存款”账户，贷记“其他应收款——应收补贴款”账户。

【例 5-1】 国威外贸公司是有进出口经营权的外贸公司，本期该公司从海尔公司购进一批家电产品用于出口，取得海尔公司开具的增值税专用发票，内列家电款 100 万元，增值税 17 万元，价税款以银行汇票付讫。该批所购家电产品本期全部出口，离岸价格为 150 万元，申请退税的单证齐全。该家电产品出口退税率为 15%。

（1）申报出口退税时的计算及会计处理。

应退增值税 = 1 000 000 × 15% = 150 000（元）

出口货物不予退税的税额 = 1 000 000 ×（17% - 15%）= 20 000（元）

借：其他应收款——应收补贴款　　150 000

　　贷：应交税费——应交增值税（出口退税）　　150 000

借：主营业务成本　　20 000

　　贷：应交税费——应交增值税（进项税额转出）　　20 000

（2）收到增值税退税款时的会计处理。

借：银行存款　　150 000

　　贷：其他应收款——应收补贴款　　150 000

二、生产企业免、抵、退增值税的会计处理

实行免、抵、退税办法办理出口退税的生产企业，直接出口和委托外贸企业代理出口的货物，在出口销售环节免征增值税，并按规定的退税率计算出口货物的进项税额抵减内销产品应纳税额，企业按购进原材料等取得的增值税进项税额抵减内销产品应纳税额。企业按购进原材料等取得的增值税专用发票上记载的增值税税额与按照退税率计算的增值税税额的差额，借记"主营业务成本"账户，贷记"应交税费——应交增值税（进项税额转出）"账户，按规定的退税率计算出口货物的进项税额抵减内销产品的应纳税额，借记"应交税费——应交增值税（出口抵减内销产品应纳税额）"账户，贷记"应交税费——应交增值税（出口退税）"账户；对确因出口比重过大，在规定期限内不足抵减的，不足部分可按有关规定给予退税，借记"其他应收款——应收补贴款"账户，贷记"应交税费——应交增值税（出口退税）"账户。

【例 5-2】 创维科技电子公司为有进出口经营权的生产企业，本期内销电子产品不含税价款为 1 200 000 元，出口电子产品销售额为 2 300 000 元，同期购入货物的进项税额为 90 000 元，期初"应交税费——未交增值税"账户的借方余额为 60 000 元，出口退税率为 15%，申请退税单证齐全。

$$内销产品销项税额 = 1\ 200\ 000 \times 17\% = 204\ 000(元)$$

$$当期不予抵(退)税额 = 2\ 300\ 000 \times (17\% - 15\%) = 46\ 000(元)$$

$$当期应纳(退)增值税税额 = 204\ 000 - (90\ 000 - 46\ 000) - 60\ 000 = 100\ 000(元)$$

创维科技电子公司的会计处理如下：

（1）结转当期不予抵（退）税额时：

借：主营业务成本　　46 000

　　贷：应交税费——应交增值税（进项税额转出）　　46 000

（2）上缴应交增值税税额时：

借：应交税费——应交增值税（已交税金）　　100 000

　　贷：银行存款　　100 000

【例 5-3】 卫民环保设备有限公司为有进出口经营权的生产企业，本期内销产品不含税售价为 10 000 000 元，出口销售额为 5 000 000 元，公司适用的增值税税率为 17%，适用的出口退税率为 15%，本期购入货物的进项税额为 1 250 000 元，期初"应交税费——未交增值税"账户的借方余额为 700 000 元，本期全部产品销售成本为 12 000 000 元，申请退税单证齐全。

$$本期内销货物销项税额 = 10\ 000\ 000 \times 17\% = 1\ 700\ 000(元)$$

本期不予抵(退)税额 = 5 000 000 × (17% − 15%) = 100 000(元)

当期应纳(退)税额 = 1 700 000 − (1 250 000 − 100 000) − 700 000 = −150 000(元)

卫民环保设备有限公司的会计处理如下：

（1）结转当期不予抵（退）税额时：

借：主营业务成本　　100 000

　　贷：应交税费——应交增值税（进项税额转出）　　100 000

（2）结转出口抵减内销产品税额时：

当期免、抵、退税额 = 5 000 000 × 15% = 750 000(元)

因为当期期末留抵税额 150 000 元≤当期免、抵、退税额 750 000 元，所以当期应退税额 = 当期期末留抵税额 = 150 000 元。

当期免抵税额 = 750 000 − 150 000 = 600 000(元)

借：应交税费——应交增值税（出口抵减内销产品应纳税额）　　600 000

　　贷：应交税费——应交增值税（出口退税）　　600 000

【例 5-4】 万通设备有限公司为有进出口经营权的生产企业，本期内销设备不含税收入为 1 500 000 元，出口设备销售额为 3 500 000 元，本期国内购进原材料等进项税额合计为 510 000 元，期初"应交税费——未交增值税"账户的借方余额为 415 000 元，国内销售价税款已收妥存入银行，内销产品制造成本为 1 050 000 元，出口设备价款尚未收到，出口产品的制造成本为 2 300 000 元，适用的增值税税率为 17%，出口退税率为 15%，申请退税单证齐全。

（1）国内销售时的会计处理如下：

借：银行存款　　1 755 000

　　贷：主营业务收入　　1 500 000

　　　　应交税费——应交增值税（销项税额）　　255 000

同时：

借：主营业务成本　　1 050 000

　　贷：库存商品　　1 050 000

（2）出口销售时的会计处理如下：

借：应收账款　　3 500 000

　　贷：主营业务收入　　3 500 000

同时：

借：主营业务成本　　2 300 000

　　贷：库存商品　　2 300 000

（3）结转不予抵（退）税额时的计算及会计处理如下：

本期内销货物销项税额 = 1 500 000 × 17% = 255 000(元)

本期不予抵(退)税额 = 3 500 000 × (17% − 15%) = 70 000(元)

本期应纳(退)税额 = 255 000 − (510 000 − 70 000) − 415 000 = −600 000(元)

借：主营业务成本　　70 000

　　贷：应交税费——应交增值税（进项税额转出）　　70 000

（4）计提应退税额时的计算及会计处理如下：

当期免、抵、退税额 = 3 500 000 × 15% = 525 000(元)

因为600 000元 > 525 000元，所以应退税额为525 000元。

借：其他应收款——应收补贴款　　525 000
　　贷：应交税费——应交增值税（出口退税）　　525 000

（5）收到退税款时的会计处理如下：

借：银行存款　　525 000
　　贷：其他应收款——应收补贴款　　525 000

三、出口应税消费品退税的会计处理

（1）有进出口经营权的生产企业自营出口或委托出口应税消费税的货物，在生产环节免征消费税。

（2）生产企业委托出口的属于消费税征收范围内的自产货物，实行“先征后退”税收管理办法。而且，自1995年7月1日起，委托出口的货物，由委托方办理出口退税。会计处理如下：

1）委托方发出产品时：

借：发出商品
　　贷：库存商品

2）收到代销清单或出口单证时：

借：应收账款——代销款
　　贷：主营业务收入——出口销售收入

3）消费税实行先征后退时：

借：其他应收款——应收出口退税
　　贷：应交税费——应交消费税

4）缴纳时：

借：应交税费——应交消费税
　　贷：银行存款

5）收到税务机关退回的消费税款时：

借：银行存款
　　贷：其他应收款——应收出口退税

6）对收到的货款（扣除手续费）：

借：银行存款
　　销售费用——代销手续费
　　贷：应收账款——代销款

【思考与练习】

一、复习思考题

1. 增值税出口退税的基本政策有哪些？
2. 简述生产企业出口免、抵、退税的基本含义。
3. 简述外贸企业出口退（免）税的基本含义。

二、综合练习题

1. 某自营出口生产企业是增值税一般纳税人，出口货物的征税率为17%，退税率为15%。2015 年8 月有关经营业务为购进原材料一批，取得的增值税专用发票注明价款为200 万元，进项税额为34 万元，货已验收入库。当月进料加工免税进口料件的组成计税价格为100 万元。上期期末“应交税费——未交增值税”账户的借方余额为6 万元。本月内销货物不含税销售额100 万元，收款117 万元存入银行，本月出口货物销售额为200 万元。

要求：计算该企业当期的免、抵、退税额并做出相关的会计分录。

2. 某外贸企业在所属期2015 年5 月的退（免）税申报明细表中，关联号×××内唯一一种出口货物的有关申报登录信息如下：①出口记录一条，出口数量440 件，离岸价格3 000 美元；②进货记录两条，其中从一般纳税人处购入并申报400 件，计税金额20 000 元，征税率为17%。

要求：若该种出口货物的法定退税率为13%，当日外汇牌价1 美元 =6.3 元人民币，请计算关联号×××的应退税额并做出会计处理。

第六章 营业税会计

【学习目标】

1. 熟悉营业税的纳税义务人、税目和税率等基本法规内容。
2. 掌握营业税应纳税额的计算。
3. 掌握各行业营业税的会计处理方法。
4. 掌握营业税的纳税申报方法。
5. 掌握“营改增”的相关会计处理。

第一节 营业税基本法规的规定

一、营业税的纳税义务人

1. 纳税义务人的一般规定

在中华人民共和国境内提供应税劳务、转让无形资产（不包括“营改增”中的转让商标权，转让著作权、转让专利权、转让非专利技术，下同）或销售不动产的单位和个人，为营业税的纳税义务人。

在中华人民共和国境内是指税收行政管辖权的区域。具体情况如下：

（1）所提供的劳务发生在境内。

（2）所转让的无形资产（不含土地使用权）在境内。

（3）所转让或出租土地使用权的土地在境内。

（4）所销售或者出租的不动产在境内。

上述应税劳务是指属于建筑业、金融保险业（不包括有形动产的融资租赁，下同）、文化体育业（不包括“营改增”中的文化创意服务、播映，下同）、娱乐业、服务业（不包括“营改增”中的应税服务，下同）税目征收范围的劳务。

提供应税劳务、转让无形资产或销售不动产是指有偿或视同有偿提供应税劳务、转让无形资产或销售不动产的行为。

单位是指企业、行政单位、事业单位、军事单位和社会团体等。

个人是指个体工商户以及其他有经营行为的个人。

需要注意以下几点：

（1）加工和修理修配劳务属于增值税的纳税范围，不属于营业税的纳税范围。

（2）单位和个体经营者聘用的员工为本单位或雇主提供的劳务，也不属于营业税的应税劳务。

(3) 保险劳务是指保险机构（包括境内和境外的）为境内标的物提供的保险，不包括境内保险机构为出口货物或境外标的物所提供的保险。

2. 纳税义务人的特殊规定

(1) 单位以承包、承租、挂靠方式经营的，承包人、承租人、挂靠人（以下统称承包人）发生的应税行为，承包人以发包人、出租人、被挂靠人（以下统称发包人）名义对外经营并由发包人承担相关法律责任的，以发包人为纳税人；否则以承包人为纳税人。

(2) 建筑安装业务实行分包或转包的，分包或转包者为纳税人。

(3) 金融保险业务纳税人为各银行、保险公司、证券公司等有关金融机构。

3. 扣缴义务人

为了加强营业税的源泉控制，简化计税手续，税法还规定了营业税的代扣代缴义务。

(1) 委托金融机构发放贷款的，其应纳税款以委托发放贷款的金融机构为扣缴义务人。

(2) 建筑安装业务实行分包或转包的，其应纳税款以总承包人为扣缴义务人。

(3) 境外单位或个人在境内发生应税行为而在境内未设有机构的，其应纳税款以代理人为扣缴义务人；没有代理人的，以受让者或购买者为扣缴义务人。

(4) 单位或个人举行演出，由他人售票的，其应纳税款以售票者为扣缴义务人；演出经纪人为个人的，其办理演出业务的应纳税款也以售票者为扣缴义务人。

(5) 分保险业务，其应纳税款以初保人为扣缴义务人。

(6) 需要注意的是个人转让土地使用权的，其应纳税款是以转让者为纳税义务人，而不是以受让者为扣缴义务人。

(7) 财政部规定的其他扣缴义务人。

二、营业税的征税范围

营业税的征税范围是在中华人民共和国境内提供应税劳务、转让无形资产和销售不动产。

三、营业税的税目、税率

营业税的税目、税率如表6-1所示。

表6-1　营业税税目、税率

税　目	征收范围	税　率
一、建筑业	建筑、安装、修缮、装饰及其他工程作业	3%
二、金融保险业		5%
三、文化体育业		3%
四、娱乐业		5%～20%
五、服务业	代理业、旅店业、饮食业、旅游业、租赁业和其他服务业	5%
六、转让无形资产	转让土地使用权、转让自然资源使用权	5%
七、销售不动产	销售建筑物或构筑物、其他土地附着物	5%

需要解释的是：

(1) 建筑业下设建筑、安装、修缮、装饰及其他工程作业五个子税目。

（2）金融保险业是指金融和保险的业务。金融是指经营货币资金融通活动的业务，包括贷款、融资租赁、金融商品转让、金融经纪业和其他金融业务。保险是指将通过契约形式集中起来的资金，用以补偿被保险人的经济利益的活动。

（3）文化体育业下设文化业、体育业两个子税目。

（4）娱乐业下设歌厅、舞厅、卡拉 OK 歌舞厅、音乐茶座、台球厅、高尔夫球场、保龄球厅、网吧、游艺场等，以及娱乐场所为顾客进行娱乐活动提供服务的业务等子税目。娱乐场所为顾客提供的饮食服务及其他各种服务也按照娱乐业征税。

（5）服务业下设代理业、旅店业、饮食业、旅游业、租赁业和其他服务业等子税目。

（6）转让无形资产下设转让土地使用权、转让自然资源使用权等子税目。以无形资产投资入股，参与接受投资方的利润分配，共同承担投资风险的行为，不征营业税。

（7）销售不动产下设销售建筑物或构筑物、销售其他土地附着物两个子税目。在销售不动产的同时连同不动产所占土地的使用权一并转让的行为，比照销售不动产征收营业税。

单位或个人将不动产或土地使用权无偿赠送其他单位和个人，视同发生应税行为按规定征收营业税；单位或个人自己新建建筑物后销售，其所发生的自建行为，视同发生应税行为按规定征收营业税。

四、营业税的优惠政策

（一）根据税法规定，下列项目减免征收营业税：

（1）托儿所、幼儿园、养老院、残疾人福利机构提供的养育服务、婚姻介绍、殡葬服免征营业税。

（2）残疾人员个人提供的劳务免征营业税。

（3）普通学校和其他教育机构提供的教育劳务，学生勤工俭学提供的劳务免征营业税。

（4）农业机耕、排灌、病虫害防治、植保、农牧保险以及相关技术培训业务，家禽、牲畜、水生动物的配种和疾病防治劳务，免征营业税。

（5）纪念馆、博物馆、文化馆、美术馆、展览馆、书画院、图书馆、文物保护单位举办文化活动的门票收入，宗教场所举办文化、宗教活动的门票收入，免征营业税。

（6）将土地使用权转让给农业生产者用于农业生产的，免征营业税。

（7）凡经中央及省级财政部门批准纳入预算管理或财政专户管理的行政事业性收费、基金，无论是行政单位收取的，还是由事业单位收取的，均不征收营业税。

（8）中国人民银行对金融机构的贷款业务，不征收营业税，但中国人民银行对企业的贷款业务应当征收营业税。

（9）保险公司开展的 1 年期以上的返还性人身保险的保费收入，免征营业税。

（10）金融机构的出纳长款收入，免征营业税。

（11）对个人按市场价格出租的居民住房，以 3% 的法定税率为基数减半征收营业税。

（12）医院、诊所和其他医疗机构提供的医疗服务免征营业税。

（二）营业税的起征点

对于经营营业税应税项目的个人，营业税规定了起征点。营业额达到或超过起征点即照章全额计算纳税，营业额低于起征点则免予征收营业税。税法规定的起征点如下：

（1）按期纳税的（除另有规定外）起征点为月营业额 5 000 ~ 20 000 元。

（2）按次纳税的（除另有规定外）起征点为每次（日）营业额300～500元。

第二节 营业税的计算

一、营业额的确定

营业税的营业额是指纳税人提供劳务、转让无形资产或销售不动产向对方收取的全部价款和价外费用。价外费用包括向对方收取的手续费、基金、代收代垫款项及各种性质的价外费用。

二、营业额的具体规定

（1）建筑业的总承包人，将工程分包或者转包给他人的，以工程的全部承包额减去付给分包人或者转包人的价款后的余额为营业额。

（2）纳税人提供建筑业劳务（不含装饰劳务）的，其营业额应当包括工程所用原材料、设备及其他物资和动力的价款在内，但不包括建设方提供的设备的价款。

（3）纳税人从事安装工程作业，凡所安装的设备的价值作为安装工程产值的，其营业额应包括设备的价款。

（4）自建行为的营业税处理。自建行为是指纳税人自己建造房屋的行为，纳税人自建用的房屋不纳营业税，如纳税人（不包括个人自建自用住房销售）将自建房屋对外销售，其自建行为应先按建筑业缴纳营业税，再按销售不动产缴纳营业税。

（5）金融保险业的具体规定如下：

1）一般贷款业务，以贷款利息收入全额为营业额（包括加息、罚息）。

2）外汇、有价证券、期货等金融商品买卖业务，以卖出价减去买入价后的余额为营业额。

3）典当从事的是抵押贷款业务，无论资金来源如何，其计税营业额均以经营者取得的利息收入和其他费用确定。

4）金融经纪业务和其他金融业务（中间业务）以取得手续费（佣金）等收入为营业额。

5）保险业务的计税营业额是纳税人提供属于保险业征税范围劳务向受让方收取的全部收入。

（6）文化体育业。单位或个人进行演出，以全部票价收入或者包场收入减去付给提供演出场所的单位、演出公司或经纪人的费用后的余额为营业额。

（7）娱乐业。娱乐业以向顾客收取的各项费用为营业额，包括门票费、台位费、点歌费、烟酒饮料收费及其他收费。

（8）代理业以代理者向委托方实际收到的报酬为营业额。

（9）物业管理企业以代收水、电、气费及房租等的手续费为计税营业额。

（10）拍卖行向委托方收取的手续费为计税营业额。

（11）旅游企业组织旅游团到境外旅游，在境外改由其他旅游企业接团的，以全程旅游费减去付给该接团企业的旅游费后的余额为营业额。

（12）旅游企业组团在境内旅游的，以收取的旅游费减去替旅游者支付给其他单位的住房、就餐、交通、门票和其他代付费用后的余额为营业额。改由其他旅游企业接团的，比照境外旅游确定营业额。

（13）纳税人提供应税劳务、转让无形资产或者销售不动产价格明显偏低而无正当理由的，税务机关按下列顺序核定其营业额：

1）按纳税人当月提供的同类应税劳务或者销售同类不动产的平均价格核定。

2）按纳税人最近时期提供的同类劳务或者销售同类不动产的平均价格核定。

3）按以下公式核定组成计税价格：

$$组成计税价格=\frac{营业成本或工程成本\times（1+成本利润率）}{1-营业税税率}$$

成本利润率由省、自治区、直辖市人民政府所属地方税务机关确定。

三、营业税应纳税额的计算

纳税人提供应税劳务、转让无形资产或者销售不动产，按照营业额和规定的税率计算应纳营业税税额。其计算公式为：

$$应纳营业税税额=营业额\times适用税率$$

1. 建筑业应纳税额的计算

【例6-1】 某建筑公司2015年5月份承包一项建筑工程，工程全部承包额为3 000 000元，该公司将其中的装饰工程转包给某装饰公司，支付其工程价款200 000元。计算该建筑公司5月份应纳营业税税额。

解

$$应纳营业税税额=(3\ 000\ 000-200\ 000)\times3\%=84\ 000(元)$$

$$代扣代缴营业税税额=200\ 000\times3\%=6\ 000(元)$$

2. 金融保险业应纳税额的计算

【例6-2】 某银行2015年第一季度取得贷款利息收入2 000 000元，另有委托贷款业务利息收入750 000元，该笔委托贷款业务支付委托贷款利息支出600 000元，同时，取得其他手续费收入500 000元。计算该银行第一季度应纳营业税税额。

解

$$营业额=2\ 000\ 000+(750\ 000-600\ 000)+500\ 000=2\ 650\ 000(元)$$

$$应纳税额=2\ 650\ 000\times5\%=132\ 500(元)$$

$$代扣代缴营业税税额=600\ 000\times5\%=30\ 000(元)$$

3. 文化体育业应纳税额的计算

【例6-3】 某体育场2015年5月份取得如下收入：承办足球比赛取得门票收入250 000元，将场地租给一中学召开秋季运动会，租金收入30 000元。计算该体育场本月应纳营业税税额。

解

$$应纳营业税税额=250\ 000\times3\%+30\ 000\times5\%=9\ 000(元)$$

4. 娱乐业应纳税额的计算

【例6-4】 某歌舞厅2015年5月份取得下列收入：门票收入300 000元，点歌费50 000元，销售烟、酒、饮料收入200 000元，假定该地娱乐业营业税适用税率为20%。计算该歌舞厅本月应纳营业税税额。

解

$$应纳营业税税额=(300\ 000+50\ 000+200\ 000)\times 20\%=110\ 000(元)$$

5. 服务业应纳税额的计算

【例6-5】 某饭店2015年5月份取得下列收入：客房营业收入90万元；饭店所属餐厅营业收入80万元；附属娱乐厅点歌费收入8万元，食品饮料收入15万元，门票收入5万元。假设该地娱乐业营业税税率为20%。计算该饭店本月应纳营业税税额。

解

$$服务业应纳营业税税额=(900\ 000+800\ 000)\times 5\%=85\ 000(元)$$

$$娱乐业应纳营业税税额=(80\ 000+150\ 000+50\ 000)\times 20\%=56\ 000(元)$$

$$该饭店本月应纳营业税税额=85\ 000+56\ 000=141\ 000(元)$$

【例6-6】 某国际旅行社2015年5月份取得营业收入500万元，发生支出如下：支付给其他单位住宿费、餐费、交通费、门票等150万元；出境旅行改由当地旅行社接团，支付其接团费80万元。计算该旅行社本月应纳营业税税额。

解

$$应纳营业税税额=(5\ 000\ 000-1\ 500\ 000-800\ 000)\times 5\%=135\ 000(元)$$

6. 转让无形资产应纳税额的计算

【例6-7】 某企业将一项自然资源使用权转让给另一企业，取得转让收入100万元；同时，以其一块土地的使用权作价50万元投资入股另一企业，参与接受投资方利润分配，共同承担投资风险。计算该企业应纳营业税税额。

企业以土地使用权投资入股不征营业税。应纳税额计算如下：

$$应纳税额=1\ 000\ 000\times 5\%=50\ 000(元)$$

7. 销售不动产应纳税额的计算

【例6-8】 某房地产开发公司2015年5月份发生如下收入：销售商品房价款收入900万元；销售配套服务设施取得收入60万元；以一栋商品房投资入股某贸易公司，评估作价600万元，参与接受投资方利润分配，共同承担投资风险；未售出房屋对外出租取得租金收入20万元。计算该房地产开发公司本月应纳营业税税额。

分析计算如下：

(1) 商品房投资入股不征营业税。

(2) 应纳税营业额 $=9\ 000\ 000+600\ 000+200\ 000=9\ 800\ 000$(元)

(3) 应纳营业税税额 $=9\ 800\ 000\times 5\%=490\ 000$(元)

第三节　营业税的会计核算

一、营业税的会计处理

(一) 营业税涉税业务的账户设置

由于营业税涉及的行业和业务类型较多，作为价内税的会计账户，应根据不同情况设置和使用，主要涉及以下账户：

1. “应交税费——应交营业税”账户

该账户核算企业应缴纳的营业税。企业按规定计算出应缴纳的营业税、应代扣代缴的营业税及收到退回的营业税时，记入其贷方；实际缴纳营业税、补缴营业税、结转退回的营业税时，记入其借方；期末贷方余额为应缴未缴的营业税，借方余额为多缴的营业税。

2. “营业税金及附加”账户

该账户核算企业主营业务应缴的营业税。企业根据营业额计算的应纳营业税，借记该账户；收到退回的营业税时，记入贷方。期末，将该账户的余额转入“本年利润”账户，结转后无余额。

3. “其他业务支出”账户

该账户核算企业主营业务之外的属于其他业务的各项支出，包括成本、费用、相关税金及附加等。企业出租无形资产取得的租金收入应缴纳的营业税，应借记该账户。

4. “固定资产清理”账户

该账户核算企业销售、报废清理固定资产时，根据应税收入计算的应纳营业税，记入其借方，期末将其余额转入“营业外收入”或“营业外支出”账户。

5. “银行存款”账户

企业转让无形资产实际取得的转让收入借记该账户，按该项无形资产已计提的减值准备，借记“无形资产减值准备”账户；按其应缴的营业税，贷记“应交税费——应交营业税”账户，支付的其他相关税费，贷记“银行存款”账户，借贷方差额，借记“营业外支出”账户或贷记“营业外收入”账户。

（二）营业税的会计核算方法

1. 建筑企业营业税的会计处理

提供建筑业劳务（不含装饰劳务）的，其营业额应包括工程所用原材料的价款。即使对方提供原材料，在工程结算收入中未包括材料成本，计税时材料成本也仍应包括在营业额中。如果实行转包或分包形式，则由总承包人代扣代缴营业税。总承包人收到承包款时，借记“银行存款”账户，贷记“主营业务收入”账户，应付给分包人或转包人的部分，贷记“应付账款”账户。根据扣除后的工程结算收入结算的应交税费，以及应付给分包人或转包人的部分计算的代扣营业税税额，分别借记“营业税金及附加”和“应付账款——应付分包款”账户，贷记“应交税费——应交营业税”账户。

【例6-9】承例6-1，该建筑企业的会计处理如下：

（1）实现收入及取得款项时：

	借方	贷方
借：银行存款	3 000 000	
贷：主营业务收入		2 800 000
应付账款——应付分包款		200 000

（2）计提营业税时：

	借方	贷方
借：营业税金及附加	84 000	
贷：应交税费——应交营业税		84 000

（3）代扣代缴营业税时：

	借方	贷方
借：应付账款——应付分包款	6 000	
贷：应交税费——应交营业税		6 000

（4）将代扣代缴营业税后的承包款划给装饰公司时：

借：应付账款——应付分包款　　194 000

　　贷：银行存款　　194 000

2. 金融企业营业税的会计处理

金融企业的贷款利息收入和借款利息支出是分别核算的，即按应税应收利息的全额计税。由于税法对逾期贷款应收未收利息的规定与会计制度不同，企业既要按会计制度规定正确记录，又要按税法规定正确计税，因此，企业还应设置“应收利息”备查簿，详细记录各项贷款应收利息的发生时间、金额、收到时间及金额等。金融企业接受其他企业委托发放贷款，收到委托贷款利息时，记入“应付账款——应付委托贷款利息”账户，并根据收到的贷款利息减去委托贷款的手续费，计算代扣营业税，借记“应付账款——应付委托贷款利息”账户，贷记“应交税费——应交营业税”账户；代缴营业税与自己上缴营业税时，均是借记“应交税费——应交营业税”账户，贷记“银行存款”账户。

【例6-10】承例6-2，该金融企业有关营业税的会计处理如下：

（1）取得收入时：

借：银行存款　　2 500 000

　　贷：利息收入　　2 000 000

　　　　手续费及佣金收入　　500 000

（2）收到委托贷款利息时，确认手续费及佣金收入150 000元（750 000 – 600 000）：

借：银行存款　　150 000

　　贷：手续费及佣金收入　　150 000

（3）计提营业税时：

借：营业税金及附加　　132 500

　　应付账款——应付委托贷款利息　　30 000

　　贷：应交税费——应交营业税　　162 500

3. 转让无形资产应缴营业税的会计处理

【例6-11】承例6-7，该企业有关营业税的会计处理如下：

（1）取得收入时：

借：银行存款　　1 000 000

　　贷：其他业务收入　　1 000 000

（2）计提营业税时：

借：其他业务成本　　50 000

　　贷：应交税费——应交营业税　　50 000

（3）缴纳营业税时：

借：应交税费——应交营业税　　50 000

　　贷：银行存款　　50 000

4. 销售不动产应缴纳营业税的会计处理

（1）房地产企业销售不动产应缴纳营业税的处理。房地产企业经营销售房屋不动产是其主营业务，因此，其所缴纳的营业税，应和其他企业的核算一样，记入“营业税金及附加”账户。即在企业实现收入时，借记“银行存款”“应收账款”等账户，贷记“主营业务收入”账户；计提营业税时，借记“营业税金及附加”账户，贷记“应交税费——应交营业税”账户。

【例6-12】 某房地产企业销售一栋商品房给某单位，房屋售价2 000 000元。则有关营业税的会计处理如下：

（1）取得收入时：

借：银行存款　　2 000 000

　　贷：主营业务收入　　20 00 000

（2）计提营业税时：

借：营业税金及附加　　100 000

　　贷：应交税费——应交营业税　　100 000

（2）房地产企业以外的企业销售不动产应缴纳营业税的会计处理。房地产企业以外的企业销售不动产非企业的主营业务，不是商品出售，而是财产处置，如企业处置作为固定资产使用的房屋建筑物及其附着物，因此，其通过“固定资产清理”账户处理。

【例6-13】 某企业因资金周转困难，将其一房屋转让给另一企业，作价15 000 000元，该不动产的账面价值为25 000 000元，已累计折旧15 000 000元；清理费用支出20 000元。有关会计处理如下：

（1）将不动产转为固定资产清理时：

借：固定资产清理　　10 000 000

　　累计折旧　　15 000 000

　　贷：固定资产　　25 000 000

（2）收到转让收入时：

借：银行存款　　15 000 000

　　贷：固定资产清理　　15 000 000

（3）发生清理费用时：

借：固定资产清理　　20 000

　　贷：银行存款　　20 000

（4）计提营业税时：

$$应交营业税税额=15\ 000\ 000\times5\%=750\ 000(元)$$

借：固定资产清理　　750 000

　　贷：应交税费——应交营业税　　750 000

（5）结转处置收益时：

借：固定资产清理　　4 230 000

　　贷：营业外收入　　4 230 000

二、特定业务营业税的会计处理

营业税与增值税一样，在现代的市场经济领域中发挥着重要的作用，也属于流转税的范围。虽然税法已经明确划分了营业税和增值税的征税范围，但由于社会经济现象是形形色色、千变万化的，在实际操作过程中，有些经济行为还是很难划分清楚，如建筑装饰品商店为顾客提供装潢设计等。

（一）特定业务应纳税额的计算

对于某些特殊经营行为，税法做出了如下特殊规定：

1. 兼营不同税目的应税行为

纳税人同时兼营不同税目的应税行为，应当分别核算不同税目的营业额、转让额、销售额，然后按各自的适用税率分别计算应纳税额；未分别核算的，将从高适用税率计算应纳税额。

纳税人兼营免税、减税项目的，应当单独核算减税、免税项目的营业额；未单独核算营业额的，不得免税、减税。

2. 混合销售行为

在营业税中，混合销售行为的含义、确认标准与增值税相同。一项销售行为如果既涉及应税劳务又涉及货物的，为混合销售行为。从事货物的生产、批发或零售的企业、企业性单位及个体经营者的混合销售行为，视同销售货物，不征收营业税；其他单位和个人的混合销售行为，视为提供应税劳务。

（二）特定业务营业税的会计处理

为核算企业应缴纳的营业税，应设置"应交税费——应交营业税"账户。企业按规定计算出应缴纳的营业税、应代扣代缴的营业税及收到退回的营业税时，记入其贷方；实际缴纳营业税、补缴营业税、结转退回的营业税时，记入其借方；期末贷方余额为应缴未缴的营业税，借方余额为多缴的营业税。

【例6-14】 某旅游区酒店主要接受国内外的游客，提供住宿和餐饮服务，同时设有商品销售部，专门销售一些具有地方色彩的纪念品。某月份，此酒店提供住宿和餐饮获得的收入为450万元，销售部取得销售商品收入82.4万元。该酒店的计算及会计处理如下：

$$应纳增值税税额 = 82.4 \div (1 + 3\%) \times 3\% = 2.4(万元)$$

$$应纳营业税税额 = 450 \times 5\% = 22.5(万元)$$

（1）取得提供住宿和餐饮服务收入时：

借：银行存款	4 500 000	
贷：主营业务收入		4 500 000

（2）计提营业税时：

借：营业税金及附加	225 000	
贷：应交税费——应交营业税		225 000

（3）取得商品销售收入时：

借：银行存款	824 000	
贷：其他业务收入		800 000
应交税费——应交增值税		24 000

（4）上缴税金时：

借：应交税费——应交营业税	225 000	
——应交增值税	24 000	
贷：银行存款		249 000

【例6-15】 某餐饮企业为顾客提供餐饮服务，当月取得饮食收入6万元，同时为用餐顾

客提供烟、酒、饮料等的收入为1.56万元。

该企业取得的饮食收入和销售烟酒的收入是因同一项业务发生的，饮食收入属于营业税征税范围，销售烟酒的收入属于增值税征税范围，该餐饮企业的行为属混合销售行为，应将烟酒的销售收入与饮食收入一并计算缴纳营业税。

应纳营业税 =（60 000 + 15 600）× 5% = 3 780（元）

会计处理如下：

借：营业税金及附加　　3 780

　　贷：应交税费——应交营业税　　3 780

第四节　营业税的申报与缴纳

一、营业税的纳税期限与纳税地点

1. 营业税的纳税义务发生时间

营业税的纳税义务发生时间为纳税人收讫营业收入款项或者取得索取营业收入款项凭据的当天，为书面合同确定的付款日期的当天；未签订书面合同或者书面合同未确定付款日期的，为应税行为完成的当天。对某些项目的具体规定如表6-2所示。

表6-2　某些具体应税行为的纳税义务发生时间

应税行为	纳税义务发生时间
转让土地使用权或销售不动产，采用预收款方式	收到预收款（包括预收定金）的当天
自己新建建筑物并销售	销售自建建筑物并收讫营业收入款项或者取得索取营业收入款项凭据的当天
将不动产、土地使用权无偿赠与其他单位或个人	不动产所有权、土地使用权转移的当天
扣缴税款	扣缴义务人代纳税人收讫营业收入款项或者取得索取营业收入款项凭据的当天
金融机构的逾期贷款业务	逾期未超过90天的，为取得利息收入权利的当天（即应收未收的利息也应缴纳营业税）；逾期超过90天的，为实际收到利息的当天
融资租赁业务	取得租金收入或取得租金收入凭证的当天
保险业	取得保费收入或取得保费收入凭证的当天
金融企业承办委托贷款业务扣缴营业税	受托发放贷款单位代委托人收讫贷款利息的当天

2. 营业税的纳税地点

营业税的纳税地点原则上采取属地征收的方法，就是纳税人在经营行为发生地缴纳应纳税款。具体分为如下几种情况：

（1）纳税人提供应税劳务的，应当向应税劳务发生地的主管税务机关申报纳税。

（2）纳税人转让土地使用权的，应当向土地所在地主管税务机关申报纳税；纳税人转让无形资产的，应当向其机构所在地主管税务机关申报纳税。

（3）纳税人销售不动产的，应当向不动产所在地的主管税务机关申报纳税。

（4）纳税人提供的应税劳务发生在外县（市）的，应当向劳务发生地的主管税务机关申报纳税；未申报纳税的，由其机构所在地或者居住地主管税务机关补征税款。

（5）纳税人承包的工程跨省、自治区、直辖市的，向其机构所在地主管税务机关申报纳税。

（6）扣缴义务人应当向其机构所在地的主管税务机关申报缴纳其扣缴的营业税税款。但是建筑安装工程业务的总承包人，扣缴分包或者转包的非跨省（自治区、直辖市）工程的营业税税款，应当向分包或转包工程的劳务发生地主管税务机关解缴。

3. 营业税的纳税期限

营业税的纳税期限，分别为 5 日、10 日、15 日、1 个月或 1 个季度。纳税人的具体纳税期限，由主管税务机关根据纳税人应纳税额的大小分别核定；不能按照固定期限纳税的，可以按次纳税。

纳税人以 1 个月或 1 个季度为一期纳税的，期满之日起 15 日内缴纳营业税；以 5 日、10 日或 15 日为一期纳税的，自期满之日起 5 日内预缴，并于次月 1 日起 15 日内申报纳税并结清上月应纳税款。扣缴义务人的解缴税款期限，比照执行。

特殊规定有：①金融业（不包括典当业）的纳税期限为 1 个季度，自纳税期满之日起 15 日内申报纳税；②保险业的纳税期限为 1 个月。

二、营业税纳税申报表及填制说明

1. 营业税纳税申报表的基本格式

营业税纳税申报表和金融保险业营业税纳税申报表如表 6-3 和表 6-4 所示

表 6-3 营业税纳税申报表

纳税人识别号： 填表日期： 年 月 日 金额单位：元（列至角分）

<table>
<tr><td colspan="2">纳税人名称</td><td colspan="5"></td><td colspan="3">税款所属时期</td><td colspan="2"></td></tr>
<tr><td rowspan="2">税目</td><td rowspan="2">经营项目</td><td colspan="5">营业额</td><td rowspan="2">税率</td><td colspan="4">本期</td></tr>
<tr><td>全部收入</td><td>不征税项目</td><td>减除项目</td><td>减免税项目</td><td>应税营业额</td><td>应纳税额</td><td>减免税额</td><td>已纳税额</td><td>应补（退）税额</td></tr>
<tr><td>1</td><td>2</td><td>3</td><td>4</td><td>5</td><td>6</td><td>7 = 3 − 4 − 5 − 6</td><td>8</td><td>9 = 7 × 8</td><td>10 = 6 × 8</td><td>11</td><td>12 = 9 − 11</td></tr>
<tr><td></td><td></td><td></td><td></td><td></td><td></td><td></td><td></td><td></td><td></td><td></td><td></td></tr>
<tr><td></td><td></td><td></td><td></td><td></td><td></td><td></td><td></td><td></td><td></td><td></td><td></td></tr>
<tr><td></td><td></td><td></td><td></td><td></td><td></td><td></td><td></td><td></td><td></td><td></td><td></td></tr>
<tr><td></td><td></td><td></td><td></td><td></td><td></td><td></td><td></td><td></td><td></td><td></td><td></td></tr>
<tr><td colspan="2">合计</td><td></td><td></td><td></td><td></td><td></td><td></td><td></td><td></td><td></td><td></td></tr>
</table>

<table>
<tr><td colspan="2">如纳税人填报，由纳税人填写以下各栏</td><td colspan="4">如委托代理人填报，由代理人填写以下各栏</td><td>备注</td></tr>
<tr><td rowspan="3">会计主管
（签章）</td><td rowspan="3">纳税人（公章）</td><td>代理人名称</td><td colspan="2"></td><td rowspan="3">代理人（公章）</td><td rowspan="3"></td></tr>
<tr><td>地址</td><td colspan="2"></td></tr>
<tr><td>经办人</td><td></td><td>电话</td></tr>
<tr><td colspan="7">以下由税务机关填写</td></tr>
<tr><td>收到申报表日期</td><td></td><td>接收人</td><td colspan="4"></td></tr>
</table>

表 6-4　金融保险业营业税纳税申报表

纳税人识别号：　　　　　　　　填表日期：　　年　月　日　　　金额单位：元（列至角分）

纳税人名称								税款所属时间：自　年　月　日 至　年　月　日			
经营项目	营业额							本期			
	应税全部收入	应税减除项目额	应税营业额	免税全部收入	免税减除项目额	免税营业额	税率	应纳税额	免（减）税额	已纳税额	应补（退）税额
1	2	3	4 = 2 - 3	5	6	7 = 5 - 6	8	9 = 4 × 8	10 = 7 × 8	11	12 = 9 - 11
一般贷款											
外汇转贷											
融资租贷											
买卖股票											
买卖债券											
买卖外汇											
买卖其他金融商品											
金融经纪业务和其他											
金融业务											
保险业务											
储金业务											
其他											
以上合计											
代扣代缴税款											
金融机构往来收入											
投资收益											

如纳税人填报，由纳税人填写以下各栏；如委托代理人填报，由代理人填写以下各栏备注						
会计主管： （签章）：	法人代表或单位负责人： （签章）：	代理人名称			代理人 （签章）：	
		代理人地址				
		经办人		电话		
以下由税务机关填写						
收到申报表日期			接收人			

2. 营业税纳税申报表的编制方法

（1）金融业纳税申报表按以下要求填列：

1）税款所属时间，按季填写。

2）应税全部收入，填写纳税人的全部营业收入。根据金融企业的财务会计报表，全部收入包括下列收入项目：①一般贷款业务收入。②转贷外汇业务收入。③融资租赁业务收入。④外汇买卖业务收入。⑤股票买卖业务收入。⑥债券买卖业务收入。⑦期货买卖业务收入。⑧金融经纪业务收入。⑨其他金融业务收入。⑩其他非金融业务收入。

3）减除项目，填写税法规定允许从金融业务营业收入中扣除的项目的营业额。

4）减免税项目，填写税法规定的金融业务减免税项目的营业额。

（2）保险业纳税申报表按以下要求填列：

1）税款所属时间，按月填写。

2）应税全部收入，填写纳税人的全部营业收入。根据保险企业的财务会计报表，保险业的全部收入包括下列项目：①保险收入。②利息收入。③手续费收入。④分保费收入。⑤汇兑收益。⑥其他收入。

3）减除项目，填写税法规定允许从保险业务营业收入中扣除的项目的营业额。

4）减免税项目，填写税法规定的保险业务减免税项目的营业额。

（3）其他行业纳税申报表按如下要求填列：

1）税款所属时期，按实际期间填写。

2）全部收入，填写纳税人的全部营业收入。

3）减除项目，填写税法规定允许扣除的项目的营业额。

4）减免税项目，填写税法规定的减免税项目的营业额。

第五节　“营改增”部分业务的会计处理

一、一般纳税人的会计处理

1. 试点纳税人差额征税的会计处理

根据《财政部关于印发〈营业税改征增值税试点有关企业会计处理规定〉的通知》（财会〔2012〕13 号）的规定，一般纳税人提供应税服务，试点期间按照“营改增”的有关规定，允许从销售额中扣除其支付给非试点纳税人价款的，应在“应交税费——应交增值税”科目下增设“营改增抵减的销项税额”专栏，用于记录该企业因按规定扣减销售额而减少的销项税额；企业接受应税服务时，按规定允许扣减销售额而减少的销项税额，借记“应交税费——应交增值税（营改增抵减的销项税额）”科目，按实际支付或应付的金额与上述增值税税额的差额，借记“主营业务成本”等科目，按实际支付或应付的金额，贷记“银行存款”“应付账款”等科目。

对于期末一次性进行账务处理的企业，期末，按规定当期允许扣减销售额而减少的销项税额，借记“应交税费——应交增值税（营改增抵减的销项税额）”科目，贷记“主营业务成本”等科目。

【例 6-16】 长城运输公司是增值税一般纳税人，2015 年 9 月取得全部收入 200 万元，其中，国内客运收入 185 万元，支付非试点联运企业运费 50 万元并取得交通运输业专用发票，销售货物取得支票 12 万元，运送该批货物取得运输收入 3 万元。假设该企业本月无进项税额，期初无留抵税额。请分析长城运输公司应如何账务处理？

由于客运收入属于交通运输业，属于营业税改征增值税的应税服务，适用的增值税税率为 11%，销售货物属于增值税应税货物，税率为 17%。因此：

长城运输公司的销售额 =（185 + 3 - 50）÷（1 + 11%）+ 12 ÷（1 + 17%）= 134.58（万元）

长城运输公司应纳增值税税额 =（185 + 3 - 50）÷（1 + 11%）× 11% + 12 ÷（1 + 17%）× 17% = 15.42（万元）

试点纳税人接受非试点营业税纳税人联运业务，销售额要按差额计算。根据《交通运输业和部分现代服务业营业税改征增值税试点有关事项的规定》规定，试点纳税人提供应税服务的销售额，按照国家有关营业税政策规定差额征收营业税的，允许其以取得的全部价款和价外费用，扣除支付给非试点纳税人（指试点地区不按照试点实施办法缴纳增值税的纳税人和非试点地区的纳税人）价款后的余额为销售额。

销项税额 =（185 + 3）÷（1 + 11%）× 11% + 12 ÷（1 + 17%）× 17% = 20.37（万元）

长城运输公司取得收入的会计处理如下：

借：银行存款　　2 000 000

　贷：主营业务收入　　1 796 300

　　应交税费——应交增值税（销项税额）　　203 700

　　支付联运企业运费时：

　　营收增抵减的销项税额 = 50 ÷（1 + 11%）× 11% = 4.95（万元）

借：主营业务成本　　450 500

　应交税费——应交增值税（营改增抵减的销项税额）　　49 500

　贷：银行存款　　500 000

2. 增值税期末留抵税额的会计处理

根据财会〔2012〕13号文件的规定，试点地区兼有应税服务的原增值税一般纳税人，截止到开始试点当月月初的增值税留抵税额按照营业税改征增值税有关规定不得从应税服务的销项税额中抵扣的，应在“应交税费”科目下增设“增值税留抵税额”明细科目。

开始试点当月月初，企业应按不得从应税服务的销项税额中抵扣的增值税留抵税额，借记“应交税费——增值税留抵税额”科目，贷记“应交税费——应交增值税（进项税额转出）”科目。待以后期间允许抵扣时，按允许抵扣的金额，借记“应交税费——应交增值税（进项税额）”科目，贷记“应交税费——增值税留抵税额”科目。“应交税费——增值税留抵税额”科目期末余额应根据其流动性在资产负债表中的“其他流动资产”项目或“其他非流动资产”项目列示。

3. 取得过渡性财政扶贫资金的会计处理

试点纳税人在新老税制转换期间因实际税负增加而向财税部门申请取得财政扶持资金的，期末有确凿证据表明企业能够符合财政扶持政策规定的相关条件且预计能够收到财政扶持资金时，按应收的金额，借记“其他应收款”等科目，贷记“营业外收入”科目。待实际收到财政扶持资金时，按实际收到的金额，借记“银行存款”等科目，贷记“其他应收款”等科目。

4. 增值税税控系统专用设备和技术维护费用抵减增值税税额的会计处理

按税法有关规定，增值税一般纳税人初次购买增值税税控系统专用设备支付的费用以及缴纳的技术维护费允许在增值税应纳税额中全额抵减的，应在“应交税费——应交增值税”科目下增设“减免税款”专栏，用于记录该企业按规定抵减的增值税应纳税额。

企业购入增值税税控系统专用设备，按实际支付或应付的金额，借记“固定资产”科目，贷记“银行存款”“应付账款”等科目。按规定抵减的增值税应纳税额，借记“应交税费——应交增值税（减免税款）”科目，贷记“递延收益”科目。按期计提折旧，借记“管理费用”等科目，贷记“累计折旧”科目；同时，借记“递延收益”科目，贷记“管理费用”等科目。

企业发生技术维护费，按实际支付或应付的金额，借记“管理费用”等科目，贷记“银行存款”等科目。按规定抵减的增值税应纳税额，借记“应交税费——应交增值税（减免税款）”科目，贷记“管理费用”等科目。

二、小规模纳税人的会计处理

1. 试点纳税人差额征税的会计处理

根据财会〔2012〕13号文件的规定，小规模纳税人提供应税服务，试点期间按照营业税改征增值税有关规定，允许从销售额中扣除其支付给非试点纳税人价款的，按规定扣减销售额而减少的应交增值税，应直接冲减“应交税费——应交增值税”科目。企业接受应税服务时，按规定允许扣减销售额而减少的应交增值税，借记“应交税费——应交增值税”科目，按实际支付或应付的金额与上述增值税额的差额，借记“主营业务成本”等科目，按实际支付或应付的金额，贷记“银行存款”“应付账款”等科目。对于期末一次性进行账务处理的企业，期末，按规定当期允许扣减销售额而减少的应交增值税，借记“应交税费——应交增值税”科目，贷记“主营业务成本”等科目。

【例6-17】 甲运输公司是小规模纳税人，2015年9月取得全部收入200万元，其中，国内客运收入185万元，支付非试点联运企业运费50万元并取得交通运输业专用发票，销售货物取得支票12万元，运送该批货物取得运输收入3万元。假设该企业本月无进项税额，期初无留抵税额。请分析甲运输公司应如何进行账务处理。

因为增值税应税货物和应税劳务小规模纳税人征收率均为3%，所以：

$$
\begin{aligned}
\text{甲运输公司应纳增值税税额} &= (185+3-50)\div(1+3\%)\times3\%+12\div(1+3\%)\times3\% \\
&= 4.37(\text{万元})
\end{aligned}
$$

对于小规模纳税人增值税的核算，一般只设“应交税费——应交增值税”科目，对于按规定扣减销售额而减少的销项税额，不再单独设立科目。

甲运输公司提供服务取得收入的会计处理如下：

借：银行存款　　2 000 000

　　贷：主营业务收入　　1 941 700

　　　　应交税费——应交增值税　　58 300

支付联运企业运费时：

借：主营业务成本　　485 400

　　应交税费——应交增值税　　14 600

　　贷：银行存款　　500 000

假设本例中的小规模纳税人甲运输公司支付试点联运企业运费50万元并取得交通运输业专用发票，其他条件不变。则甲运输公司的账务处理分析如下：根据《交通运输业和部分现代服务业营业税改征增值税试点有关事项的规定》规定，试点纳税人中的小规模纳税人提供交通运输业服务和国际货物运输代理服务，按照国家有关营业税政策规定差额征收营业税的，其支付给试点纳税人的价款，也允许从其取得的全部价款和价外费用中扣除。因为增值税应税货物和应税劳务小规模纳税人征收率均为3%，所以：

甲运输公司应纳增值税税额 $=(185+3-50)\div(1+3\%)\times3\%+12\div(1+3\%)\times3\%$
$=4.37$（万元）

因此，其账务处理与例题中的账务处理是一样的。

2. 增值税税控系统专用设备和技术维护费用抵减增值税额的会计处理

按税法有关规定，小规模纳税人初次购买增值税税控系统专用设备支付的费用以及缴纳的技术维护费允许在增值税应纳税额中全额抵减的，按规定抵减的增值税应纳税额应直接冲减“应交税费——应交增值税”科目。

企业购入增值税税控系统专用设备，按实际支付或应付的金额，借记“固定资产”科目，贷记“银行存款”“应付账款”等科目。按规定抵减的增值税应纳税额，借记“应交税费——应交增值税”科目，贷记“递延收益”科目。按期计提折旧，借记“管理费用”等科目，贷记“累计折旧”科目；同时，借记“递延收益”科目，贷记“管理费用”等科目。

企业发生技术维护费，按实际支付或应付的金额，借记“管理费用”等科目，贷记“银行存款”等科目。按规定抵减的增值税应纳税额，借记“应交税费——应交增值税”科目，贷记“管理费用”等科目。

“应交税费——应交增值税”科目期末如为借方余额，应根据其流动性在资产负债表中的“其他流动资产”项目或“其他非流动资产”项目列示；如为贷方余额，则应在资产负债表中的“应交税费”项目列示。

【思考与练习】

一、复习思考题

1. 营业税的征税范围是如何规定的？
2. 如何确定不同税目的营业额？
3. 营业税有哪些税收优惠政策？
4. 试述营业税业务的会计处理方法。

二、综合练习题

某酒店2015年5月发生以下业务：

（1）提供住宿服务，取得收入55万元。

（2）提供餐饮服务，取得收入48万元。

（3）将临街楼房的一层出租，月租金收入为8.5万元。

要求：（1）计算纳税人应缴纳的营业税。

（2）根据以上业务，分别做出会计分录。

第七章 资源税类会计

【学习目标】

1. 熟悉资源税、土地增值税、城镇土地使用税、耕地占用税的基本内容。
2. 掌握相关税种的计算方法。
3. 掌握相关税种的会计处理方法。
4. 掌握相关税种的纳税申报。

第一节 资源税会计

一、资源税的基本法规

一般认为，资源税是指对开发和利用各种资源的单位和个人征收的一种税。资源税法是用以调整国家与资源纳税人之间征纳关系的法律规范。我国现行资源税的基法律规范有2011年9月30日国务院颁布的《中华人民共和国资源税暂行条例》（以下简称《资源税暂行条例》），以及2011年10月28日财政部、国家税务总局公布的《中华人民共和国资源税暂行条例实施细则》。

资源税与其他各税相比，有以下几个特点：①征税范围的有限性；②纳税环节的一次性；③计税方法的从属性。

1. 资源税的纳税人

在中国境内从事开采或生产应纳资源税产品的单位和个人，为资源税的纳税义务人。具体包括国有企业、集体企业、私营企业、股份制企业、外商投资企业、外国企业和行政单位、事业单位、军事单位、社会团体及其他单位，以及个体经营者和其他个人。

中外合作开采石油、天然气，按照现行规定征收矿区使用费，暂不征收资源税。

独立矿山、联合企业和其他收购未税矿产品的单位，为资源税的扣缴义务人。

2. 资源税的征税对象和征税范围

（1）原油。原油是指开采的天然原油，不包括人造石油。

（2）天然气。天然气是指专门开采或与原油同时开采的天然气，暂不包括煤矿生产的天然气。

（3）煤炭。煤炭是指原煤，不包括洗煤、选煤及其他煤炭制品。

（4）其他非金属矿原矿。其他非金属矿原矿是指除原油、天然气、煤炭和井矿盐以外的非金属矿原矿，如宝石、大理石、石膏和石棉等。

（5）黑色金属矿原矿。黑色金属矿原矿是指纳税人开采后自用、销售的，用于直接入炉冶炼或作为主产品先入选精矿，制造人工矿，在最终入炉冶炼的金属矿石原矿，如铁矿石、锰矿石和铬矿石等。

（6）有色金属矿原矿。有色金属矿原矿是包括铜矿石、铅锌矿石、铝土矿石、钨矿石、锡矿石，锑矿石、钼矿石、镍矿石、黄金矿石等。

（7）盐。盐是指固体盐和液体盐。固体盐包括海盐原盐、湖盐原盐和井矿盐；液体盐又称卤水，即氯化钠含量达到一定浓度的溶液，适用于生产碱和其他产品的原料。

（8）自2010年6月1日起，在新疆开采原油、天然气缴纳资源税的纳税人，原油、天然气资源税实行从价计征。

3. 资源税的税目和单位税额

根据税法规定，资源税按照应税资源的地理位置、开采条件、资源优劣等，实行地区差别幅度定额税率。对税法未列举名称的纳税人适用的税率，由省、市、自治区人民政府根据纳税人资源状况，参照邻近矿山税率标准，在浮动30%幅度内核定。

资源税税目、税额如表7-1所示。

表7-1　资源税税目、税额

税目	税额幅度
一、原油	6%
二、天然气	6%
三、煤炭	2% ~10%
四、其他非金属矿原矿	0.5 ~ 20元/(t或者 m^3)
五、黑色金属矿原矿	2 ~ 30元/t
六、有色金属矿原矿	0.4 ~ 30元/t
七、盐	
固体盐	10 ~ 60元/t
液体盐	2 ~ 10元/t

4. 资源税的税收优惠

资源税的减免、免税规定主要有以下几点：

（1）开采原油过程中用于加热、修井的原油免税。

（2）纳税人开采或生产应税产品过程中，因意外事故或自然灾害等原因遭受重大损失的，由省、自治区、直辖市人民政府酌情决定减税或者免税。

（3）国务院规定的其他减税、免税项目。

纳税人的减税、免税项目应当单独核算课税数量；未单独核算或者不能准确提供课税数量的，不予减税或者免税。

二、资源税的计税方法

1. 资源税应纳税额计算的基本公式

资源税实行从量定额和从价定率方法征税。

实行从量定额征收的，根据应税产品的课税数量和规定的单位税额计算应纳税额，具体的计算公式如下：

$$应纳税额=课税数量\times单位税额$$

$$代扣代缴应纳税额=收购未税矿产品的数量\times适用的单位税额$$

实行从价定率征收的，根据应税产品的销售额和规定的适用税率计算应纳税额，具体公式如下：

$$应纳税额=销售额\times适用税率$$

2. 资源税计税依据的确认

（1）资源税课税数量的确定。确定资源税课税数量的基本方法如下：

1）纳税人开采或者生产应税产品销售的，以销售数量为课税数量。

2）纳税人开采或者生产应税产品自用的，以自用（非生产用）数量为课税数量。

（2）特殊情况课税数量的确定。特殊情况课税数量的确定方法如下：

1）纳税人不能准确提供应税产品销售数量或移送使用数量的，以应税产品的产量或主管税务机关确定的折算比例换算的数量为依据，确认课税数量。

2）原油中的稠油、高凝油与稀油划分不清或不易划分的，一律按原油的数量确认课税数量。

3）金属和非金属矿产品原矿，因无法准确掌握纳税人移送使用原矿数量的，可对其精矿按选矿比折算成原矿数量，作为课税数量。

$$选矿比=\frac{精矿数量}{耗用原矿数量}$$

4）对于连续加工前无法正确计算原煤移送量的煤炭，可按加工产品的综合回扣率，将加工产品实际销量和自用量折算成原煤数量，作为课税数量。

5）纳税人自产的液体盐加工成固体盐，以加工的固体盐数量为课税数量。纳税人以外购的液体盐加工成固体盐，其加工固体所耗液体盐的已纳税额准予抵扣。

对于纳税人开采或者生产不同税目应税产品的，应当分别核算；不能准确提供不同税目应税产品课税数量的，应从高适用税额。

【例 7-1】 东北某油田 2 月份共销售原油 7.5 万吨，该原油销售额为 1 200 万元，按《资源税税目税率表》的规定，其适用的税率为 6%，计算该油田 2 月份应纳税额。

解

$$\begin{aligned}该油田2月份应纳资源税税额&=销售额\times适用税率\\&=1\,200\times6\%=72\ (万元)\end{aligned}$$

【例 7-2】 某企业用外购液体盐加工固体盐，平均每 3.5t 液体盐加工 1t 固体盐，该企业 2015 年 1 月份共销售固体盐 10 000t，按照规定，液体盐和固体盐应纳税额分别为 6 元/t 和 25 元/t，计算该企业 2015 年 1 月份应纳税额。

解

$$\begin{aligned}\begin{matrix}该企业2015年1月\\份应纳资源税税额\end{matrix}&=\begin{matrix}已销售固\\体盐数量\end{matrix}\times\begin{matrix}适用\\税额\end{matrix}-\begin{matrix}固体盐所耗\\液体盐数量\end{matrix}\times\begin{matrix}适用\\税额\end{matrix}\\&=10\,000\times25-10\,000\times3.5\times6=40\,000\ (元)\end{aligned}$$

【例 7-3】 某矿山于 2015 年 12 月份共销售铜矿石 15 000t，同时用铜矿石原矿入选铜精矿。但因特殊原因，税务机关无法准确掌握入选精矿时移送使用的原矿数量，只知道精矿的数量为 4 000t、选矿比为 1∶20，该铜矿资源等级为三等，按照规定，适用的单位税额为 1.4 元/t。计算该矿山 2015 年 12 月份应纳税额。

解

（1）外销铜矿石原矿的应纳税额：

应纳税额 = 课税数量 × 单位税额 = 15 000 × 1.4 = 21 000（元）

（2）因无法准确掌握入选精矿石的原矿数量，按选矿比计算的应纳税额：

应纳税额 = 入选精矿 ÷ 选矿比 × 单位税额 = 4000 ÷ 20% × 1.4 = 28 000（元）

（3）合计应纳税额：

应纳税额 = 原矿应纳税额 + 精矿应纳税额 = 21 000 + 28 000 = 49 000（元）

三、资源税的会计处理

（一）资源税核算的科目设置

企业进行资源税会计核算时，应通过“应交税费——应交资源税”科目核算，该科目是负债类科目，贷方核算企业依法应缴纳的资源税，借方核算企业已缴纳或允许抵扣的资源税，期末余额在贷方，反映企业期末应缴未缴的资源税税额。

（二）资源税的会计核算

由于企业资源税应纳税额的计算存在不同情况，因此，其会计处理也应视具体情况分别处理。

1. 销售应税资源税产品的会计处理

企业计算销售应税产品应缴纳的资源税时，应借记“营业税金及附加”科目，贷记“应交税费——应交资源税”科目；在上缴资源税时，应借记“应交税费——应交资源税”科目、贷记“银行存款”科目。

2. 自产自用应税资源税产品的会计处理

企业计算自产自用应税产品，应借记“生产成本”“制造费用”“管理费用”等科目，贷记“应交税费——应交资源税”科目；在上缴资源税时，应借记“应交税费——应交资源税”科目，贷记“银行存款”科目。

3. 收购未税矿产品的会计处理

对于有些企业税源小、零散、不定期开采、容易漏税等问题，《资源税暂行条例》规定，收购未税矿产品的单位为资源税的扣缴义务人，这些单位包括独立矿山、联合企业及其他收购未税矿产品的单位。这些企业收购未税矿产品时，按照实际支付的收购款，应借记“材料采购”等科目，贷记“银行存款”等科目；按照代扣、代缴的资源税，应借记“材料采购”等科目，贷记“应交税费——应交资源税”等科目；上缴资源税时，应借记“应交税费——应交资源税”科目，贷记“银行存款”等科目。

4. 外购液体盐加工固体盐的会计处理

由于企业购入液体盐后用于加工固体盐时，其购入液体盐所包含的资源税允许抵扣固体盐应缴纳的资源税，因此购入液体盐按照允许抵扣资源税，应借记“应交税费——应交资源税”科目；按照外购价款扣除允许抵扣资源税后的数额，应借记“材料采购”等科目；按照支付的全部价款，应贷记“银行存款”等科目。

当加工成固体盐销售以后，应借记“营业税金及附加”科目，贷记“应交税费——应交资源税”科目；将销售固体盐应纳资源税抵扣液体盐已纳资源税的差额上缴款项时，应借记“应交税费——应交资源税”科目，贷记“银行存款”科目。

【例 7-4】以例 7-1 为例，税务机关核定该油田纳税期限为 10 天，按照上月实际缴纳税款 84 万元预缴，企业按规定分三次预缴纳税款。请做相应的会计处理。

企业按规定分三次预缴纳税款，每次应缴 280 000 元（840 000 × 1/3）。

（1）每次预缴时：

借：应交税费——应交资源税　　280 000

　　贷：银行存款　　280 000

（2）月末结算时，对外销售原油应纳税额为 720 000 元（12 000 000 × 6%）：

借：营业税金及附加　　720 000

　　贷：应交税费——应交资源税　　720 000

（3）月末收到多缴退税款时：

借：银行存款　　120 000

　　贷：应交税费——应交资源税　　120 000

【例 7-5】以例 7-2 为例，该企业会计处理如下：

（1）销售固体盐，资源税为 25 元/吨，应纳资源税税额为 250 000 元。

借：营业税金及附加　　250 000

　　贷：应交税费——应交资源税　　250 000

（2）用外购液体盐加工固体盐应抵扣的资源税为：

$$10\,000 \times 3.5 \times 6 = 210\,000\ (\text{元})$$

$$\text{月末缴纳资源税} = 250\,000 - 210\,000 = 40\,000\ (\text{元})$$

借：应交税费——应交资源税　　40 000

　　贷：银行存款　　40 000

四、资源税的纳税申报

1. 资源税的纳税义务发生时间

（1）纳税人销售应税产品，其纳税义务发生时间为：

1）纳税人采取分期付款方式结算的，其纳税义务发生时间为销售合同规定的收款日期的当天。

2）纳税人采取预收货款方式结算的，其纳税义务发生时间为发出应税产品的当天。

3）纳税人采取其他方式结算的，其纳税义务发生时间为收讫销售款或者取得索取销售款凭据的当天。

（2）扣缴义务人代扣、代缴税款的义务发生时间为支付货款的当天。

（3）纳税人自产自用应税产品的纳税义务发生时间为移送使用应税产品的当天。

2. 资源税的纳税期限

纳税期限是纳税人发生纳税义务的缴纳税款的期限。资源税的纳税期限为 1 日、3 日、5 日、10 日、15 日或者 1 个月，由主管税务机关根据实际情况具体核定。不能按固定期限计算纳税的，可以按次计算纳税。

纳税人以 1 个月为 1 个纳税期的，自期满之日起 10 日内申报纳税；以 1 日、3 日、5 日、10 日或者 15 日为 1 个纳税期的，自期满之日起 5 日内预缴税款，于次月 1 日起的 10 日内申报纳税，并结清上月税款。

3. 资源税的纳税地点

具体纳税地点包括：

（1）纳税人应当向应税产品的开采或者生产所在地主管税务机关缴纳。

（2）扣缴义务人代扣、代缴资源税，应当向收购地主管税务机关缴纳。

（3）纳税人在本省、自治区、直辖市范围内开采或者生产应税产品，纳税地点的调整由省、直辖市、自治区税务机关确立。

（4）如果纳税人应纳的资源税属于跨省开采，其下属生产单位与核算单位不在同一省、自治区、直辖市的，对其开采的矿产品一律在开采地纳税，其应纳税款由独立核算、自负盈亏的单位，按照开采地的实际销售量（或者自用量）及适用的单位税额计算划拨。

4. 资源税的纳税申报表

资源税的纳税申报表如表7-2和表7-3所示。

表7-2 资源税纳税申报表（一）

（按从价定率办法计算应纳税额的纳税人适用）

税款所属期限：自　年　月　日至　年　月　日

填表日期：年　月　日　　　　金额单位：元（列至角分）

纳税人识别号：| | | | | | | | | | | | | | | | | | | |

栏次	征收品目	征收子目	销售量	销售额	折算率	适用税率或实际征收率	本期应纳税额	减征比例	本期减免税额	减免性质代码	本期已缴税额	本期应补（退）税额
	1	2	3	4	5	6	7	8	9 = 7 × 8	10	11	12 = 7 − 9 − 11
合计												

以下由纳税人填写：

纳税人声明	此纳税申报表是根据《中华人民共和国资源税暂行条例》及其《实施细则》的规定填报的，是真实的、可靠的、完整的。				
纳税人签章		代理人签章		代理人身份证号	

以下由税务机关填写：

受理人		受理日期	年　月　日	受理税务机关签章	

本表一式两份，一份纳税人留存，一份税务机关留存。

表 7-3　资源税纳税申报表（二）

（按从量定额办法计算应纳税额的纳税人适用）

税款所属期限：自　　年　　月　　日至　　年　　月　　日

填表日期：年　　月　　日　　　　　　　　　　　　金额单位：元（列至角分）

纳税人识别号：□□□□□□□□□□□□□□□□□□□□

栏次	征收品目	征收子目	计税单位	销售量	单位税额	本期应纳税额	本期减免销量	本期减免税额	减免性质代码	本期已缴税额	本期应补（退）税额
	1	2	3	4	5	6 =4 ×5	7	8	9	10	11 =6 −8 −10
合计											

以下由纳税人填写：

纳税人声明	此纳税申报表是根据《中华人民共和国资源税暂行条例》及其《实施细则》的规定填报的，是真实的、可靠的、完整的。				
纳税人签章		代理人签章		代理人身份证号	

以下由税务机关填写：

受理人		受理日期	年　月　日	受理税务机关签章	

本表一式两份，一份纳税人留存，一份税务机关留存。

第二节 土地增值税会计

一、土地增值税的基本法规

土地增值税是对转让国有土地使用权、地上建筑物及其附着物并取得收入的单位和个人，就其转让房地产所取得的增值额征收的一种税。土地增值税法是用以调整国家与土地增值税纳税人之间征纳关系的法律规范。我国现行土地增值税的基本法律规范是1993年12月国务院颁布并于1994年1月1日实施的《中华人民共和国土地增值税暂行条例》以及1995年1月27日财政部、国家税务总局颁布的《中华人民共和国土地增值税暂行条例实施细则》。

我国开征土地增值税的主要目的是进一步完善税制，加强对房地产市场的宏观调控，抑制土地投机、获取暴利的行为，增加国家财政收入。

（一）土地增值税的纳税人

土地增值税的纳税义务人是转让国有土地使用权、地上的建筑物及其附着物（房地产）并取得收入的单位和个人。不论法人还是自然人、不论是何经济性质、不论内资还是外资、不论哪个部门，只要有偿转让房地产，都是土地增值税的纳税义务人。

（二）土地增值税的征税范围

土地增值税的征税范围包括以下内容：

1. 转让国有土地使用权

国有土地是指按国家法律规定属于国家所有的土地。

2. 地上的建筑物及其附着物连同国有土地一并转让

地上的建筑物是指建于地上的一切建筑物及地上地下的各种附属设施；附着物是指附着于土地上的不能移动或一经移动即遭受损坏的物品。

3. 存量房地产的买卖

存量房地产的买卖是指已经建成并已投入使用的房地产，其房屋所有人将房屋产权和土地使用权一并转让给其他单位和个人。

（三）土地增值税的税率

土地增值税实行四级超率累进税率，其土地增值税税率如表7-4所示。

表7-4 土地增值税税率

级数	增值额与扣除项目金额的比率	税率（%）	速算扣除系数（%）
1	不超过50%的部分	30	0
2	超过50%～100%的部分	40	5
3	超过100%～200%的部分	50	15
4	超过200%的部分	60	35

（四）土地增值税的税收优惠

（1）纳税人建造普通标准住宅出售，增值额未超过扣除项目金额20%的，免征土地增值税。

（2）因国家建设需要依法征用、收回的房地产，免征土地增值税。

（3）个人因工作调动或改善居住条件而转让原自用住房，经向税务机关申报核准，凡居住满5年或5年以上的，免予征收土地增值税；凡居住满3年未满5年的，减半征收土地增值税；居住未满3年的，按规定征收土地增值税。

（4）因城市实施规划、国家建设的需要而搬迁，由纳税人自行转让原房地产的，经税务机关审核，免征土地增值税。

（5）对企事业单位、社会团体以及其他组织专人旧房作为公共租赁住房房源的且增值额未超过扣除项目金额20%的，免征土地增值税。

二、土地增值税的计税方法

土地增值税的计税依据为纳税人转让土地所取得的增值额，即纳税人转让土地取得的收入减除规定扣除项目金额后的余额。

（一）应税收入的确定

应税收入是指纳税人转让房地产所取得的全部价款及有关的经济利益，包括货币收入、实物收入以及其他收入在内的全部收入。

（二）扣除项目的确定

转让房地产所得的收入，允许从中扣除的项目，概括起来有以下几项：

1. 取得土地使用权所支付的金额

取得土地使用权所支付的金额包括以下两方面的内容：

（1）纳税人为取得土地使用权所支付的地价款。

（2）纳税人在取得土地使用权时，按国家统一规定缴纳的有关费用。

2. 房地产开发成本

房地产开发成本是指纳税人房地产开发项目实际发生的成本，主要包括以下内容：

（1）土地征用及拆迁补偿费。

（2）前期工程费。

（3）建筑安装工程费。

（4）基础设施费。

（5）公共配套设施费。

（6）开发间接费用。

3. 房地产开发费用

房地产开发费用是指与房地产开发项目有关的销售费用、管理费用和财务费用。

根据现行财务会计制度的规定，这三项费用作为期间费用，直接计入当期损益，不按成本对象进行摊销。所以，作为土地增值税扣除项目的房地产开发费用，不按纳税人房地产开发项目实际发生的费用进行扣除，而按税法规定标准进行扣除。其中，财务费用中的利息支出，在最高不超过按商业银行同类同期贷款利息的金额的前提下，允许据实扣除；如果纳税人不能按转让房地产项目计算分摊利息支出或不能提供金融机构贷款证明的，其允许扣除的房地产开发费用的公式为：

$$\begin{matrix}\text{允许扣除的房}\\\text{地产开发费用}\end{matrix}=\left(\begin{matrix}\text{取得土地使用权}\\\text{所支付的金额}\end{matrix}+\begin{matrix}\text{房地产}\\\text{开发成本}\end{matrix}\right)\times 10\%$$

4. 与转让房地产有关的税金

与转让房地产有关的税金是指在转让房地产时缴纳的营业税、城市维护建设税、印花税及教育费附加。

需要说明的是，房地产开发企业在转让房地产时缴纳的印花税已列入管理费用中，故在此不允许单独再扣除。

5. 其他扣除项目

对从事房地产开发的企业，可按《中华人民共和国土地增值税暂行条例实施细则》第七条（一）（二）项规定计算的金额之和，加计20%的扣除。

6. 旧房及建筑物的评估价格

纳税人转让旧房的，应按房屋及建筑物的评估价格、取得土地使用权所支付的地价款或出让金、按国家统一规定缴纳的有关费用和转让环节缴纳的税金作为扣除项目金额计征土地增值税。

（三）应纳税额的计算

土地增值税按照纳税人转让房地产所取得的增值额和规定的税率计算征收。土地增值税的计算公式如下：

$$应纳税额 = \sum（每级距的土地增值额 \times 适用税率）$$

在实际工作中，一般采取速算扣除法计算，其公式如下：

$$应纳税额 = 增值额 \times 适用税率—允许扣除项目金额 \times 速算扣除系数$$

【例7-6】 某房地产开发企业转让一块用以开发的土地使用权，取得转让收入为1 400万元，为取得土地使用权所支付金额325万元，开发土地成本60万元，开发土地费用21万元，应纳有关税费77万元。计算该企业应纳土地增值税税额。

解

21/（325+60）=5%，未超过10%，允许据实扣除。

允许扣除项目金额 =（325+60）×（1+20%）+21+77=560（万元）

增值额 =1 400—560=840（元）

增值额与允许扣除项目的比率 =840/560=150%

应纳土地增值税税额 =840×50% −560×15% =336（万元）

【例7-7】 某企业（兼营房地产开发）买进土地及土地上建筑物，价值420万元。三年后，该企业将土地使用权连同地上建筑物一并转让A企业，取得转让收入550万元。假如转让过程中企业上缴5%的营业税，7%的城建维护建设税，3%的教育费附加。转让时该建筑物已提折旧40万元。计算该企业应纳土地增值税税额。

解

企业应缴营业税税额 =550×5% =27.5（万元）

企业应缴城建维护建设税税额 =27.5×7% =1.925（万元）

企业应缴教育费附加 =27.5×3% =0.825（万元）

允许扣除项目金额 =420+27.5+1.925+0.825=450.25（万元）

增值额 =550−450.25=99.75（万元）

增值额与允许扣除项目的比率 =99.75/450.25=22%

应纳土地增值税税额 =99.75×30% =29.925（万元）

三、土地增值税的会计处理

（一）土地增值税的账户设置

为了核算企业应缴纳土地增值税的情况，企业应在“应交税费”账户下设置“应交土地增值税”明细账户进行核算。同时，企业负担的土地增值税税额，根据具体情况，分别在“营业税金及附加”“其他业务成本”“固定资产清理”等账户中列支。

（二）土地增值税的会计核算

1. 主营房地产业务企业应纳土地增值税的核算

主营房地产业务企业应纳土地增值税，在“营业税金及附加”账户中列支。

【例 7-8】以例 7-6 为例，做以下相应的会计处理：

（1）取得转让收入时：

借：银行存款　　14 000 000

　　贷：主营业务收入　　14 000 000

（2）计提土地增值税时：

借：营业税金及附加　　3 360 000

　　贷：应交税费——应交土地增值税　　3 360 000

（3）上缴土地增值税时：

借：应交税费——应交土地增值税　　3 360 000

　　贷：银行存款　　3 360 000

在实际工作中，纳税人在项目全部竣工前往往已经取得转让房地产收入。由于涉及成本计算等原因，而无法据以计算土地增值税，这时，就需要预缴土地增值税，待项目全部竣工、办理结算后，再进行清算，多退少补。预缴土地增值税的会计处理和企业上缴土地增值税相同。

2. 兼营房地产业务企业应纳土地增值税的核算

兼营房地产业务企业应纳土地增值税，在“其他业务成本”账户中列支。

【例 7-9】以例 7-7 为例，做以下相应的会计处理：

（1）取得土地转让收入时：

借：银行存款　　5 500 000

　　贷：其他业务收入　　5 500 000

（2）计提土地增值税时：

借：其他业务成本　　299 250

　　贷：应交税费——应交土地增值税　　299 250

（3）上缴土地增值税时：

借：应交税费——应交土地增值税　　299 250

　　贷：银行存款　　299 250

3. 一般企业转让现有存量房地产的核算

企业单纯转让国有土地使用权，通过“无形资产”账户核算。相应的，企业应缴纳的土地增值税应通过“其他业务成本”账户列支。

【例 7-10】某化肥厂转让一块国有土地的使用权，取得转让收入为 800 万元，已知该土地使用权的取得成本为 500 万元。计算和会计处理如下：

增值额与允许扣除项目的比率 =（800 - 500）÷500 =60%，所以适用 40% 的税率。

应纳土地增值税税额 =300 ×40% -500 ×5% =95（万元）

（1）取得转让收入时：

借：银行存款　　8 000 000

　　贷：其他业务收入　　8 000 000

（2）结转土地使用权成本时：

借：其他业务成本　　5 000 000

　　贷：无形资产　　5 000 000

（3）计提土地增值税时：

借：其他业务成本　　950 000

　　贷：应交税费——应交土地增值税　　950 000

（2）企业转让土地使用权，连同地上附着物，通过“固定资产清理”账户核算。

四、土地增值税的纳税义务发生时间与纳税地点

由房地产所在地税务机关负责征收。纳税人应当自转让房产合同签订之日起 7 日内，向房地产所在地税务机关办理纳税申报。应经常发生房地产转让行为而难以在每次转让后纳税申报的纳税人，经税务机关审核同意后，可以定期进行纳税申报，具体情况由税务机关根据情况确定。

纳税人转让的房地产坐落在两个或两个以上地区的，应按房地产所在地分别申报、缴纳土地增值税。

五、土地增值税的纳税申报

土地增值税的纳税人主要分为两大类：一类是从事房地产开发的纳税人，即房地产开发公司；另一类是其他纳税人。这两类纳税人的申报要求有所不同。

1. 房地产开发公司

房地产开发公司应持具有法律效力的合同（或批件文本），向房地产所在地税务机关按下列内容报告备案：

（1）签订房地产转让合同、房地产开发合同或立项的具体日期和签订土地受让合同的具体日期，以及按合同规定注入开发资金的到位情况。

（2）房地产开发项目的类型。

（3）土地增值税的纳税申报材料具体如下：

1）土地增值税项目登记表。

2）土地增值税纳税申报表。

3）房屋产权证、土地使用权证书。

4）土地转让、房屋买卖合同。

5）与转让房地产有关的资料。

2. 其他纳税人

其他纳税人应从签订房地产合同之日起 7 日内，到房地产所在地主管税务机关进行纳税申报，并同时提供以下详细资料：

（1）房屋及建筑物产权、土地使用权证书。

（2）土地转让、房屋买卖合同。

（3）房地产评估报告。

（4）与房地产转让有关税金的完税凭证。

（5）其他与转让房地产有关的资料。

3. 土地增值税的缴纳

土地增值税的纳税义务人需按下列法定程序进行纳税手续的办理：

（1）纳税人在转让房地产合同签订后 7 日内，到房地产所在地办理纳税申报，并向税务机关提供有关规定的资料。

（2）纳税人按照税务机关核定的税额及规定的期限缴纳土地增值税。

（3）纳税人按规定办理纳税手续后，将纳税凭证交到房产、土地管理部门办理产权变更手续。

4. 土地增值税的纳税申报表

土地增值税的纳税申报表如表 7-5 ~ 表 7-11 所示。

表 7-5　土地增值税纳税申报表（一）

（从事房地产开发的纳税人预征适用）

税款所属时间：　　年　　月　　日至　　年　　月　　日　　　　填表日期：　　年　　月　　日

项目名称：　　　　　　　　项目编号：　　　　　　金额单位：元（列至角分）；面积单位：平方米

纳税人识别号 □□□□□□□□□□□□□□□□□□□□

房产类型	房产类型子目	收入			预征率（%）	应纳税额	税款缴纳	
		应税收入	货币收入	实物收入及其他收入			本期已缴税额	本期应缴税额计算
	1	2 = 3 + 4	3	4	5	6 = 2 × 5	7	8 = 6 − 7
普通住宅								
非普通住宅								
其他类型房地产								
合计	—				—			

	授权代理人	（如果你已委托代理申报人，请填写下列资料）　为代理一切税务事宜，现授权 ______（地址）______为本纳税人的代理申报人，任何与本报表有关的来往文件都可寄与此人。 授权人签字：__________	纳税人声明	此纳税申报表是根据《中华人民共和国土地增值税暂行条例》和国家有关税收规定填报的，是真实的、可靠的、完整的。 声明人签章：__________

	纳税人 公章		法人代表签章		经办人员（代理申报人）签字		备注	

（以下部分由主管税务机关负责填写）

主管税务机关收到日期		接收人		审核日期		税务审核人员签章	
审核记录						主管税务机关盖章	

表 7-6　土地增值税纳税申报表（二）

（从事房地产开发的纳税人清算适用）

税款所属时间：　年　月　日至　年　月　日　填表日期：　年　月　日

金额单位：元（列至角分）；面积单位：平方米

纳税人识别号 □□□□□□□□□□□□□□□□□□□□

纳税人名称		项目名称		项目编号		项目地址	
所属行业		登记注册类型		纳税人地址		邮政编码	
开户银行		银行账号		主管部门		电话	

总可售面积		自用和出租面积	

已售面积		其中：普通住宅已售面积		其中：非普通住宅已售面积		其中：其他类型房地产已售面积	

项目		行次	金额			
			普通住宅	非普通住宅	其他类型房地产	合计
一、转让房地产收入总额　1 = 2 + 3 + 4		1				
其中	货币收入	2				
	实物收入	3				
	其他收入	4				
二、扣除项目金额合计　5 = 6 + 7 + 14 + 17 + 21		5				
1. 取得土地使用权所支付的金额		6				
2. 房地产开发成本　7 = 8 + 9 + 10 + 11 + 12 + 13		7				
其中	土地征用及拆迁补偿费	8				
	前期工程费	9				
	建筑安装工程费	10				
	基础设施费	11				
	公共配套设施费	12				
	开发间接费用	13				
3. 房地产开发费用　14 = 15 + 16		14				
其中	利息支出	15				
	其他房地产开发费用	16				

（续）

项　　目			行次	金　额			
				普通住宅	非普通住宅	其他类型房地产	合计
4. 与转让房地产有关的税金等　17 = 18 + 19 + 20			17				
其中	营业税		18				
	城市维护建设税		19				
	教育费附加		20				
5. 财政部规定的其他扣除项目			21				
三、增值额　22 = 1 − 5			22				
四、增值额与扣除项目金额之比（%）23 = 22 ÷ 5			23				
五、适用税率（%）			24				
六、速算扣除系数（%）			25				
七、应缴土地增值税税额　26 = 22 × 24 − 5 × 25			26				
八、减免税额　27 = 29 + 31 + 33			27				
其中	减免税（1）	减免性质代码	28				
		减免税额	29				
	减免税（2）	减免性质代码	30				
		减免税额	31				
	减免税（3）	减免性质代码	32				
		减免税额	33				
九、已缴土地增值税税额			34				
十、应补（退）土地增值税税额　35 = 26 − 27 − 34			35				

授权代理人	（如果你已委托代理申报人，请填写下列资料） 为代理一切税务事宜，现授权______（地址）______为本纳税人的代理申报人，任何与本报表有关的来往文件都可寄与此人。 授权人签字：____________	纳税人声明	此纳税申报表是根据《中华人民共和国土地增值税暂行条例》及其《实施细则》的规定填报的，是真实的、可靠的、完整的。 声明人签字：____________

纳税人公章		法人代表签章		经办人员（代理申报人）签字		备注	

（以下部分由主管税务机关负责填写）

主管税务机关收到日期		接收人		审核日期		税务审核人员签章	
审核记录						主管税务机关盖章	

表 7-7 土地增值税纳税申报表（三）

（非从事房地产开发的纳税人适用）

税款所属时间： 年 月 日至 年 月 日 填表日期： 年 月 日

金额单位：元（列至角分）；面积单位：平方米

纳税人识别号 □□□□□□□□□□□□□□□□□□□□

<table>
<tr><td>纳税人名称</td><td></td><td>项目名称</td><td></td><td>项目地址</td><td></td></tr>
<tr><td>所属行业</td><td></td><td>登记注册类型</td><td></td><td>纳税人地址</td><td></td><td>邮政编码</td><td></td></tr>
<tr><td>开户银行</td><td></td><td>银行账号</td><td></td><td>主管部门</td><td></td><td>电话</td><td></td></tr>
</table>

<table>
<tr><td colspan="3">项 目</td><td>行次</td><td>金 额</td></tr>
<tr><td colspan="3">一、转让房地产收入总额 1 = 2 + 3 + 4</td><td>1</td><td></td></tr>
<tr><td rowspan="3">其中</td><td colspan="2">货币收入</td><td>2</td><td></td></tr>
<tr><td colspan="2">实物收入</td><td>3</td><td></td></tr>
<tr><td colspan="2">其他收入</td><td>4</td><td></td></tr>
<tr><td colspan="3">二、扣除项目金额合计
（1）5 = 6 + 7 + 10 + 15
（2）5 = 11 + 12 + 14 + 15</td><td>5</td><td></td></tr>
<tr><td rowspan="5">（1）提供评估价格</td><td colspan="2">1. 取得土地使用权所支付的金额</td><td>6</td><td></td></tr>
<tr><td colspan="2">2. 旧房及建筑物的评估价格 7 = 8 × 9</td><td>7</td><td></td></tr>
<tr><td rowspan="2">其中</td><td>旧房及建筑物的重置成本价</td><td>8</td><td></td></tr>
<tr><td>成新度折扣率</td><td>9</td><td></td></tr>
<tr><td colspan="2">3. 评估费用</td><td>10</td><td></td></tr>
<tr><td rowspan="4">（2）提供购房发票</td><td colspan="2">1. 购房发票金额</td><td>11</td><td></td></tr>
<tr><td colspan="2">2. 发票加计扣除金额 12 = 11 × 5% × 13</td><td>12</td><td></td></tr>
<tr><td colspan="2">其中：房产实际持有年数</td><td>13</td><td></td></tr>
<tr><td colspan="2">3. 购房契税</td><td>14</td><td></td></tr>
<tr><td colspan="3">4. 与转让房地产有关的税金等 15 = 16 + 17 + 18 + 19</td><td>15</td><td></td></tr>
<tr><td rowspan="4">其中</td><td colspan="2">营业税</td><td>16</td><td></td></tr>
<tr><td colspan="2">城市维护建设税</td><td>17</td><td></td></tr>
<tr><td colspan="2">印花税</td><td>18</td><td></td></tr>
<tr><td colspan="2">教育费附加</td><td>19</td><td></td></tr>
</table>

（续）

项　　目	行次	金　　额
三、增值额 20 = 1 − 5	20	
四、增值额与扣除项目金额之比（%）21 = 20 ÷ 5	21	
五、适用税率（%）	22	
六、速算扣除系数（%）	23	
七、应缴土地增值税税额 24 = 20 × 22 − 5 × 23	24	
八、减免税额（减免性质代码：__________）	25	
九、已缴土地增值税税额	26	
十、应补（退）土地增值税税额 27 = 24 − 25 − 26	27	

授权代理人	（如果你已委托代理申报人，请填写下列资料） 为代理一切税务事宜，现授权______（地址）______为本纳税人的代理申报人，任何与本报表有关的来往文件都可寄与此人。 授权人签字：__________	纳税人声明	此纳税申报表是根据《中华人民共和国土地增值税暂行条例》及其《实施细则》的规定填报的，是真实的、可靠的、完整的。 声明人签字：__________

纳税人公章		法人代表签章		经办人员（代理申报人）签字		备注	

（以下部分由主管税务机关负责填写）

主管税务机关收到日期		接收人		审核日期		税务审核人员签章	
审核记录						主管税务机关盖章	

表7-8 土地增值税纳税申报表（四）

（从事房地产开发的纳税人清算后尾盘销售适用）

税款所属时间：　　年　　月　　日至　　年　　月　　日　　填表日期：　　年　　月　　日

金额单位：元（列至角分）；面积单位：平方米

纳税人识别号 □□□□□□□□□□□□□□□□□□□□

纳税人名称		项目名称		项目编号		项目地址	
所属行业		登记注册类型		纳税人地址		邮政编码	
开户银行		银行账号		主管部门		电话	

是否为清算后尾盘销售　是■　否□

项　目			行次	金　额			
				普通住宅	非普通住宅	其他类型房地产	合计
一、转让房地产收入总额　1＝2＋3＋4			1				
其中	货币收入		2				
	实物收入		3				
	其他收入		4				
二、扣除项目金额合计			5				
三、增值额　6＝1－5			6				
四、增值额与扣除项目金额之比（%）7＝6÷5			7				
五、适用税率（核定征收率）（%）			8				
六、速算扣除系数（%）			9				
七、应缴土地增值税税额　10＝6×8－5×9			10				
八、减免税额　11＝13＋15＋17			11				
其中	减免税（1）	减免性质代码	12				
		减免税额	13				
	减免税（2）	减免性质代码	14				
		减免税额	15				
	减免税（3）	减免性质代码	16				
		减免税额	17				
九、已缴土地增值税税额			18				
十、应补（退）土地增值税税额　19＝10－11－18			19				

授权代理人	（如果你已委托代理申报人，请填写下列资料） 为代理一切税务事宜，现授权______（地址）______为本纳税人的代理申报人，任何与本报表有关的来往文件都可寄与此人。 授权人签字：__________	纳税人声明	此纳税申报表是根据《中华人民共和国土地增值税暂行条例》及其《实施细则》的规定填报的，是真实的、可靠的、完整的。 声明人签字：__________

纳税人公章		法人代表签章		经办人员（代理申报人）签字		备注	

（以下部分由主管税务机关负责填写）

主管税务机关收到日期		接收人		审核日期		税务审核人员签章	
审核记录						主管税务机关盖章	

表 7-9　清算后尾盘销售土地增值税扣除项目明细表

纳税人名称：

税款所属期：　　年　　月　　日至　　年　　月　　日　　填表日期：　　年　　月　　日

金额单位：元（列至角分）；面积单位：平方米

纳税人识别号 | | | | | | | | | | | | | | | | | | | | |

纳税人名称		项目名称		项目编号		项目地址	
所属行业		登记注册类型		纳税人地址		邮政编码	
开户银行		银行账号		主管部门		电话	
项目总可售面积		清算时已售面积		清算后剩余可售面积			

项　　目	行次	普通住宅	非普通住宅	其他类型房地产	合计
本次清算后尾盘销售的销售面积	1				
单位成本费用	2				—
扣除项目金额合计 3＝1×2	3				—

本次与转让房地产有关的营业税		本次与转让房地产有关的城市维护建设税		本次与转让房地产有关的教育费附加	

纳税人声明	此纳税申报表是根据《中华人民共和国土地增值税暂行条例》及其《实施细则》的规定填报的，是真实的、可靠的、完整的。

纳税人签章		代理人签章		代理人身份证号	

以下由税务机关填写：

受理人		受理日期	年　月　日	受理税务机关签章	

表 7-10　土地增值税纳税申报表（五）

（从事房地产开发的纳税人清算方式为核定征收适用）

税款所属时间：　　年　　月　　日至　　年　　月　　日　　填表日期：　　年　　月　　日

金额单位：元（列至角分）；面积单位：平方米

纳税人识别号 | | | | | | | | | | | | | | | | | | | | |

纳税人名称		项目名称		项目编号		项目地址	
所属行业		登记注册类型		纳税人地址		邮政编码	
开户银行		银行账号		主管部门		电话	

是否为核定征收　是■　否□

项目		行次	金额			
			普通住宅	非普通住宅	其他类型房地产	合计
一、转让房地产收入总额		1				
其中	货币收入	2				
	实物收入	3				
	其他收入	4				
二、扣除项目金额合计		5				
1. 取得土地使用权所支付的金额		6				
2. 房地产开发成本		7				
其中	土地征用及拆迁补偿费	8				
	前期工程费	9				
	建筑安装工程费	10				
	基础设施费	11				
	公共配套设施费	12				
	开发间接费用	13				
3. 房地产开发费用		14				
其中	利息支出	15				
	其他房地产开发费用	16				
4. 与转让房地产有关的税金等		17				
其中	营业税	18				
	城市维护建设税	19				
	教育费附加	20				
5. 财政部规定的其他扣除项目		21				
三、增值额		22				
四、增值额与扣除项目金额之比（%）		23				
五、适用税率（核定征收率）（%）		24				
六、速算扣除系数（%）		25				
七、应缴土地增值税税额		26				
八、减免税额 27 = 29 + 31 + 33		27				

（续）

<table>
<tr><td colspan="3" rowspan="2">项 目</td><td rowspan="2">行次</td><td colspan="4">金 额</td></tr>
<tr><td>普通住宅</td><td>非普通住宅</td><td>其他类型房地产</td><td>合计</td></tr>
<tr><td rowspan="6">其中</td><td rowspan="2">减免税（1）</td><td>减免性质代码</td><td>28</td><td></td><td></td><td></td><td></td></tr>
<tr><td>减免税额</td><td>29</td><td></td><td></td><td></td><td></td></tr>
<tr><td rowspan="2">减免税（2）</td><td>减免性质代码</td><td>30</td><td></td><td></td><td></td><td></td></tr>
<tr><td>减免税额</td><td>31</td><td></td><td></td><td></td><td></td></tr>
<tr><td rowspan="2">减免税（3）</td><td>减免性质代码</td><td>32</td><td></td><td></td><td></td><td></td></tr>
<tr><td>减免税额</td><td>33</td><td></td><td></td><td></td><td></td></tr>
<tr><td colspan="3">九、已缴土地增值税税额</td><td>34</td><td></td><td></td><td></td><td></td></tr>
<tr><td colspan="3">十、应补（退）土地增值税税额 35 = 26 − 27 − 34</td><td>35</td><td></td><td></td><td></td><td></td></tr>
</table>

<table>
<tr><td>授权代理人</td><td colspan="3">（如果你已委托代理申报人，请填写下列资料）
为代理一切税务事宜，现授权______（地址）______为本纳税人的代理申报人，任何与本报表有关的来往文件都可寄与此人。
授权人签字：____________</td><td>纳税人声明</td><td colspan="4">此纳税申报表是根据《中华人民共和国土地增值税暂行条例》及其《实施细则》的规定填报的，是真实的、可靠的、完整的。
声明人签字：____________</td></tr>
<tr><td>纳税人公章</td><td></td><td>法人代表签章</td><td></td><td colspan="2">经办人员（代理申报人）签字</td><td></td><td>备注</td><td></td></tr>
</table>

（以下部分由主管税务机关负责填写）

<table>
<tr><td>主管税务机关收到日期</td><td></td><td>接收人</td><td></td><td>审核日期</td><td></td><td>税务审核人员签章</td><td></td></tr>
<tr><td>审核记录</td><td colspan="5"></td><td>主管税务机关盖章</td><td></td></tr>
</table>

表 7-11　土地增值税纳税申报表（六）

（纳税人整体转让在建工程适用）

税款所属时间：　　年　　月　　日至　　年　　月　　日　　填表日期：　　年　　月　　日

金额单位：元（列至角分）；面积单位：平方米

纳税人识别号 □□□□□□□□□□□□□□□□□□□□

纳税人名称		项目名称		项目编号		项目地址	
所属行业		登记注册类型		纳税人地址		邮政编码	
开户银行		银行账号		主管部门		电话	

是否为在建工程整体转让　是■　否□

项目		行次	金额			
			普通住宅	非普通住宅	其他类型房地产	合计
一、转让房地产收入总额　1 = 2 + 3 + 4		1	—	—		
其中	货币收入	2	—	—		
	实物收入	3	—	—		
	其他收入	4	—	—		
二、扣除项目金额合计　5 = 6 + 7 + 14 + 17 + 21		5	—	—		
1. 取得土地使用权所支付的金额		6	—	—		
2. 房地产开发成本 7 = 8 + 9 + 10 + 11 + 12 + 13		7	—	—		
其中	土地征用及拆迁补偿费	8	—	—		
	前期工程费	9	—	—		
	建筑安装工程费	10	—	—		
	基础设施费	11	—	—		
	公共配套设施费	12	—	—		
	开发间接费用	13	—	—		
3. 房地产开发费用　14 = 15 + 16		14	—	—		
其中	利息支出	15	—	—		
	其他房地产开发费用	16	—	—		
4. 与转让房地产有关的税金等　17 = 18 + 19 + 20		17	—	—		
其中	营业税	18	—	—		
	城市维护建设税	19	—	—		
	教育费附加	20	—	—		

（续）

项 目	行次	金 额			
		普通住宅	非普通住宅	其他类型房地产	合计
5. 财政部规定的其他扣除项目	21	—	—		
三、增值额 22 = 1 - 5	22	—	—		
四、增值额与扣除项目金额之比（%） 23 = 22 ÷ 5	23	—	—		
五、适用税率（核定征收率）（%）	24	—	—		
六、速算扣除系数（%）	25	—	—		
七、应缴土地增值税税额 26 = 22 × 24 - 5 × 25	26	—	—		
八、减免税额（减免性质代码：________ ）	27	—	—		
九、已缴土地增值税税额	28	—	—		
十、应补（退）土地增值税税额 29 = 26 - 27 - 28	29	—	—		

授权代理人	（如果你已委托代理申报人，请填写下列资料） 为代理一切税务事宜，现授权______（地址）______为本纳税人的代理申报人，任何与本报表有关的来往文件都可寄与此人。 授权人签字：____________	纳税人声明	此纳税申报表是根据《中华人民共和国土地增值税暂行条例》及其《实施细则》的规定填报的，是真实的、可靠的、完整的。 声明人签字：____________

纳税人公章		法人代表签章		经办人员（代理申报人）签字		备注	

（以下部分由主管税务机关负责填写）

主管税务机关收到日期		接收人		审核日期		税务审核人员签章	
审核记录						主管税务机关盖章	

第三节 城镇土地使用税会计

一、城镇土地使用税的基本法规

土地使用税是城镇土地使用税的简称。它是对我国境内的城市、县城、建制镇、工矿区范围内使用土地的单位和个人为纳税人，对其实际占用的土地面积为计税依据的一种税。我国现行土地使用税的基本规范，是2006年12月31日国务院修改并颁布的《中华人民共和国城镇土地使用税暂行条例》，2013年12月4日国务院第32次常务会议做了部分修改，2013年12月7日起实施。土地使用税的征收，一方面是为了促使纳税人合理利用城镇土地；另一方面也是为了调节不同地区、不同地段之间的土地级差收入，提高土地使用效益，以及加强有关部门对土地的管理。

1. 土地使用税的纳税人

凡是在城市、县城、建制镇、工矿区范围内使用土地的单位和个人，均为土地使用税的纳税人。这里所称单位，包括国有企业、集体企业、私营企业、股份制企业、外商投资企业、外国企业以及其他企业和事业单位、社会团体、国家机关、军队以及其他单位；所称个人，包括个体工商户以及其他个人。

2. 土地使用税的征税范围

我国城镇土地归国家所有，单位和个人占用或使用土地，必须依法纳税。目前土地使用税的征税对象，包括在城市、县城、建制镇、工矿区范围内的国家所有和集体所有的土地。

3. 土地使用税的税率

土地使用税采用定额税率，以纳税人实际占用的土地面积为计税依据；土地面积的计量标准为每平方米，每平方米应税土地的年税额如下：

（1）大城市1.5~30元。

（2）中等城市1.2~24元。

（3）小城市0.9~18元。

（4）县城、建制镇、工矿区0.6~12元。

但为了调节土地的级差收入，对不同城镇或者对同一城镇的不同地段，各省、自治区、直辖市人民政府，可以在规定的税额幅度内，根据市政建设状况、经济繁荣程度等条件，确定所辖地区的适用税额幅度。经济落后地区土地使用税的适用税额标准可以适当降低，但降低额不得超过《城镇土地使用税暂行条例》第五条规定最低税额的30%。经济发达地区土地使用税的适用税额标准可以适当提高，但须报经财政部批准。

4. 土地使用税的税收优惠

下列土地免缴土地使用税：

（1）国家机关、人民团体、军队自用的土地。

（2）由国家财政部门拨付事业经费的单位自用的土地。

（3）宗教寺庙、公园、名胜古迹自用的土地。

（4）市政街道、广场、绿化地带等公共用地。

（5）直接用于农、林、牧、渔业的生产用地。

(6) 经批准开山填海整治的土地和改造的废弃土地，从使用的月份起免缴土地使用税5~10年。

(7) 非营利性医疗机构、疾病控制机构和妇幼保健机构等卫生机构自用的土地。

(8) 免税单位无偿使用纳税单位的土地（公安、海关等单位使用铁路、民航等单位的土地）。

二、土地使用税的计税方法

1. 土地使用税的计税依据

土地使用税以纳税人实际占用的土地面积为计税依据，土地面积计量的标准为每平方米。纳税人实际占用的土地面积按下列办法确定：

(1) 凡有由省、自治区、直辖市人民政府确定的单位组织测定土地面积的，以测定的面积为准。

(2) 尚未组织测量，但纳税人持有政府部门核发的土地使用证书的，以证书确认的土地面积为准。

(3) 尚未核发土地使用证书的，应由纳税人申报土地面积，据以纳税，待核发土地使用证以后再作调整。

2. 土地使用税的计算方法

土地使用税的计算方法是按照纳税人实际占用的土地使用面积和适用的单位税额标准计算缴纳的，其计算公式为：

应纳土地使用税税额 = 纳税人实际占用的土地面积 × 适用单位税额

【例 7-11】 北京市某公司实际占用的土地面积为 1.5 万平方米，当地政府规定的土地使用税每平方米年税额为 25 元。请计算该公司全年应纳土地使用税税额。

解

应纳土地使用税税额 = 1.5 × 25 = 37.5（万元）

三、土地使用税的会计处理

土地使用税按年计算、分期缴纳。在每期计提土地使用税时，借记“管理费用”科目，贷记“应交税费——应交土地使用税”科目；分期缴纳土地使用税时，借记“应交税费——应交土地使用税”科目，贷记“银行存款”科目。

【例 7-12】 承上例，该公司按照当地政府的相关规定按季度缴纳土地使用税，那么该公司应如何进行会计处理？

(1) 每月计提土地使用税时：

借：管理费用——土地使用税　31 250

　　贷：应交税费——应交土地使用税　31 250

(2) 每季度缴纳土地使用税时：

借：应交税费——应交土地使用税　93 750

　　贷：银行存款　93 750

四、土地使用税的纳税申报

（一）土地使用税的纳税时间和地点

1. 土地使用税的纳税义务发生时间

(1) 纳税人购置新建商品房，自房屋交付使用之次月起，缴纳土地使用税。

（2）纳税人购置存量房，自办理房产权属转移、变更登记手续，房地产权属登记机关签发房屋权属证书之次月起，缴纳土地使用税。

（3）纳税人出租、出借房产，自交付出租、出借房产之次月起，缴纳土地使用税。

（4）以出让或转让方式有偿取得土地使用权的，应由受让方从合同约定交付土地时间的次月起，缴纳土地使用税；合同未约定交付时间的，由受让方从合同签订的次月起，缴纳土地使用税。

（5）纳税人新征用的耕地，自批准征用之日起满1年时开始缴纳土地使用税。

（6）纳税人新征用的非耕地，自批准征用次月起缴纳土地使用税。

（7）自2009年1月1日起，纳税人因土地的权利发生变化而依法终止土地使用税纳税义务的，其应纳税款的计算应截止到土地权利发生变化的当月末。

土地使用税实行按年计算、分期缴纳的征收方法，具体缴纳期限由省、自治区、直辖市人民政府确定。

2. 土地使用税的纳税地点

土地使用税在土地所在地缴纳，由土地所在的地方税务机关征收，其收入纳入地方财政预算管理。

纳税人的土地不属于同一省、自治区、直辖市管辖的，由纳税人分别向土地所在地的税务机关缴纳土地使用税；在同一省、自治区、直辖市管辖范围内的，纳税人跨地区使用的土地，其纳税地点由各省、自治区、直辖市地方税务局确定。

（二）土地使用税的纳税申报表

土地使用税的纳税申报表如表7-12～表7-15所示。

表7-12 城镇土地使用税纳税申报表

税款所属期： 年 月 日至 年 月 日 填表日期： 年 月 日

金额单位：元（列至角分）；面积单位：平方米

纳税人识别号 □□□□□□□□□□□□□□□□□□□□

<table>
<tr><td rowspan="3">纳税人信息</td><td colspan="2">名称</td><td colspan="4"></td><td colspan="2">纳税人分类</td><td colspan="3">单位□ 个人□</td></tr>
<tr><td colspan="2">登记注册类型</td><td colspan="4"></td><td colspan="2">所属行业</td><td colspan="3"></td></tr>
<tr><td colspan="2">身份证照类型</td><td colspan="4">身份证□ 护照□ 军官证□
其他</td><td colspan="2">联系人</td><td></td><td>联系方式</td><td></td></tr>
<tr><td rowspan="12">申报纳税信息</td><td>土地编号</td><td>宗地的地号</td><td>土地等级</td><td>税额标准</td><td>土地总面积</td><td>所属期起</td><td>所属期止</td><td>本期应纳税额</td><td>本期减免税额</td><td>本期已缴税额</td><td>本期应补（退）税额</td></tr>
<tr><td></td><td></td><td></td><td></td><td></td><td></td><td></td><td></td><td></td><td></td><td></td></tr>
<tr><td></td><td></td><td></td><td></td><td></td><td></td><td></td><td></td><td></td><td></td><td></td></tr>
<tr><td></td><td></td><td></td><td></td><td></td><td></td><td></td><td></td><td></td><td></td><td></td></tr>
<tr><td></td><td></td><td></td><td></td><td></td><td></td><td></td><td></td><td></td><td></td><td></td></tr>
<tr><td></td><td></td><td></td><td></td><td></td><td></td><td></td><td></td><td></td><td></td><td></td></tr>
<tr><td></td><td></td><td></td><td></td><td></td><td></td><td></td><td></td><td></td><td></td><td></td></tr>
<tr><td></td><td></td><td></td><td></td><td></td><td></td><td></td><td></td><td></td><td></td><td></td></tr>
<tr><td></td><td></td><td></td><td></td><td></td><td></td><td></td><td></td><td></td><td></td><td></td></tr>
<tr><td></td><td></td><td></td><td></td><td></td><td></td><td></td><td></td><td></td><td></td><td></td></tr>
<tr><td></td><td></td><td></td><td></td><td></td><td></td><td></td><td></td><td></td><td></td><td></td></tr>
<tr><td colspan="2">合计</td><td></td><td></td><td></td><td></td><td></td><td></td><td></td><td></td><td></td></tr>
</table>

（续）

<table>
<tr><td rowspan="3">纳税人信息</td><td>名称</td><td></td><td>纳税人分类</td><td colspan="3">单位□ 个人□</td></tr>
<tr><td>登记注册类型</td><td></td><td>所属行业</td><td colspan="3"></td></tr>
<tr><td>身份证照类型</td><td>身份证□ 护照□ 军官证□ 其他</td><td>联系人</td><td></td><td>联系方式</td><td></td></tr>
</table>

以下由纳税人填写：

纳税人声明	此纳税申报表是根据《中华人民共和国城填土地使用税暂行条例》和国家有关税收规定填报的，是真实的、可靠的、完整的。				
纳税人签章		代理人签章		代理人身份证号	

以下由税务机关填写：

受理人		受理日期	年 月 日	受理税务机关签章	

本表一式两份，一份纳税人留存，一份税务机关留存。

表 7-13 城镇土地使用税纳税申报表（汇总版）

税款所属期： 年 月 日至 年 月 日 填表日期： 年 月 日

金额单位：元（列至角分）；面积单位：平方米

纳税人识别号 | | | | | | | | | | | | | | | | | | | | |

<table>
<tr><td rowspan="3">纳税人信息</td><td colspan="2">名称</td><td colspan="3"></td><td>纳税人分类</td><td colspan="3">单位□ 个人□</td></tr>
<tr><td colspan="2">登记注册类型</td><td colspan="3"></td><td>所属行业</td><td colspan="3"></td></tr>
<tr><td colspan="2">身份证照类型</td><td colspan="3">身份证□ 护照□ 军官证□ 其他</td><td>联系人</td><td></td><td>联系方式</td><td></td></tr>
<tr><td rowspan="12">申报纳税信息</td><td>土地等级</td><td>税额标准</td><td>土地总面积</td><td>所属期起</td><td>所属期止</td><td>本期应纳税额</td><td>本期减免税额</td><td>本期已缴税额</td><td>本期应补（退）税额</td></tr>
<tr><td></td><td></td><td></td><td></td><td></td><td></td><td></td><td></td><td></td></tr>
<tr><td></td><td></td><td></td><td></td><td></td><td></td><td></td><td></td><td></td></tr>
<tr><td></td><td></td><td></td><td></td><td></td><td></td><td></td><td></td><td></td></tr>
<tr><td></td><td></td><td></td><td></td><td></td><td></td><td></td><td></td><td></td></tr>
<tr><td></td><td></td><td></td><td></td><td></td><td></td><td></td><td></td><td></td></tr>
<tr><td></td><td></td><td></td><td></td><td></td><td></td><td></td><td></td><td></td></tr>
<tr><td></td><td></td><td></td><td></td><td></td><td></td><td></td><td></td><td></td></tr>
<tr><td></td><td></td><td></td><td></td><td></td><td></td><td></td><td></td><td></td></tr>
<tr><td></td><td></td><td></td><td></td><td></td><td></td><td></td><td></td><td></td></tr>
<tr><td></td><td></td><td></td><td></td><td></td><td></td><td></td><td></td><td></td></tr>
<tr><td colspan="5">合计</td><td></td><td></td><td></td><td></td></tr>
</table>

以下由纳税人填写：

纳税人声明	此纳税申报表是根据《中华人民共和国城填土地使用税暂行条例》和国家有关税收规定填报的，是真实的、可靠的、完整的。				
纳税人签章		代理人签章		代理人身份证号	

以下由税务机关填写：

受理人		受理日期	年 月 日	受理税务机关签章	

本表一式两份，一份纳税人留存，一份税务机关留存。

表 7-14　城镇土地使用税减免税明细申报表

税款所属期：自　年　月　日至　年　月　日　　填表日期：　年　月　日

金额单位：元（列至角分）；面积单位：平方米

纳税人识别号 □□□□□□□□□□□□□□□□□□□□

纳税人名称：

序号	土地编号	所属期起	所属期止	减免性质代码	减免项目名称	减免税面积	土地等级	税额标准	本期减免税额
1									
2									
3									
4									
5									
6									
7									
8									
9									
10									
合计									

以下由纳税人填写：

纳税人声明	此纳税申报表是根据《中华人民共和国城填土地使用税暂行条例》和国家有关税收规定填报的，是真实的、可靠的、完整的。				
纳税人签章		代理人签章		代理人身份证号	

以下由税务机关填写：

受理人		受理日期	年　月　日	受理税务机关签章	

本表一式两份，一份纳税人留存，一份税务机关留存。

表 7-15 城镇土地使用税税源明细表

纳税人名称： 纳税人分类：单位□ 个人 □ 填表日期： 年 月 日

金额单位：元（列至角分）；面积单位：平方米

纳税人识别号 □□□□□□□□□□□□□□□□□□□□

土地编号		地号	非必填	土地名称	非必填
纳税人类型	土地使用权人□ 集体土地使用人□ 无偿使用人□ 代管人□ 实际使用人□（必选）	土地使用权人纳税识别号	（纳税人类型选择无偿使用人、代管人和实际使用人的填写，非必填）	土地使用权人名称	（纳税人类型选择无偿使用人、代管人和实际使用人的填写，非必填）
土地使用权证号		土地性质	国有□ 集体□		
土地取得方式	划拨□ 出让□ 租赁□ 其他□（必选）	土地用途	工业□ 商业□ 居住□ 综合□ 房地产开发企业的开发用地□ 其他□（必选）		
土地坐落地址（详细地址）	省 市 县（区） 街道（单选下拉）（必填）				
土地所属主管税务所（科、分局）	该土地的城镇土地使用税收入所属的主管税务机关。系统允许各地配置该项的确定规则。该项不需纳税人手动填写，根据确定规则自动带出。				
土地取得时间	年 月	变更类型	纳税义务终止（权属转移□ 其他□） 信息项变更（土地面积变更□土地等级变更□ 减免税变更□其他□）	变更时间	年 月
占用土地面积		土地等级		税额标准	
地价		其中取得土地使用权支付金额		其中土地开发成本	
减免税部分	序号	减免税性质代码	减免税项目名称	减免税土地面积	月减免税金额
	1				
	2				
	3				

以下由纳税人填写：

纳税人声明	此纳税申报表是根据《中华人民共和国城填土地使用税暂行条例》和国家有关税收规定填报的，是真实的、可靠的、完整的。				
纳税人签章		代理人签章		代理人身份证号	

以下由税务机关填写：

受理人		受理日期	年 月 日	受理税务机关签章	

本表一式两份，一份纳税人留存，一份税务机关留存。

第四节　耕地占用税会计

一、耕地占用税的基本法规与计税方法

耕地占用税法是指国家指定的调整耕地占用税征收与缴纳权利义务关系的法律规范。现行耕地占用税法的基本规范，是2007年12月1日国务院重新颁布，并于2008年1月1日起施行的《中华人民共和国耕地占用税暂行条例》。

耕地占用税的特点包括：①具有行为税的特点；②具有税收用途补偿性的特点；③实行一次性征收；④耕地占用税以县为单位，以人均耕地面积为标准，分别规定单位税额；⑤耕地占用税征收标准的确定具有较大的灵活性。

1. 耕地占用税的纳税人

占用耕地建房或者从事其他非农业建设的单位和个人，都是耕地占用税的纳税义务人。

2. 耕地占用税的征税范围

耕地占用税的征税范围包括纳税人为建房或从事其他非农业建设而占用的国家所有和集体所有的耕地。

3. 耕地占用税的税额

耕地占用税以县为单位，根据人均耕地面积确定单位税额，其税额规定如下：

（1）人均耕地不超过1亩（1亩 $=666.67m^2$）的地区（以县级行政区域为单位，下同），每平方米为10～50元。

（2）人均耕地超过1亩但不超过2亩的地区，每平方米为8～40元。

（3）人均耕地超过2亩但不超过3亩的地区，每平方米为6～30元。

（4）人均耕地超过3亩以上的地区，每平方米为5～25元。

经济特区、经济技术开发区和经济发达、人均耕地特别少的地区，适用税额可适当提高，但最多不得超过上述规定税额的50%。

4. 耕地占用税的计税方法

耕地占用税以纳税人实际占用的耕地面积和规定的适用税率标准计征，实行一次性征收，计税公式为：

$$应纳税额=实际占用的耕地面积\times适用税额标准$$

【例7-13】 某企业占用耕地100 000m^2建设住宅，其中10 000m^2作为学校和幼儿园用地。该地区的耕地占用税税率为8元/m^2。计算该企业应缴纳的耕地占用税。

$$应纳税额=(100\,000-10\,000)\times 8=720\,000（元）$$

5. 耕地占用税的税收优惠

（1）部队军事设施用地，免征耕地占用税。

（2）学校、幼儿园、敬老院、医院用地，免征耕地占用税。

（3）铁路线路、公路线路、飞机场跑道、停机坪、港口、航道占用耕地，减按每平方米2元的税额征收耕地占用税。

（4）农村居民占用耕地新建住宅，按照当地适用税额减半征收耕地占用税。

农村革命烈士家属、革命残障军人、鳏寡孤独以及革命老区、少数民族聚居地区和边远

贫困山区生活困难的农户，在规定用地标准以内新建住宅纳税确有困难的，经所在地乡（镇）人民政府审核，报经县级人民政府批准后，可给予减税或者免税。

二、耕地占用税的会计处理

对于耕地占用税，由于是按照实际占用耕地面积计算，并一次性缴纳，因此可以不通过"应交税费"科目进行核算，而直接计入有关项目的成本费用之中。

【例 7-14】 成信工厂 2015 年 1 月份经批准征用耕地 4 000m^2 用于建设厂房，当地政府规定的耕地占用税税额为 5 元/m^2，试计算该工厂缴纳耕地占用税税额，并做出会计处理。

（1）该厂应纳耕地占用税的计算如下：

$$应纳税额 = 4\ 000 \times 5 = 20\ 000（元）$$

（2）会计处理如下：

借：在建工程　　20 000

　　贷：银行存款　　20 000

【例 7-15】 新世纪房地产开发企业经土地管理部门批准，征用耕地 15 000m^2 用于房地产开发。当地政府规定的耕地占用税税额为 6 元/m^2。则实际向征收机关申报缴纳耕地占用税时做如下会计分录：

借：开发成本　　90 000

　　贷：银行存款　　90 000

三、耕地占用税的缴纳

耕地占用税的纳税环节，是在各级人民政府批准需用地的单位和个人征（占）用土地之后，土地管理部门发放土地使用（占用）通知书之前，经土地管理部门批准占用耕地之日起 30 日内在土地所在地的主管财政机关缴纳耕地占用税。

【思考与练习】

一、复习思考题

1. 资源税的征税对象和税率是如何规定的？
2. 简述土地增值税的征税范围和税率形式。
3. 土地增值税的扣除项目包括哪些内容？
4. 土地使用税的税额及税收优惠政策有哪些？

二、综合练习题

1. 位于市区的某国有工业企业利用厂区空地建造写字楼，2015 年发生的相关业务如下：

（1）按照国家有关规定补交土地出让金 5 000 万元，缴纳相关费用 200 万元。

（2）写字楼开发成本 4 000 万元。

（3）写字楼开发费用中的利息支出为 400 万元，其中罚息 25 万元，但是企业不能提供金融机构证明。

（4）写字楼竣工验收，将总建筑面积的 1/2 销售，签订销售合同，取得销售收入 7 500 万元；将另外 1/2 的建筑面积出租，取得租金收入 24 万元。

（其他相关资料：该企业所在省规定，按《城镇土地增值税暂行条例》规定的上限计算扣除房地产开发费用。）

要求：请根据以上资料，做如下处理：

（1）计算企业当年缴纳的营业税、城市维护建设税和教育费附加。

（2）计算企业土地增值税应扣除的取得土地使用权所支付的金额。

（3）计算企业土地增值税应扣除开发成本的金额。

（4）计算企业土地增值税应扣除的开发费用的金额。

（5）计算企业土地增值税应扣除的有关税金。

（6）计算企业应缴纳的土地增值税税额。

（7）做出相应的会计分录。

2. 某盐场5月16日、28日分别用银行存款购进液体盐50 000t、60 000t，每吨购进价格为220元（含税）。5月份对外销售南方海盐原盐180 000t（包括自产和用购入液体盐加工而成的）。另外，企业用原盐150 000t加工成精盐出售。液体盐单位税额4元/t，原盐单位税额15元/t。

要求：计算此盐场按月应缴纳的资源税税额，并写出计算过程和会计分录。

3. 某市某工业企业，坐落在该市土地五等级内（每平方米4元），企业土地使用证上记载的占地面积为300m^2。其中，办职工子弟学校占地22万m^2，办医院占地5万m^2，办托儿所占地1.5万m^2，属于市政公共道路的占地6万m^2。

要求：计算该企业的年应纳土地使用税税额。

4. 某林业培育基地位于某建制镇辖区，年初占地总面积50万m^2，其中，育林占地40万m^2，防火设施占地4万m^2，观光采摘果园占地4万m^2，农林产品加工厂占地0.5万m^2，休闲度假村占地1万m^2（用2012年6月1日批准征用的耕地建成），管理办公占地0.2万m^2，水利设施占地0.2万m^2，职工生活区占地0.1万m^2。

2015年该基地发生如下业务：

（1）3月，在原有50万平方米基础上新征用耕地0.2万m^2和非耕地0.1万m^2，用于扩展建造休闲度假村的保龄球馆。

（2）年初，该基地拥有建筑物原值8 000万元，含办公用房原值1 000万元；度假村宾馆及娱乐用房原值4 000万元；露天游泳池原值500万元；农林产品加工厂房原值2 500万元（其中600万元原值的仓库在2012年作为投资投给某单位，不承担风险，每月收取3万元固定收入，本年7月底投资期满，之后将房屋收回自用）；8月保龄球馆建造完工并投入使用，增加房产原值2 000万元。

该基地耕地占用税每平方米单位税额为18元；土地使用税每平方米年单位税额为4元；房产原值扣除比例为30%。

要求：请根据以上资料，做如下处理：

（1）该基地2015年应纳的耕地占用税税额。

（2）该基地2015年应纳的土地使用税税额。

（3）根据上述业务做出相应的会计分录。

第八章 企业所得税会计

【学习目标】

1. 了解企业所得税的概念。

2. 理解所得税费用、应纳税所得额、暂时性差异、计税基础、递延所得税负债、递延所得税资产等相关概念。

3. 掌握企业所得税应纳税额的计算。

4. 掌握资产负债表债务法下企业所得税的账务处理。

第一节 企业所得税基本法规的规定

企业所得税是对我国境内的企业和其他取得收入的组织的生产经营所得和其他所得征收的一种税。现行企业所得税的基本规范，是2007年3月16日第十届全国人民代表大会第五次会议通过的《企业所得税法》和2007年11月28日国务院第197次常务会议通过的《中华人民共和国企业所得税法实施条例》。

一、企业所得税的纳税义务人

企业所得税的纳税义务人是指在中华人民共和国境内的企业和其他取得收入的组织，不包括个人独资企业和合伙企业。按照地域管辖权和居民管辖权的双重标准，企业所得税纳税人分为居民企业和非居民企业。

1. 居民企业

居民企业是指依照中国法律、法规在中国境内成立，或者依照其他国家（或地区）的法律成立但实际管理机构在中国境内的企业，包括国有企业、集体企业、私营企业、联营企业、股份制企业、外商投资企业、外国企业以及有生产、经营所得和其他所得的其他组织。

2. 非居民企业

非居民企业是指依照其他国家（或地区）的法律成立且实际管理机构不在中国境内，但在中国境内设立机构、场所，或者在中国境内未设立机构、场所，但有来源于中国境内所得的企业。

二、企业所得税的征税对象

企业所得税的征税对象包括纳税人的生产经营所得、其他所得和清算所得。

1. 居民企业的征税对象

居民企业应就来源于中国境内、境外的所得作为征税对象。这里的所得包括销售货物所得、提供劳务所得、转让财产所得、股息红利等权益性投资所得、利息所得、租金所得、特许权使用费所得、接受捐赠所得和其他所得。

2. 非居民企业的征税对象

非居民企业在中国境内设立机构、场所的，应当就其所设机构、场所取得的来源于中国境内的所得，以及发生在中国境外但与其所设机构、场所有实际联系的所得，缴纳企业所得税。非居民企业在中国境内未设立机构、场所的，或者虽设立机构、场所，但取得的所得与其所设机构、场所没有实际联系的，应当就其来源于中国境内的所得缴纳企业所得税。

上述所称实际联系，是指非居民企业在中国境内设立的机构、场所拥有的据以取得所得的股权、债权，以及拥有、管理、控制的据以取得所得的财产。

三、企业所得税的税率

企业所得税实行的是比例税率。

（1）基本税率。企业所得税的基本税率为25%，适用于居民企业和在中国境内设有机构、场所且所得与机构、场所有实际联系的非居民企业。

（2）优惠税率。在中国境内未设立机构、场所的，或者虽设立机构、场所但取得的所得与其所设机构、场所没有实际联系的非居民企业适用于20%的低税率，但实际征税时采用10%的税率；符合条件的小型微利企业，减按20%的税率征收企业所得税；国家需要重点扶持的高新技术企业，减按15%的税率征收企业所得税。

四、企业所得税的税收优惠

税收优惠是指国家运用税收政策在税收法律、行政法规中规定对某一部分特定企业和课税对象给予减轻或免除税收负担的一种措施。《企业所得税法》中的税收优惠以产业优惠为主，鼓励保护环境、节约资源能源和发展高新技术。税收优惠政策主要包括以下几个方面：

（1）企业从事农、林、牧、渔业项目的所得，可以免征、减征企业所得税。

（2）企业从事国家重点扶持的公共基础设施项目的投资经营所得，自项目取得第一笔生产经营收入所属纳税年度起，第1~3年免征企业所得税，第4~6年减半征收企业所得税。

（3）企业从事符合条件的环境保护、节能节水项目的所得，自项目取得第一笔生产经营收入所属纳税年度起，第1~3年免征企业所得税，第4~6年减半征收企业所得税。

（4）符合条件的技术转让所得免征、减征企业所得税。具体是指一个纳税年度内，居民企业转让技术所有权所得不超过500万元的部分，免征企业所得税；超过500万元的部分，减半征收企业所得税。

（5）国家需要重点扶持的高新技术企业减按15%的税率征收企业所得税。

（6）对经济特区和上海浦东新区内在2008年1月1日（含）之后完成登记注册的国家需要重点扶持的高新技术企业，在经济特区和上海浦东新区内取得的所得，自取得第一笔生产经营收入所属纳税年度起，第1~2年免征企业所得税，第3~5年按照25%的法定税率减半征收企业所得税。

（7）符合条件的小型微利企业减按20%的税率征收企业所得税。自2014年1月1日至2016年12月31日，对年应纳税所得额低于10万元（含10万元）的小型微利企业，其所得减按50%计入应纳税所得额，按20%的税率缴纳企业所得税。

（8）企业为开发新技术、新产品、新工艺发生的研究开发费用，未形成无形资产计入当期损益的，在按照规定据实扣除的基础上，按照研究开发费用的50%加计扣除；形成无形资产的，按照无形资产成本的150%摊销。

（9）创业投资企业采取股权投资方式投资于未上市的中小高新技术企业2年以上的，可以按照其投资额的70%在股权持有满2年的当年抵扣该创业投资企业的应纳税所得额；当年不足抵扣的，可以在以后纳税年度结转抵扣。

（10）企业的固定资产由于技术进步等原因，确需加速折旧的，可以缩短折旧年限或者采取加速折旧的方法。

（11）企业购置并实际使用《环境保护专用设备企业所得税优惠目录》《节能节水专用设备企业所得税优惠目录》和《安全生产专用设备企业所得税优惠目录》规定的环境保护、节能节水、安全生产等专用设备的，该专用设备的投资额的10%可以从企业当年的应纳税额中抵免；当年不足抵免的，可以在以后5个纳税年度结转抵免。

（12）民族自治地方的自治机关对本民族自治地方的企业应缴纳的企业所得税中属于地方分享的部分可以决定减征或者免征。

第二节　企业所得税的计算

一、应纳税所得额的确定

应纳税所得额是企业所得税的计税依据。企业每一纳税年度的收入总额，减去不征税收入、免税收入、各项扣除以及允许弥补的以前年度亏损后的余额，为应纳税所得额。其计算公式如下：

应纳税所得额＝收入总额－不征税收入－免税收入－各项扣除－以前年度亏损

应当说明的是，纳税人按税法规定计算的应纳税所得额与依据财务会计制度计算的会计利润，往往是不一致的。当企业财务会计处理办法与有关税收法规相抵触时，应当依照国家有关税收的规定计算纳税。纳税人必须按税法的规定对会计利润进行调整后，才能作为应纳税所得额，计算缴纳所得税。

（一）收入总额

企业的收入总额包括以货币形式和非货币形式从各种来源取得的收入，具体包括：销售货物收入；劳务收入；转让财产收入；股息、红利等权益性投资收益；利息收入；租金收入；特许权使用费收入；接受捐赠收入；其他收入。

企业取得收入的货币形式，包括现金、银行存款、应收账款、应收票据、准备持有至到期的债券投资以及债务的豁免等；纳税人以非货币形式取得的收入，包括固定资产、生物资产、无形资产、股权投资、存货、不准备持有至到期的债券投资、劳务及有关权益等，这些非货币性资产应当按照公允价值确定收入额。收入的具体构成如下：

1. 一般收入的确认

（1）销售货物收入。销售货物收入是指企业销售商品、产品、原材料、包装物、低值易耗品以及其他存货取得的收入。

（2）劳务收入。劳务收入是指企业从事建筑安装、修理修配、交通运输、仓储租赁、金融保险、邮电通信、咨询经纪、文化体育、科学研究、技术服务、教育培训、餐饮住宿、中介代理、卫生保健、社区服务、旅游、娱乐、加工以及其他劳务服务活动取得的收入。

（3）转让财产收入。转让财产收入是指企业转让固定资产、生物资产、无形资产、股权、债权等财产取得的收入。

（4）股息、红利等权益性投资收益。股息、红利等权益性投资收益是指企业因权益性投资从被投资方取得的收入。股息、红利等权益性投资收益，除国务院财政、税务主管部门另有规定外，按照被投资方做出利润分配决定的日期确认收入的实现。

（5）利息收入。利息收入是指企业将资金提供他人使用但不构成权益性投资，或者因他人占用本企业资金取得的收入，包括存款利息、贷款利息、债券利息、欠款利息等收入。利息收入按照合同约定的债务人应付利息的日期确认收入的实现。

（6）租金收入。租金收入是指企业提供固定资产、包装物或者其他有形资产的使用权取得的收入。租金收入按照合同约定的承租人应付租金的日期确认收入的实现。

（7）特许权使用费收入。特许权使用费收入是指企业提供专利权、非专利技术、商标权、著作权以及其他特许权的使用权取得的收入。特许权使用费收入按照合同约定的特许权使用人应付特许权使用费的日期确认收入的实现。

（8）接受捐赠收入。接受捐赠收入是指企业接受的来自其他企业、组织或者个人无偿给予的货币性资产和非货币性资产。接受捐赠收入按照实际收到捐赠资产的日期确认收入的实现。

（9）其他收入。其他收入是指企业取得的除上述收入之外的其他收入，包括企业资产溢余收入、逾期未退包装物押金收入、确实无法偿付的应付款项、已作坏账损失处理后又收回的应收款项、债务重组收入、补贴收入、违约金收入、汇兑收益等。

2. 特殊收入的确认

（1）以分期收款方式销售货物的，按照合同约定的收款日期确认收入的实现。

（2）企业受托加工制造大型机械设备、船舶、飞机，以及从事建筑、安装、装配工程业务或者提供其他劳务等，持续时间超过 12 个月的，按照纳税年度内完工进度或者完成的工作量确认收入的实现。

（3）采取产品分成方式取得收入的，按照企业分得产品的日期确认收入的实现，其收入额按照产品的公允价值确定。

（4）企业发生非货币性资产交换，以及将货物、财产、劳务用于捐赠、偿债、赞助、集资、广告、样品、职工福利或者利润分配等用途的，应当视同销售货物、转让财产或者提供劳务，但国务院财政、税务主管部门另有规定的除外。

3. 不征税收入

（1）财政拨款。财政拨款是指各级人民政府对纳入预算管理的事业单位、社会团体等组织拨付的财政资金，但国务院和国务院财政、税务主管部门另有规定的除外。

（2）依法收取并纳入财政管理的行政事业性收费、政府性基金。

行政事业性收费是指依照法律法规等有关规定，按照国务院规定程序批准，在实施社会公共管理，以及在向公民、法人或者其他组织提供特定公共服务过程中，向特定对象收取并纳入财政管理的费用。

政府性基金是指企业依照法律、行政法规等有关规定，代政府收取的具有专项用途的财政资金。

（3）国务院规定的其他不征税收入。国务院规定的其他不征税收入是指企业取得的，由国务院财政、税务主管部门规定专项用途并经国务院批准的财政性资金。

4. 免税收入

（1）国债利息收入。

（2）符合条件的居民企业之间的股息、红利等权益性投资收益。

（3）在中国境内设立机构、场所的非居民企业从居民企业取得的与该机构、场所有实际联系的股息、红利等权益性投资收益，但不包括连续持有居民企业公开发行并上市流通的股票不足12个月取得的投资收益。

（4）符合条件的非营利组织的收入，不包括非营利组织从事盈利性活动取得的收入。

（二）准予扣除项目的基本范围

计算应纳税所得额时准予从收入总额中扣除的项目是指纳税人每一纳税年度发生的与取得应纳税收入有关的所有必要和正常的成本、费用、税金和损失。

（1）成本。成本是指企业在生产经营活动中发生的销售成本、销货成本、业务支出以及其他耗费。

（2）费用。费用是指企业每一个纳税年度为生产、经营商品和提供劳务等所发生的销售（经营）费用、管理费用和财务费用，已经计入成本的有关费用除外。

（3）税金。税金是指企业发生的除企业所得税和允许抵扣的增值税以外的各项税金及其附加。

（4）损失。损失是指企业在生产经营活动中发生的固定资产和存货的盘亏、毁损、报废损失，转让财产损失，呆账损失，坏账损失，自然灾害等不可抗力因素造成的损失以及其他损失。

（5）准予扣除的其他支出。准予扣除的其他支出是指除成本、费用、税金、损失外，企业在生产经营活动中发生的与生产经营活动有关的、合理的支出。

（三）准予扣除项目的调整

纳税人的财务会计处理与税收规定不一致的，应依照税收规定予以调整，按税收规定允许扣除的金额予以扣除。

1. 工资薪金支出

企业发生的合理的工资薪金支出，准予扣除。所谓工资薪金，是指企业每一纳税年度支付给本企业任职或者受雇的员工的所有现金形式或者非现金形式的劳动报酬，包括基本工资、奖金、津贴、补贴、年终加薪、加班工资，以及与员工任职或者受雇有关的其他支出。

【例8-1】 2014年A企业实际发放工资1 000万元，计税工资800万元。2014年利润总额为700万元。试计算A企业2014年度应纳税所得额。

解

$$超过计税工资标准部分 = 1\,000 - 800 = 200(万元)$$

$$应纳税所得额 = 700 + 200 = 900(万元)$$

2. 职工福利费、工会经费、职工教育经费

（1）企业发生的职工福利费支出，不超过工资薪金总额14%的部分，准予扣除。

（2）企业拨缴的工会经费，不超过工资薪金总额2%的部分，准予扣除。

（3）除国务院财政、税务主管部门另有规定外，企业发生的职工教育经费支出，不超过工资薪金总额2.5%的部分，准予扣除；超过部分，准予结转以后纳税年度扣除。

【例 8-2】假如例 8-1 中 A 企业按实发工资计提了工会经费、职工教育经费，当年实际支出职工福利费为 110 万元。试计算 A 企业 2014 年度应纳税所得额。

解

按计税工资允许计提的职工福利费 = 800 × 14% = 112（万元）

按计税工资允许计提的工会经费 = 800 × 2% = 16（万元）

按计税工资允许计提的职工教育经费 = 800 × 2.5% = 20（万元）

超过计税工资标准部分 = 1 000 − 800 = 200（万元）

超标准计提的工会经费 = 1 000 × 2% − 16 = 4（万元）

超标准计提的职工教育经费 = 1 000 × 2.5% − 20 = 5（万元）

应纳税所得额 = 700 + 200 + 4 + 5 = 909（万元）

3. 社会保险费

（1）企业依照国务院有关主管部门或者省级人民政府规定的范围和标准为职工缴纳的基本养老保险费、基本医疗保险费、失业保险费、工伤保险费、生育保险费等基本社会保险费和住房公积金，准予扣除。

（2）企业为投资者或者职工支付的补充养老保险费、补充医疗保险费，在国务院财政、税务主管部门规定的范围和标准内，准予扣除。企业依照国家有关规定为特殊工种职工支付的人身安全保险费和符合国务院财政、税务主管部门规定可以扣除的商业保险费准予扣除。

4. 利息费用

（1）非金融企业向金融企业借款的利息支出、金融企业的各项存款利息支出和同业拆借利息支出、企业经批准发行债券的利息支出可据实扣除。

（2）非金融企业向非金融企业借款的利息支出，不超过按照金融企业同期同类贷款利率计算的数额的部分可据实扣除，超过部分不允许扣除。

【例 8-3】2014 年 C 企业从银行借入经营资金 100 万元，年利率为 10%；从 B 企业借入资金 280 万元，年利率为 15%。2014 年 C 企业利润总额为 500 万元。试计算 C 企业 2014 年度应纳税所得额。

解

不得扣除的利息支出 = 280 ×（15% − 10%）= 14（万元）

应纳税所得额 = 500 + 14 = 514（万元）

5. 借款费用

（1）企业在生产经营活动中发生的合理的不需要资本化的借款费用，准予扣除。

（2）企业为购置、建造固定资产、无形资产和经过 12 个月以上的建造才能达到预定可销售状态的存货发生借款的，在有关资产购置、建造期间发生的合理的借款费用，应当作为资本性支出计入有关资产的成本；有关资产交付使用以后发生的借款利息，可在发生当期扣除。

6. 汇兑损失

企业在货币交易中，以及纳税年度终了时将人民币以外的货币性资产、负债按照期末即期人民币汇率中间价折算为人民币时产生的汇兑损失，除已经计入有关资产成本以及与向所有者进行利润分配相关的部分外，准予扣除。

7. 业务招待费

企业发生的与生产经营活动有关的业务招待费支出，按照发生额的 60% 扣除，但最高不得超过当年销售（营业）收入的 5‰。

8. 广告费和业务宣传费

企业发生的符合条件的广告费和业务宣传费支出，除国务院财政、税务主管部门另有规定外，不超过当年销售（营业）收入15%的部分，准予扣除；超过部分，准予结转以后纳税年度扣除。企业申报扣除的广告费支出应与赞助支出严格区分。企业申报扣除的广告费支出，必须符合以下条件：①广告是通过工商行政管理部门批准的专门机构制作的；②已实际支付费用，并已取得相应发票；③通过一定的媒体传播。

9. 环境保护专项资金

企业依照法律、行政法规有关规定提取的用于环境保护、生态恢复等方面的专项资金，准予扣除。上述专项资金提取后改变用途的，不得扣除。

10. 保险费

企业参加财产保险，按照规定缴纳的保险费，准予扣除。

11. 租赁费

企业根据生产经营活动的需要租入固定资产支付的租赁费，按照以下方法扣除：①以经营租赁方式租入固定资产发生的租赁费支出，按照租赁期限均匀扣除；②以融资租赁方式租入固定资产发生的租赁费支出，按照规定构成融资租入固定资产价值的部分应当提取折旧费用，分期扣除。

12. 劳动保护费

企业发生的合理的劳动保护支出，准予扣除。

13. 公益性捐赠支出

公益性捐赠是指企业通过公益性社会团体或者县级以上人民政府及其部门，用于《中华人民共和国公益事业捐赠法》规定的公益事业的捐赠。企业发生的公益性捐赠支出，在年度利润总额12%以内的部分，准予在计算应纳税所得额时扣除。

【例8-4】2014年B企业通过中国红十字会向河北一小学捐赠20万元，向湖北一中学直接捐赠5万元。2014年B企业的利润总额为600万元。试计算B企业2014年度应纳税所得额。

解

$$捐赠扣除限额 = 600 \times 12\% = 72(万元)$$

向湖北一中学捐赠5万元属直接捐赠，不得扣除。通过中国红十字会向河北一小学捐赠20万元在限额之内，可以扣除：

$$应纳税所得额 = 600 + 5 = 605(万元)$$

14. 有关资产的费用

企业转让各类固定资产发生的费用，允许扣除。企业按规定计算的固定资产折旧费、无形资产和递延资产的摊销费，准予扣除。

15. 总机构分摊的费用

非居民企业在中国境内设立的机构、场所，就其中国境外总机构发生的与该机构、场所生产经营有关的费用，能够提供总机构出具的费用汇集范围、定额、分配依据和方法等证明文件，并合理分摊的，准予扣除。

16. 资产损失

企业当期发生的固定资产和流动资产盘亏、毁损净损失，由其提供清查盘存资料经主管税务机关审核后，准予扣除；企业因存货盘亏、毁损、报废等原因不得从销项税额中抵扣的进项税额，应视同企业财产损失，准予与存货损失一起在所得税前按规定扣除。

17. 其他项目

依照有关法律、行政法规和国家有关税法规定准予扣除的其他项目有会员费、合理的会议费、差旅费、违约金、诉讼费、手续费及佣金支出等。

（四）不得扣除的项目

在计算应纳税所得额时，下列支出不得扣除：

（1）向投资者支付的股息、红利等权益性投资收益款项。

（2）企业所得税税款。

（3）税收滞纳金。

（4）罚金、罚款和被没收财物的损失。

（5）超过规定标准的捐赠支出。

（6）赞助支出。赞助支出是指企业发生的与生产经营活动无关的各种非广告性质支出。

（7）未经核定的准备金支出。例如，纳税人的存货减值准备金、交易性金融资产减值准备金、长期投资减值准备金、风险准备基金（包括投资风险准备基金），以及国家税收法规规定可提取的准备金之外的任何形式的准备金，不得扣除。

（8）企业之间支付的管理费、企业内营业机构之间支付的租金和特许权使用费，以及非银行企业内营业机构之间支付的利息，不得扣除。

（9）与取得收入无关的其他支出。

（五）亏损弥补

这里的亏损，不是企业利润表中的亏损额，而是依据《企业所得税法》及其实施条例的规定，将每一纳税年度的收入总额减去不征税收入、免税收入和各项扣除后小于零的数额。税法规定，企业某一纳税年度发生的亏损可以用下一年度的所得弥补，下一年度的所得不足以弥补的，可以逐年延续弥补，但最长不得超过5年。

【例8-5】 某公司7年的应纳税所得额情况如表8-1所示。

表8-1 某公司7年的应纳税所得额情况

年　　度	第1年	第2年	第3年	第4年	第5年	第6年	第7年
应纳税所得额	－60	30	50	－20	－5	15	20

试计算该公司各年企业所得税应纳税额。

解

第1年：亏损，不用缴纳企业所得税，由以后年度弥补，最长期限到第6年。

第2年：全部用于弥补第1年亏损，尚有30万元的亏损额，留待以后年度弥补。

第3年：用于弥补第1年剩下的30万元亏损后，当年应纳税所得额还有余额20万元，应按20万元计算缴纳企业所得税。

$$企业所得税税额 = 20 \times 25\% = 5(万元)$$

第4年：发生亏损20万元，当年不缴纳企业所得税。亏损留待下一年度弥补。

第5年：发生亏损5万元，当年不缴纳企业所得税。亏损留待下一年度弥补。

第6年：先弥补第4年的20万元亏损，不够弥补，还剩下5万元亏损，继续留待以后年度弥补。

第7年：先弥补第4年剩下的5万元亏损，还有15万元应纳税所得额，可以用来弥补第5年的亏损5万元，当年还剩下应纳税所得额10万元。

$$企业所得税税额 = 10 \times 25\% = 2.5(万元)$$

二、企业所得税应纳税额的计算

（一）居民企业应纳税额的计算

居民企业应纳税额的计算公式如下：

$$应纳税额 = 应纳税所得额 \times 适用税率 - 减免税额 - 抵免税额$$

式中的“减免税额”和“抵免税额”，是指依照《企业所得税法》和国务院的税收优惠规定减征、免征和抵免的应纳税额。

应纳税所得额是企业所得税的计税依据，其计算一般有以下两种方法：

1. 直接计算法

直接计算法下，企业每一纳税年度的收入总额减去不征税收入、免税收入、各项扣除以及允许弥补的以前年度亏损后的余额为应纳税所得额。其计算公式如下：

$$应纳税所得额 = 收入总额 - 不征税收入 - 免税收入 - 各项扣除 - 以前年度亏损$$

2. 间接计算法

间接计算法下，企业年末根据税法规定对会计利润进行调整，计算出应纳税所得额。其计算公式如下：

$$应纳税所得额 = 会计利润总额 \pm 纳税调整项目$$

【例8-6】 A公司2014年的生产经营情况如下：①全年销售收入5 000万元，固定资产租赁收入300万元，国债利息收入8万元；②销售成本3 000万元（实际发放工资800万元，计税工资762万元，职工福利费支出120万元，按实际发放工资计提工会经费和职工教育经费）；③销售费用750万元，其中产品广告费500万元；④财务费用200万元；⑤管理费用180万元，其中业务招待费30万元；⑥发生营业外支出及投资损失95万元，其中通过希望工程基金会捐赠50万元给希望工程，直接向灾区捐赠20万元；⑦收到保险公司赔偿10万元；⑧缴纳增值税600万元，营业税、消费税及教育费附加200万元。试计算该企业的应纳税所得额。

解

会计利润 = 5 000 + 300 + 8 − 3 000 − 750 − 200 − 180 − 95 + 10 − 200 = 893(万元)

（1）工资调整 = 800 − 762 = 38（万元）

（2）工会经费和职工教育经费调整 = 38 × 4.5% = 1.71（万元）

（3）职工福利费调整 = 120 − 762 × 14% = 13.32（万元）

（4）广告费扣除标准 = (5 000 + 300) × 15% = 795(万元)

因为产品广告费500万元 < 795万元，所以广告费可据实扣除。

（5）业务招待费扣除标准 = 30 × 60% = 18（万元）

业务招待费调整 = 30 − 18 = 12(万元)

（6）国债利息收入不缴纳所得税，调减会计利润。

（7）捐赠扣除标准 = 893 × 12% = 107.16（万元）

应纳税所得额 = 893 + 38 + 1.71 + 13.32 + 12 − 8 + 20 = 970.03(万元)

2014年应纳企业所得税 = 970.03 × 25% = 242.51(万元)

（二）境外所得抵扣税额的计算

纳税人来源于境外的所得，在境外实际缴纳的所得税款，准予在年末汇总纳税时，从其应纳税额中扣除。但扣除额不得超过其境外所得依照中国税法规定计算的应纳税额。计算扣除限额，应当分国家（或地区）不分项计算。按我国税法分国家（或地区）计算扣除限额。其计算公式为：

$$扣除限额=\frac{中国境内、境外所得依照《企业所得税法》}{及其实施条例规定计算的应纳税总额}\times\frac{来源于某国（或地区）}{的应纳税所得额}\div\frac{中国境内、境外}{应纳税所得总额}$$

低于依照规定计算的扣除限额，据实扣除；超过扣除限额的，其超过部分不得在本年度的应纳税额中扣除，也不得列为费用支出，但可用以后年度税额扣除的余额补扣，补扣期限最长不得超过 5 年。

【例 8-7】 某企业 2014 年度境内应纳税所得额为 200 万元，适用 25% 的企业所得税税率。另外，该企业分别在 A、B 两国设有分支机构（A、B 两国与我国已缔结避免双重征税协定），在 A 国分支机构的应纳税所得额为 50 万元，A 国税率为 20%；在 B 国分支机构的应纳税所得额为 30 万元，B 国税率为 30%。假设该企业在 A、B 两国所得按我国税法计算的应纳税所得额和按 A、B 两国税法计算的应纳税所得额一致，两个分支机构在 A、B 两国分别缴纳了 10 万元和 9 万元的企业所得税。试计算该企业在我国应缴纳的企业所得税税额。

解

（1）该企业按我国税法计算的境内、境外所得的应纳税额 =（200 + 50 + 30）×25% = 70（万元）

（2）A、B 两国的扣除限额：

$$A 国扣除限额 = 70\times50\div(200+50+30) = 12.5（万元）$$

$$B 国扣除限额 = 70\times30\div(200+50+30) = 7.5（万元）$$

在 A 国缴纳的所得税为 10 万元，低于扣除限额 12.5 万元，可全额扣除。

在 B 国缴纳的所得税为 9 万元，高于扣除限额 7.5 万元，超过部分 1.5 万元当年不能扣除。

（3）该企业在我国应缴纳的企业所得税 = 70 − 10 − 7.5 = 52.5（万元）

（三）非居民企业应纳税额的计算

对于在中国境内未设立机构、场所，或者虽设立机构、场所但取得的所得与其所设机构、场所没有实际联系的非居民企业的所得，按照下列方法计算其应纳税所得额：

（1）股息、红利等权益性投资收益和利息、租金、特许权使用费所得，以收入全额为应纳税所得额。

（2）转让财产所得，以收入全额减去财产净值后的余额为应纳税所得额。

（3）其他所得，参照前两项规定的方法计算应纳税所得额。

第三节　企业所得税的会计核算

所得税会计就是研究如何处理按照会计准则计算的税前利润（或亏损）与按照税法计算的应税所得（或亏损）之间差异的会计理论和方法。

一、企业所得税核算应设置的账户

目前，我国企业所得税采用资产负债表债务法进行核算，需设置的会计账户有：

1. “应交税费——应交所得税”账户

该账户核算企业按照税法规定计算应缴的所得税，其借方记录实际缴纳的所得税，贷方记录企业当期应缴的所得税。期末如有贷方余额，则反映企业尚未缴纳的所得税；如有借方余额，则反映企业多缴的所得税。

2. “所得税费用”账户

该账户核算企业按规定从当期损益中扣除的所得税，借方反映企业计入当期损益的所得税，贷方反映期末转入“本年利润”账户的所得税，期末结转到本年利润后，“所得税费用”账户无余额。

3. “递延所得税资产”账户

该账户核算企业根据《企业会计准则第 18 号——所得税》确认的可抵扣暂时性差异产生的所得税资产。根据税法规定可用以后年度税前利润弥补的亏损及税款抵减产生的所得税资产，也在本账户核算。该账户借方记录企业应予以确认的递延所得税资产，贷方记录应减记的金额，期末如有借方余额则反映企业已确认的递延所得税资产的余额。该账户应当按照可抵扣暂时性差异等项目设置明细账户，进行明细核算。

4. “递延所得税负债”账户

该账户核算企业根据《企业会计准则第 18 号——所得税》确认的应纳税暂时性差异产生的所得税负债。贷方反映企业应予以确认的递延所得税负债，借方记录应减记的金额，期末如有贷方余额则反映企业已确认的递延所得税负债的余额。该账户应当按照应纳税暂时性差异等项目设置明细账户，进行明细核算。

二、资产和负债的计税基础

企业在取得资产、负债时，应当确定其计税基础。资产、负债的账面价值与其计税基础存在差异的，应当按照会计准则的规定确认所产生的递延所得税资产或递延所得税负债。

（一）资产的计税基础

资产的计税基础是指企业收回资产账面价值过程中，计算应纳税所得额时按照税法规定可以自应税经济利益中抵扣的金额，即资产的计税基础等于该资产未来期间按照税法规定可以税前扣除的金额。

一般情况下，资产在初始确认时，其计税基础为取得成本，税法认定的资产取得成本为购入时实际支付的金额。在资产持续持有的过程中，可在未来期间税前扣除的金额是指资产的取得成本减去以前期间按照税法规定已经税前扣除的金额后的余额。例如，固定资产、无形资产等长期资产在某一资产负债表日的计税基础，是指其成本扣除按照税法规定已在以前期间税前扣除的累计折旧额或累计摊销额后的金额。

资产项目计税基础的确定方法主要有以下几种：

1. 固定资产

以各种方式取得的固定资产，初始确认时入账价值基本上是被税法认可的，即取得时其账面价值一般等于计税基础。固定资产在持有期间进行后续计量时，会计上的基本计量模式是“成本 - 累计折旧 - 固定资产减值准备”。会计与税收处理的差异主要来自于折旧方法、折旧年限的不同以及固定资产减值准备的提取。

（1）折旧方法、折旧年限产生的差异。《企业会计准则》规定，企业可以根据消耗固定资产经济利益的方式合理选择折旧方法，如可以按照直线法计提折旧，也可以按照双倍余额递减法、年数总和法等计提折旧，前提是有关的方法能够反映固定资产为企业带来经济利益的方式。税法一般会规定固定资产的折旧方法，除某些按照规定可以加速折旧的情况外，基本上可以税前扣除的是按照直线法计提的折旧。

1）直线法的折旧额计算公式为：

$$年折旧额 = 固定资产原值 \times \frac{1-净残值率}{折旧年限}$$

2）年数总和法的折旧额计算公式为：

$$年折旧率 = \frac{尚可使用年限}{预计使用年限之和}$$

$$年折旧额 = 固定资产原值 \times (1-净残值率) \times 年折旧率$$

3）双倍余额递减法的折旧额计算公式为：

$$年折旧率 = \frac{2}{预计使命年限}$$

$$年折旧额 = 固定资产账面净值 \times 年折旧率$$

在折旧年限的最后两年内：

$$年折旧额 = \frac{固定资产账面净值-预计净残值}{2}$$

另外，税法还会规定每一类固定资产的折旧年限，而会计处理时按照《企业会计准则》的规定，折旧年限是由企业按照固定资产能够为企业带来经济利益的期限估计确定的。因为折旧年限的不同，也会产生固定资产账面价值与计税基础之间的差异。

（2）因计提固定资产减值准备产生的差异。持有固定资产的期间内，在对固定资产计提了减值准备以后，因所计提的减值准备不允许税前扣除，也会造成其账面价值与计税基础的差异。

【例 8-8】 某企业于 2013 年 12 月 22 日取得某项资产，原价为 200 万元，预计使用年限为 10 年，假定会计上采用直线法计提折旧，税法上采用双倍余额递减法计提折旧，预计净残值为零。2014 年 12 月 31 日，企业对该项固定资产计提了 15 万元的减值准备。2014 年 12 月 31 日：

$$该项固定资产的账面价值 = 200-20-15 = 165(万元)$$

$$该项固定资产的计税基础 = 200-200 \times 20\% = 160(万元)$$

账面价值 165 万元与计税基础 160 万元之间产生的差异 5 万元，将于未来期间计入企业的应纳税所得额。

【例 8-9】 某企业于 2013 年年末购入一台生产设备，价格为 400 万元，会计上估计其使用年限为 5 年，税法上规定其折旧年限为 10 年，假定会计和税法均采用直线法计提折旧，净残值为零，固定资产未发生减值。2014 年 12 月 31 日：

$$该项生产设备的账面价值 = 400-400 \div 5 = 320(万元)$$

$$计税基础 = 400-400 \div 10 = 360(万元)$$

该项生产设备的账面价值 320 万元与其计税基础 360 万元之间产生的差异 40 万元，在未来期间将减少企业的应纳税所得额。

2. 无形资产

除内部研究开发形成的无形资产以外，以其他方式取得的无形资产，初始确认时其入账价值与税法规定的成本之间一般不存在差异。

（1）对于内部研究开发形成的无形资产，《企业会计准则》规定有关研究开发支出区分两个阶段，研究阶段的支出应当费用化计入当期损益，而开发阶段符合资本化条件以后发生的支出应当资本化作为无形资产的成本；税法规定，企业发生的研究开发支出可税前扣除。

内部研究开发形成的无形资产初始确认时，其成本为符合资本化条件以后发生的支出总额，因该部分研究开发支出在发生当期已税前扣除，所形成的无形资产在以后期间可税前扣除的金额为0，其计税基础为0。两者之间的差额在未来期间应计入应纳税所得额，即会导致未来期间应纳税所得额的增加，为应纳税暂时性差异。

（2）无形资产在后续计量时，会计与税收的差异主要产生于对无形资产是否需要摊销及无形资产减值准备的提取。

《企业会计准则》规定应根据无形资产的使用寿命情况，区分使用寿命有限的无形资产与使用寿命不确定的无形资产分别处理。对于使用寿命不确定的无形资产，不要求摊销，在会计期末应进行减值测试。税法规定，企业取得的无形资产成本，应在一定期限内摊销，合同、法律未明确规定摊销期限的，应按不少于10年的期限摊销。

在对无形资产计提减值准备的情况下，因所计提的减值准备不允许税前扣除，也会造成其账面价值与计税基础的差异。

【例8-10】 某公司于2014年1月1日取得某项无形资产，取得时的成本为2 000万元，公司根据各方面情况判断，无法合理预计其为公司带来未来经济利益的期限，将其作为使用寿命不确定的无形资产。2014年12月31日，该公司对该项无形资产进行减值测试表明其未发生减值。该公司在计税时，对该项无形资产按照10年的期限摊销，摊销金额允许税前扣除。2014年12月31日：

$$\text{该项无形资产的账面价值} = 2\ 000(\text{万元})$$

$$\text{该项无形资产的计税基础} = 2\ 000 - 200 = 1\ 800(\text{万元})$$

该项无形资产账面价值2 000万元与计税基础1 800万元之间的差额200万元将计入未来期间的应纳税所得额。

3. 以公允价值计量且其变动计入当期损益的金融资产

按照《企业会计准则第22号——金融工具确认和计量》的规定，对于以公允价值计量且其变动计入当期损益的金融资产，期末的账面价值为公允价值，税法规定按照会计准则确认的公允价值变动损益在计税时不予考虑，待处置时一并计入应纳税所得额，即有关金融资产在某一会计期末的计税基础为取得成本，从而造成在公允价值变动的情况下，该类金融资产账面价值与计税基础之间的差异。

【例8-11】 某公司于2014年3月15日自公开市场购入一项权益性投资，支付的价款为500万元，该公司将其作为交易性金融资产核算。2014年12月31日该项交易性金融资产的市价为600万元。2014年12月31日：

$$\text{该项交易性金融资产的账面价值} = 600(\text{万元})$$

$$\text{该项交易性金融资产的计税基础} = 500(\text{万元})$$

该项交易性金融资产账面价值600万元与计税基础500万元之间产生的差异100万元将

于未来期间计入企业的应纳税所得额。

4. 投资性房地产

企业对持有的投资性房地产进行后续计量时，会计准则规定可以采用两种模式：一种是成本模式，采用该种模式计量的投资性房地产，其账面价值与计税基础的确定与固定资产、无形资产相同；另一种是在符合规定条件的情况下，可以采用公允价值模式对投资性房地产进行后续计量。对于采用公允价值模式进行后续计量的投资性房地产，其计税基础的确定类似于以公允价值计量且其变动计入当期损益的金融资产。

【例8-12】 某公司于2014年1月1日将其自用房屋用于对外出租，该房屋的成本为800万元，预计使用年限为20年。转为投资性房地产之前，已使用5年，企业按照直线法计提折旧，预计净残值为零。转为投资性房地产核算后，能够持续可靠取得该投资性房地产的公允价值，该公司采用公允价值对该投资性房地产进行后续计量。假定税法规定的折旧方法、折旧年限及净残值与会计规定相同。同时，税法规定资产在持有期间公允价值的变动不计入应纳税所得额，待处置时一并计算确定应计入应纳税所得额的金额。该项投资性房地产在2014年12月31日的公允价值为1 000万元。

该项投资性房地产在2014年12月31日的账面价值为其公允价值1 000万元。

该项投资性房地产的计税基础 = 800 - 800 ÷ 20 × 6 = 560（万元）

该项投资性房地产的账面价值1 000万元与其计税基础560万元之间产生的差异将于未来期间计入企业的应纳税所得额。

5. 其他计提了减值准备的各项资产

有关资产计提了减值准备以后，其账面价值会随之下降；但税法规定，资产在发生实质性损失之前，不允许税前扣除，即其计税基础不会因提取了减值准备而变化，从而造成资产的账面价值与计税基础之间的差异。

（二）负债的计税基础

负债的计税基础是指负债的账面价值减去未来期间计算应纳税所得额时按照税法规定可予抵扣的金额。即

负债计税基础 = 负债的账面价值 - 未来期间按照税法规定可以税前扣除的金额

1. 预计负债

按照《企业会计准则第13号——或有事项》的规定，企业应将预计提供售后服务发生的支出在销售当期确认为费用，同时确认预计负债。如果税法规定，与销售产品相关的支出应于发生时税前扣除，则因该类事项产生的预计负债在期末的计税基础为其账面价值与未来期间可税前扣除的金额之间的差额，而有关的支出实际发生时可全额税前扣除，故其计税基础为零。

【例8-13】 某公司2014年因销售产品承诺提供3年的保修服务，在当年利润表中确认了800万元销售费用，同时确认为预计负债，当年度发生保修支出200万元，预计负债的期末余额为600万元。假定税法规定，与产品售后服务相关的费用在实际发生时税前扣除。

该项预计负债在该公司2014年12月31日的账面价值为600万元。

该项预计负债的计税基础为零。

2. 预收账款

企业在收到客户预付的款项时，因不符合收入确认条件，会计上将其确认为负债。税法对于收入的确认原则一般与会计规定相同，即会计上未确认收入时，计税时一般亦不计入应

纳税所得额，该部分经济利益在未来期间计税时可予税前扣除的金额为零，计税基础等于账面价值。

如果不符合会计准则规定的收入确认条件，但按照税法规定应计入当期应纳税所得额，则有关预收账款的计税基础为零，即因其产生时已经计入应纳税所得额，未来期间可全额税前扣除，计税基础为账面价值减去在未来期间可全额税前扣除的金额，故其计税基础为零。

3. 应付职工薪酬

会计准则规定，企业为获得职工提供的服务给予的各种形式的报酬以及其他相关支出均应作为企业的成本、费用，在未支付之前确认为负债。税法对于合理的职工薪酬基本允许税前扣除，相关应付职工薪酬负债的账面价值等于计税基础。

4. 其他负债

例如，企业应缴的罚款和滞纳金等，在尚未支付之前按照会计规定确认为费用，同时作为负债反映。税法规定，纳税人违反国家有关法律法规规定，承担的罚款和滞纳金不能税前扣除，其计税基础为账面价值减去未来期间计税时可予税前扣除的金额之间的差额，即计税基础等于账面价值。

三、暂时性差异

暂时性差异是指资产或负债的账面价值与其计税基础之间的差额；按照暂时性差异对未来期间应税金额的影响，分为应纳税暂时性差异和可抵扣暂时性差异。

（一）应纳税暂时性差异

应纳税暂时性差异是指在确定未来收回资产或清偿负债期间的应纳税所得额时，将导致产生应税金额的暂时性差异。该差异在未来期间转回时，会增加转回期间的应纳税所得额，即在未来期间不考虑该事项影响的应纳税所得额的基础上，由于该暂时性差异的转回，会进一步增加转回期间的应纳税所得额和应缴所得税金额。在应纳税暂时性差异产生当期，应当确认相关的递延所得税负债。应纳税暂时性差异通常产生于以下情况：

1. 资产的账面价值大于其计税基础

一项资产的账面价值代表的是企业在持续使用或最终出售该项资产时将取得的经济利益的总额，而计税基础代表的是一项资产在未来期间可予税前扣除的金额。资产的账面价值大于其计税基础，该项资产未来期间产生的经济利益不能全部税前抵扣，两者之间的差额需要缴税，产生应纳税暂时性差异。

2. 负债的账面价值小于其计税基础

一项负债的账面价值为企业预计在未来期间清偿该项负债时的经济利益流出，而其计税基础代表的是账面价值在扣除税法规定未来期间允许税前扣除的金额之后的差额。因负债的账面价值与其计税基础不同产生的暂时性差异，本质上是税法规定就该项负债在未来期间可以税前扣除的金额（即与该项负债相关的费用支出在未来期间可予税前扣除的金额）。负债的账面价值小于其计税基础，则意味着该项负债在未来期间可以税前抵扣的金额为负数，即应在未来期间应纳税所得额的基础上调增，增加企业应纳税所得额。

（二）可抵扣暂时性差异

可抵扣暂时性差异是指在确定未来收回资产或清偿负债期间的应纳税所得额时，将产生可抵扣金额的暂时性差异。可抵扣暂时性差异在未来期间转回时会减少转回期间的应纳税所得额，减少未来期间的应缴所得税。在可抵扣暂时性差异产生当期，应当确认相关的递延所得税资产。可抵扣暂时性差异通常产生于以下情况：

1. 资产的账面价值小于其计税基础

当资产的账面价值小于其计税基础时，从经济含义来看，资产在未来期间产生的经济利益少，按照税法规定允许税前扣除的金额多，则就账面价值与计税基础之间的差额，企业在未来期间可以减少应纳税所得额并减少应缴所得税，符合有关条件时，应当确认相关的递延所得税资产。

2. 负债的账面价值大于其计税基础

当负债的账面价值大于其计税基础时，负债产生的暂时性差异实质上是税法规定就该项负债可以在未来期间税前扣除的金额。一项负债的账面价值大于其计税基础，意味着未来期间按照税法规定与该项负债相关的全部或部分支出可以从未来应税经济利益中扣除，减少未来期间的应纳税所得额和应缴所得税。

（三）特殊项目产生的暂时性差异

（1）某些交易或事项发生以后，因为不符合资产、负债的确认条件而未体现为资产负债表中的资产或负债，但按照税法规定能够确定其计税基础的，其账面价值零与计税基础之间的差异也构成暂时性差异。

（2）对于按照税法规定可以结转以后年度的未弥补亏损及税款抵减，虽不是因资产、负债的账面价值与计税基础不同产生的，但本质上可抵扣亏损和税款抵减与可抵扣暂时性差异具有同样的作用，均能够减少未来期间的应纳税所得额，进而减少未来期间的应缴所得税，在会计处理上，与可抵扣暂时性差异的处理相同，在符合条件的情况下，应确认与其相关的递延所得税资产。

四、递延所得税资产和递延所得税负债的确认和计量

（一）递延所得税资产的确认和计量

递延所得税资产是指根据可抵扣暂时性差异计算的减少未来期间应缴所得税的金额。可抵扣暂时性差异在转回期间将减少未来期间以应缴所得税的方式流出企业的经济利益，因此应在其产生时确认为资产。

1. 递延所得税资产的确认

（1）确认的一般原则。资产、负债的账面价值与其计税基础不同产生可抵扣暂时性差异的，在估计未来期间能够取得足够的应纳税所得额用以利用该可抵扣暂时性差异的，应当以很可能取得用来抵扣可抵扣暂时性差异的应纳税所得额为限，确认相关的递延所得税资产。在确认递延所得税资产时，应注意以下问题：

1）递延所得税资产的确认应以未来期间可能取得的应纳税所得额为限。在可抵扣暂时性差异转回的未来期间内，企业无法产生足够的应纳税所得额用以抵减可抵扣暂时性差异的影响，使得与递延所得税资产相关的经济利益无法实现的，该部分递延所得税资产不应确认；企业有确凿的证据表明其于可抵扣暂时性差异转回的未来期间能够产生足够的应纳税所得额，进而利用可抵扣暂时性差异的，则应以可能取得的应纳税所得额为限，确认相关的递延所得税资产。

2）对与联营企业、合营企业的投资相关的可抵扣暂时性差异，同时满足下列条件的，

应当确认相关的递延所得税资产：一是暂时性差异在可预见的未来很可能转回；二是未来很可能获得用来抵扣可抵扣暂时性差异的应纳税所得额。

3）对于按照税法规定可以结转以后年度的未弥补亏损和税款抵减，应视同可抵扣暂时性差异处理。在预计可利用可弥补亏损或税款抵减的未来期间内能够取得足够的应纳税所得额时，应当以很可能取得的应纳税所得额为限，确认相关的递延所得税资产，同时减少确认当期的所得税费用。

（2）不确认递延所得税资产的特殊情况。某些情况下，如果企业发生的某项交易或事项不是企业合并，并且交易发生时既不影响会计利润也不影响应纳税所得额，且该项交易中产生的资产、负债的初始确认金额与其计税基础不同，产生可抵扣暂时性差异的，会计准则规定在交易或事项发生时不确认相关的递延所得税资产。其原因同该种情况下不确认相关的递延所得税负债相同，如果确认递延所得税资产，则需调整资产、负债的入账价值，对实际成本进行调整将有违历史成本原则，影响会计信息的可靠性，该种情况下不确认相关的递延所得税资产。

【例 8-14】 某公司 2014 年发生资本化研究开发支出 500 万元，至年末研发项目尚未完成。税法规定，按照会计准则规定资本化的开发支出按其 150% 作为计算摊销额的基础。

该公司按照会计准则规定资本化的开发支出为 500 万元，其计税基础为 750 万元，该开发支出及所形成无形资产在初始确认时其账面价值与计税基础即存在差异，因该差异并非产生于企业合并，同时在产生时既不影响会计利润也不影响应纳税所得额，按照《企业会计准则第 18 号——所得税》的规定，不确认与该暂时性差异相关的所得税影响。

2. 递延所得税资产的计量

（1）适用税率的确定。同递延所得税负债的计量相一致，确认递延所得税资产时，应估计相关可抵扣暂时性差异的转回时间，以转回期间适用的所得税税率为基础计算确定。另外，无论相关的可抵扣暂时性差异转回期间有多长，递延所得税资产均不予折现。

（2）递延所得税资产的减值。与其他资产相一致，资产负债表日，企业应当对递延所得税资产的账面价值进行复核。如果未来期间很可能无法取得足够的应纳税所得额用以利用递延所得税资产的利益，则应当减记递延所得税资产的账面价值。对于预期无法实现的部分，一般应确认为当期所得税费用，同时减少递延所得税资产的账面价值；对于原确认时计入所有者权益的递延所得税资产，其减记金额亦应计入所有者权益，不影响当期所得税费用。

递延所得税资产的账面价值因上述原因减记以后，以后期间根据新的环境和情况判断能够产生足够的应纳税所得额用以利用可抵扣暂时性差异，使得递延所得税资产包含的经济利益能够实现的，应相应恢复递延所得税资产的账面价值。

（二）递延所得税负债的确认和计量

递延所得税负债是指根据应纳税暂时性差异计算的未来期间应付的所得税金额。应纳税暂时性差异在转回期间将增加未来期间企业的应纳税所得额和应缴所得税，导致企业经济利益的流出，因而应确认为递延所得税负债。

1. 确认的一般原则

除《企业会计准则第 18 号——所得税》中明确规定可不确认递延所得税负债的情况以外，企业对于所有的应纳税暂时性差异均应确认相关的递延所得税负债。除与直接计入所有者权益的交易或事项以及企业合并中取得资产、负债相关的以外，在确认递延所得税负债的同时，应增加利润表中的所得税费用。

确认应纳税暂时性差异产生的递延所得税负债时，交易或事项发生时影响到会计利润或应纳税所得额，相关的所得税影响应作为利润表中所得税费用的组成部分，即递延所得税负债的确认应导致利润表中所得税费用的增加；与直接计入所有者权益的交易或事项相关的，其所得税影响应减少所有者权益；企业合并产生的相关的所得税影响应调整购买日应确认的商誉或计入合并当期损益。

【例 8-15】 某公司 2009 年 12 月 20 日购入一套不需安装的设备，原价 12 万元，会计上采用直线法计提折旧，折旧年限为 5 年，无残值。税法规定可按年数总和法计提折旧，折旧年限为 5 年，也无残值。假定该公司各会计期间均未对固定资产计提减值准备。除该项固定资产产生的会计与税收之间的差异外，不存在其他会计与税收处理的差异。假定该公司各年的税率均为 25%。

该公司因账面价值与计税基础不同应予确认的递延所得税情况如表 8-2 所示。

表 8-2　递延所得税计算表　　单位：元

年　份	2010 年	2011 年	2012 年	2013 年	2014 年
实际成本	120 000	120 000	120 000	120 000	120 000
累计会计折旧	24 000	48 000	72 000	96 000	120 000
账面价值	96 000	72 000	48 000	24 000	0
税法上累计计提折旧	40 000	72 000	96 000	112 000	120 000
计税基础	80 000	48 000	24 000	8 000	0
暂时性差异	16 000	24 000	24 000	16 000	0
适用税率	25%	25%	25%	25%	25%
递延所得税负债余额	4 000	6 000	6 000	4 000	0

会计分录如下：

(1) 2010 年资产负债表日：

借：所得税费用　　4 000

　　贷：递延所得税负债　　4 000

(2) 2011 年资产负债表日：

借：所得税费用　　2 000

　　贷：递延所得税负债　　2 000

(3) 2012 年资产负债表日不需做会计分录。

(4) 2013 年资产负债表日：

借：递延所得税负债　　2 000

　　贷：所得税费用　　2 000

(5) 2014 年资产负债表日：

借：递延所得税负债　　4 000

　　贷：所得税费用　　4 000

2. 不确认递延所得税负债的特殊情况

有些情况下，虽然资产、负债的账面价值与其计税基础不同，产生了应纳税暂时性差异，但出于各方面考虑，《企业会计准则第 18 号——所得税》中规定不确认相应的递延所得税负债，主要包括：

（1）商誉的初始确认。非同一控制下的企业合并中，企业合并成本大于合并中取得的被购买方可辨认净资产公允价值份额的差额，按照会计准则规定应确认为商誉。因会计与税收的划分标准不同，按照税法规定计税时作为免税合并的情况下，商誉的计税基础为零，其账面价值与计税基础形成应纳税暂时性差异，而会计准则中规定不确认与其相关的递延所得税负债。

（2）与联营企业、合营企业投资等相关的应纳税暂时性差异，一般应确认相应的递延所得税负债，但同时满足以下两个条件的除外：一是投资企业能够控制暂时性差异转回的时间；二是该暂时性差异在可预见的未来很可能不会转回。同时满足上述条件时，投资企业可以运用自身的影响力决定暂时性差异的转回，如果不希望其转回，则在可预见的未来该项暂时性差异即不会转回，从而无须确认相应的递延所得税负债。

（3）除企业合并以外的其他交易或事项中，如果该项交易或事项发生时既不影响会计利润，也不影响应纳税所得额，则所产生的资产、负债的初始确认金额与其计税基础不同，形成应纳税暂时性差异的，交易或事项发生时不确认相应的递延所得税负债。

五、所得税费用

在资产负债表债务法下，利润表中的所得税费用包括当期所得税和递延所得税两个部分。

1. 当期所得税

当期所得税是指企业按照税法规定计算确定的针对当期发生的交易和事项，应缴纳给税务部门的所得税金额，即当期应缴所得税。

计算当期所得税时应在会计利润的基础上，按照适用税收法规的规定进行调整，计算出当期应纳税所得额，然后按照应纳税所得额与适用所得税税率计算确定当期应缴所得税。

$$当期所得税 = 当期应纳税所得额 \times 适用的所得税税率$$

2. 递延所得税

递延所得税是指按照《企业会计准则第18号——所得税》的规定当期应予确认的递延所得税资产和递延所得税负债金额，即递延所得税资产及递延所得税负债当期发生额的综合结果，但不包括计入所有者权益的交易或事项的所得税影响。用公式表示如下：

$$递延所得税 = \left(\begin{matrix}递延所得税负债\\的期末余额\end{matrix} - \begin{matrix}递延所得税负债\\的期初余额\end{matrix}\right) - \left(\begin{matrix}递延所得税资产\\的期末余额\end{matrix} - \begin{matrix}递延所得税资产\\的期初余额\end{matrix}\right)$$

企业因确认递延所得税资产和递延所得税负债产生的递延所得税，一般应当计入所得税费用，但以下两种情况除外：

（1）某项交易或事项按照会计准则规定应计入所有者权益的，由该交易或事项产生的递延所得税资产或递延所得税负债及其变化亦应计入所有者权益，不构成利润表中的递延所得税费用。

【例8-16】 某企业持有的某项可供出售金融资产，成本为300万元，会计期末，其公允价值为400万元，该企业适用的所得税税率为25%。除该事项外，该企业不存在其他会计与税收之间的差异，且递延所得税资产和递延所得税负债不存在期初余额。

会计期末在确认100万元的公允价值变动时，账务处理如下：

借：可供出售金融资产　　1 000 000

　　贷：资本公积——其他资本公积　　1 000 000

确认应纳税暂时性差异的所得税影响时，账务处理如下：

借：资本公积——其他资本公积　　250 000

　　贷：递延所得税负债　　250 000

（2）企业合并中取得的资产、负债，其账面价值与计税基础不同，应确认相关递延所得税的，递延所得税的确认影响合并中产生的商誉或是计入当期损益的金额，不影响所得税费用。

3. 所得税费用的确认和计量

利润表中的所得税费用包括当期所得税和递延所得税两部分，在计算确定了当期所得税及递延所得税以后，利润表中应予确认的所得税费用为两者之和。即

所得税费用 = 当期所得税 + 递延所得税

【例 8-17】 某公司 2014 年度利润表中利润总额为 2 000 万元，该公司适用的所得税税率为 25%。递延所得税资产及递延所得税负债不存在期初余额。2014 年发生的有关交易和事项中，会计处理与税收处理存在差别的有：

（1）2014 年 1 月开始计提折旧的一项固定资产，成本为 500 万元，使用年限为 10 年，净残值为 0，会计处理按双倍余额递减法计提折旧，税收处理按直线法计提折旧。假定税法规定的使用年限及净残值与会计规定相同。

（2）向关联企业捐赠现金 100 万元。假定按照税法规定，企业向关联方的捐赠不允许税前扣除。

（3）当期取得作为交易性金融资产核算的股票投资成本为 300 万元，2014 年 12 月 31 日的公允价值为 500 万元。税法规定，以公允价值计量的金融资产持有期间市价变动不计入应纳税所得额。

（4）违反有关环保法规定应支付罚款 200 万元。

（5）期末对持有的存货计提了 75 万元的存货跌价准备。

另外，资产负债表中有关资产、负债的账面价值与其计税基础的相关资料如表 8-3 所示。

表 8-3　资产负债表中有关资产、负债的账面价值与其计税基础的相关资料　　单位：万元

项　目	账面价值	计税基础	差　异	
			应纳税暂时性差异	可抵扣暂时性差异
存货	2 000	2 075		75
固定资产：				
固定资产原价	500	500		
减：累计折旧	100	50		
减：固定资产减值准备	0	0		
固定资产账面价值	400	450		50
交易性金融资产	500	300	200	
其他应付款	250	250		
总　计			200	125

（1）2014 年度当期应纳所得税。

$$应纳税所得额 = 2\,000 + 50 + 100 - 200 + 200 + 75 = 2\,225(万元)$$

$$应纳所得税 = 2\,225 \times 25\% = 556.25(万元)$$

（2）2014 年度递延所得税。

$$递延所得税资产 = 125 \times 25\% = 31.25(万元)$$

$$递延所得税负债 = 200 \times 25\% = 50(万元)$$

$$递延所得税 = 50 - 31.25 = 18.75(万元)$$

（3）利润表中应确认的所得税费用。

$$所得税费用 = 556.25 + 18.75 = 575\ (万元)$$

确认所得税费用的账务处理如下：

借：所得税费用　　5 750 000
　　递延所得税资产　　312 500
　　贷：应交税费——应交所得税　　5 562 500
　　　　递延所得税负债　　500 000

第四节　企业所得税的申报与缴纳

一、企业所得税的纳税期限与纳税地点

1. 企业所得税的纳税期限

企业所得税实行按年计算、分月或分季预缴、年终汇算清缴、多退少补的征纳办法。具体纳税期限由主管税务机关根据纳税人应纳税额的大小，予以核定。

纳税人应当在月份或者季度终了后 15 日内，向其所在地主管税务机关报送会计报表和预缴所得税申报表；并在规定的纳税期限内预缴所得税。预缴方法一经确定，不得随意改变。对于纳税的境外投资所得，可以在年终汇算清缴。纳税人在纳税年度内，无论是盈利还是亏损，均应按规定的期限办理纳税申报。

纳税人进行清算时，应当在进行工商注销登记之前，向当地主管税务机关进行所得税申报。

企业所得税的年终汇算清缴，在年终后 5 个月内进行。纳税人应在年度终了后 45 日内，向其所在地主管税务机关报送会计报表和所得税申报表，办理年终汇算。少缴的所得税税款，应在下一年度内补缴；多预缴的所得税税款，可在下一年度抵缴。

企业所得税的清缴，由纳税人自行计算年度应纳税所得额和应缴所得税税额，根据预缴税款情况，计算全年应纳税额，并填写纳税申报表，在税法规定的申报期内向税务机关进行年度纳税申报，经税务机关审核后，办理结清手续。

2. 企业所得税的纳税地点

企业所得税由纳税人向其所在地主管税务机关缴纳。所在地是指纳税人的实际经营管理所在地。企业注册地与实际经营管理所在地不一致时，以实际经营管理所在地为纳税地点。

二、企业所得税的纳税申报

企业所得税纳税申报表的格式如表 8-4 和表 8-5 所示。

表 8-4 中华人民共和国企业所得税月（季）度预缴纳税申报表（A 类，2015 年版）

税款所属时间：　　年　　月　　日至　　年　　月　　日

纳税人识别号：□□□□□□□□□□□□□□□□□□

纳税人名称：　　　　　　　　　　　　　　　　金额单位：　人民币元（列至角分）

行次	项　目		本期金额	累计金额
1	一、按照实际利润额预缴			
2	营业收入			
3	营业成本			
4	利润总额			
5	加：特定业务计算的应纳税所得额			
6	减：不征税收入和税基减免应纳税所得额（请填附表 1）			
7	固定资产加速折旧（扣除）调减额（请填附表 2）			
8	弥补以前年度亏损			
9	实际利润（4 行 +5 行 -6 行 -7 行 -8 行）			
10	税率（25%）			
11	应纳所得税额（9 行 ×10 行）			
12	减：减免所得税额（请填附表 3）			
13	实际已预缴所得税额		—	
14	特定业务预缴（征）所得税额			
15	应补（退）所得税额（11 行 -12 行 -13 行 -14 行）		—	
16	减：以前年度多缴在本期抵缴所得税额			
17	本月（季）实际应补（退）所得税额		—	
18	二、按照上一纳税年度应纳税所得额平均额预缴			
19	上一纳税年度应纳税所得额		—	
20	本月（季）应纳税所得额（19 行 ×1/4 行或 1/12）			
21	税率（25%）			
22	本月（季）应纳所得税额（20 行 ×21 行）			
23	减：减免所得税额（请填附表 3）			
24	本月（季）实际应纳所得税额（22 行 -23 行）			
25	三、按照税务机关确定的其他方法预缴			
26	本月（季）税务机关确定的预缴所得税额			
27	总分机构纳税人			
28	总机构	总机构分摊所得税额（15 行或 24 行或 26 行 × 总机构分摊预缴比例）		
29		财政集中分配所得税额		
30		分支机构分摊所得税额（15 行或 24 行或 26 行 × 分支机构分摊比例）		
31		其中：总机构独立生产经营部门应分摊所得税额		
32	分支机构	分配比例		
33		分配所得税额		

是否属于小型微利企业：　　　　　　是□　　　　　　否□

谨声明：此纳税申报表是根据《中华人民共和国企业所得税法》、《中华人民共和国企业所得税法实施条例》和国家有关税收规定填报的，是真实的、可靠的、完整的。

法定代表人（签字）：　　　　　　年　月　日

纳税人公章： 会计主管： 填表日期：　年　月　日	代理申报中介机构公章： 经办人： 经办人执业证件号码： 代理申报日期：　年　月　日	主管税务机关受理专用章： 受理人： 受理日期：　年　月　日

表 8-5　中华人民共和国企业所得税月（季）度预缴和年度纳税申报表（B 类，2015 年版）

税款所属时间：　　年　　月　　日至　　年　　月　　日

纳税人识别号：□□□□□□□□□□□□□□□□□□

纳税人名称：　　　　　　　　　　　　　　　　　　金额单位：人民币元（列至角分）

项　目			行次	累计金额
一、以下由按应税所得率计算应纳所得税额的企业填报				
应纳税所得额的计算	按收入总额核定应纳税所得额	收入总额	1	
		减：不征税收入	2	
		免税收入	3	
		其中：国债利息收入	4	
		地方政府债券利息收入	5	
		符合条件居民企业之间股息红利等权益性收益	6	
		符合条件的非营利组织收入	7	
		其他免税收入：	8	
		应税收入额（1 行 -2 行 -3 行）	9	
		税务机关核定的应税所得率（%）	10	
		应纳税所得额（9 行 ×10 行）	11	
	按成本费用核定应纳税所得额	成本费用总额	12	
		税务机关核定的应税所得率（%）	13	
		应纳税所得额[12 行 ÷(100% -13 行) ×13 行]	14	
应纳所得税额的计算		税率（25%）	15	
		应纳所得税额（11 行 ×15 行或 14 行 ×15 行）	16	
应补（退）所得税额的计算		减：符合条件的小型微利企业减免所得税额	17	
		其中：减半征税	18	
		已预缴所得税额	19	
		应补（退）所得税额（16 行 -17 行 -19 行）	20	
二、以下由税务机关核定应纳所得税额的企业填报				
税务机关核定应纳所得税额			21	
预缴申报时填报	是否属于小型微利企业：	是□	否□	
年度申报时填报	所属行业：		从业人数：	
	资产总额：		国家限制和禁止行业：	是□　否□

谨声明：此纳税申报表是根据《中华人民共和国企业所得税法》、《中华人民共和国企业所得税法实施条例》和国家有关税收规定填报的，是真实的、可靠的、完整的。

法定代表人（签字）：　　年　月　日

纳税人公章： 会计主管： 填表日期：　　年　月　日	代理申报中介机构公章： 经办人： 经办人执业证件号码： 代理申报日期：　　年　月　日	主管税务机关受理专用章： 受理人： 受理日期：　　年　月　日

国家税务总局监制

对于企业所得税纳税申报表的填报说明，由于本书篇幅所限，此处略去不再赘述，详情请参阅税法的相关规定。

【思考与练习】

一、复习思考题

1. 简述企业所得税的纳税义务人、征税对象。
2. 企业所得税有哪些优惠政策?
3. 收入总额有哪些内容?
4. 准予扣除项目的基本范围是什么?
5. 借款利息支出应如何进行纳税调整?
6. 不得税前扣除的项目有哪些?
7. 简述暂时性差异的类型。

二、综合练习题

1. 顺达公司 2014 年度实现利润 200 万元，当年实际列支的公益性捐赠为 20 万元，其他超标准费用支出为 25 万元。

要求：计算该公司 2014 年度应纳税所得额和应纳所得税税额。

2. 蓝天服装公司 2014 年度向税务机关申报应纳税所得额 40 万元，经税务机关审核，公司全年实现销售收入总额 2 000 万元，全年实际支付业务招待费 15 万元。

要求：根据所给资料计算该公司应缴纳的企业所得税税额。

3. 某食品加工厂 2009 ~ 2014 年经营损益情况如表 8-6 所示。

表 8-6　2009 ~ 2014 年经营损益情况　单位：万元

年　度	2009 年	2010 年	2011 年	2012 年	2013 年	2014 年
应纳税所得额	-60	-10	18	27	35	55

要求：计算各年所得税税额，并编制会计分录。

第九章 个人所得税会计

【学习目标】

1. 理解个人所得税的纳税义务人、征税范围和个人所得税税率。
2. 了解个人所得税的优惠政策。
3. 熟练掌握个人所得税应纳税所得额的确定和应纳税额的计算。
4. 掌握企业应纳个人所得税的会计处理。
5. 了解个人所得税的申报与缴纳方法。

第一节　个人所得税基本法规的规定

一、个人所得税的纳税义务人

个人所得税的纳税义务人，包括中国公民、个体工商户、个人独资企业、合伙企业投资者以及在中国有所得的外籍人员（包括无国籍人员）和香港、澳门、台湾同胞。上述纳税义务人依据住所和居住时间两个标准，分为居民纳税义务人和非居民纳税义务人两种，分别承担不同的纳税义务。

1. 居民纳税义务人

居民纳税义务人负有无限纳税义务。其所取得的应纳税所得，无论来源于中国境内还是中国境外任何地方，都要在中国境内缴纳个人所得税。根据《中华人民共和国个人所得税法》（以下简称《个人所得税法》）的规定，居民纳税义务人是指在中国境内有住所，或者无住所而在中国境内居住满 1 年的个人。

所谓在中国境内有住所的个人，是指因户籍、家庭、经济利益关系而在中国境内习惯性居住的个人。习惯性居住不是指实际居住或在某一特定时期内的居住地，而是指个人因学习、工作、探亲、旅游等原因消除后，没有理由在其他地方继续居留时所要回到的地方。例如，某人因工作需要在中国境外居住，尽管其在一个纳税年度，甚至连续几个纳税年度，都未在中国境内居住过 1 天，但工作结束后，如果他必须回到中国境内居住，则中国为该人的习惯性居住地，该人为中国居民纳税义务人。因此，习惯性居住是判定纳税义务人属于居民还是非居民的一个重要依据。

所谓在境内居住满 1 年，是指在一个纳税年度（即公历 1 月 1 日起至 12 月 31 日止）内，在中国境内居住满 365 天。在计算居住天数时，对临时离境应视同在华居住，不扣减其在华居住的天数。这里所说的临时离境是指在一个纳税年度内，一次不超过 30 天或多次累计不超过 90 天的离境。例如，某外籍人员自 2013 年 10 月起到中国境内公司任职，在 2014

年纳税年度，曾于3月5～15日离境回国，12月25日又离境回国一次。这两次离境时间未超过90日的标准，视同其在华居住，不扣减其在华居住天数，即该纳税义务人2014年在中国境内的居住时间仍为365天，为中国居民纳税义务人。

2. 非居民纳税义务人

《个人所得税法》规定，非居民纳税义务人是在中国境内无住所而又不居住或者无住所而在中国境内居住不满1年的个人。也就是说，非居民纳税义务人是指习惯性居住地不在中国境内，而且不在中国居住，或者在一个纳税年度内，在中国居住但不满1年的个人。非居民纳税义务人承担有限纳税义务，即仅就其来源于中国境内的所得，向中国缴纳个人所得税。

二、个人所得税的征税范围

应税所得项目也就是个人所得税的征税对象与征税范围。应税所得项目的具体内容如下：

1. 工资、薪金所得

工资、薪金所得是指个人因任职或受雇而取得的工资、薪金、奖金、年终加薪、劳动分红、津贴、补贴以及与任职或者受雇有关的其他所得。

按照税法规定，年终加薪、劳动分红不分种类和取得情况，一律按工资、薪金所得课税。而对于一些不属于工资、薪金性质的补贴、津贴，不予征税。这些项目包括：

（1）独生子女补贴。

（2）托儿补助费。

（3）差旅费津贴、误餐补助。

（4）执行公务员工资制度未纳入基本工资总额的补贴、津贴差额和家属成员的副食品补贴。

奖金则是指所有具有工资性质的奖金，免税奖金的范围在税法中另有规定。

2. 个体工商户的生产、经营所得

个体工商户的生产、经营所得包含以下内容：

（1）个体工商户从事工业、手工业、建筑业、交通运输业、商业、饮食业、服务业、修理业以及其他行业生产、经营取得的所得。

（2）个人经政府有关部门批准，取得执照，从事办学、医疗、咨询以及其他有偿服务活动取得的所得。

（3）其他个人从事个体工商业生产、经营取得的所得。

（4）上述个体工商户和个人取得的与生产、经营有关的各种应纳税所得。

（5）从事个体出租车经营的出租车驾驶员取得的收入，以及个人因从事彩票代销业务而取得的所得，按个体工商户生产、经营所得项目缴纳个人所得税。

（6）个体工商户和从事生产、经营的个人，取得与生产、经营活动无关的各项应税所得，应分别适用其他应税项目的有关规定，计算征收个人所得税。例如，银行存款利息、对外投资取得的股息所得，应按利息、股息、红利所得税目的规定单独计征个人所得税。

3. 对企事业单位的承包、承租经营所得

对企事业单位的承包、承租经营所得是指个人承包经营、承租经营以及转包、转租取得的所得。

按照登记和分配的不同情况，分为以下两种情形来确定承包、承租经营所得应纳的个人所得税：

（1）个人对企事业单位承包、承租经营后，工商登记改为个体工商户的，则这类承包、承租经营所得，应按个体工商户的生产、经营所得征收个人所得税。

（2）个人对企事业单位承包、承租经营后，工商登记仍为企事业单位的。在这种情况下，如果承包、承租人对企业经营成果不拥有所有权，仅按合同（协议）规定取得一定所得的，应按工资、薪金所得项目征收个人所得税；如果承包、承租人按合同（协议）规定只向发包方、出租人缴纳一定的费用，缴纳费用后，企业的经营成果归承包、承租人所有的，应按对企事业单位的承包、承租经营所得项目征收个人所得税。

4. 劳务报酬所得

劳务报酬所得是指个人独立从事各种非雇佣劳务取得的所得，包括设计、装潢、安装、制图、化验、测试、医疗、法律、会计、咨询、讲学、新闻、广播、翻译、审稿、书画、雕刻、影视、录音、演出、表演、广告、展览、技术服务、介绍服务、经纪服务、代办服务以及其他劳务报酬的所得。个人担任董事职务取得的董事费收入，按劳务报酬所得项目征税。

劳务报酬所得与工资、薪金所得的最大区别在于：工资、薪金所得属于非独立个人劳务活动，即在机关、团体、学校、部队、企业、事业单位及其他组织中任职、雇佣而得到的报酬；而劳务报酬所得属于独立个人劳务的所得，不存在雇佣与被雇佣的关系。例如，教师从学校领取的工资，属于工资、薪金所得项目，而该教师自办培训班取得的收入，就属于劳务报酬所得。

5. 稿酬所得

稿酬所得是指个人因其作品以图书、报刊形式出版、发表而取得的所得。作者去世后，财产继承人取得的遗作稿酬，也按稿酬所得征收个人所得税。

6. 特许权使用费所得

特许权使用费所得是指个人提供专利权、商标权、著作权、非专利权以及其他特许权的使用权取得的所得。提供著作权的使用权取得的所得，不包括稿酬的所得。而对于作者将自己的文字作品手稿原件或复印件公开拍卖（竞价）取得的所得，则属于提供著作权的使用权所得，应按特许权使用费所得项目征收个人所得税。

7. 利息、股息、红利所得

利息、股息、红利所得是指个人拥有债权、股权而取得的利息、股息、红利所得。其中，利息是指个人拥有债权而取得的利息，包括存款、贷款和各种债券的利息。按照税法规定，个人取得的利息所得，除国债和国家发行的金融债券利息外，应当依法缴纳个人所得税。股息、红利是指个人拥有股权取得的股息、红利。按照一定的比例对每股发给的息金叫作股息；企业应分配的利润，按股份分配的叫作红利。股息、红利所得，除另有规定外，都应当缴纳个人所得税。

8. 财产租赁所得

财产租赁所得是指个人出租建筑物、土地使用权、机器设备、车船以及其他财产取得的所得。个人取得的财产转租收入属于财产租赁所得的征税范围，由财产转租人缴纳个人所得税。

9. 财产转让所得

财产转让所得是指个人转让有价证券、股权、建筑物、土地使用权、机器设备、车船以及其他财产取得的所得。财产转让所得主要涉及股票转让所得、量化资产股份转让、个人住房转让、购买和处置债权取得的所得、个人拍卖其他财产所得等。个人取得的各项财产转让所得，除股票转让所得暂不征收个人所得税外，其他都要征收个人所得税。

10. 偶然所得

偶然所得是指个人得奖、中奖、中彩以及其他偶然性质的所得。得奖是指参加各种有奖竞赛活动，取得名次得到的奖金；中奖、中彩是指参加各种有奖活动，如有奖销售、有奖储蓄，或购买彩票，经过规定程序，抽中、摇中号码而取得的奖金。偶然所得应缴纳的个人所得税税款，一律由发奖单位或机构代扣代缴。

11. 其他所得

其他所得是指除上述列举的各项个人应税所得外，其他确有必要征税的个人所得，由国务院财政部门确定。难以界定应纳税所得项目的，由主管税务机关确定，如个人为单位或他人提供担保获得的报酬、银行超过国家规定利率支付给储户的揽储奖金等。

三、个人所得税税率

1. 工资、薪金所得

工资、薪金所得适用七级超额累进税率，税率为3% ~45%（见表9-1）。

表9-1 工资、薪金所得个人所得税税率表

级　数	月含税应纳税所得额	税率（%）	速算扣除数/元
1	不超过1 500元的部分	3	0
2	超过1 500元至4 500元的部分	10	105
3	超过4 500元至9 000元的部分	20	555
4	超过9 000元至35 000元的部分	25	1 005
5	超过35 000元至55 000元的部分	30	2 755
6	超过55 000元至80 000元的部分	35	5 505
7	超过80 000元的部分	45	13 505

2. 个体工商户的生产、经营所得和对企事业单位的承包、承租经营所得

个体工商户的生产经营所得和对企事业单位的承包、承租经营所得适用五级超额累进税率，税率为5% ~35%（见表9-2）。

表9-2 个体工商户的生产、经营所得和对企事业单位的承包、承租经营所得个人所得税税率表

级　数	全年应纳税所得额	税率（%）	速算扣除数/元
1	不超过15 000元的	5	0
2	超过15 000元至30 000元	10	750
3	超过30 000元至60 000元	20	3 750
4	超过60 000元至100 000元	30	9 750
5	超过100 000元的部分	35	14 750

3. 稿酬所得

稿酬所得适用比例税率，税率为 20%，并按应纳税额减征 30%，即只征收 70% 的税额。因此，其实际税率为 14%。

4. 劳务报酬所得

劳务报酬所得适用比例税率，税率为 20%。对劳务报酬一次收入畸高的，实行加成征收。劳务报酬一次收入畸高是指个人一次取得劳务报酬，其应纳税所得额超过 20 000 元。对应纳税所得额超过 20 000 元至 50 000 元的部分，按照税法规定计算应纳税额后，再按照应纳税额加征五成；超过 50 000 元的部分，加征十成。因此，劳务报酬实际适用 20%、30%、40% 三级超额累进税率（见表 9-3）。

表 9-3　劳务报酬所得个人所得税税率表

级　数	每次应纳税所得额	税率（%）	速算扣除数/元
1	不超过 20 000 元的部分	20	0
2	超过 20 000 元至 50 000 元的部分	30	2 000
3	超过 50 000 元的部分	40	7 000

5. 特许权使用费所得，利息、股息、红利所得，财产租赁所得，财产转让所得，偶然所得和其他所得

特许权使用费所得，利息、股息、红利所得，财产租赁所得，财产转让所得，偶然所得和其他所得，均适用比例税率，税率为 20%。对储蓄存款利息，自 2008 年 10 月 9 日（含）起，暂免征收储蓄存款利息个人所得税。

四、个人所得税的优惠政策

《个人所得税法》对有关个人所得项目给予了减税、免税的优惠规定，主要有：

1. 免税项目

（1）省级人民政府、国务院部委和中国人民解放军军以上单位，以及外国组织、国际组织颁发的科学、教育、技术、文化、卫生、体育、环境保护等方面的奖金。

（2）国债和国家发行的金融债券利息。其中，国债是国家财政部发行的债券；国家发行的金融债券是指经国务院批准发行的金融债券。

（3）按照国家统一规定发给的补贴、津贴。这是指按照国务院规定发给的政府特殊津贴和国务院规定免纳个人所得税的补贴和津贴。

（4）福利费、抚恤金和救济金。福利费是指根据国家有关规定，从企业、事业单位、国家机关、社会团体提留的福利费或者工会经费中支付给个人的生活补助费；救济金是指国家民政部门支付给个人的生活困难补助费。

（5）保险赔款。

（6）军人的转业安置费、复员费。

（7）按国家统一规定发给干部、职工的安家费、退职费、退休工资、离休工资、离休生活补助费。其中，退职费是指符合国务院规定的退职条件，并按规定的退职费标准领取的退职费。

离退休人员除按规定领取离退休工资或养老金外，另从原任职单位取得的各类补贴、奖金、实物，不属于免税的退休工资、离休工资、离休生活补助费，应按工资、薪金所得应税项目的规定缴纳个人所得税。

(8) 依照我国有关法律规定应予免税的各国驻华使馆、领事馆的外交代表、领事官员和其他人员的所得。

(9) 中国政府参加的国际公约以及签订的协议中规定免税的所得。

(10) 个人取得的教育储蓄存款利息。

(11) 经国务院财政部门批准免税的所得。

2. 减税项目

有下列情形之一的，经批准可以减征个人所得税：

(1) 残疾、孤老人员和烈属的所得。

(2) 因严重自然灾害造成重大损失的。

(3) 其他经国务院财政部门批准减税的。

上述减税项目的减征幅度和期限，由省、自治区、直辖市人民政府规定。

对残疾人个人取得的劳动所得适用减税规定，具体所得项目为工资薪金所得、个体工商户的生产经营所得、对企事业单位的承包和承租经营所得、劳务报酬所得、稿酬所得和特许权使用费所得。

3. 暂免征税项目

根据《财政部 国家税务总局关于个人所得税若干政策问题的通知》和有关文件的规定，对下列所得暂免征收个人所得税：

(1) 外籍个人以非现金形式或实报实销形式取得的住房补贴、伙食补贴、搬迁费、洗衣费。

(2) 外籍个人按合理标准取得的境内、外出差补贴。

(3) 外籍个人取得的探亲费、语言训练费、子女教育费等，经当地税务机关审核批准为合理的部分。

(4) 外籍个人从外商投资企业取得的股息、红利所得。

(5) 凡符合下列条件之一的外籍专家取得的工资、薪金所得可免征个人所得税：

1) 根据世界银行专项贷款协议由世界银行直接派往我国工作的外国专家。

2) 联合国组织直接派往我国工作的专家。

3) 为联合国援助项目来华工作的专家。

4) 援助国派往我国专为该国无偿援助项目工作的专家。

5) 根据两国政府签订的文化交流项目来华工作两年以内的文教专家，其工资、薪金所得由该国负担的。

6) 根据我国大专院校国际交流项目来华工作两年以内的文教专家，其工资、薪金所得由该国负担的。

7) 通过民间科协来华工作的专家，其工资、薪金所得由该国政府机构负担的。

(6) 个人举报、协查各种违法、犯罪行为而获得的奖金。

(7) 个人办理代扣代缴税款手续，按规定取得的扣缴手续费。

(8) 个人转让自用达5年以上并且是唯一家庭居住房取得的所得。

(9) 对个人购买福利彩票、赈灾彩票、体育彩票，一次中奖收入在1万元以下的（含1万元）暂免征收个人所得税，超过1万元的，全额征收个人所得税。

(10) 达到离休、退休年龄，但确因工作需要，适当延长离休、退休年龄的高级专家（指享受国家发放的政府特殊津贴的专家、学者），其在延长离休、退休期间的工资、薪金所得。

（11）符合条件的社会保险和住房公积金，主要有：

1）城镇企业事业单位及其职工个人按照《失业保险条例》规定的比例，实际缴付的失业保险费，均不计入职工个人当期的工资、薪金收入，免予征收个人所得税。超过上述规定的比例缴付的部分计入职工个人当期的工资、薪金收入，依法计征个人所得税。

2）企业和个人按照国家或地方政府规定的比例，提取并向指定金融机构实际缴付的住房公积金、医疗保险金、基本养老保险金，免予征收个人所得税。

（12）个人领取原提存的住房公积金、医疗保险金、基本养老保险金，以及具备《失业保险条例》规定条件的失业人员领取的失业保险金，免予征收个人所得税。

（13）按照国家或省级地方政府规定的比例实际缴付的住房公积金、医疗保险金、基本养老保险金、失业保险金存入银行个人账户所取得的利息所得，免予征收个人所得税。

（14）个人转让离婚析产房屋的征税问题

1）通过离婚析产的方式分割房屋产权是夫妻双方共同共有财产的处置，个人因离婚办理房屋产权过户手续，不征收个人所得税。

2）个人转让离婚析产房屋所取得的收入，允许扣除其相应的财产原值和合理费用后，余额按照规定的税率缴纳个人所得税；其相应的财产原值，为房屋初次购置全部原值和相关税费之和乘以转让者占房屋所有权的比例。

3）个人转让离婚析产房屋所取得的收入，符合家庭生活自用5年以上唯一住房的，可以申请免征个人所得税，其购置时间按照《国家税务总局关于房地产税收政策执行中几个具体问题的通知》（国税发〔2005〕172号）执行。

（15）生育妇女按照县级以上人民政府根据国家有关规定制定的生育保险办法，取得的生育津贴、生育医疗费或其他属于生育保险性质的津贴、补贴，免征个人所得税。

五、纳税人享受个人所得税优惠政策时的审批原则

税收法律、行政法规、部门规章和规范性文件中未明确规定纳税人享受减免税必须经税务机关审批，且纳税人取得的所得完全符合减免税条件的，无须经主管税务机关审批，纳税人可自行享受减免税。

税收法律、行政法规、部门规章和规范性文件中明确规定纳税人享受减免税必须经税务机关审批的，或者纳税人无法准确判断其取得的所得是否应享受个人所得税减免的，必须经主管税务机关按照有关规定审核或批准后，方可减免个人所得税。

纳税人有减税项目规定情形之一的，必须经主管税务机关批准，方可减征个人所得税。

第二节　个人所得税的计算

一、个人所得税应纳税所得额的确定

1. 工资、薪金所得

工资、薪金所得实行按月计征的办法。因此，工资、薪金所得以个人每月收入额固定减去3 500元费用后的余额为应纳税所得额。其计算公式为：

应纳税所得额 = 月工资、薪金收入 − 费用扣除标准(3 500 元)

从 2008 年 3 月 1 日起，每月扣除费用由 1 600 元调整为 2 000 元；自 2011 年 9 月 1 日起，每月费用扣除标准从 2 000 元调整到 3 500 元。

《个人所得税法》对工资、薪金所得规定的费用扣除标准普遍适用于个人所得税的工薪收入者。但是，对在中国境内无住所而在中国境内取得工资、薪金所得的纳税义务人和在中国境内有住所而在中国境外取得工资、薪金所得的纳税义务人，税法根据其平均收入、生活水平以及汇率变化情况，确定每月再附加减除费用标准。普遍使用的费用减除标准加上附加减除费用标准共计 4 800 元。其应纳税所得额的计算公式为：

$$\text{应纳税所得额} = \text{月工资、薪金收入} - \text{费用扣除标准（3 500 元）} - \text{附加减除费用标准（1 300 元）}$$

附加减除费用所适用的具体范围如下：

(1) 在中国境内的外商投资企业和外国企业中工作的外籍人员。

(2) 应聘在中国境内企业、事业单位、社会团体、国家机关中工作的外籍专家。

(3) 在中国境内有住所而在中国境外任职或者受雇取得工资、薪金所得的个人。

(4) 财政部确定的其他人员。

此外，附加减除费用也适用于华侨和香港、澳门、台湾同胞。

2. 个体工商户的生产、经营所得

对于实行查账征收的个体工商户，其生产、经营所得或应纳税所得额是每一纳税年度的收入总额，减去成本、费用以及损失后的余额。这是采用会计核算办法归集或计算得出的应纳税所得额。其计算公式为：

$$\text{应纳税所得额} = \text{收入总额} - \left(\text{成本} + \text{费用} + \text{损失} + \text{准予扣除的税金}\right) - \text{规定的费用减除标准}$$

这里所说的收入总额，指的是个体工商户从事生产、经营以及与生产、经营有关的活动所取得的各项收入，包括商品（产品）销售收入、营运收入、劳务服务收入、工程价款收入、财产出租或转让收入、利息收入、其他收入和营业外收入。所说的成本、费用，是指个体工商户从事生产、经营所发生的各项直接支出和分配计入成本的间接费用以及销售费用、管理费用、财务费用。所说的损失，是指个体工商户在生产、经营过程中发生的各项营业外支出。所说的税金，是指个体工商户按规定缴纳的消费税、营业税、城市维护建设税、资源税、土地使用税、土地增值税、房产税、车船税、印花税、耕地占用税，以及教育费附加。

个体工商户 2011 年 9 月 1 日（含）以后的生产经营所得，应适用税法修改后的费用减除标准，即每月 3 500 元。2011 年 9 月 1 日之前，适用税法修改前的费用减除标准，即每月 2 000 元。

3. 对企事业单位的承包、承租经营所得

对企事业单位的承包、承租经营所得，以每一纳税年度的收入总额，减去必要费用后的余额，为应纳税所得额。其中，收入总额是指纳税人按承包、承租经营合同规定分得的经营利润和工资、薪金性质的所得。按照税法规定，所说的减去必要费用，是指每月减去 2 000 元（自 2011 年 9 月 1 日后为 3 500 元）。其计算公式为：

$$\text{应纳税所得额} = \text{个人承包、承租经营收入总额} - \text{每月费用扣除标准} \times \text{实际承包或承租月数}$$

4. 劳务报酬所得

劳务报酬所得以个人每次取得的收入，定额或定率减去规定费用后的余额为应纳税所得额。每次月收入不超过4 000元的，定额减去费用800元；每次收入在4 000元以上的，定率减去20%的费用。其计算公式为：

（1）每次收入不超过4 000元的：

$$应纳税所得额 = 每次收入额 - 800元$$

（2）每次收入在4 000元以上的：

$$应纳税所得额 = 每次收入额 \times (1 - 20\%)$$

劳务报酬所得因其一般具有不固定、不经常性，不便于按月计算，所以，税法规定凡属于一次性收入的，以取得该项收入为一次，按次确定应纳税所得额；凡属于同一项目连续性收入的，以一个月内取得的收入为一次，据以确定应纳税所得额。

5. 稿酬所得

稿酬所得以个人每次取得的收入，定额或定率减去规定费用后的余额为应纳税所得额。每次月收入不超过4 000元的，定额减去费用800元；每次收入在4 000元以上的，定率减去20%的费用。费用扣除计算方法与劳务报酬所得相同。其中，每次取得的收入是指以每次出版、发表作品取得的收入为一次，确定应纳税所得额。

6. 特许权使用费所得

特许权使用费所得以个人每次取得的收入，定额或定率减去规定费用后的余额为应纳税所得额。每次月收入不超过4 000元的，定额减去费用800元；每次收入在4 000元以上的，定率减去20%的费用。费用扣除计算方法与劳务报酬所得相同。其中，每次取得的收入是指一项特许权的一次许可使用所取得的收入。

7. 利息、股息、红利所得

利息、股息、红利所得以个人每次取得的收入额为应纳税所得额，不得从收入额中扣除任何费用。其中，每次取得的收入是指支付单位或个人每次支付利息、股息、红利时，个人所取得的收入。

其中，对于股份制企业分配股息、红利时，以股票形式向股东个人支付应得的股息、红利（即派发红股），应以派发红股的股票票面金额为收入额，计算征收个人所得税。

2015年9月8日起个人从公开发行和转让市场取得的上市公司股票，持股期限超过1年的，股息红利所得暂免征收个人所得税。个人从公开发行和转让市场取得的上市公司股票，持股期限在1个月以内（含1个月）的，其股息红利所得全额计入应纳税所得额；持股期限在1个月以上至1年（含1年）的，暂减按50%计入应纳税所得额；上述所得统一适用20%的税率计征个人所得税。

8. 财产租赁所得

财产租赁所得一般以个人每次取得的收入，定额或定率减去规定费用后的余额为应纳税所得额。每次月收入不超过4 000元的，定额减去费用800元；每次收入在4 000元以上的，定率减去20%的费用。费用扣除计算方法与劳务报酬所得相同。财产租赁所得以一个月内取得的收入为一次。

9. 财产转让所得

财产转让所得以个人每次转让财产取得的收入额减去财产原值和相关税费后的余额为应

纳税所得额。其中，每次是指以一件财产的所有权一次转让取得的收入为一次。

财产转让所得中允许扣除的财产原值包含以下内容：

（1）有价证券。其原值为买入价以及买入时按规定缴纳的有关费用。

（2）建筑物。其原值为建造费或者购进价格以及其他有关税费。

（3）土地使用权。其原值为取得土地使用权所支付的金额、开发土地的费用以及其他有关税费。

（4）机器设备、车船。其原值为购进价格、运输费、安装费，以及其他有关费用。

（5）其他财产。其原值参照以上方法确定。

二、个人所得税应纳税额的计算

针对不同的应税所得项目，其应纳税额的计算公式分别如下：

1. 工资、薪金所得

工资、薪金所得应纳税额的计算公式为

$$\begin{aligned}\text{应纳税额} &= \text{应纳税所得额} \times \text{适用税率} - \text{速算扣除数} \\ &= (\text{每月收入额} - 3\ 500\ \text{元或}\ 4\ 800\ \text{元}) \times \text{适用税率} - \text{速算扣除数}\end{aligned}$$

【例9-1】 杨某为某公司技术工人，2015年10月的工资为5 200元，该纳税人不适用附加减除费用的规定。试计算杨某当月应纳个人所得税税额。

解

$$\text{应纳税所得额} = 5\ 200 - 3\ 500 = 1\ 700(\text{元})$$

$$\text{应纳税额} = 1\ 700 \times 10\% - 105 = 65(\text{元})$$

【例9-2】 某外籍专家（假设为非居民纳税人）受雇于中国境内的某外资企业，其2015年8月份的工资收入为15 300元，试问该专家8月份的应纳税额为多少？

解

$$\text{应纳税所得额} = 15\ 300 - (3\ 500 + 1\ 300) = 10\ 500(\text{元})$$

$$\text{应纳税额} = 10\ 500 \times 25\% - 1\ 005 = 1\ 620(\text{元})$$

2. 个体工商户的生产、经营所得

个体工商户的生产、经营所得应纳税额的计算公式为

$$\begin{aligned}\text{应纳税额} &= \text{应纳税所得额} \times \text{适用税率} - \text{速算扣除数} \\ &= \left[\begin{matrix}\text{收入}\\\text{总额}\end{matrix} - \left(\text{成本} + \text{费用} + \text{损失} + \begin{matrix}\text{准予扣除}\\\text{的税金}\end{matrix}\right) - \begin{matrix}\text{规定的费用}\\\text{减除标准}\end{matrix}\right] \times \begin{matrix}\text{适用}\\\text{税率}\end{matrix} - \begin{matrix}\text{速算}\\\text{扣除数}\end{matrix}\end{aligned}$$

【例9-3】 张某为个体工商户，2015年3月的经营收入为68 000元，当月支付员工工资6 400元，福利费2 300元，业务招待费22 000元，业务宣传费3 000元。张某1～2月已预缴所得税款3 800元，问张某该月应预缴的个人所得税是多少？

解

$$3\text{月份应纳税所得额} = 68\ 000 - (6\ 400 + 2\ 300 + 22\ 000 + 3\ 000) - 3\ 500 = 30\ 800(\text{元})$$

$$\text{全年应纳税所得额} = (30\ 800 \div 3) \times 12 = 123\ 200(\text{元})$$

$$\text{全年应纳税额} = 123\ 200 \times 35\% - 14\ 750 = 28\ 370(\text{元})$$

$$3\text{月份累计应纳税额} = (28\ 370 \div 12) \times 3 = 7\ 092.5(\text{元})$$

$$3\text{月份应预缴税额} = 7\ 092.5 - 3\ 800 = 3\ 292.5(\text{元})$$

3. 对企事业单位的承包、承租经营所得

对企事业单位的承包、承租经营所得，其个人所得税应纳税额的计算公式为：

$$应纳税额=应纳税所得额\times适用税率-速算扣除数$$
$$=\left(\begin{matrix}个人承包、承租\\经营收入总额\end{matrix}-\begin{matrix}每月费用\\扣除标准\end{matrix}\times\begin{matrix}实际承包或\\承租月数\end{matrix}\right)\times\begin{matrix}适用\\税率\end{matrix}-\begin{matrix}速算\\扣除数\end{matrix}$$

【例9-4】 假定2015年1月1日，某人与事业单位签订承包合同，经营单位食堂，承包期为1年。2015年食堂实现承包经营利润150 000元，按合同规定承包人每年应从承包利润中上缴承包费45 000元。试计算承包人2015年的应纳个人所得税税额。

解

$$年应纳税所得额=150\,000-45\,000-(3\,500\times12)=6\,300(元)$$
$$应纳税额=63\,000\times30\%-9\,750=9\,150(元)$$

4. 劳务报酬所得

对劳动报酬所得，其个人所得税应纳税额的计算公式为：

（1）每次收入不足4 000元的：

$$应纳税额=应纳税所得额\times适用税率$$
$$=(每次收入额-800元)\times20\%$$

（2）每次收入在4 000元以上的：

$$应纳税额=应纳税所得额\times适用税率$$
$$=每次收入额\times(1-20\%)\times20\%$$

（3）每次收入的应纳税所得额超过20 000元的：

$$应纳税额=应纳税所得额\times适用税率-速算扣除数$$
$$=每次收入额\times(1-20\%)\times适用税率-速算扣除数$$

【例9-5】 某舞蹈表演艺术家在某场演出中，取得表演收入45 000元，试计算其应纳个人所得税税额。

解

$$应纳税所得额=45\,000\times(1-20\%)=36\,000(元)$$
$$应纳税额=36\,000\times30\%-2\,000=8\,800(元)$$

5. 稿酬所得

稿酬所得适用20%的比率税率，并按规定对应纳税额减征30%，即实际缴纳税额是应纳税额的70%，其计算公式为：

（1）每次收入不足4 000元的：

$$应纳税额=应纳税所得额\times适用税率\times(1-30\%)$$
$$=(每次收入额-800元)\times20\%\times(1-30\%)$$

（2）每次收入在4 000元以上的：

$$应纳税额=应纳税所得额\times适用税率\times(1-30\%)$$
$$=每次收入额\times(1-20\%)\times20\%\times(1-30\%)$$

【例9-6】 某著名作家出版小说一部，取得稿酬收入15 000元，问该作家应缴个人所得税的金额为多少？

解

$$应纳税额=15\,000\times(1-20\%)\times20\%\times(1-30\%)=1\,680(元)$$

6. 特许权使用费所得

特许权使用费所得应纳税额的计算公式为：

（1）每次收入不足 4 000 元的：

应纳税额 = 应纳税所得额 × 适用税率
= (每次收入额 − 800 元) × 20%

（2）每次收入在 4 000 元以上的：

应纳税额 = 应纳税所得额 × 适用税率
= 每次收入额 × (1 − 20%) × 20%

【例 9-7】 张某为著名作家，其将自己创作的最新作品手写稿公开拍卖，取得收入 80 000 元，问张某应纳的个人所得税为多少？

解

应纳税额 = 80 000 × (1 − 20%) × 20% = 12 800(元)

7. 利息、股息、红利所得

利息、股息、红利所得适用 20% 的比例税率。其应纳税额的计算公式为：

应纳税额 = 应纳税所得额(每次收入额) × 适用税率
= 每次收入额 × 20%

【例 9-8】 李某投入资金购买某上市公司股票，投资 1 个月，获得该上市公司股利分红 2 000 元,问李某应缴纳个人所得税的金额为多少？

解

应纳税额 = 2 000 × 20% = 400(元)

8. 财产租赁所得

财产租赁所得应纳税额的计算公式为：

（1）每次（月）收入不足 4 000 元的：

应纳税额 = 应纳税所得额 × 适用税率
= [每次(月)收入额 − 800 元] × 20%

（2）每次（月）收入在 4 000 元以上的：

应纳税额 = 应纳税所得额 × 适用税率
= 每次(月)收入额 × (1 − 20%) × 20%

【例 9-9】 张某将自己购买的货车用于出租，每月取得租金收入 2 500 元，试计算张某每月缴纳的个人所得税税额。

解

应纳税额 = (2 500 − 800) × 20% = 340(元)

9. 财产转让所得

财产转让所得应纳税额的计算公式为：

应纳税额 = 应纳税所得额 × 适用税率
= (收入总额 − 财产原值 − 合理费用) × 20%

【例 9-10】 夏某将自己 3 年前以 350 000 元购置的一套住房，以 500 000 元的价格出售。夏某为该住房支付装修费用 30 000 元，过户等费用为 2 000 元，计算夏某应缴纳的个人所得税为多少？

解

应纳税额 = (500 000 − 350 000 − 30 000 − 2 000) × 20% = 23 600(元)

第三节　个人所得税的会计核算

一、企业代扣代缴个人所得税的核算

职工工资、薪金所得应纳个人所得税，由企业每月向职工支付工资、薪金时代扣代缴。企业对扣缴的个人所得税，通过“应交税费——应交个人所得税”账户核算。企业在向职工支付工资、薪金所得，同时代扣税款时，记入该账户的贷方。代扣个人所得税时，借记“应付职工薪酬”账户，贷记“应交税费——应交个人所得税”账户。实际解缴时，借记“应交税费——应交个人所得税”账户，贷记“银行存款”账户。“应交税费——应交个人所得税”账户的期末余额一般在贷方，表示期末已代扣尚未解缴的个人所得税。

【例9-11】某公司2015年7月工资结算单的有关资料如表9-4所示。

表9-4　某公司2015年7月工资结算单　　单位：元

姓　名	应发工资	代扣代缴个人所得税	实发工资
李娜	4 300	24	4 276
王平	2 300	0	2 300
张飞	5 200	65	5 135
赵雷	4 600	33	4 567
⋮	⋮	⋮	⋮
合计	135 000	9 600	125 400

其中，120 000元用于支付生产工人工资，15 000元用于支付管理人员工资。

会计处理如下：

（1）企业从银行提取现金，备发工资：

借：库存现金　　125 400

　　贷：银行存款　　125 400

（2）发放工资，同时代扣代缴个人所得税税款：

借：应付职工薪酬　　135 000

　　贷：库存现金　　125 400

　　　　应交税费——应交个人所得税　　9 600

（3）月末对工资进行分配：

借：生产成本　　120 000

　　管理费用　　15 000

　　贷：应付职工薪酬　　135 000

（4）次月7日内，实际解缴个人所得税：

借：应交税费——应交个人所得税　　9 600

　　贷：银行存款　　9600

二、非法人企业应纳个人所得税的核算

非法人企业是指缴纳个人所得税的企业，主要包括个体工商户、个人独资企业和合伙企

业。凡实行查账征收办法的，其税率比照个体工商户的生产、经营所得应税项目，使用5%～35%的五级超额累进税率，计算征收个人所得税；实行核定应税所得率征收方式的，先按照应税所得率计算其应纳税所得额，再按其应纳税所得额的大小，适用5%～35%的五级超额累进税率计算征收个人所得税。

投资者兴办两个或两个以上企业的（包括参与兴办），年度终了时，应汇总从所有企业取得的应纳税所得额，据此确定适用税率并计算缴纳个人所得税。

1. 查账征收应纳税所得额的计算

对于按规定建账建制，能准确提供有关纳税资料的个体工商户，实行查账征收，其生产经营所得或应纳税所得额是每一纳税年度的收入总额，减去准予扣除成本、费用、损失和税金后的余额。从事生产经营的个体工商户未提供完整准确的纳税资料，不能正确计算应纳税所得额的，由主管税务机关核定其应纳税所得额。

个人独资企业和合伙企业的应纳税所得额，等于每一纳税年度的收入总额减去成本、费用以及损失后的余额。

收入总额是指企业从事生产经营以及与生产经营有关的活动所取得的各项收入，包括商品（产品）销售收入、营运收入、劳务服务收入、工程价款收入、财产出租或转让收入、利息收入、其他业务收入和营业外收入。

个人独资企业的投资者以全部生产经营所得为应纳税所得额。合伙企业的投资者按照合伙企业的全部生产经营所得和合伙协议约定的分配比例，确定应纳税所得额；合伙协议没有约定分配比例的，以全部生产经营所得和合伙人数量平均计算每个投资者的应纳税所得额。

生产经营所得，包括企业分配给投资者个人的所得和企业当年留存的所得。

扣除项目比照2014年国家税务总局审议通过的《个体工商户个人所得税计税办法》的规定确定，但下列项目的扣除应根据以下规定执行：

（1）投资者的扣除标准，应由各省、自治区、直辖市地方税务局参照《个人所得税法》工资、薪金所得项目的扣除标准确定。从2008年3月1日起，投资者费用扣除标准每月为2 000元；自2011年9月1日起，投资者费用扣除标准每月为3 500元，应纳税额的具体计算方法比照个体工商户全年应纳税额的计算方法。

（2）投资者及其家庭发生的生活费用不允许在税前扣除。投资者及其家庭发生的生活费用与企业生产经营费用混合在一起，并且难以划分的，全部视为投资者个人及其家庭发生的生活费用，不允许在税前扣除。

（3）企业生产经营和投资者及其家庭生活共用的固定资产难以划分的，应由主管税务机关根据企业的生产经营类型、规模等具体情况，核定准予在税前扣除的折旧费用的数额或比例。

（4）个人独资企业和合伙企业向其从业人员实际支付的合理的工资、薪金支出，允许在税前据实扣除。

（5）个人独资企业和合伙企业拨付的工会经费、发生的职工福利费、职工教育经费支出分别在工资薪金总额2%、14%和2.5%的标准内据实扣除。

（6）个人独资企业和合伙企业每一纳税年度发生的广告费和业务宣传费不超过当年销售（营业）收入15%的部分，可据实扣除；超过部分，准予在以后纳税年度结转扣除。

（7）个人独资企业和合伙企业每一纳税年度发生的与其生产经营业务直接相关的业务招待费，按照发生额的60%扣除，但最高不得超过当年销售（营业收入）的5‰。

（8）计提的各种准备金不得扣除。

（9）企业与其关联企业之间的业务往来，应当按照独立企业之间的业务往来收取或者支付价款、费用。不按照独立企业之间的业务往来收取或者支付价款、费用，而减少其应纳税所得额的，主管税务机关有权进行合理调整。

（10）纳税人将其所得通过中国境内的社会团体、国家机关向教育和其他社会公益事业以及遭受严重自然灾害地区、贫困地区的捐赠，捐赠额未超过纳税人申报的应纳税所得额30%的部分，可以从其应纳税所得额中扣除。

$$\text{捐赠扣除限额}=\text{应纳税所得额}\times 30\%$$

如果实际捐赠额大于捐赠限额，则只按捐赠限额扣除；如果实际捐赠额小于或者等于捐赠限额，则按照实际捐赠额扣除。

在扣除实际捐赠额（或捐赠限额）情形下，应纳税额的计算公式为：

$$\text{应纳税额}=(\text{应纳税所得额}-\text{允许扣除的捐赠额})\times\text{适用税率}-\text{速算扣除数}$$

2. 核定征收应纳税额的计算

有下列情形之一的，主管税务机关应采取核定征收方式征收个人所得税：

（1）企业依照国家有关规定应当设置账簿但未设置的。

（2）企业虽设置账簿，但账目混乱或者成本资料、收入凭证、费用凭证残缺不全，难以查账的。

（3）纳税人发生纳税义务，未按照规定的期限办理纳税申报，经税务机关责令限期申报，逾期仍不申报的。

核定征收方式，包括定额征收、核定应税所得率征收以及其他合理的征收方式。实行核定应税所得率征收方式的，应纳所得税税额的计算公式如下：

$$\text{应纳所得税税额}=\text{应纳税所得额}\times\text{适用税率}$$

$$\text{应纳税所得额}=\text{收入总额}\times\text{应税所得率}$$

$$\text{应纳税所得额}=\frac{\text{成本费用支出额}}{1-\text{应税所得率}}\times\text{应税所得率}$$

应税所得率表如表9-5所示。

表9-5　应税所得率表（适用于核定征收）

序　号	行　业	应税所得率
1	工业、交通运输业、商业	5%～20%
2	建筑业、房地产开发业	7%～20%
3	饮食服务业	7%～25%
4	娱乐业	20%～40%
5	其他行业	10%～30%

企业经营多业的，无论其经营项目是否单独核算，均应根据其主营项目确定其适用的应

税所得率。

3. 非法人企业个人所得税的会计处理

企业和个体工商户应在“应交税费”账户下设置“应交个人所得税”明细账户，核算预缴和应缴的个人所得税，以及年终汇算清缴个人所得税的补缴和退回情况。个体工商户按月预缴及年终补缴个人所得税时，借记“应交税费——应交个人所得税”账户，贷记“库存现金”等账户；年度终了，计算出全年实际应缴的个人所得税，借记“本年利润”，贷记“应交税费——应交个人所得税”账户。“应交税费——应交个人所得税”明细账户的贷方金额大于借方金额的差额，为预交数小于应交数的差额。

补缴个人所得税时，记入“应交税费——应交个人所得税”明细账户的借方；收到退回的多缴的个人所得税时，记入“应交税费——应交个人所得税”明细账户的贷方。

【例9-12】 某市兴旺饭店系个体工商户，账册比较健全，2015 年度营业额为 2 000 000 元，购进大米、菜、肉、蛋、面粉等原料费为 1 000 000 元，缴纳电费、税费、房租等费用合计为 40 000 元，发生业务招待费合计 25 000 元。当月支付 4 名雇员工资共 48 000 元，向国家希望工程捐赠 150 000 元。

(1) 计算该个体工商户 2015 年应纳个人所得税税额。

(2) 假设该个体工商户，经主管税务机关核定，按照上年实际应缴个人所得税金额 120 000 元，确定本年各月预缴的个人所得税税额，编制有关会计分录。

计算应纳个人所得税税额的过程如下：

(1) 准予扣除的业务招待费限额 = 2 000 000 × 5‰ = 10 000（元）

(2) 捐赠前应纳税所得额 = 2 000 000 − 1 000 000 − 40 000 − 48 000 − 10 000 = 902 000（元）

(3) 准予扣除公益救济性捐赠额 = 150 000（元）

(4) 应纳税所得额 = 902 000 − 150 000 = 752 000（元）

(5) 应纳个人所得税税额 = 752 000 × 35% − 14 750 = 248 450（元）

编制会计分录如下：

(1) 每月预缴个人所得税时：

借：应交税费——应交个人所得税　　10 000
　　贷：库存现金　　10 000

(2) 年终结转本年收入和成本费用时：

借：主营业务收入　　2 000 000
　　贷：本年利润　　2 000 000

借：本年利润　　1 263 000
　　贷：主营业务成本　　1 048 000
　　　　管理费用　　65 000
　　　　营业外支出　　150 000

(3) 计算出全年应纳个人所得税时：

借：本年利润　　248 450
　　贷：应交税费——应交个人所得税　　248 450

(4) 结转本年利润时：

借：本年利润　　488 550

贷：利润分配　　488 550

（5）补缴个人所得税时：

借：应交税费——应交个人所得税　　128 450

贷：银行存款　　128 450

个人独资企业的投资人和合伙企业的合伙人，应缴的个人所得税不在企业业务中核算。企业作为会计主体，只核算自身业务盈亏，对投资人或合伙人应缴的个人所得税进行代扣代缴，其会计核算与个人所得税中其他代扣代缴情况下的核算方法相同。

第四节　个人所得税的申报与缴纳

一、代扣代缴

代扣代缴是指按照税法规定负有扣缴税款义务的单位或者个人，在向个人支付应纳税所得时，应计算应纳税额，从其所得中扣除并缴入国库，同时向税务机关报送扣缴个人所得税报表。这种方法有利于控制税源，防止漏税和逃税。

1. 代扣代缴义务人

税法规定，个人所得税以取得应税所得的个人为纳税义务人，以支付所得的单位或者个人为扣缴义务人，包括企业（公司）、事业单位、财政部门、机关事务管理部门、人事管理部门、社会团体、军队、驻华机构（不包括外国驻华使领馆和联合国及其他依法享有外交特权和豁免权的国际组织驻华机构）、个体工商户等单位或个人。按照税法规定代扣代缴个人所得税，是扣缴义务人的法定义务，必须依法履行。

2. 应扣缴税款的所得项目

扣缴义务人在向个人支付下列所得时，应代扣代缴个人所得税：①工资、薪金所得；②对企事业单位的承包、承租经营所得；③劳务报酬所得；④稿酬所得；⑤特许权使用费所得；⑥利息、股息、红利所得；⑦财产租赁所得；⑧财产转让所得；⑨偶然所得，以及经国务院财政部门确定征税的其他所得。

3. 扣缴义务人的法定义务

扣缴义务人在向个人支付应纳税所得时，不论纳税人是否属于本单位人员，均应代扣代缴其应纳的个人所得税税款。扣缴义务人依法履行代扣代缴税款义务，纳税人不得拒绝。扣缴义务人在扣缴税款时，必须向纳税人开具税务机关统一印制的代扣代收税款凭证，并详细注明纳税人姓名、工作单位、家庭住址和身份证或护照号码等个人情况。扣缴义务人向纳税人提供非正式扣税凭证的，纳税人可以拒收。扣缴义务人应设立代扣代缴税款账簿，正确反映个人所得税的扣缴情况，并如实填写扣缴个人所得税报告表及其他有关资料。

二、自行申报纳税

1. 申报纳税的所得项目

税法规定，凡有下列情形之一的，纳税人必须自行向税务机关申报所得并缴纳税款：

（1）年所得 12 万元以上的。

（2）在两处或两处以上取得工资、薪金所得的。

（3）从中国境外取得所得的。

（4）取得应纳税所得，没有扣缴义务人的，如个体工商户从事生产、经营的所得。

（5）国务院规定的其他情形。

2. 申报纳税地点

申报纳税地点一般应为收入来源地的主管税务机关。但是纳税人从两处或两处以上取得工资、薪金所得的，可选择并固定在其中一地税务机关申报纳税；从境外取得所得的，应向境内户籍所在地或居住地税务机关申报纳税。纳税人要求变更申报纳税地点的，须经原主管税务机关批准。

个人独资企业和合伙企业投资者应向企业实际经营管理所在地主管税务机关申报缴纳个人所得税。投资者从合伙企业取得的生产经营所得，由合伙企业向企业实际经营管理所在地主管税务机关申报缴纳投资者应纳的个人所得税，并将个人所得税纳税申报表抄送投资者。

3. 申报纳税期限

（1）工资、薪金所得的应纳税款，按月计征，于次月 15 日内缴入国库，并向税务机关报送个人所得税纳税申报表。采掘业、远洋运输业、远洋捕捞业等特定行业，可实行按年计算、分月预缴的方式，年度终了之日起 30 日内，合计全年工资、薪金所得，再按 12 个月平均计算实际应缴纳的税款，多退少补。

（2）账册健全的个体工商户的生产、经营所得应纳的税款实行按年计算、分月预缴，由纳税人在次月 15 日内申报预缴，年度终了后 3 个月内汇算清缴，多退少补。账册不健全的个体工商户，由各地税务机关自行确定征收方式。

（3）一次性取得承包、承租经营所得的，自取得收入之日起 30 日内申报纳税；1 年内分次取得承包、承租经营所得的，应在取得每次所得后的 15 日内申报预缴，年度终了后 3 个月内汇算清缴，多退少补。

（4）劳务报酬、稿酬、特许权使用费、利息、股息、红利、财产租赁、财产转让所得和偶然所得等，按次计征。取得所得的纳税人应当在次月 15 日内将应纳税款缴入国库，并向税务机关报送个人所得税纳税申报表。

（5）个人从中国境外取得所得的，其来源于中国境外的应纳税所得，在境外以纳税年度计算缴纳个人所得税的，应在所得来源国的纳税年度终了，结清税款后的 30 日内，向中国主管税务机关申报纳税；在取得境外所得时结清税款的，或者在境外按所得来源国税法规定免予缴纳个人所得税的，应当自次年 1 月 1 日起 30 日内，向中国主管税务机关申报纳税。

4. 申报纳税方式

个人所得税的申报纳税方式主要有三种，即本人直接申报纳税、委托他人代为申报纳税，以及采用邮寄方式在规定的申报期内申报纳税。其中，采取邮寄方式申报纳税的，以寄出地的邮戳日期为实际申报日期。

三、个人所得税的纳税申报表及其填表须知

个人所得税纳税申报表（适用于年所得 12 万元以上的纳税人申报）如表 9-6 所示。

表 9-6 个人所得税纳税申报表

（适用于年所得 12 万元以上的纳税人申报）

所得年份：　　　年　　　　　　填表日期：　　　年　　月　　日

金额单位：　　人民币元（列至角分）

纳税人姓名		国籍（地区）		身份证照类型		身份证照号码			
任职、受雇单位		任职受雇单位税务代码		任职受雇单位所属行业		职务		职业	
在华天数		境内有效联系地址				境内有效联系地址邮编		联系电话	
此行由取得经营所得的纳税人填写	经营单位纳税人识别号					经营单位纳税人名称			

所得项目	年所得额			应纳税所得额	应纳税额	已缴（扣）税额	抵扣税额	减免税额	应补税额	应退税额	备注
	境内	境外	合计								
1. 工资、薪金所得											
2. 个体工商户的生产、经营所得											
3. 对企事业单位的承包经营、承租经营所得											
4. 劳务报酬所得											
5. 稿酬所得											
6. 特许权使用费所得											
7. 利息、股息、红利所得											
8. 财产租赁所得											
9. 财产转让所得											
其中：股票转让所得				—	—	—	—	—	—	—	
个人房屋转让所得											
10. 偶然所得											
11. 其他所得											
合　计											

我声明，此纳税申报表是根据《中华人民共和国个人所得税法》及有关法律、法规的规定填报的，我保证它是真实的，可靠的、完整的。

纳税人（签字）

代理人（签章）：

联系电话：

税务机关受理人（签字）：　　　　　　税务机关受理时间：　　　年　　月　　日

受理申报税务机关名称（盖章）：

填表须知如下：

（1）本表根据《个人所得税法》及其实施条例和《个人所得税自行纳税申报办法（试行）》制定，适用于年所得12万元以上纳税人的年度自行申报。

（2）负有纳税义务的个人，可以由本人或者委托他人于纳税年度终了后3个月以内向主管税务机关报送本表。不能按照规定期限报送本表时，应当在规定的报送期限内提出申请，经当地税务机关批准，可以适当延期。

（3）填写本表应当使用中文，也可以同时用中、外两种文字填写。

（4）本表各栏的填写说明如下：

1）所得年份和填表日期。申报所得年份，填写纳税人实际取得所得的年度。填表日期，填写纳税人办理纳税申报的实际日期。

2）身份证照类型。填写纳税人的有效身份证照（居民身份证、军人身份证件、护照、回乡证等）名称。

3）身份证照号码。填写中国居民纳税人的有效身份证照上的号码。

4）任职、受雇单位。填写纳税人的任职、受雇单位名称。纳税人有多个任职、受雇单位时，填写受理申报的税务机关主管的任职、受雇单位。

5）任职、受雇单位税务代码。填写受理申报的任职、受雇单位在税务机关办理税务登记或者扣缴登记的编码。

6）任职、受雇单位所属行业。填写受理申报的任职、受雇单位所属的行业。其中，行业应按国民经济行业分类标准填写，一般填至大类。

7）职务。填写纳税人在受理申报的任职、受雇单位所担任的职务。

8）职业。填写纳税人的主要职业。

9）在华天数。由中国境内无住所的纳税人填写在税款所属期内在华实际停留的总天数。

10）中国境内有效联系地址。填写纳税人的住址或者有效联系地址。其中，中国有住所的纳税人应填写其经常居住地址。中国境内无住所居民住在公寓、宾馆、饭店的，应当填写公寓、宾馆、饭店名称和房间号码。

经常居住地是指纳税人离开户籍所在地最后连续居住一年以上的地方。

11）经营单位纳税人识别码、纳税人名称。纳税人取得的年所得中含个体工商户的生产、经营所得和对企事业单位的承包经营、承租经营所得时填写本栏。

纳税人识别码，填写税务登记证号码。

纳税人名称，填写个体工商户、个人独资企业、合伙企业名称，或者承包承租经营的企事业单位名称。

12）年所得额。填写在纳税年度内取得相应所得项目的收入总额。年所得额按《个人所得税自行纳税申报办法（试行）的规定计算。

各项所得的计算，以人民币为单位。所得以非人民币计算的，按照《中华人民共和国个人所得税法实施条例》第四十三条的规定折合成人民币。

13）应纳税所得额。填写按照个人所得税有关规定计算的应当缴纳个人所得税的所得额。

14）已缴（扣）税额。填写取得该项目所得在中国境内已经缴纳或者扣缴义务人已经扣缴的税款。

15）抵扣税额。填写《个人所得税法》允许抵扣的在中国境外已经缴纳的个人所得税税额。

16）减免税额。填写《个人所得税法》允许减征或免征的个人所得税税额。

17）本表为 A4 横式，一式两联，第一联报税务机关，第二联纳税人留存。

【思考与练习】

一、复习思考题

1. 个人所得税的纳税人如何界定？
2. 应纳个人所得税税额应该如何计算？
3. 企业代扣代缴个人所得税如何进行会计处理？
4. 简述个人所得税的征税范围。
5. 谈谈非法人企业个人所得税的会计处理。

二、综合练习题

1. 某饭店系个体工商户，2015 年发生有关业务如下：

（1）营业收入为 400 万元。

（2）业主工资每月列支 2 500 元。

（3）雇工 5 名，每人每月 4 500 元工资（当地税务机关核准雇工工资列支标准为每月 2 000 元）。

（4）业务招待费 8 万元，已列支。

（5）发生违法经营处以罚款 5 万元。

（6）该个体工商户通过民政部门向受灾地区捐赠 5 万元。

要求：计算该个体工商户 2015 年应纳个人所得税税额并编制有关的会计分录。

2. 王某为一外商投资企业雇佣的中方人员，2015 年收入情况如下：

（1）外商投资企业每月支付的工资为 25 000 元。

（2）利用业余时间为国内某单位进行工程设计取得收入 100 000 元。

（3）取得股票转让收益 80 000 元。

（4）个人出租住房，每月取得租金收入 2 500 元，每月发生准予扣除项目费用 300 元，取得合法票据。

要求：请根据以上资料，计算王某全年应纳的个人所得税。

第十章 其他税会计

【学习目标】

1. 掌握城市维护建设税和教育费附加的基本法规与计税方法。
2. 掌握房产税、契税和车船税的基本法规与计税方法。
3. 掌握车辆购置税的基本法规与计税方法。
4. 掌握印花税的基本法规与计税方法。
5. 掌握烟叶税的基本法规与计税方法。

第一节 城市维护建设税和教育费附加会计

一、城市维护建设税的基本法规与计税方法

1. 城市维护建设税的纳税人

城市维护建设税的纳税人包括缴纳增值税、消费税、营业税的企业、行政单位、事业单位、军事单位、社会团体、外商投资企业、外国企业及外籍个人、其他单位、个体工商户和其他个人；增值税、消费税、营业税的扣缴义务人也是城市维护建设税的扣缴义务人。

2. 城市维护建设税的计税依据

城市维护建设税一般以纳税人实际缴纳的增值税、消费税、营业税（以下简称“三税”）税额为计税依据，按照适用税率计算应纳税额，分别与上述三种税同时缴纳。

3. 城市维护建设税的税率

城市维护建设税按照纳税人所在地实行差别税率，其税率如表 10-1 所示。

表 10-1 城市维护建设税税率

适用范围	税率	计税依据
市区	7%	实际缴纳的增值税、消费税、营业税税额
县城或镇	5%	实际缴纳的增值税、消费税、营业税税额
不在市区、县城或镇	1%	实际缴纳的增值税、消费税、营业税税额

4. 城市维护建设税的免税和减税

（1）海关对进口产品代征增值税、消费税的，不征收城市维护建设税。

（2）对出口产品退还已经缴纳的增值税、消费税的，不退还已缴纳的城市维护建设税；经国家税务总局审批的当期免抵的增值税税额应纳入城市维护建设税和教育费附加计征范围。

（3）对“三税”补罚，城市维护建设税也要补罚，但“三税”的滞纳金和罚款不作城市维护建设税的计税依据。

（4）“三税”减免，城市维护建设税也减免；对增值税、消费税、营业税“三税”实行先征后返、先征后退、即征即退办法的，除另有规定外，对随“三税”征收的城市维护建设税和教育费附加一律不予退（返）还。

5. 城市维护建设税的计税方法

应纳税额的计算公式如下：

应纳税额 =（实际缴纳的增值税税额 + 消费税税额 + 营业税税额）× 适用税率

【例 10-1】 某县水泥厂于 2015 年 2 月交纳增值税 10 万元，消费税 28 万元，补交上月应纳消费税 4 万元，取得出口退还增值税 10 万元，缴纳进口关税 3 万元，进口增值税 30 万元，进口消费税 20 万元。计算该厂应缴纳的城市维护建设税税额。

解

应纳城市维护建设税税额 =（100 000 + 280 000 + 40 000）×5% = 21 000（元）

二、城市维护建设税的会计处理

城市维护建设税通过“应交税费——应交城市维护建设税”账户核算。计提城市维护建设税时，应借记“营业税金及附加”账户，贷记“应交税费——应交城市维护建设税”账户；缴纳城市维护建设税时，应借记“应交税费——应交城市维护建设税”账户，贷记“银行存款”账户。本账户期末贷方余额反映企业应缴而未缴的城市维护建设税。

【例 10-2】 承例 10-1，对该县水泥厂 2015 年 2 月份应缴纳的城市维护建设税做以下相应的会计处理：

（1）计提税金时：

借：营业税金及附加　　21 000

　　贷：应交税费——应交城市维护建设税　　21 000

（2）缴纳税金时：

借：应交税费——应交城市维护建设税　　21 000

　　贷：银行存款　　21 000

三、城市维护建设税的纳税申报

1. 城市维护建设税的纳税地点

（1）代扣代缴、代收代缴“三税”的单位和个人，其城市维护建设税的纳税地点在代扣代收地。

（2）跨省开采的油田，下属生产单位与核算单位不在一个省内的，其生产的原油，在油井所在地缴纳增值税，其应纳税款由核算单位按照各油井的产量和规定税率，计算汇拨各油井缴纳。所以，各油井应纳的城市维护建设税，应由核算单位计算，随同增值税一并汇拨油井所在地，由油井在缴纳增值税的同时一并缴纳。

（3）对管道局输油部分的收入，由取得收入的各管道局于所在地缴纳营业税。所以，其应纳城市维护建设税，应由取得收入的各管道局于所在地缴纳营业税时一并缴纳。

（4）对流动经营等无固定纳税地点的单位和个人，应随同“三税”在经营地按适用税率缴纳。

2. 城市维护建设税的纳税期限

城市维护建设税的纳税期限分别与“三税”的纳税期限一致。对于按规定以1日、3日、5日、10日、15日为一期缴纳“三税”的纳税人，应在按规定预缴“三税”的同时，预缴相应的城市维护建设税。对于城市维护建设税的具体纳税期限，主管税务机关根据纳税人应纳税额大小分别核定。不能按照固定期限纳税的，可以按次纳税。

四、教育费附加的基本法规

凡缴纳增值税、消费税、营业税的单位和个人，均为教育费附加的纳费义务人（简称纳费人）。凡代征增值税、消费税、营业税的单位和个人，亦为代征教育费附加的义务人。征费范围同增值税、消费税、营业税的征收范围相同。

1984年国务院颁布了《关于筹措农村学校办学经费的通知》，开征了农村教育事业经费附加。1985年，中共中央做出了《关于教育体制改革的决定》，指出国家增拨教育经费的同时，开辟多种渠道筹措经费。为此，国务院于1986年4月28日颁布了《征收教育费附加的暂行规定》，并于同年7月1日开征，后根据1990年6月7日，《国务院关于修订<征收教育费附加的暂行规定>的决定》第一次修订，根据2005年8月20日《国务院关于修改<征收教育费附加的暂行规定>的决定》第二次修订，根据2011年1月8日《国务院关于废止和修改部分征收法规的决定》进行了第三次修订。开征教育费附加的目的是为了多渠道筹集教育经费，改善中小学办学条件，促进地方教育事业的发展。

1. 教育费附加的计征依据和征收率

教育费附加以纳税人实际缴纳的增值税、消费税、营业税的税额为计费依据。根据国务院《关于教育费附加征收问题的紧急通知》的规定，教育费附加征收率为“三税”税额的3%。

2. 教育费附加的计算公式

应纳教育费附加 =（实际缴纳的增值税、消费税、营业税的三税税额）×3%

3. 教育费附加的纳费期限

纳费人申报缴纳增值税、消费税、营业税的同时，申报缴纳教育费附加。

4. 其他特殊规定

（1）教育费附加由地方税务局负责征收，也可委托国家税务局征收。

（2）纳费人不按规定期限缴纳教育费附加，需处以滞纳金和罚款的，由县、市人民政府规定。

（3）海关进口产品征收增值税、消费税，不征收教育费附加。

5. 教育费附加的会计处理

企业缴纳的教育费附加，应通过“应交税费——应交教育费附加”科目核算。会计核算计提时：借记“营业税金及附加”科目，贷记“应交税费——应交教育费附加”科目；上缴教育费附加时：借记“应交税费——应交教育费附加”科目，贷记“银行存款”科目。

【例 10-3】 2015 年 5 月底，某市国家税务局退税机关审批了 A 外资出口企业已申报的“免、抵、退”税额 180 万元，其中退税额为 130 万元，免、抵税额为 50 万元。6 月初，该企业收到退税机关返还的生产企业出口货物免、抵、退税申报汇总表后，及时进行了账务处理并依据“免、抵”税额计算应缴城市维护建设税税额（税率为 7%）和教育费附加（费率为 3%），其计算与账务处理如下：

（1）6 月初，收到生产企业出口货物免、抵、退税申报汇总表时：

借：其他应收款——应收出口退税（增值税）　　1 300 000

　　应交税费——应交增值税（出口抵减内销产品应纳税额）　　500 000

　　贷：应交税费——应交增值税（出口退税）　　1 800 000

（2）计提城市维护建设税时：

$$应缴城市维护建设税税额 = 500\ 000 \times 7\% = 35\ 000(元)$$

借：营业税金及附加　　35 000

　　贷：应交税费——应交城市维护建设税　　35 000

（3）计提教育费附加时：

$$应缴教育费附加 = 500\ 000 \times 3\% = 15\ 000（元）$$

借：营业税金及附加　　15 000

　　贷：应交税费——应交教育费附加　　15 000

（4）上缴税费时：

借：应交税费——应交城市维护建设税　　35 000

　　　　　　——应交教育费附加　　15 000

　　贷：银行存款　　50 000

第二节　房产税会计

一、房产税的基本法规

房产税是以房屋为征税对象，依据房屋的计税余值或租金收入向产权所有人征收的一种税，其纳税范围为城市、县城、工矿区、建制镇。我国现行房产税法律规范是 1986 年 9 月 15 日国务院颁布并于 1986 年 10 月 1 日实施的《中华人民共和国房产税暂行条例》（以下简称《房产税暂行条例》），2001 年 1 月 8 日，根据国务院令第 588 号《国务院关于废止和修改部分行政法规的决定》对其进行了修订。对房产征税的目的是运用税收杠杆，加强对房产的管理，提高房产的使用效率。同时配合国家房产政策的调整，一方面可以在一定程度上控制固定资产的投资规模；另一方面也可以补充地方财政收入，发挥税收的经济杠杆的作用。

1. 房产税的纳税人

房产税的纳税人是房屋的产权所有人。其具体规定如下：

（1）产权属于国家所有的，其经营管理单位为纳税义务人；产权属于集体和个人所有的，由集体单位和个人纳税。

（2）产权出典的，承典人为纳税义务人。

（3）产权所有人、承典人不在房产所在地的，或者产权未确定以及租典纠纷尚未解决的，房产代管人或者使用人为纳税义务人。

（4）产权未确定以及租典纠纷尚未解决的，房产代管人或者使用人为纳税义务人。

（5）纳税单位和个人无租使用房产管理部门、免税单位及纳税单位的房产，应由使用人代为缴纳房产税。

（6）产权属于集体所有制的，由实际使用人纳税。

2. 房产税的征税对象

我国房产税的征税对象为城市、县城、工矿区、建制镇内的房产，不包括农村。所谓房产，是指有屋面和围护结构（有墙或两边有柱），能够遮风避雨，可提供人们在其中生产、学习、工作、娱乐、居住或储藏物资的场所。

3. 房产税的税率

（1）以房产价值，以价计征的，税率为1.2%。

（2）以房租租金，以租计征的，税率为12%。从2001年1月1日起，对个人按市场价格出租的居民住房，用于居住的，可暂减按4%的税率征收房产税。

4. 房产税的税收优惠

（1）国家机关、人民团体、军队自用的房产免征房产税。但上述免税单位的出租房产以及非自身业务使用的生产、营业用房，不属于免税范围。

（2）由国家财政部门拨付事业经费的单位，如学校、医疗卫生单位、托儿所、幼儿园、敬老院、文化、体育、艺术这些实行全额或差额预算管理的事业单位所有的，本身业务范围内使用的房产免征房产税。

（3）宗教寺庙、公园、名胜古迹自用的房产免征房产税。

（4）个人所有非营业用的房产免征房产税。

（5）对行使国家行政管理职能的中国人民银行总行（含国家外汇管理局）所属分支机构自用的房产，免征房产税。

（6）经财政部批准免税的其他房产。

另外纳税人纳税确有困难的，可由省、自治区、直辖市人民政府确定，定期减征或者免征房产税。

二、房产税的计税方法

1. 房产税的计税依据

房产税的计税依据，有从价计征和从租计征两种。按照房产计税价值计算缴纳的，称为从价计征；按照房产租金收入计算缴纳的，称为从租计征。

（1）从价计征。《房产税暂行条例》规定，房产税从价计征的，依照房产原值一次减除10%～30%后的余值计算缴纳。各地扣除比例由当地省、自治区、直辖市人民政府确定。

1）房产原值是指纳税人按照企业会计制度的规定，在企业账簿“固定资产”科目中记载的房屋原价。

2）房产原值应包括与房屋不可分割的各种附属设备或一般不单独计算价值的配套设备。

3）纳税人对原有房屋进行改建、扩建的，要相应增加房屋的原值。

4）更换房屋附属设备和配套设施的，在将其价值计入房产原值时，可扣减原来相应设备和设施的价值；对附属设备和配套设施中易损坏，需要经常更换的零配件，更新后不再计入原产原值，原零配件的原值也不扣除。

5）自2006年1月1日起凡在房产征收范围内的具备房屋功能的地下建筑，包括与地上房屋相连的地下建筑以及完全建在地面以下建筑，地下人防设施等，均应当依据有关规定征收房产税。

（2）从租计征。《房产税暂行条例》中规定，房产出租的，以房产的租金收入为房产的计税依据。所谓房产的租金收入，是指房屋产权所有人出租房产使用权所得的报酬，包括货币收入和实物收入。

2. 房产税的计算方法

（1）从价计征的房产税的计算。从价计征的房产税是指按照房产的原值减除一定比例后的余额来计算征收房产税。其计算公式如下：

应纳房产税税额＝应税房产原值×（1－扣除比例）×1.2%

上述公式当中的扣除比例，由省、自治区、直辖市人民政府规定，该比例可略有不同，如福建省为25%、山东省为30%。如果没有房产原值作为计价依据的，由房产所在地税务机关参考同类房产核定。

【例10-4】 某企业的经营用房产原值为4 200万元，按照当地政府规定允许减除30%后计征房产税，适用税率为1.2%，请计算该企业应纳房产税税额。

解

应纳房产税税额＝42 000 000×（1－30%）×1.2%＝352 800（元）

（2）从租计征的房产税的计算。房产出租的，以房产出租的租金收入来计算征收房产税，为从租计征，该种计算方法的税率为12%。其计算公式如下：

应纳房产税税额＝租金收入×12%

【例10-5】 某贸易公司用于出租的库房共有3栋，其房产原值为1 400万元，年租金收入为250万元，适用税率为12%，请计算该企业应纳房产税税额。

解

应纳房产税税额＝2 500 000×12%＝300 000（元）

三、房产税的会计处理

企业为了核算应交纳的房产税，可设置“应交税费——应交房产税”账户。该账户贷方反映计算应缴纳的房产税税额；借方反映实际已缴纳数；贷方余额反映应缴未缴数，借方余额为实际多缴数。由于房产税按年计征，分期缴纳，所以当企业计算出应缴房产税后，应借记“管理费用”账户，贷记“应交税费——应交房产税”账户；实际缴纳税款时，借记“应交税费——应交房产税”账户，贷记“银行存款”账户。

【例10-6】某公司“固定资产——房屋及建筑物”科目的年初余额为3 500 000元，国家规定允许减除30%后计税，其全年应缴纳房产税税额可分季度缴纳。该公司应如何进行会计处理？

（1）当年计算出应缴纳的房产税时：

应纳房产税税额＝3 500 000×（1－30%）×1.2%＝29 400（元）

每月应纳房产税税额＝29 400÷12＝2 450（元）

（2）每月计提房产税时：

借：管理费用　　2 450

　　贷：应交税费——应交房产税　　2 450

（3）按季度缴纳房产税时：

借：应交税费——应交房产税　　7 350

　　贷：银行存款　　7 350

四、房产税的纳税申报

1. 房产税的纳税时间和地点

（1）房产税的纳税义务发生时间。

1）纳税人将原有房产用于生产经营，从生产经营之月起，缴纳房产税。

2）纳税人自行新建房屋用于生产经营，从建成之次月起，缴纳房产税。

3）纳税人委托施工企业建设的房屋，从办理验收手续之次月起，缴纳房产税。

4）纳税人购置新建商品房，自房屋交付使用之次月起，缴纳房产税。

5）纳税人购置存量房，自办理房产权属转移、变更登记手续，房地产权属登记机关签发房屋权属证书之次月起，缴纳房产税。

6）纳税人出租、出借房产，自交付出租、出借房产之次月起，缴纳房产税。

7）房地产开发企业自用、出租、出借本企业建造的商品房，自房屋使用或交付之次月起，缴纳房产税。

8）自2009年1月1日起，纳税人因房产的实物或权利状态发生变化而依法终止房产税纳税义务的，其应纳税款的计算应截止到房产的实物或权利状态发生变化的当月末。

（2）房产税的纳税地点。房产税在房产所在地缴纳，由土地所在的地的税务机关征收。房产不在同一地方的纳税人，应按房产的坐落地点分别向所在地税务机关缴纳。

2. 房产税纳税申报表

房产税的纳税义务人应按有关规定及时办理纳税申报，并如实填写房产税税纳税申报表，其具体格式如表10-2～表10-6所示。

表 10-2　房产税纳税申报表

税款所属期：自　　　年　　月　　日至　　　年　　月　　日

填表日期：　　　年　　月　　日　　　　　　金额单位：元（列至角分）；面积单位：平方米

纳税人识别号：□□□□□□□□□□□□□□□□□□□□

<table>
<tr><td rowspan="3">纳税人信息</td><td>名称</td><td></td><td>纳税人分类</td><td colspan="3">单位□　个人□</td></tr>
<tr><td>登记注册类型</td><td></td><td>所属行业</td><td colspan="3"></td></tr>
<tr><td>身份证照类型</td><td>身份证□ 护照□ 军官证□ 其他□</td><td>联系人</td><td></td><td>联系方式</td><td></td></tr>
</table>

一、从价计征房产税

	房产编号	房产原值	其中：出租房产原值	计税比例	税率	所属期起	所属期止	本期应纳税额	本期减免税额	本期已缴税额	本期应补（退）税额
1											
2											
3											
4											
5											
6											
7											
8											
9											
10											
合计											

二、从租计征房产税

	本期申报租金收入	税率	本期应纳税额	本期减免税额	本期已缴税额	本期应补（退）税额
1						
2						
3						
合计						

以下由纳税人填写：

<table>
<tr><td>纳税人声明</td><td colspan="5">此纳税申报表是根据《中华人民共和国房产税暂行条例》和国家有关税收规定填报的，是真实的、可靠的、完整的。</td></tr>
<tr><td>纳税人签章</td><td></td><td>代理人签章</td><td></td><td>代理人身份证号</td><td></td></tr>
</table>

以下由税务机关填写：

受理人		受理日期	年　月　日	受理税务机关签章	

本表一式两份，一份纳税人留存，一份税务机关留存。

表 10-3　房产税减免税明细申报表

税款所属期：自　　　年　　月　　日至　　　年　　月　　日

填表日期：　　　年　　月　　日　　　　　　　　金额单位：元（列至角分）；面积单位：平方米

纳税人识别号：

纳税人名称：

一、从价计征房产税减免信息

	房产编号	所属期起	所属期止	减免税房产原值	计税比例	税率	减免性质代码	减免项目名称	本期减免税额
1									
2									
3									
合计									

二、从租计征房产税减免信息

	房产编号	本期减免税租金收入	税率	减免性质代码	减免项目名称	本期减免税额
1						
2						
3						
合计						

以下由纳税人填写：

纳税人声明	此纳税申报表是根据《中华人民共和国房产税暂行条例》和国家有关税收规定填报的，是真实的、可靠的、完整的。				
纳税人签章		代理人签章		代理人身份证号	

以下由税务机关填写：

受理人		受理日期	年　月　日	受理税务机关签章	

表 10-4　从价计征房产税税源明细表

纳税人名称：　　　　　　　　纳税人分类：单位□ 个人 □　　　填表日期：　　　　年　　月　　日

金额单位：元（列至角分）；面积单位：平方米

纳税人识别号：□□□□□□□□□□□□□□□□□□□□

<table>
<tr><td>房产编号</td><td colspan="2"></td><td>产权证书号</td><td colspan="2"></td></tr>
<tr><td>房产名称</td><td colspan="5"></td></tr>
<tr><td>房屋坐落地址
（详细地址）</td><td colspan="5">省（自治区）　　市　　县（区）　　街道　　（必填）</td></tr>
<tr><td>房产所属主管税务所（科、分局）</td><td colspan="5">该房产的房产税收入所属的主管税务机关。系统允许各地配置该项的确定规则。该项不需纳税人手动填写，根据确定规则自动带出。</td></tr>
<tr><td>纳税人类型</td><td>产权所有人□、经营管理人□、承典人□、房屋代管人□、房屋使用人□、融资租赁承租人□（必选）</td><td>所有权人纳税识别码</td><td>非必填</td><td>所有权人名称</td><td>非必填</td></tr>
<tr><td>房屋所在土地编号</td><td colspan="2"></td><td>房产用途</td><td colspan="2">工业□ 商业及办公□ 住房□ 其他□（必选）</td></tr>
<tr><td>房产取得时间</td><td>年　月</td><td>变更类型</td><td>纳税义务终止（权属转移□ 其他□）信息项变更（房产原值变更□ 出租房产原值变更□ 减免税变更□ 其他□）</td><td>变更时间</td><td>年　月</td></tr>
<tr><td>建筑面积</td><td>（必填）</td><td>其中：出租房产面积</td><td colspan="3"></td></tr>
<tr><td>房产原值</td><td>（必填）</td><td>其中：出租房产原值</td><td></td><td>计税比例</td><td>系统设定</td></tr>
<tr><td rowspan="4">减免税部分</td><td>序号</td><td>减免税性质代码</td><td>减免税项目名称</td><td>减免税房产原值</td><td>月减免税金额</td></tr>
<tr><td>1</td><td></td><td></td><td></td><td></td></tr>
<tr><td>2</td><td></td><td></td><td></td><td></td></tr>
<tr><td>3</td><td></td><td></td><td></td><td></td></tr>
</table>

以下由纳税人填写：

<table>
<tr><td>纳税人声明</td><td colspan="5">此纳税申报表是根据《中华人民共和国房产税暂行条例》和国家有关税收规定填报的，是真实的、可靠的、完整的。</td></tr>
<tr><td>纳税人签章</td><td></td><td>代理人签章</td><td></td><td>代理人身份证号</td><td></td></tr>
</table>

以下由税务机关填写：

<table>
<tr><td>受理人</td><td></td><td>受理日期</td><td>年　月　日</td><td>受理税务机关签章</td><td></td></tr>
</table>

本表一式两份，一份纳税人留存，一份税务机关留存。

表 10-5　从租计征房产税税源明细表

纳税人名称：　　　　　　纳税人分类：单位□　个人□　　填表日期：　　　年　　月　　日

金额单位：元（列至角分）；面积单位：平方米

纳税人识别号：□□□□□□□□□□□□□□□□□□□□

<table>
<tr><td>房产名称</td><td colspan="3"></td><td>房产编号</td><td colspan="2"></td></tr>
<tr><td>房产用途</td><td colspan="6">工业□ 商业及办公□ 住房□ 其他□</td></tr>
<tr><td>房产坐落地址
（详细地址）</td><td colspan="6">省（自治区）　　市　　县（区）　　街道</td></tr>
<tr><td>房产所属主管税务所
（科、分局）</td><td colspan="6">该房产的房产税收入所属的主管税务机关。系统允许各地配置该项的确定规则。该项不需纳税人手动填写，根据确定规则自动带出。</td></tr>
<tr><td>承租方纳税识别号</td><td colspan="3"></td><td>承租方名称</td><td colspan="2"></td></tr>
<tr><td>出租面积</td><td colspan="3"></td><td>合同租金
总收入</td><td colspan="2"></td></tr>
<tr><td>合同约定租赁期起</td><td colspan="3"></td><td>合同约定
租赁期止</td><td colspan="2"></td></tr>
<tr><td>申报租金收入</td><td></td><td>申报租金所属租赁期起</td><td></td><td>申报租金所属
租赁期止</td><td colspan="2"></td></tr>
<tr><td>减免税性质代码</td><td></td><td>减免税项目名称</td><td></td><td>减免税租金收入</td><td colspan="2"></td></tr>
<tr><td>减免税额</td><td colspan="6"></td></tr>
</table>

以下由纳税人填写：

<table>
<tr><td>纳税人声明</td><td colspan="5">此纳税申报表是根据《中华人民共和国房产税暂行条例》和国家有关税收规定填报的，是真实的、可靠的、完整的。</td></tr>
<tr><td>纳税人签章</td><td></td><td>代理人签章</td><td></td><td>代理人身份证号</td><td></td></tr>
</table>

以下由税务机关填写：

受理人		受理日期	年　月　日	受理税务 机关签章	

本表一式两份，一份纳税人留存，一份税务机关留存。

表 10-6 房产税纳税申报表（汇总版）

税款所属期：自　　年　月　日至　　年　月　日

填表日期：　　年　月　日　　　　金额单位：元（列至角分）；面积单位：平方米

纳税人识别号：□□□□□□□□□□□□□□□□□□□□

<table>
<tr><td rowspan="3">纳税人信息</td><td>名称</td><td></td><td>纳税人分类</td><td colspan="3">单位□　个人□</td></tr>
<tr><td>登记注册类型</td><td></td><td>所属行业</td><td colspan="3"></td></tr>
<tr><td>身份证照类型</td><td>身份证□ 护照□ 军官证□ 其他□</td><td>联系人</td><td></td><td>联系方式</td><td></td></tr>
</table>

一、从价计征房产税

	房产原值	其中：出租房产原值	计税比例	税率	所属期起	所属期止	本期应纳税额	本期减免税额	本期已缴税额	本期应补（退）税额
1										
2										
3										
合计										

二、从租计征房产税

	本期申报租金收入	税率	本期应纳税额	本期减免税额	本期已缴税额	本期应补（退）税额
1						
2						
3						
合计						

以下由纳税人填写：

<table>
<tr><td>纳税人声明</td><td colspan="5">此纳税申报表是根据《中华人民共和国房产税暂行条例》和国家有关税收规定填报的，是真实的、可靠的、完整的。</td></tr>
<tr><td>纳税人签章</td><td></td><td>代理人签章</td><td></td><td>代理人身份证号</td><td></td></tr>
</table>

以下由税务机关填写：

受理人		受理日期	年　月　日	受理税务机关签章	

本表一式两份，一份纳税人留存，一份税务机关留存。

第三节　车船税会计

一、车船税的基本法规

车船税是指在中华人民共和国境内的车辆、船舶的所有人或者管理人应缴纳的一种税。我国的车船税法律规范是2011年2月25日由第十一届全国人民代表大会常务委员会第十九次会议通过，并于2012年1月1日实施的《中华人民共和国车船税法》（以下简称《车船税法》）。

1. 车船税的纳税人

车船税的纳税人为中华人民共和国境内的车辆、船舶（以下简称车船）的所有人或者管理人。其中，所有人是指在我国境内拥有车船的单位和个人；管理人是指对车船具有管理使用权，但不具有所有权的单位。上述所称的单位包括国有企业、集体企业、私营企业、股份制企业、外商投资企业、外国企业以及其他企业和事业单位、社会团体、国家机关、军队以及其他单位；所称的个人，包括个体工商户以及其他个人。

2. 车船税的征税对象

车船税的征税对象，包括依法在车船管理部门登记并行使于中国境内公共道路的车辆和航行于中国境内河流、湖泊或领海的船舶两大类。具体包括乘用车、商用车、其他车辆、摩托车和船舶等。

3. 车船税的税率

车船税实行定额税率。定额税率也称固定税额。定额税率计算简便，适宜于从量计征的税种。

（1）车辆税额。《车船税法》对应税车辆实行有幅度的定额税率，即对各类车辆分别规定一个最低到最高限度的年税额，车辆的具体适用税额由省、自治区、直辖市人民政府在规定的税额幅度内，根据当地的实际情况，对同一计税标准的车辆具体确定。车辆税税目税额表如表10-7所示。

表10-7　车辆税税目税额表

税目		计税标准	每年税额	税目注释
乘用车［按发动机气缸容量（排气量分档）］	1.0L（含）以下的	每辆	60～360元	核定载客人数9人（含）以下
	1.0L以上～1.6L（含）的		300～540元	
	1.6L以上～2.0L（含）的		360～660元	
	2.0L以上～2.5L（含）的		660～1200元	
	2.5L以上～3.0L（含）的		1200～2400元	
	3.0L以上～4.0L（含）的		2400～3600元	
	4.0L以上的		3600～5400元	
商用车	客车	每辆	480～1440元	核定载客人数9人（包括电车）以上
	货车	整备质量每吨	16～120元	1. 包含半挂牵引车、挂车、客货两用汽车、三轮汽车和低速载货汽车等 2. 挂车按照货车税额的50%计算
其他车辆	专用作业车	整备质量每吨	16～120元	不包括拖拉机
	轮式专用机械车	每辆	16～120元	
摩托车		每辆	36～180元	

（2）船舶税额。《车船税法》对应税船舶应按照船舶净吨位和艇身长度区间确定具体适用税额。其中，船舶净吨位小于或者等于200t的，每吨3元；净吨位201～2 000t的，每吨4元；净吨位2 001～10 000t的，每吨5元；净吨位10 001t及其以上的，每吨6元。

其中：考虑到非机动驳船只有与拖船连接才能发挥运输功能，《车船税法》规定非机动驳船和拖船各按上述船舶税额的50%计算征收；拖船是指专门用于拖（推）动运输船舶的专业作业船舶。拖船按照发动机功率每1千瓦折合净吨位0.67t计算征收车船税。

另外，船舶净吨位尾数在0.5t以下（含0.5t）的不予计算，超过0.5t的按照1t计算。1吨以下的小型船舶，一律按照1t计算。

《车船税法》对应税游艇应按照游艇长度区间确定具体适用税额。其中，游艇长度不超过10m的游艇，每米600元；艇身长度超过10m但不超过18m的游艇，每米900元；艇身长度超过18m但不超过30m的游艇，每米1300元；艇身长度超过30m的游艇，每米2000元；辅助动力帆艇，每米600元。

4. 车船税的税收优惠

（1）自2012年1月1日，对节约能源的车辆，减半征收车船税；对适用新能源的车辆，免征车船税；对受严重自然灾害影响纳税困难以及有其他特殊原因确需减税、免税的，可以减征或者免征车船税。

使用新能源的车辆包括纯电动车、燃料电池汽车和混合动力汽车。纯电动汽车、燃料电池汽车不属于车船税征收范围，其他混合动力汽车按照同类车辆适用税额减半征税。

（2）为了扶植渔业的发展，支持社会主义新农村建设，对捕捞和养殖渔船免征车船税。

捕捞、养殖渔船是指在渔业船舶管理部门登记为捕捞船或者养殖船的渔业船舶。不包括在渔业船舶管理部门登记为捕捞船或者养殖船以外类型的渔业船舶。

（3）为了支持国防建设和满足警务保障的需要，对军队、武警专用的车船和警用车船免征车船税。

军队、武警专用的车船是指按照规定在军队、武警车船管理部门登记，并领取军用牌照、武警牌照的车船。警用车船是指公安机关、国家安全机关、监狱、劳动教养管理机关和人民法院、人民检察院领取警用牌照的车辆和执行警务的专用船舶。

（4）考虑到政策的延续性，对按照有关规定已经缴纳船舶吨税的机动船舶自《车船税法》实施之日起5年内免征车船税。

（5）根据有关国际公约和国际惯例的要求，体现外交对等原则，对依照我国有关法律和我国缔结或者参加的国际条约的规定，如按照《中华人民共和国外交特权与豁免条例》《中华人民共和国领事特权与豁免条例》应当予以免税的外国驻华使馆、领事馆和国际组织驻华机构及其有关人员的车船免征车船税。

（6）省、自治区、直辖市人民政府根据当地实际情况，可以对公共交通车船，农村居民拥有并主要在农村地区使用的摩托车、三轮汽车和低速载货汽车定期减免征车船税。

二、车船税的计税方法

1. 计税依据

车船税以《车船税法》规定的应税车船为征税对象，以征税对象的计量标准为计税依据，从量计征。

车船税的计税依据，按车船的种类和性能，分别确定为每辆、整备质量每吨、净吨位每吨和艇身长度每米四种：

（1）乘用车、商用客车和摩托车按每辆为计税依据。

（2）商用货车、专用作业车和轮式专用机械车，按整备质量每吨为计税依据。

（3）机动船舶、非机动驳船、拖船，按净吨位每吨为计税依据。所谓净吨位是指额定装运货物的船舱所占用的空间容积。

（4）游艇按艇身长度每米为计税依据。

2. 应纳税额的计算方法

车船税应纳税额的计算公式如下：

$$\text{乘用车、商用客车和摩托车的应纳税额}=\text{车辆数}\times\text{适用单位税额}$$

$$\text{商用货车、专用作业车和轮式专用机械车的应纳税额}=\text{整备质量吨位数}\times\text{适用单位税额}$$

$$\text{船舶的应纳税额}=\text{净吨位数}\times\text{适用单位税额}$$

$$\text{非机动驳船和拖船的应纳税额}=\text{净吨位数}\times\text{适用单位税额}\times 50\%$$

$$\text{拖船的应纳税额}=\text{马力数}\times\text{适应单位税额}\times 50\%$$

$$\text{游艇的应纳税额}=\text{艇身长度}\times\text{适用单位税额}$$

特殊说明：

购置的新车船，购置当年的应纳税额自纳税义务发生的当月起按月计算。计算公式如下：

$$\text{应纳税额}=\frac{\text{年应纳税额}}{12}\times\text{应纳税月份数}$$

【例 10-7】 某交通运输公司 2015 年年初拥有商用货车（整备质量 4t）51 辆，乘用车分别为排气量 4.0L 以上的 5 辆、2.0L 以上～2.5L（含）的 7 辆、1.0L 以上～1.6L（含）的 11 辆，2015 年 3 月 10 日新购入 1.0L 以上～1.6L（含）的乘用车 4 辆。请计算该公司 2015 年全年应缴纳的车船税税额（该企业所在省规定商用货车年纳税额整备质量每吨 60 元，乘用车年纳税额分别为排气量 4.0L 以上的每辆 4 000 元、2.0L 以上～2.5L（含）的每辆 1 000 元、1.0L 以上～1.6L（含）的每辆 420 元）。

解

$$\begin{aligned}\text{应纳车船税税额}&=51\times4\times60+5\times4\,000+7\times1\,000+11\times420+4\times(420\div12)\\&\quad\times10=45\,260(\text{元})\end{aligned}$$

【例 10-8】 某航运公司拥有下列船舶：净吨位为 180t 的 22 艘、净吨位为 600t 的 14 艘、净吨位为 4 000t 的 10 艘、净吨位为 12 000t 的 2 艘。请计算该公司全年应缴纳的车船税税额。

解

$$\text{应纳车船税税额}=22\times180\times3+14\times600\times4+10\times4\,000\times5+2\times12\,000\times6=389\,480(\text{元})$$

三、车船税的会计处理

企业应缴纳的车船税应直接记入“管理费用”账户，并在“应交税费”账户下设置“应交车船税”明细账户，该账户贷方反映计算的应缴数，借方反映实际已缴数；贷方余额反映应缴未缴数，借方余额为实际多缴数。

【例 10-9】 某企业拥有商用货车 8 辆（整备质量 2.3t），根据政府规定，核定年税额为整备质量每吨 80 元；拥有乘用车分别为排气量 2.0L 以上～2.5L（含）的 3 辆、1.0L 以上～

1.6L（含）的1辆和1.0L（含）以下的4辆，核定年纳税额分别为排气量2.0L以上～2.5L（含）的每辆800元、1.0L以上～1.6L（含）的每辆420元和1.0L（含）以下的每辆350元。那么该企业缴纳的车船税如何进行会计处理？

（1）计算每月应缴车船税税额如下：

$$全年应缴车船税税额 = 8 \times 2.3 \times 80 + 3 \times 800 + 420 + 4 \times 350 = 5\ 692(元)$$

$$每月应缴车船税税额 = 5\ 692 \div 12 = 474(元)$$

（2）每月编制会计分录如下：

借：管理费用　　474

　　贷：应交税费——应交车船税　　474

（3）年末实际缴纳税款时：

借：应交税费——应交车船税　　5 692

　　贷：银行存款　　5 692

四、车船税的纳税申报

1. 车船税的纳税时间和地点

（1）车船税的纳税义务发生时间

1）纳税人从车船管理部门核发车船登记证书或者行驶证书所记载日期的当月起，就负有缴纳车船税的义务，应当按照税务机关规定的纳税期限缴纳车船税。

2）纳税人如果没有办理车船的登记手续，则以车船购置发票所载开具时间的当月作为纳税义务开始的时间；若纳税人无法提供车船购置发票，则由地方税务机关核定纳税义务开始的时间。

3）在一个纳税年度内，已完税的车船被盗抢、报废、灭失的，纳税人可以凭有关管理机关出具的证明和完税证明，向纳税所在地的主管地方税务机关申请退还自被盗抢、报废、灭失月份起至该纳税年度终了期间的税款。

已办理退税的被盗抢车船失而复得的，纳税人应当从公安机关出具相关证明的当月起计算缴纳车船税。

4）纳税人购买机动车交通事故责任强制保险的，应由扣缴义务人代收代缴机动车车船税的，纳税人不再向地方税务机关申报纳税。

车船税按年申报缴纳，具体期限由省级人民政府确定。

（2）车船税的纳税地点。车船税由地方税务机关负债征收。纳税地点由省、自治区、直辖市人民政府根据当地实际情况确定。

跨省、自治区、直辖市使用的车船，纳税地点为车船的登记地。

（3）车船税的代扣代缴。扣缴义务人在纳税人购买机动车交通事故责任强制保险的，应代收代缴机动车车船税，并在保险单上注明已收税款的信息，作为纳税人完税的证明。已完税或者按规定减免车船税的车辆，扣缴义务人应要求纳税人在购买保险时，提供地方税务机关出具的本年度车船税的完税凭证或者减免税证明。纳税人不能提供完税凭证或者减免税证明的，扣缴义务人应当要求纳税人在购买保险时按照当地的车船税税额标准代收代缴车船税。

2. 车船税纳税申报表

车船税纳税申报表如表10-8～表10-11所示。

表 10-8 车船税纳税申报表

税款所属期限：自　　　年　　月　　日至　　　年　　月　　日

填表日期：　　　年　　月　　日　　　　　　　　　　金额单位：元（列至角分）

纳税人识别号：□□□□□□□□□□□□□□□□□□□□□

纳税人名称		纳税人身份证照类型	
纳税人身份证照号码		居住（单位）地址	
联系人		联系方式	

序号	（车辆）号牌号码/（船舶）登记号码	车船识别代码（车架号/船舶识别号）	征收品目	计税单位	计税单位的数量	单位税额	年应缴税额	本年减免税额	减免性质代码	减免税证明号	当年应缴税额	本年已缴税额	本期年应补（退）税额
	1	2	3	4	5	6	7 = 5 × 6	8	9	10	11 = 7 − 8	12	13 = 11 − 12
合计	—	—	—	—	—	—			—	—			

申报车辆总数（辆）		申报船舶总数（艘）	

以下由申报人填写：

纳税人声明	此纳税申报表是根据《中华人民共和国车船税法》和国家有关税收规定填报的，是真实的、可靠的、完整的。				
纳税人签章		代理人签章		代理人身份证号	

以下由税务机关填写：

受理人		受理日期		受理税务机关（签章）	

本表一式两份，一份纳税人留存，一份税务机关留存。

表 10-9 车船税税源明细表（车辆）

申报车辆总数（辆）											
序号	号牌号码	车辆识别代码（车架号）	车辆类型	品牌型号	发动机号	车辆发票日期或注册登记日期	使用性质	燃料种类	排（气）量	核定载客	整备质量
1											
2											
3											
4											
5											
6											
7											
8											
9											
10											

纳税人名称： 纳税人身份证照号码： 填表日期：

表 10-10 车船税税源明细表（船舶）

纳税人名称： 纳税人身份证照号码： 填表日期：

申报船舶总数（艘）													
序号	船舶登记号	船舶识别号	船舶种类	中文船名	初次登记号码	船籍港	发证日期	取得所有权日期	建成日期	主机种类	净吨位	主机功率	艇身长度（总长）
1													
2													
3													
4													
5													
6													
7													
8													
9													
10													

表 10-11　车船税代收代缴报告表

税款所属期限：自　　年　　月　　日至　　年　　月　　日

填表日期：　　年　　月　　日　　　　　　　　　　金额单位：元（列至角分）

扣缴义务人纳税识别号：□□□□□□□□□□□□□□□□□□□□

扣缴义务人名称		扣缴义务人地址	
联系人		联系方式	

序号	纳税人名称	纳税人身份证照类型	纳税人身份证照号码	保险信息				机动车信息											纳税信息														
				保险单号	保单起期	保单止期	签单日期	号牌号码	车辆识别代码（车架号）	发动机号码	品牌型号	机动车种类	车辆发票或注册登记日期	使用性质	燃料种类	排（气）量	核定载客	整备质量	征收品目	计税单位	计税单位的数量	单位税额	年应缴税额	本年减免税额	减免税证明号	减免性质代码	完税凭证号	开具税务机关	纳税人拒绝代收信息	当年应缴税额	往年补缴税额	滞纳金	实际缴纳税款滞纳金合计
	1	2	3	4	5	6	7	8	9	10	11	12	13	14	15	16	17	18	19	20	21	22	23 = 21 × 22	24	25	26	27	28	29	30 = 23 − 24	31	32	33 = 30 + 31 + 32
合计	—	—	—	—	—	—	—	—	—	—	—	—	—	—	—	—	—	—	—	—	—	—			—	—	—	—	—				

本期代收代缴车船税车辆总数（辆）	
扣缴义务人声明	此代收代缴报告表是根据《中华人民共和国车船税法》和国家有关税收规定填报的，是真实的、可靠的、完整的。 扣缴义务人（公章）

以下由税务机关填写：

受理日期		受理人		受理税务机关（盖章）

本表一式两份，一份扣缴义务人留存，一份税务机关留存

第四节　印花税会计

一、印花税的基本法规

印花税是对经济活动和经济交往中书立、使用、领受的具有法律效力凭证的单位和个人征收的一种税。它是一种具有行为税性质的凭证税，因为纳税人主要是通过在应税凭证上粘贴印花税票来完税而得名。

1. 印花税的主要法律规定

（1）纳税义务人。凡在我国境内书立、领受属于征税范围内所列凭证的单位和个人，都是印花税的纳税义务人，包括各类企业单位、事业单位、机关、团体、部队以及中外合资经营企业、中外合作经营企业、外资企业、外国公司企业和其他经济组织及其在华机构等单位和个人。

按照征税项目划分，纳税人具体包括以下几点：

1）立合同人。书立各类经济合同的，以立合同人为纳税人。所谓立合同人，是指合同的当事人，不包括保人、证人、鉴定人。

2）立账簿人。建立营业账簿的，以立账簿人为纳税人。

3）立据人。订立各种产权转移书据的，以立据人为纳税人。如立据人未贴印花或少贴印花，则书据的持有人应负责补贴印花。所立书据以合同方式签订的，应由持有书据的各方分别按全额贴花。

4）领受人。领取权利、许可证照的，以领受人为纳税人。对于同一凭证，如果由两方或两方以上当事人签订并各执一份的，各方均为纳税人，应当由各方就所持凭证各自全额贴花。

5）使用人。在国外书立、领受但在国内使用的应税凭证，其纳税人是使用人。

6）各类电子应税凭证的签订人。以电子形式签订的各类应税凭证的当事人。

（2）征税对象。现行印花税只对《中华人民共和国印花税暂行条例》列举的凭证征税，没有列举的凭证不征税。列举征税的凭证分为五类，即经济合同或具有合同性质的凭证，产权转移书据，营业账簿，权利、许可证照和经财政部门确认征税的其他凭证。具体征税范围如下：

1）经济合同。合同是指当事人之间为实现一定目的，经协商一致，明确当事人各方权利、义务关系，以经济业务活动作为内容的合同，通常称为经济合同，在税目税率表中列举了10大类合同。分别是购销合同、加工承揽合同、建设工程勘察设计合同、建筑安装工程承包合同、财产租赁合同、货物运输合同、仓储保管合同、借款合同、财产保险合同、技术合同。

2）产权转移书据。产权转移书据是指在产权的买卖、交换、继承、赠与、分割等产权主体变更过程中，由产权出让人和受让人之间所订立的民事法律文书。

3）营业账簿。印花税税目中的营业账簿归属于财务会计账簿，是按照财务会计制度的要求设置的反映生产经营活动的账册。按照营业账簿反映的内容不同，在税目中分为记载资金的账簿（简称资金账簿）和其他营业账簿两类，以便于分别采用按金额计税和按件计税两种计税方法。

4）权利、许可证照。权利、许可证照是政府授予单位、个人某种法定权利和准予从事特定经济活动的各种证照的统称，包括政府部门发给的房屋产权证、工商营业执照、商标注册证、专利证、土地使用证等。

5）经财政部门确定征税的其他凭证。如证券交易中的股权转让书据。

（3）印花税的税率。现行印花税设计为比例税率和定额税率两种税率形式。

在印花税的13个税目中，适用比例税率的有各类合同及具有合同性质的凭证、营业账簿中记载资金的账簿、产权转移书据。这些凭证一般都载有金额，按比例税率纳税，金额多的多纳，金额少的少纳，可以体现合理负担原则。适用定额税率的有权利、许可证照和营业账簿税目中的其他账簿，单位税额均为每件5元。在确定适用税率时，如果发生载有一个经济事项的应税凭证，但可以同时运用两个或两个以上税率，且属于同一笔金额的，应按其中一个较高税率计算纳税，而不是分别按两种税率贴花。印花税税目税率如表10-12所示。

表10-12 印花税税目税率

税 目	范 围	税 率	纳税人	备 注
1. 购销合同	包括供应、预购、采购、购销结合及协作、调剂、补偿等合同	按购销金额的0.3‰贴花	立合同人	
2. 加工承揽合同	包括加工、定做、修缮、修理、印刷、广告、测试等合同	按加工或承揽收入的0.5‰贴花	立合同人	
3. 建设工程勘察设计合同	包括勘察、设计合同	按收取费用的0.5‰贴花	立合同人	
4. 建筑安装工程承包合同	包括建筑、安装工程承包合同	按承包金额的0.3‰贴花	立合同人	
5. 财产租赁合同	包括租赁房屋、船舶、飞机、机动车辆、机械、器具、设备等合同	按租赁金额的1‰贴花。税额不足1元的，按1元贴花	立合同人	
6. 货物运输合同	包括民航、铁路、海上、内河、公路运输和联合运输等合同	按运输费用的0.5‰贴花	立合同人	单据作为合同使用的，按合同贴花
7. 仓储保管合同	包括仓储、保管合同	按仓储保管费用的1‰贴花	立合同人	仓单或栈单作为合同使用的，按合同贴花

（续）

税　目	范　围	税　率	纳税人	备　注
8. 借款合同	银行及其他金融机构和借款人（不包括银行同业拆借）所签订的借款合同	按借款金额的0.05‰贴花	立合同人	单据作为合同使用的，按合同贴花
9. 财产保险合同	包括财产、责任、保证、信用等保险合同	按保险费收入的1‰贴花	立合同人	单据作为合同使用的，按合同贴花
10. 技术合同	包括技术开发、转让、咨询、服务等合同	按所载金额的0.3‰贴花	立合同人	
11. 产权转移书据	包括财产所有权和版权、商标专用权、专利权、专有技术使用权等转移书据	按所载金额的0.5‰贴花	立据人	
12. 营业账簿	生产经营用账册	记载金额的账簿按实收资本和资本公积两项合计金额的0.5‰贴花。其他账簿按件贴花每件5元	立账簿人	记载资金的账簿按实收资本和资本公积两项合计金额贴花后，以后年度资金总额比已贴花资金总额增加的，增加部分按规定贴花
13. 权利、许可证照	包括政府部门发的房屋产权证、工商营业执照等	按件贴花5元	领受人	

2. 印花税税收优惠

（1）应纳税额不足1角的，免纳印花税。

（2）应纳税额在1角以上的，其税额尾数不满5分的不计，满5分的按1角计算缴纳。

（3）已缴纳印花税的凭证的副本或者抄本免税。副本或抄本只是留存被查，不对外发生权利义务关系。但是如果以副本或抄本视同正本使用，则应另贴印花。

（4）财产所有人将财产赠给政府、社会福利单位、学校所立的书据免税。

（5）国家指定由收购部门与村民委员会、农民个人书立的农业产品收购合同免税。

（6）无息、贴息贷款合同免税。

（7）外国政府或国际金融组织向我国政府及国家金融机构提供优惠贷款所书立的合同

免税。

(8) 房地产管理部门与个人订立的用于生活居住住房租赁合同免税。

(9) 军事物资运输、抢险救灾物资运输，以及新建铁路临管线运输等的特殊货运凭证免税。

(10) 经县以上人民政府及企业主管部门批准改制的，企业因改制签订的产权转移书据免予贴花。

(11) 经财政部批准免税的其他凭证。

二、印花税的计税依据

1. 一般规定

(1) 购销合同的计税依据为购销金额，不得作任何扣除。

(2) 加工承揽合同的计税依据是加工或承揽收入的金额。

1) 受托方提供原材料的加工、定做合同，凡在合同中分别记载加工费金额和原材料金额的，应分别按加工承揽合同、购销合同计税，两项税额相加数，即为合同应贴印花；合同未分别记载原辅料及加工费金额的，一律就全部金额按加工承揽合同（从高征收万分之五）计税贴花。

2) 委托方提供原材料，受托方收取加工费及辅料，双方就加工费及辅料按加工承揽合同计算贴花。

(3) 建设工程勘察设计合同的计税依据为勘察、设计收取的费用。

(4) 建筑安装工程承包合同的计税依据为承包金额，不得剔除任何费用。如果施工单位将自己承包的建筑项目再分包或转包给其他施工单位，其所签订的分包或转包合同，仍应按所载金额另行贴花。

(5) 财产租赁合同的计税依据为租赁金额（即租金收入）。

提示：税额不足1元的按照1元贴花。

(6) 货物运输合同的计税依据为取得的运输费金额（即运费收入），不包括所运货物的金额、装卸费和保险费等。

(7) 仓储保管合同的计税依据为仓储保管的费用（即保管费收入）。

(8) 借款合同的计税依据为借款金额（不包括利息）。对银行及其他金融组织的融资租赁业务签订的融资租赁合同，应按合同所载租金总额，暂按借款合同计税。

(9) 财产保险合同的计税依据为支付（收取）的保险费金额，不包括所保财产的金额。

(10) 技术合同的计税依据为合同所载的价款、报酬或使用费。对技术开发合同，只就合同所载的报酬金额计税，研究开发经费不作为计税依据。

(11) 产权转移书据以书据中所载的金额为计税依据。

(12) 记载资金的营业账簿，以实收资本和资本公积的两项合计金额为计税依据。其他账簿按件贴花。

(13) 权利、许可证照按凭证件数贴花。

2. 特殊规定

(1) 同一凭证，载有两个或两个以上经济事项而适用不同税目税率的，应分别记载，分别计算应纳税额，相加后合计贴花；如果未分别记载金额的，按税率高的计税贴花。

（2）有些合同在签订时无法确定计税金额，如技术转让合同中的转让收入，是按销售收入的一定比例收取或是按实现利润分成的；财产租赁合同只是规定了月（天）租金标准而无期限的。对于这类合同，可在签订时先按定额 5 元贴花，以后结算时再按实际金额计税，补贴印花。

（3）在商品购销活动中，采用以货换货方式进行商品交易签订的合同，是反映既购又销双重经济行为的合同，对此，应按合同所载的购、销合计金额计税贴花。

（4）应税合同在签订时纳税义务即已产生，应计算应纳税额并贴花。所以，不论合同是否兑现或是否按期兑现，均应贴花。

对已履行并贴花的合同，所载金额与合同履行后实际结算金额不一致的，只要双方未修改合同金额，一般不再办理完税手续。

三、印花税的账务处理

纳税人计算缴纳的印花税不通过“营业税金及附加”科目核算，一般直接记入“管理费用”科目，企业缴纳的印花税不需要通过“应交税费”科目核算，购买印花税票时，应做以下账务处理：

借：管理费用

　　贷：银行存款

【例 10-10】 某公司 2015 年 4 月签订商品购销合同金额 2 000 000 元，借款合同 1 200 000元，签订购销合同按购销金额万分之三贴花，借款合同按借款金额万分之零点五贴花，计算该公司 4 月份应纳印花税并做出会计处理。

$$应纳印花税税额 = 2\ 000\ 000 \times 0.3‰ + 1\ 200\ 000 \times 0.05‰ = 660（元）$$

会计分录如下：

借：管理费用——印花税　　660

　　贷：银行存款　　660

四、印花税纳税方法

（1）自行贴花：由纳税人根据规定自行计算应纳税额，自行购买印花税票一次贴足，自行注销或划销。

（2）汇贴：当一份凭证应纳税额超过 500 元时，应向税务机关申请填写缴款书或者完税凭证，将其中一联粘贴在凭证上或者由税务机关在凭证上加注完税凭证。

（3）汇缴：同一种凭证，需要频繁贴花的，纳税人可以选择按期汇总缴纳印花税的方式，汇总缴纳的期限最长不超过一个月。

（4）委托代征：税务机关委托，由发放或者办理应纳税凭证的单位代为征收印花税税款。

五、印花税的纳税申报

印花税纳税申报表适用于各类应税凭证印花税的纳税申报，能够全面反映应税凭证当月申报与即时贴花完税的情况。其基本格式如表 10-13 所示。

表10-13 印花税纳税申报（报告）表

税款所属期限：自　　年　月　日至　　年　月　日

填表日期：　　年　月　日　　　　金额单位：元（列至角分）

纳税人识别号：□□□□□□□□□□□□□□□□□□□□

纳税人信息	名称			□单位　□个人
	登记注册类型		所属行业	
	身份证件类型		身份证件号码	
	联系方式			

应税凭证	计税金额或件数	核定征收		适用税率	本期应纳税额	本期已缴税额	本期减免税额		本期应补（退）税额
		核定依据	核定比例				减免性质代码①	减免额	
	1	2	3	4	5＝1×4＋2×3×4	6	7	8	9＝5－6－8
购销合同				0.3‰					
加工承揽合同				0.5‰					
建设工程勘察设计合同				0.5‰					
建筑安装工程承包合同				0.3‰					
财产租赁合同				1‰					
货物运输合同				0.5‰					
仓储保管合同				1‰					
借款合同				0.05‰					
财产保险合同				1‰					
技术合同				0.3‰					
产权转移书据				0.5‰					
营业账簿（记载资金的账簿）		—		0.5‰					
营业账簿（其他账簿）		—		5元					
权利、许可证照		—		5元					
合计	—	—		—					

以下由纳税人填写：

纳税人声明	此纳税申报表是根据《中华人民共和国印花税暂行条例》和国家有关税收规定填报的，是真实的、可靠的、完整的。				
纳税人签章		代理人签章		代理人身份证号	

以下由税务机关填写：

受理人		受理日期	年　月　日	受理税务机关签章	

本表一式两份，一份纳税人留存，一份税务机关留存。

① 减免性质代码按照税务机关最新制发的减免税政策代码表中的最细项减免性质代码填报。

第五节　契税会计

一、契税的基本法规

契税是对在我国境内发生转移土地、房屋权属的行为，由承受单位和个人缴纳的一种税。我国现行的契税法是国务院在1997年7月7日重新修订颁布，于同年10月1日起实施的《中华人民共和国契税暂行条例》。

1. 契税的纳税人

契税的纳税人是在我国境内转移土地、房屋权属时，承受权属的单位和个人。这里所称单位是指企业单位、事业单位、国家机关、军事单位和社会团体以及其他组织，包括外国企业。所称个人是指个体经营者及其他个人，包括中国公民和外籍人员。所称承受是指以受让、购买、受赠、交换等方式取得土地、房屋权属的行为。

2. 契税的征税范围

（1）国有土地使用权出让。国有土地使用权出让是指土地使用者向国家交付土地使用权出让费用，国家将国有土地使用权在一定年限内让予土地使用者的行为。

（2）土地使用权转让。土地使用权转让是指土地使用者以出售、赠与、交换或者其他方式将土地使用权转移给其他单位和个人的行为，但是不包括农村集体土地承包经营权的转移。

（3）房屋买卖。房屋买卖是指房屋所有者将其房屋出售，由承受者交付货币、实物、无形资产或者其他经济利益的行为。

（4）房屋赠与。房屋赠与是指房屋所有者将其房屋无偿转让给受赠者的行为。

（5）房屋交换。房屋交换是指房屋所有者之间相互交换房屋的行为。

（6）承受国有土地使用权支付的土地出让金。

3. 契税的税率

契税的税率为3%～5%，在这个范围中，具体的适用税率，由省、自治区、直辖市人民政府在规定的幅度内按照本地区的实际情况确定，并报财政部和国家税务总局备案。

4. 契税的计税依据

（1）国有土地使用权出让、土地使用权出售、房屋买卖，以成交价格为计税依据。

（2）土地使用权赠与、房屋赠与，由征收机关参照土地使用权出售、房屋买卖的市场价格核定。

（3）土地使用权交换、房屋交换，为所交换的土地使用权、房屋的价格的差额。

如果成交价格明显低于市场价格并且无正当理由的，或者所交换土地使用权、房屋的价格的差额明显不合理并且无正当理由的，由征收机关参照市场价格核定。

5. 契税的税收优惠

（1）国家机关、事业单位、社会团体、军事单位承受土地、房屋用于办公、教学、医疗、科研和军事设施的，免征契税。

（2）城镇职工按规定第一次购买公有住房的，免征契税。

（3）因不可抗力灭失住房而重新购买住房的，酌情准予减征或者免征契税。

（4）财政部规定的其他减征、免征契税的项目。

经批准减征、免征契税的纳税人改变有关土地、房屋的用途，不再属于减征、免征契税范围的，应当补缴已经减征、免征的税款。

二、契税的计税方法

契税应纳税额的计算公式如下：

应纳税额 = 计税依据 × 税率

应纳税额以人民币计算。转移土地、房屋权属以外汇结算的，按照纳税义务发生之日中国人民银行公布的人民币市场汇率中间价折合成人民币计算。

【例 10-11】2015 年 1 月，某税务师事务所接受了两次有关契税政策的咨询，详细情况如下：

（1）甲企业发生的转移土地、房屋权属业务如下：

1）取得一块土地使用权，支付出让金 200 万元。

2）某单位因无力偿还甲企业债务，经双方协商，该单位以自有原值为 50 万元的房产抵偿甲企业 60 万元的债务。

3）因生产经营需要，甲企业用价值 100 万元的房屋与另一企业价值 170 万元的房屋交换，支付差价款 70 万元。

4）购买房屋一幢，成交价格为 800 万元。

5）接受某国有企业以房产投资入股，房产市场价值为 140 万元。

（2）私营企业主王平发生的房屋权属转移业务如下：

1）接受某单位以市场价值为 120 万元的房产抵偿其 80 万元债务，王平另支付 40 万元给债务方。

2）继承其父母房屋一套，市场价值 20 万元。

3）接受某单位捐赠房屋一栋，市场价值 40 万元。

4）接受政府奖励住宅一套，市场价值 50 万元。

根据以上资料，分别计算甲企业和私营企业主王平应纳的契税（当地政府规定，契税适用税率为 4%）。

（1）甲企业应纳契税计算如下：

1）税法规定，国有土地使用权出让、土地使用权出售、房屋买卖，按照成交价格计算缴纳契税。

应纳契税税额 = 200 × 4% = 8（万元）

2）以房产抵债或实物交换房屋，均应视同房屋买卖，由产权承受人按房屋现值缴纳契税：

应纳契税税额 = 60 × 4% = 2.4（万元）

3）房屋交换包括房屋使用权交换和房屋所有权交换两种。无论是哪种形式的交换，双方交换房屋的价值相等的，免纳契税，其交换价值不相等的，按超出部分由支付差价方缴纳契税：

应纳契税税额 = 70 × 4% = 2.8（万元）

4）购买房屋应纳契税：

应纳契税税额 =800 ×4% =32（万元）

5）税法规定，以房产作价投资或作股权转让的行为，应视同房屋买卖，由产权承受方缴纳契税：

应纳契税税额 =140 ×4% =5.6（万元）

综合以上计算结果：

甲企业应纳契税总额 =8 +2.4 +2.8 +32 +5.6 =50.8（万元）

（2）王平应纳契税计算如下：

1）按规定，王平以债权换回的房产应缴纳契税，但王平以自有房产投入本人独资经营的企业，产权所有人和使用权使用人未发生变化，不需办理房产变更登记手续，因此不再缴纳契税。

应纳契税税额 =120 ×4% =4.8（万元）

2）继承的房产，免征契税。

3）房屋赠与行为属于权属转移行为：

应纳契税税额 =40 ×4% =1.6（万元）

4）以获奖方式取得房屋产权的，其实质是接受赠与房产，应按规定缴纳契税：

应纳契税税额 =50 ×4% =2（万元）

综合以上计算结果：王平应纳契税总额 =4.8 +1.6 +2 =8.4（万元）

三、契税的会计处理

企业和事业单位取得土地使用权、房屋按规定缴纳的契税，应计入所取得土地使用权和房屋的成本。

企业取得土地使用权、房屋按规定缴纳的契税，借记“固定资产”“无形资产”等科目，贷记“银行存款”科目。

事业单位取得土地使用权按规定缴纳的契税，借记“无形资产”科目，贷记“银行存款”科目。取得房屋按规定缴纳的契税，借记“固定资产”科目，贷记“固定基金”科目；同时，应按资金来源分别借记“专用基金——修购基金”“事业支出”等科目，贷记“银行存款”科目。

对于企业取得的土地使用权，若是有偿取得的，一般应作为无形资产入账，相应地，为取得该项土地使用权而缴纳的契税，也应当计入无形资产价值。

【例 10-12】 某中外合资企业于 2015 年 1 月从当地政府手中取得某块土地使用权，支付土地使用权出让费 1 200 000 元，省政府规定契税的税率为 3%，试计算该企业应当缴纳的契税，并进行会计处理。

（1）契税应纳税额的计算如下：

应纳契税税额 =1 200 000 ×3% =36 000（元）

（2）企业在实际缴纳契税时应做如下会计处理：

借：无形资产——土地使用权	36 000	
贷：银行存款		36 000

【例 10-13】 某公司收到某投资者以土地使用权作价 6 000 000 元投入企业作为资本。按规定，以土地使用权作价投资，应视同土地使用权转让，按规定缴纳契税。假如当地政府规

定契税税率为5%，试计算该企业应当缴纳的契税，并进行会计处理。

（1）契税应纳税额的计算如下：

$$应纳契税税额 = 6\,000\,000 \times 5\% = 300\,000（元）$$

（2）企业应做如下会计处理：

借：无形资产——土地使用权　　300 000

　　贷：银行存款　　300 000

若该土地使用权为无偿取得，则一般不将该土地使用权作为无形资产入账，相应地，企业缴纳的契税，可作为当期费用入账。

四、契税的申报与缴纳

契税的纳税义务发生时间为纳税人签订土地、房屋权属转移合同的当天，或者纳税人取得其他具有土地、房屋权属转移合同性质凭证的当天。

纳税人应当自纳税义务发生之日起10日内，向土地、房屋所在地的契税征收机关办理纳税申报，并在契税征收机关核定的期限内缴纳税款。契税征收机关为土地、房屋所在地的财政机关或者地方税务机关，具体征收机关由省、自治区、直辖市人民政府确定。

纳税人办理纳税事宜后，契税征收机关应向纳税人开具契税完税凭证。纳税人应持契税完税凭证和其他规定的文件材料，依法到土地管理部门、房产管理部门办理有关土地、房屋的权属变更登记手续。纳税人未出具完税凭证的，土地管理部门、房产管理部门不予办理有关土地、房屋的权属变更登记手续。

第六节　车辆购置税会计

一、车辆购置税的基本法规

1. 车辆购置税的纳税人

车辆购置税的纳税人为在我国境内购买、进口、自产、受赠、获奖或以其他方式取得并自用应税车辆的单位和个人。

2. 车辆购置税的征税范围

车辆购置税征税范围为汽车、摩托车、电车、挂车、农用运输车。

二、车辆购置税的计税方法

1. 车辆购置税的税率及计税公式

车辆购置税的税率为10%。车辆购置税实行从价定率的办法计算应纳税额，应纳税额的计算公式如下：

$$应纳税额 = 计税价格 \times 税率$$

2. 车辆购置税的计税依据

车辆购置税的计税价格根据不同情况，按照下列规定确定：

（1）纳税人购买自用的应税车辆的计税价格，为纳税人购买应税车辆而支付给销售者的全部价款和价外费用，不包括增值税税款。

（2）纳税人进口自用的应税车辆计税价格的计算公式如下：

计税价格 = 关税完税价格 + 关税 + 消费税

（3）纳税人自产、受赠、获奖或者以其他方式取得并自用的应税车辆的计税价格，由主管税务机关参照最低计税价格核定。国家税务总局参照应税车辆市场平均交易价格，规定不同类型应税车辆的最低计税价格。

（4）纳税人购买自用或者进口自用应税车辆，申报的计税价格低于同类型应税车辆的最低计税价格，又无正当理由的，按照最低计税价格征收车辆购置税。

三、车辆购置税的税收优惠政策

根据《中华人民共和国车辆购置税暂行条例》规定，下列购置车辆的行为，给予减免税收优惠：

（1）外国驻华使馆、领事馆和国际组织驻华机构及其外交人员自用的车辆，免税。

（2）中国人民解放军和中国人民武装警察部队列入军队武器装备订货计划的车辆，免税。

（3）设有固定装置的非运输车辆，免税。

（4）有国务院规定予以免税或者减税的其他情形的，按照规定免税或者减税。

四、车辆购置税的会计处理

企业购置应税车辆，按照规定缴纳的车辆购置税，或企业购置的减免税车辆后改变用途，按规定应补缴车辆购置税，借记“固定资产”等账户，贷记“银行存款”账户。

【例 10-14】 某租赁公司经批准从美国进口某种汽车两辆，到岸价格为 3 万美元，进口关税税率为 30%，消费税税率为 9%。该公司进行车辆购置税纳税申报当日中国人民银行公布的基准价为 1 美元 = 6.30 元人民币。计算该公司应纳车辆购置税税额。

（1）应纳税额的计算如下：

关税完税价 = 30 000 × 6.3 = 189 000（元）

关税税额 = 189 000 × 30% = 56 700（元）

消费税税额 = (189 000 + 56 700) ÷ (1 − 9%) × 9% = 24 300(元)

计税价格 = 189 000 + 56 700 + 24 300 = 270 000（元）

应纳车辆购置税税额 = 270 000 × 10% = 27 000（元）

（2）业务的会计处理如下：

借：固定资产　　27 000

　　贷：银行存款　　27 000

五、车辆购置税的征收管理

1. 车辆购置税的纳税申报

（1）纳税人购买自用应税车辆的，应自购买之日起 60 日内申报纳税。

（2）进口自用应税车辆的，应自进口之日起 60 日内申报纳税。

（3）自产、受赠、获奖或者以其他方式取得并自用应税车辆的，应自取得之日起 60 日内申报纳税。

（4）免税车辆因转让、改变用途等原因，其免税条件消失的，纳税人应在免税条件消失之日起60日内到主管税务机关重新申报纳税。免税车辆发生转让，但仍属于免税范围的，受让方应当自购买或取得车辆之日起60日内到主管税务机关重新申报免税。

车辆购置税实行一车一申报制度。纳税人办理纳税申报时应如实填写车辆购置税纳税申报表，同时提供以下资料：

（1）纳税人身份证明。

（2）车辆价格证明。

（3）车辆合格证明。

（4）税务机关要求提供的其他资料。

2. 车辆购置税的纳税地点

纳税人应到下列地点办理车辆购置税纳税申报：

（1）需要办理车辆登记注册手续的纳税人，向车辆登记注册地的主管税务机关办理纳税申报。

（2）不需要办理车辆登记注册手续的纳税人，向纳税人所在地的主管税务机关办理纳税申报。

第七节　烟叶税会计

一、烟叶税的基本法规

1. 烟叶税的纳税人

在我国境内收购烟叶（指晾晒烟叶、烤烟叶）的单位为烟叶税的纳税人，应当依法缴纳烟叶税。

2. 烟叶税的纳税对象

烟叶税的纳税对象是指晾晒的烟叶和烤的烟叶。

二、烟叶税的计税方法

《关于购进烟叶的增值税抵扣政策的通知》（财税〔2006〕140号）作废文件内容：对烟叶税纳税人按规定缴纳的烟叶税，准予并入烟叶产品的买价计算增值税的进项税额，并在计算缴纳增值税时予以抵扣。即购进烟叶准予抵扣的增值税进项税额，按照《中华人民共和国烟叶税暂行条例》及《财政部　国家税务总局印发〈关于烟叶税若干具体问题的规定〉的通知》（财税〔2006〕64号）规定的烟叶收购金额和烟叶税及法定扣除率计算。烟叶收购金额包括纳税人支付给烟叶销售者的烟叶收购价款和价外补贴，价外补贴统一暂按烟叶收购价款的10%计算，即烟叶收购金额＝烟叶收购价款×（1＋10%）。原烟叶特产农业税是在烟叶收购环节由烟草收购公司缴纳的，改征烟叶税以后，纳税人、纳税环节、计税依据等都保持了原烟叶特产农业税的规定不变。

取代者《增值税暂行条例实施细则》第十七条规定，《增值税暂行条例》第八条第二款第（三）项所称买价，包括纳税人购进农产品在农产品收购发票或者销售发票上注明的价款和按规定缴纳的烟叶税。

说明：废除内容仅就废除的部分法律依据废除了，并没有否定里面的合法的部分，即仅仅废除了内容里的说法，并没有废除烟叶税作为增值税价内计算的方法，这在《增值税暂行条例实施细则》中又再次重新给予了说明。

烟叶税是以纳税人收购烟叶的收购金额为计税依据征收的一种税。

烟叶税的计税依据是烟叶收购金额，税率为20%。烟叶税的计算公式如下：

$$收购金额 = 收购价款 \times (1 + 10\%)$$

$$应纳烟叶税税额 = 烟叶收购金额 \times 税率$$

三、烟叶税的会计处理

按现行的企业会计制度规定，涉及核算烟叶收购环节业务的主要有“材料采购”“材料成本差异”“在途物资”“原材料”“库存商品”“银行存款”和“应交税费”等科目。由于烟草公司从烟农那里收购烟叶时无法取得增值税专用发票，根据《财政部　国家税务总局关于购进烟叶的增值税抵扣政策的通知》（财税〔2006〕140号文件）（该文件于2009年2月26日失效），烟草公司在进行会计处理时要注意，进项税额是根据烟叶收购金额和烟叶税及法定扣除率（13%）加以确定的。现举例说明如下：

【例10-15】某烟草公司是增值税一般纳税人，7月末收购烟叶20 000斤，烟叶收购价格3.5元/斤（含支付价外补贴10%），总计70 000元，货款已全部支付。8月初商品提回并验收入库。

烟叶准予抵扣的增值税进项税额 = (70 000 + 70 000 × 20%) × 13% = 10 920(元)

（1）7月末，烟叶尚未提回时，根据有关收购凭证等做账务处理如下：

借：在途物资	73 080	
应交税费——应交增值税（进项税额）	10 920	
贷：银行存款		70 000
应交税费——烟叶税		14 000

（2）8月初，烟叶提回入库时，根据收货单等凭证做账务处理如下：

借：库存商品	73 080	
贷：在途物资		73 080

四、烟叶税的纳税申报

1. 征收机关

烟叶税的征收机关是地方税务机关，烟叶税的征收管理，依照《税收征收管理法》执行。

2. 申报时间

纳税义务发生时间为纳税人收购烟叶的当天（指纳税人向烟叶销售者付讫收购烟叶款项或者开具收购烟叶凭证的当天），纳税人应当自纳税义务发生之日起30日内申报纳税。关于烟叶税的纳税申报时间，由各烟叶收购地主管税务机关在不迟于次月月末的期限内，在不影响税款征收的情况下自主核定。

【思考与练习】

一、复习思考题

1. 简述房产税的征税范围、纳税义务人。
2. 简述车船税的征税范围、纳税义务人。
3. 简述契税的征税范围、纳税义务人。
4. 简述房产税的计征方法。
5. 简述车船税的计税依据。
6. 简述本章各种税金的征税范围。
7. 简述城市维护建设税的计税方法。
8. 简述印花税的计税方法。
9. 简述车辆购置税应如何计算。

二、综合练习题

1. 江海公司2015年年初的房产价值为9 000万元，其中价值500万元的房产为单身职工住房，价值1 500万元的房屋出租，年租金收入15万元。从价计税部分，税率为1.2%，一次减除率为20%。经主管税务机关核定，按季缴税。

要求：计算该公司年度、季度应缴房产税，并做出第一季度上缴房产税的会计处理。

2. 大发公司2015年5月以6 000万元购入一栋楼房，并以价值420万元的房屋换入价值500万元的房屋；接受捐赠获得一处房产，价值200万元；当月出售楼房，收入5 000万元。假设契税税率为5%。

要求：计算大发公司应纳的契税，并做出相应的会计处理。

3. 某企业2015年3月开业，领受房产证、工商营业执照、土地使用证各一件；与其他企业订立转移专有技术使用权书据，所载金额90万元；订立产品购销合同，所载金额280万元；订立借款合同，所载金额80万元；企业设立营业账簿20本，“实收资本”账户载有资金700万元；2015年12月，该企业“实收资本”账户所载金额增加为900万元。

要求：计算该企业应纳印花税，并做出相应的会计处理。

4. 2015年2月，A企业向某公司出租闲置仓库，签订出租合同中注明的租金每月4万元，租期未定；接受某公司委托加工一批产品，签订的加工承揽合同中，注明原材料由A企业提供，金额为200万元，另外收取加工费30万元；签订的运输合同中注明运费2万元、保管费5 000元。

要求：计算该企业2015年应缴纳印花税税额。

5. 张某于2015年10月购买一辆1.6L排量的小轿车自己使用，支付含增值税价款175 500元，另支付购置工具和零配件价款1 170元，车辆装饰费4 000元以及销售公司代收保险费5 000元，支付的各项税款均由销售公司开具统一发票。

要求：计算张某应缴纳车辆购置税税额。

6. 某公司于2015年10月接受捐赠小汽车10辆，该小汽车为1.8升排量，成本为100 000元/辆，成本利润率为8%，市场不含增值税售价为140 000元/辆，国家税务总局规定的同类型应税车辆的最低计税价格为130 000元/辆。

要求：计算该公司应缴车辆购置税，并做出相应的会计处理。

7. 位于市区的某内资生产企业为增值税一般纳税人，经营内销与出口业务。2015年5月份实际缴纳增值税税额40万元，出口货物免抵税额为5万元。另外，进口货物缴纳增值税税额17万元、消费税税额30万元。

要求：计算该企业5月份应纳城市维护建设税税额。

8. 某市商业银行2015年第一季度发生以下经济业务：

（1）取得一般贷款业务利息收入700万元；支付单位和个人的存款利息200万元。

（2）取得转让公司债券收入 1 000 万元，债券的买入价为 800 万元。

（3）取得金融服务手续费收入 16 万元。

（4）吸收居民存款 800 万元。

已知金融业适用的营业税税率为 5%，城市维护建设税税率为 7%，教育费附加征收率为 3%。

要求：根据上述资料，计算应缴纳的城市维护建设税和教育费附加，并做出相应的会计处理。

第十一章 纳税筹划概述

【学习目标】

1. 掌握纳税筹划的概念、作用、原则与特点。

2. 了解纳税筹划的基本原理即纳税筹划的三种主要方式、五大操作平台和八种常用的技术手段。

3. 在以后的纳税筹划实践中，要学会根据环境的变化而变化进行纳税筹划工作。

第一节 纳税筹划的意义

一、纳税筹划的概念

我们都知道，税收是由国家强制征收的，它具有无偿性的特点，纳税人向国家缴纳税款无法获得直接的回报，税收数额的多少直接影响纳税人的实际经济效益和可支配的收入。因此纳税人都会对自身涉税经济行为进行运筹与谋划，以最大限度地规避税收负担，获取最大的经济利益，这就是纳税筹划。

纳税筹划是纳税人应有的权利，也是现代社会纳税人理财的重要方面。近年来，随着我国社会主义市场经济的发展，纳税筹划越来越被人们所接受，也越来越引起人们的普遍关注，被称为是21世纪的“朝阳产业”。对纳税筹划的研究已经由理论发展到实践，其操作也由局部范围发展到渐成气候。这种现象跟我国改革开放的形势密切相关，与国家税收征管体制的日益完善相适应，反映了人们认识水平的提高。

在西方国家，纳税筹划的概念并不新鲜。1935年，英国上议院议员汤姆林（Tomlin）爵士在“税务局长诉温斯特大公”一案中就提出，“任何一个人都有权安排自己的事业，依据法律这样做可以少缴税。为了保证从这些安排中得到利益……不能强迫他多缴税”。这是纳税筹划最早被社会关注并在法律上被认可。纳税筹划于20世纪50年代开始呈现出专业化的发展趋势，并逐渐发展成为一个实践性极强的学科。随着社会经济的发展，纳税筹划日益成为纳税人理财或经营管理整体中不可缺少的一个重要组成部分。目前在经济发达国家中，纳税筹划开展得很普遍。例如，世界上最大的国际会计与咨询公司之一的BDO公司就在全球95个国家设有552个办事处从事纳税筹划业务。正如美国南加利福尼亚大学W. B. 梅格斯（Maggs）博士在他所编写的《会计学》中谈到的那样，“美国联邦所得税变得如此复杂，这使为企业提供详尽的纳税筹划成了一种谋生的职业。现在几乎所有公司都聘用专业的税务专家，研究企业重要经营决策的税收影响，为合法地少纳税而制订计划。”我们有理由相信，在21世纪的经济生活中，纳税人的纳税筹划欲望会更加强烈，人们将会越来越多地运用纳税筹划来维护自身的合法权益，纳税筹划的发展步伐也将会越来越快。

什么是纳税筹划，如何定义纳税筹划，不同的人有不同的理解。传统的说法，纳税筹划，简言之就是对自身的涉税经济事项做出决策、谋利益。古人云："运筹于帷幄之中，决胜于千里之外"。纳税筹划正是如此，是在办公室里研究的纳税决策。

国际上对纳税筹划概念的描述不尽一致，各种有代表性的观点如下：

（1）荷兰国际财政文献局在《国际税收词汇》中的定义为，"纳税筹划是指纳税人通过对经营活动或个人事务活动的安排，实现缴纳最低的税收"。

（2）印度税务专家 N. J. 雅萨斯威在《个人投资和税务筹划》一书中说，"纳税筹划是纳税人通过对财务活动的安排，充分利用税务法规提供的包括减免在内的一切优惠，从而享得最大的税收利益。"

（3）美国南加利福尼亚大学 W. B. 梅格斯博士在与别人合著的、已发行多版的《会计学》中，则作了如下阐述，"人们合理而又合法地安排自己的经营活动，以缴纳可能的、最低的税收。他们使用的方法可称为纳税筹划……少缴税和递延缴纳税收是税务筹划的目标所在"。另外他还说，"在纳税发生之前，有系统地对企业经营或投资行为做出事先安排，以达到尽量减少缴纳所得税，这个过程就是筹划。主要如选择企业的组织形式和资本结构，设备投资采取租用还是购入的方式，以及交易的时间等"。

上述对纳税筹划定义的观点，都指出纳税筹划是纳税人所进行的减轻税收负担的行为。即企业经营者通过有目的的策划和安排，达到少缴税或实现税后利润最大化的目的。根据以上相互接近的表述，结合我国的实际情况，纳税筹划的概念可表述如下：

纳税筹划又可称为税收筹划、税务筹划，是指纳税人在法律许可的范围内，运用税法赋予的权利，通过对经营、投资、理财等事项的精心谋划和安排，以充分利用税法所提供的优惠政策以及可选择性条款，从而获得最大的节税利益的一种理财行为。

企业的纳税筹划是企业经营管理策略的重要组成部分，是企业在遵守国家税收政策法规的前提下，以降低成本、增加净利润为目的，利用优惠政策和灵活规定等因素，采取避重就轻的方法，使企业税负得以减轻或延缓，从而提高企业的经济效益。为了正确理解纳税筹划，须掌握以下要点：

（1）纳税筹划的目的是减轻税负，即少负税。它同企业最大限度地追求利润的目标一致。

（2）纳税筹划以国家税收法律为依据，必须符合国家税收政策导向，适合税收法律规定。因此必须熟悉国家税收政策，通晓税收法律规定。

（3）纳税筹划的主体是纳税人，企业是最主要的纳税筹划者。

（4）纳税筹划的手段是计划与安排。

（5）纳税筹划通常是早于企业的生产经营活动。根据政府的税收政策导向，采用税法赋予的税收优惠或选择机会，通过对企业经营、投资理财活动的事先安排，尽可能地降低税负。

二、纳税筹划的特点

纳税筹划具有合法性、筹划性、整体性、目的性、专业性和风险性等特点。

1. 合法性

纳税筹划是在法律允许的范围内做出的决定，是以遵守国家法律为前提，通过对税收法规及其他经济制度的可选择性条款的充分应用，以及全面比较投资、生产经营方案的纳税负担所做出的决策。违反法律规定、逃避纳税责任的属于偷税行为，显然要对此行为加以反对和制止。征纳关系是税收的基本关系，法律是处理征纳关系的准绳，纳税人要依法纳税，税务机关也要依法征税。在有多种纳税方案可供选择时，纳税人做出低税负的决策是无可非议的，税务机关不应当加以反对。

2. 筹划性

纳税筹划是纳税义务人在从事投资、经营活动之前，把税收作为影响成果的一个重要因素来进行计划、决策，以获得最大的税后利润。它在纳税义务发生之前就对自己的纳税方式、规模做出了安排，一旦做出决策，就严格遵守税法，照章纳税。纳税筹划不同于纳税义务发生之后才想办法规避纳税义务的偷税、逃税行为。在社会经济活动中，税法具有一定的稳定性，而纳税义务通常具有滞后性。例如，企业在交易行为发生之后才有纳税义务，才缴纳各种流转税；在收益实现或分配之后，才缴纳所得税；在财产取得之后，才缴纳财产税等，这在客观上为纳税义务人进行事先筹划提供了可能。如果经营活动已经发生，应纳税额已经确定而去偷漏税或欠缴税款的，则不能被认为是纳税筹划。

3. 整体性

纳税筹划不仅仅着眼于税法上的思考，更重要的是要着眼于总体的管理决策，纳税人在筹划时不能只看重个别税种税负的高低，而应着眼于整体税负的轻重。值得注意的是，税收支付的减少不等于企业总体收益的增加，如果有多种纳税方案可供选择，企业应选择使自身价值最大化或税后利润最大化的方案，而不一定是税负最轻的方案。一般情况下，税负最轻时，企业税后利润达到最大，但情况并不总是如此，企业要从全局角度、以整体观念来看待不同的方案，而不是把注意力仅局限于税收负担大小上，否则会误导经济行为或造成投资失误。

4. 目的性

纳税筹划的目的是纳税人通过筹划活动实现税后利润最大化，取得节税的税收利益。这主要表现在两个方面：①选择低税负，低税负就意味着低税收成本，低税收成本就意味着高资本回报率；②滞延纳税，纳税期推后，也许可以减轻税收负担，也许还可以降低资本成本，不管是哪一种，其结果都是税收支付的节约。

5. 专业性

在面临社会化大生产、全球经济日趋一体化、国际经贸业务日益频繁、经济规模日益扩大、各国税制日益复杂的情况下，仅靠纳税人自身进行纳税筹划已显得力不从心。因而作为第三产业的税务代理、税务咨询便应运而生。现在世界各国，尤其是发达国家的会计师事务所、律师事务所纷纷开辟和发展有关纳税筹划的咨询业务，说明了纳税筹划向专业化发展的特点。

6. 风险性

纳税筹划是有风险的，尽管很多筹划方案理论上可以少缴税或降低税负，从而获得税收利益，但在实际操作中，却往往不能达到预期效果，这与纳税筹划成本与筹划风险有关。

纳税筹划成本是指由于采用筹划方案而增加的成本，包括显性成本和隐含成本。其中，显性成本一般已经在筹划方案中予以考虑。例如，纳税人拟采用能获得税收利益的筹划方案，由于制定该筹划方案时，需聘请有关专业人员支出代理费 5 万元，其成本应增加 5 万元，纳税人在选择筹划方案时，就已经将增加的 5 万元成本考虑了进去。纳税人由于采用拟定的纳税筹划方案而放弃的利益为隐含成本，隐含成本实质上为机会成本。例如，纳税人由于采用获得税收利益的方案而导致资金占用量增加，资金占用量的增加实质上是投资机会的丧失，这种由于资金占用量增加而引起投资机会的丧失就是机会成本。在纳税筹划实务中，一般容易忽视这种机会成本，类似这种成本的还有由于采用一种纳税筹划方案而放弃另一种筹划方案所导致的税收利益的减少。

三、纳税筹划的原则

纳税筹划是指纳税人维护自身利益的一种复杂的决策过程，也是纳税人依据国家法律选择最优方案的过程。如果想要有效开展纳税筹划，获取最大的经济利益，必须把握好进行纳税筹划应该遵循的原则，这些原则是纳税筹划取得成功的基本前提。

1. 不违法原则

纳税筹划是在不违反现行税法的前提下进行的，是以国家或政府制定的税法为研究对象，对不同的纳税方案进行精细比较后做出的纳税优化选择。纳税人进行纳税筹划所安排的经济行为，必须合乎税法条文与立法意图，纳税人的纳税筹划行为及其后果应与税法的内在要求一致，不能影响或削弱税收的法律地位，也不能影响或削弱税收的各种职能及功能。纳税筹划必须遵守税收法规和政策，只有在这个前提下，才能保证所设计的经济活动、纳税方案为税收主管部门所认可，否则会受到相应的惩罚并承担法律责任。

在进行纳税筹划时还要遵循筹划的规范性。纳税筹划不仅是税务方面的问题，还涉及许多其他方面的问题，包括财务、会计等各领域，金融、制造业等各行业，以及不同区域等方面的问题。纳税筹划要遵循各领域、各行业、各地区约定俗成或明文规定的各种制度与标准，例如，在财务、会计筹划上要遵循财务通则、会计准则和制度等在内的规章制度，在行业筹划上要遵循各行业制定的规章制度，在地区筹划上要遵循地区规范，以规范的行为方式和方法制定相应的节减税收方式和方法。

2. 事前筹划原则

纳税筹划是一种经济规划，要求有计划、早安排并且周密实施。在经济活动中，企业的纳税义务通常具有滞后性，这就从客观上为纳税人提供了事前筹划安排的可能。另外，企业的经营投资和理财活动是多方面的，税收规定也具有较强的针对性。由于纳税人身份和课税对象的不同，则税收待遇存在差别，这从另一个方面向纳税人提供了可选择较低税负的机会。总之，应纳税义务人进行纳税筹划具有现实的可能性。但纳税筹划的实施必须在纳税人纳税义务发生之前，这也是纳税筹划的一个重要特征，它是筹划性的具体要求和体现。如果企业的生产经营活动已经发生，纳税义务已经确定，企业为了减轻税负再采用各种手段，即使能达到降低税负的目的，也不是纳税筹划。所以，企业要进行纳税筹划，必须在投资、生产经营等经济行为发生前就着手安排。

3. 自我保护原则

纳税人开展纳税筹划，需要具备自我保护意识。既然纳税筹划应在不违法或守法的前提下进行，那么纳税人就应随时注意筹划行为的合法性，这就是纳税人的一种自我保护意识。

纳税人为了更好地实现自我保护，需要注意以下四点：①增强法制观念；②熟练掌握税收法律和法规；③熟练掌握有关的会计处理方法；④熟练掌握有关纳税筹划技巧。这里应当注意的是，所谓纳税筹划技巧，不仅仅是指筹划方法，更重要的是纳税人应结合自己经营的实际业务，结合好现有的税收政策，通过恰当的会计处理，最终达到纳税支出最小化和资本收益最大化的目的。

4. 综合利益最大化原则

在实际操作中，很多纳税筹划方案理论上虽然可以少缴纳一些税金或降低部分税负，但在实际运作中却往往不能达到预期效果，其原因在于对纳税筹划的目标认识有误区。有人认为，纳税筹划就是要使企业的纳税额降到最低点，税负最轻的方案就是最优方案。其实不然，从根本上讲，纳税筹划属于企业财务管理的范畴，它的目标是由企业财务管理的目标决定的，即实现企业所有者财富最大化。也就是说，在筹划纳税方案时，不能一味地考虑税收成本的降低，而忽略因该筹划方案的实施引发的其他费用的增加或收入的减少，必须综合考虑采取该纳税筹划方案是否能给企业带来绝对的收益。纳税人在进行纳税筹划时除了要考虑节减税收外，还要考虑纳税人的综合经济利益最大化；不仅要考虑纳税人现在的财务利益，还要考虑纳税人未来的财务利益；不仅要考虑纳税人的短期利益，还要考虑纳税人的长期利益；不仅要考虑纳税人的所得增加，还要考虑纳税人的资本增值。

除此之外，在进行某一税种的筹划时，还要考虑与之有关的其他税种的税负效应，进行整体筹划，综合衡量，力求整体税负和长期税负最轻，防止顾此失彼、前轻后重。一方面，不能只看重在个别税种的税负高低上，一种税少缴了，另一种税可能要多缴，因而要着眼于整体税负的轻重；另一方面，税收支付的减少不等于资本总体收益的增加，例如，某些设在我国经济特区的外资企业，用转让定价的方法将利润逆向转移到境外高税区，为的是逃避外汇管制，追求集团总体收益最高而非税负最轻。最理想的当然是节税增收，如果有多种方案选择，总体收益最多而纳税并非最少的一种方案，也应视为理想的方案，也就是说，纳税筹划要算“大账”。保持综合利益的最大化，选优弃劣，避害趋利，始终是纳税筹划的根本原则。

5. 具体问题具体分析原则

纳税筹划的生命在于它并不是僵硬的教条，而是有着极强的适应性。经济情况的纷繁复杂决定了纳税筹划方法变化多端。企业在进行纳税筹划时，不能生搬硬套他人的方法，只有因人、因地、因时的不同而分别采取不同的方法，才能使纳税筹划有效进行。换言之，纳税人进行纳税筹划，必须坚持实事求是，具体问题具体分析的原则。人们在具体的筹划过程中，所形成的思路、看问题的角度，采取怎样的筹划方式、运用何种计算方法以及最后筹划的效果都会不尽相同。纳税人必须了解自身从事的业务处于不同地区是否存在不同税收政策倾斜，这些业务自始至终涉及哪些税种，与之相适应的税收政策、法律和法规又是怎样规定的，其税率各是多少，采取何种征收方式，业务发生的每个环节都有哪些税收优惠政策，业务发生的每个环节可能存在哪些税收法律或法规上的漏洞等。在了解的基础上，纳税人才可以考虑如何准确、有效地利用这些因素开展纳税筹划，以达到预期目的，在企业的立项、布点、组建之前以及生产经营的过程当中，根据具体情况有针对性地加以充分考虑。

6. 社会责任原则

纳税人不论是个人还是企业，都是社会成员，因此都应承担一定的社会责任。纳税人的经营行为要产生外部效应，有时候这种外部效应是外部效益，如增加社会就业机会、为社会提供更多的消费品、向社会提供更多的税收等，这时私人的社会责任与其财务利益总体来说是一致的，但当这种外部效应成为外部成本时，如污染环境、浪费自然资源等，此时私人的社会责任就与其财务利益存在着矛盾关系。承担社会责任会影响纳税人的财务利益，但是在纳税筹划时，必须考虑作为一个社会成员的纳税人所应承担的社会责任。

7. 有度原则

纳税筹划是以税法的弹性为基础的一种合理合法行为。但弹性总是有限度的，所以纳税筹划不能过度，如果过度就成了偷税，就会招致税务机关的注意，很容易被税务机关认定为偷税。

四、纳税筹划的作用

1. 有利于普及税法及提高纳税人的纳税意识

企业要想成功实现纳税筹划，必须充分熟悉和理解国家税法。基于此，纳税筹划促进纳税人在谋求合法税收利益的驱动下，主动、自觉地学习和钻研税收法律法规并履行纳税义务，不违背和不违反税法的规定，从而可以有效地提高纳税人的税收法律意识。纳税筹划的开展与纳税意识的增强，一般具有一致性和同步性的关系，开展纳税筹划是纳税人纳税意识提高到一定阶段的表现。也就是说，进行纳税筹划或纳税筹划处理得比较好的企业，其纳税意识往往也比较强。因此，企业进行纳税筹划可以增强企业的法律意识，构造积极主动的国民纳税观念，从整体上提高全民税收法律意识，实现市场经济条件下的依法治税目标。企业纳税意识的增强主要体现在以下几个方面：①财务会计核算规范，账、证、表齐全并依法编制；②按有关规定及时办理营业登记、税务登记等手续；③及时、足额地申报缴纳各种税款；④主动配合税务机关的纳税检查等。

2. 有利于提高企业的经营管理水平和会计水平

企业经营管理水平直接影响企业的经济效益、经营风险、竞争能力和发展前景，并在一定程度上决定着企业的前途和命运。为了满足企业内部经营管理的需要，现代会计已经发展成了以满足内部经营管理需要为主的管理会计，会计工作已经成为投资者、债权人、经营者以及其他各个方面了解和掌握企业财务状况、经营成果和现金流量的重要信息来源。

纳税筹划离不开会计核算和会计管理，会计处理方法的选择是纳税筹划的重要内容。经济业务的会计处理方法是多种多样的，如发出存货的计价方法有先进先出法、后进先出法、加权平均法和移动平均法等；固定资产的折旧方法有直线法和加速折旧法；坏账的列支有直接转销法和备抵法，而备抵法又有账龄分析法和余额百分比法等。这些不同方法对企业利润、纳税额和纳税期限的影响是不同的，企业可在合法条件下从中选择有利的会计处理方法，以减少纳税额或推延纳税期。同时，纳税筹划要求会计人员不仅要精通会计准则、会计制度，而且要熟知现行税法、税收政策，从而能够正确地进行纳税调整和计税，以实现企业利润最大化。这必然要求企业会计人员不断提高业务水平，也促使企业的会计水平和经营管理水平得到进一步提高。

3. 有利于给企业带来直接的经济利益

在市场经济条件下，税收负担是企业的一项经营成本，它与企业利润存在着此增彼减的关系，纳税人如果能通过纳税筹划减轻税负，则其创造的价值和利润就有更多的部分留归自己。只要符合国家的税收政策，不违背国家法规，企业精心安排自己的经营决策方案，筹划自己的纳税行为，计算合理的税收负担，并给自己带来直接的经济利益等，这些都是值得支持和鼓励的。

4. 有利于充分发挥税收的经济杠杆作用

随着我国市场经济体制的不断完善，纳税筹划将成为纳税人生产经营活动中一个十分重要的组成部分，投资者和纳税人将会进一步意识到纳税筹划在投资、经营和纳税中的重要作用。

5. 有利于国家不断完善税法和税收政策

纳税筹划是针对税法未明确规定的行为及税法中的优惠政策而进行的，是纳税人对国家税法及有关税收经济政策的反馈行为。充分利用纳税人纳税筹划行为的反馈信息，可以完善现行税法和改进有关税收政策，从而不断地健全和完善我国税法和税收制度。

五、纳税筹划应具备的条件

纳税筹划是作为纳税人所制定的法律允许的，并能使其税收负担最小的方案，它确实能给纳税人带来额外的税收利益。然而，纳税人具有纳税筹划愿望，并不意味着能成功地实施纳税筹划。要成功实施纳税筹划，需要具备以下特定的条件：

1. 必须熟悉国家的税收法律法规政策

税收法规、政策、法令、条例是国家对企业收入分配调节的准则，纳税人进行的纳税筹划是以合法为前提，因此，纳税人筹划时必须熟悉和精通税法，唯如此，才能够了解什么是合法、什么是非法，以及合法与非法的临界点，在总体上确保经营活动和有关行为的合法性。

需要强调的是，作为纳税人，应特别了解到国家的税收优惠政策。例如，我国现行税法规定，居民企业进行技术转让，以及在技术转让过程中发生的与之有关的技术咨询、服务、培训的所得，年净收入在500万元以下的，免征收企业所得税；超过500万元的部分，减半征收企业所得税。同时，现行税法还规定，对单位和个人从事技术转让、技术开发业务和与之相关的技术咨询、技术服务业务取得的收入，免征营业税，这是我国支持高新技术企业、鼓励企业和个人进行技术创新的重要举措。但是，有很多企业不了解这些政策，发生了应享受税收优惠的经济行为，但没有办理相关的审批手续，也没有进行相关的税收申报，故没有享受到税收优惠政策。

2. 必须具备良好的专业素质

纳税筹划是一种高层次的理财活动，没有较高的专业基础就难以胜任该项工作。成功的纳税筹划不仅要求筹划主体是以正确的理论做指导，更要求筹划主体具备法律、税收、会计、财务、金融等各方面的专业知识，尤其应熟悉税法、会计法、公司法、经济合同法、证券法等有关法律规定，还要具备统筹谋划的能力，否则虽有迫切的纳税筹划愿望也难有具体的筹划作为，或者盲目开展所谓的纳税筹划，其结果可能是从期望节税开始到反而遭遇更大的利益损失而结束。总体而论，目前我国的企业财务会计人员及其他经营管理人员在纳税筹划方面的专业素质还有待进一步提高。

纳税筹划是一项复杂的系统工程，它对从事该项工作的人员提出了较高的要求。发达国家的许多公司不惜花费大量的精力和财力聘请税务专家进行纳税筹划。例如，以生产日用品而驰名的联合利华公司，其两家姐妹公司，一家设在美国，另一家设在荷兰。其子公司遍布世界各地，在我国上海就设有3家子公司，一家生产“力士”牌香皂，一家生产系列化妆品，一家生产快速食品。面对不同国家的复杂税制，母公司聘用多名税务高级专家进行纳税筹划。该公司的经理谈到，一年仅节税一项，就给公司增加数以百万美元的收入，而且增强了在世界市场上的竞争力。

3. 必须熟悉企业的经营环境和自身的特点

熟悉经营环境就是要使企业的经营能够具有天时、地利、人和的条件。在税收环境方面，要熟悉当地税务机关的治税思想、工作方法和扶持企业发展的方针与措施，并协调好与当地税务部门的关系，达到利国家、利税务机关、利自己发展的多重效果。

4. 必须具备较高的收入规模

是否有必要进行纳税筹划，还要看纳税企业的纳税复杂状况。而纳税复杂与否又取决于纳税人的经营规模与收入规模。例如，一个摆摊的小摊贩，他只需纳一种或两种很简单的定额税，就根本不需要实施纳税筹划。而一个集团公司下辖若干个企业，经营着多种商品，从事几个行业的生产，每年上缴税种数量多，税款数额大，在这种情况下，应考虑实施纳税筹划。总之，企业进行纳税筹划需要具备一定的经营规模和收入规模。

第二节 纳税筹划的主要方式

一、合理避税方式

合理避税筹划是纳税人在充分了解现行税法的基础上，通过掌握相关会计知识，在不触犯税法的前提下，对经济活动的筹资、投资、经营等活动做出巧妙地安排，达到规避或减轻税负目的的行为。

（一）避税方式的特征

（1）非违法性。逃税是违法的，节税是合法的，避税处在逃税与节税之间，属于非违法性质。

（2）策划性。纳税人通过对现行税法的了解和研究，找出其中的“漏洞”，加以巧妙安排，这就是所谓的策划性。

（3）权利性。避税筹划实质上就是纳税人在履行应尽法律义务的前提下，运用税法赋予的权利保护既得利益的手段，不是对法定义务的抵制和对抗。

（4）规范性。避税者的行为较规范，往往是依据税法的“漏洞”展开的。

（二）避税与逃税的区别

避税和逃税虽然都是对应税经济行为的纳税责任的规避，但两者存在着一些区别。

1. 经济方面的区别

（1）经济行为上，逃税是对一项已发生的应税经济行为的实现形式和过程进行某种人为的解释和安排，企图使之变成一种非税行为。避税是纳税人在熟知相关税收法规的基础上，在不直接触犯税法的前提下，通过对筹资活动、投资活动、经营活动等的巧妙安排，达到避税或轻税负的行为。

（2）税收负担上，逃税是在纳税人的实际纳税义务已发生并且确定的情况下，采取不合法的手段逃避其纳税义务，结果是减少其应纳税款，是对其应有税收负担的逃避，而不能称之减轻。而避税是设法减轻或解除税收负担，采取一定的手段，对经济活动的方式进行组织安排。

（3）税基结果上，逃税直接表现为全社会税基总量的减少，而避税却并不改变全社会的税基总量，而仅仅造成税基中适用高税率的部分向低税率和免税的部分转移。故逃税是否定应税经济行为的存在，避税是改变应税经济行为的原有形态。

2. 法律方面的区别

（1）法律行为上，逃税是公然违反、践踏税法，与税法对抗的一种行为。它在形式上表明纳税人有意识地采取谎报和隐匿有关纳税情况和事实等非法手段，达到少缴或不缴税款的目的，其行为具有欺诈性。在纳税人因疏忽和过失而造成同样后果的情况下，尽管纳税人并非具备故意隐瞒这一主观要件，但其疏忽过失本身也是法律不允许的。避税是在遵守税法的前提下，利用法律的“漏洞”进行的税负减轻和少纳税的实践活动。尽管这种避税也是出自纳税人的主观意愿，但在形式上它是遵守税法的。

（2）法律后果上，逃税是法律上明确禁止的行为，因为一旦被有关当局查明属实，纳税人要承担相应的法律责任。在这方面，世界上各个国家的税法对隐瞒纳税事实的逃税行为都有处罚的规定，根据逃税行为造成的客观危害以及行为本身的恶劣程度，有关当局可以对当事人作出行政、民事以及刑事等不同性质的处罚。避税是在通过某种合法的形式实现其实际纳税义务时，与法律规定的要求，无论从形式或实际上都是吻合的，政府对其所采取的措施，只能是完善工作的机制，重视基础建设，强化国内联查和国际合作，不断修改与完善有关税法，堵塞可能为纳税人所利用的漏洞。

（3）对税法的影响上，逃税是公然违反税法，无论逃税的成功与否，纳税人都不会去钻研税法，研究如何申报纳税，而是绞尽脑汁去搜寻逃税成功的途径。从这方面看，逃税是纳税人一种藐视税法、戏弄税法的行为。避税的成功，需要纳税者对税法充分的熟悉和理解，必须能够了解什么是合法，什么是非法，以及合法与非法的临界点，在总体上确保自己的经营活动和有关行为的合法性，知晓税收管理中的固有缺陷和漏洞。

避税是历史发展的必然趋势，国家税法不健全、不完美，是避税产生的法律依据和必要条件。正因为如此，政府在反避税的过程中，不能借助行政命令、政策、纪律来反对、削弱避税，而只能通过对纳税人避税方式、方法、途径的归纳总结，不断地发现税收法律、法规、规定中存在的漏洞、缺陷或不足之处，并通过重新立法或修改、补充旧法等方式，加快税收法律制度的建设，使税收法律法规得以完善，使之更具适用性、完整性、统一性、规范性，从而促进高质量税法的出台，推动整个社会的法制化，并且更有利于实现经济的公平竞争。

二、合法节税方式

合法节税筹划是纳税人在不违背税法立法精神的前提下，充分利用税法中固有的起征点、减免税等一系列优惠政策，通过纳税人对筹资活动、投资活动以及经营活动的巧妙安排，达到少缴或不缴税的目的。这种巧妙安排与避税筹划最大的区别在于避税是违背立法精神的，而节税是顺应立法精神的。换句话说，顺应法律意识的节税活动及其后果与税法的本意相一致，它不但不影响税法的地位，反而会加强税法的地位，从而使当局利用税法进行的宏观调控更加有效，是值得提倡的行为。

1. 节税筹划的特征

（1）合法性。避税不能说是合法的，只能说是非违法的，逃税是违法的，而节税是合法的。

（2）政策导向性。如果纳税人通过节税筹划，最大限度地利用税法中固有的优惠政策来享受其利益，其结果正是税法中优惠政策所要引导的，因此，节税本身正是优惠政策借以实现宏观调控目的的载体。

（3）策划性。节税与避税都需要纳税人充分了解现行税法知识和财务会计知识，结合企业全方位的筹划、投资和经营业务，进行合理合法的策划，没有策划就没有节税。

2. 节税与避税的区别与共同点

节税与避税不同。避税是以非违法的手段来达到逃避纳税义务的目的，因此在相当程度上，它与逃税一样危及国家税法，直接后果是导致国家财政收入的减少，间接后果是导致国家税收制度有失公平和社会腐败。故节税不需要反节税，而避税则需要反避税。

作为纳税人争取不缴税或少缴税采取的方式方法，节税与避税仍是具有共同点的，它们的主体都是纳税人，对象都是税款，手法都是各种类型的缩小课税对象，减少计税依据，避重就轻，降低税率，摆脱纳税人概念，从纳税人到非纳税人，从无限纳税义务人到有限纳税义务人，依靠各种税收优惠，利用税收征管中的弹性，利用税法中的漏洞以及转移利润、产权脱钩等。归纳起来，两者的共同点主要有：①主体相同，都是纳税人所为；②目的相同，都是纳税人想减少纳税义务，达到不缴税或少缴税的目的；③处在同一税收征管环境中和同一税收法律法规环境中；④两者之间，有时界线不明，往往可以互相转化。在现实生活中节税与避税难以分清；⑤不同的国家对同一项经济活动内容有不同标准，在一个国家是合法的节税行为，在另一个国家有可能是非违法的避税行为。即使在同一个国家，有时随着时间的推移，两者之间也可能相互转化。因此对节税和避税的判断离不开同一时间和同一空间这一特定的时空尺度。

节税筹划有助于提高纳税人的法律意识，抑制偷逃税等违法行为；同时也有助于提高企业的经营管理水平和会计水平，资金、成本、利润是企业经营管理和会计管理的三大要素，节税筹划就是为了企业实现资金、成本、利润的最优效果；从宏观上看，节税筹划有利于发挥国家税收调节经济的杠杆作用，有助于产业结构优化和资源的合理配置。国家的税收优惠倾斜政策是为了实现特定的经济目标，企业的节税行为，有助于国家经济目标的实现。

三、税负转嫁方式

税负转嫁是指纳税人为了达到减轻税负的目的，通过价格的调整和变动，将税负转嫁给他人承担的经济行为。税负的转嫁与归宿在税收理论和实践中有着重要地位，与逃税、避税相比更为复杂。税负转嫁结果是有人承担，最终承担人称为负税人。税负落在负税人身上的过程叫税负归宿，所以说，税负转嫁和税负归宿是一个问题的两个方面。在转嫁条件下，纳税人和负税人是可以分离的，纳税人只是法律意义上的纳税主体，负税人是经济上的承担主体。

1. 税负转嫁的确定标准

（1）转嫁与商品价格是直接联系的，与价格无关的问题不能纳入税负转嫁的范畴。

（2）转嫁是个客观过程，没有税负的转移过程，不能算转嫁。

（3）税负转嫁是纳税人的主观行为，与纳税人主观行为无关的价格再分配性质的价值转移不能算转嫁。

2. 避税、节税与税负转嫁三种筹划方式的比较

（1）避税、节税和税负转嫁这三种纳税筹划方式的动机基本上是一致的，都是立足于减少纳税人的税负，从而获得更多的可支配收入。

（2）避税是利用政府税收法规的漏洞、不完善而采取的一种纳税筹划方式，随着国家税制的完善以及征管漏洞的减少，避税的空间将会日益狭窄、压缩。相反，由于节税是利用国家的税收优惠倾斜政策而采取的一种纳税筹划方式，它有利于增强政府利用税收的经济杠杆作用而进行宏观调控的能力，是国家提倡的行为，因此，节税的空间将日益扩大。

（3）税负转嫁的适应范围较狭窄，它实现的前提是价格自由浮动，转嫁对价格产生直接影响，产生相对价格的变化和可支配收入结构分布上的变化，但不导致国家财政收入的减少。而避税、节税的适应范围相对广泛，他们不完全依赖价格，对价格也不会产生直接影响，并且，它们都将导致国家财政收入的减少。

（4）转嫁筹划不存在法律上的问题，更不需要承担法律责任，而逃税、避税和节税都不同程度地存在法律责任的问题。

第三节　纳税筹划操作技术

一、纳税筹划的操作平台

纳税筹划总是在一定的平台上进行的，所谓纳税筹划平台就是税法本身的弹性，即税法在规范纳税人的行为时并不是绝对的，而是给予了一定的弹性，允许采用不同的选择方案，纳税人在规定的弹性区间内，选择纳税较少或最少的方案进行生产经营活动和财务活动，以减轻税收负担。常用的纳税筹划操作平台包括价格平台、优惠平台、漏洞平台、弹性平台和规避平台。

1. 价格平台

价格平台是指纳税人利用市场经济中经济主体的自由定价权，以价格的上升浮动作为纳税筹划的操作空间而形成的一个范畴。其核心内容是转让定价。转让定价是纳税筹划的基本方法之一，被广泛地应用于经济生活之中。转让定价是指在经济活动中，有经济联系的企业各方为均摊利润或转移利润而在产品交换或买卖过程中，不是依照市场买卖规则和市场价格进行交易，而是根据他们之间的共同利益或为了最大限度地维护他们之间的收入而进行的产品或非产品转让。在这种转让中，根据双方的意愿，产品的转让价格可高于或低于市场上由供求关系决定的价格，以达到少纳税甚至不纳税的目的。

转让定价方法主要是通过关联企业，在不符合营业常规的交易形式下进行纳税筹划。关联企业主要是指具有直接或间接控制和被控制法律关系的两个或两个以上的企业。任何一个商品生产者和经营者及买卖双方均有权利根据自身的需要，确定所生产和所经营产品的价格标准，只要买卖双方是自愿的，别人就无权干涉，这是一种合法行为。关联企业之间进行转让定价的方式很多，一般来说主要有以下几种：①利用商品交易的筹划；②利用原材料及零部件的筹划；③利用机械设备的筹划；④利用提供劳务的筹划；⑤利用无形资产的筹划；⑥利用租赁业务的筹划。

价格的自由浮动是市场经济发展的必然产物，它表明了市场经济主体顺应经济发展形势，对自己产品价格确定的灵活易变性。一个价格控制非常严格的市场经济不是真正的市场经济，这样的市场经济必然没有生命力。但纳税人在利用价格平台进行纳税筹划时，应注意以下问题：

（1）要进行成本效益分析。运用价格平台进行纳税筹划，在一般的情况下，应该设立一些辅助的机构或公司，并进行必要的安排。这种安排是需要支出一定的成本费用的，在纳税人生产经营还不具备一定规模时，筹划所能产生的效益不一定会很大。因此进行必要的成本效益分析是应该的。

（2）价格的波动应在一定的范围内。根据现行税法规定，如果纳税人确定的价格明显不合理，税务机关可以根据需要进行调整。一般而言，税务机关调整的价格比正常价格略高一点，也就是说，如果纳税人被税务机关调整价格，不仅没有筹划效益，而且还会有一定的损失，其中还包括进行筹划所花费的成本。因而，运用价格的变化进行筹划应在一定的范围之内，过于明显的价格变化不是企业的福音，而是隐藏的祸害。

（3）纳税人可以运用多种方法进行全方位、系统的筹划安排。为了避免运用一种方法效果不太明显以及价格波动太大的弊端，纳税人可以利用多种方法同时进行筹划。这样，每种方法转移一部分利润，运用的次数多了，只要安排合理，就能达到满意的经济效果。

2. 优惠平台

优惠平台是指纳税人进行纳税筹划时所凭借的国家税法规定的优惠政策而形成的一种操作空间。它在日常经济生活中广泛地被纳税人运用，是纳税筹划平台中重要的一种。

税收优惠政策是指税法对某些纳税人和征税对象给予鼓励和照顾的一种特殊规定。例如，免除其应缴的全部或部分税款，或者按照其缴纳税款的一定比例给予返还等，从而减轻其税收负担。税收优惠政策是国家利用税收调节经济的具体手段，国家通过税收优惠政策，可以扶持某些特殊地区、产业、企业和产品的发展，促进产业结构的调整和社会经济的协调发展。

利用税收优惠政策进行纳税筹划，是伴随着国家税收优惠政策出台而产生的，符合国家税法的判定意图，受国家宏观经济政策引导，利用优惠政策平台进行纳税筹划也因此得到官方承认与支持，其实质就是节税。

优惠平台筹划方法通常有：①直接利用筹划法，给予生产经营活动的企业或个人以必要的税收优惠政策；②临界点筹划法，一是价格和产量的数值确定在什么位置，企业才能获利最大。二是企业和个人所得税，企业经营中存在着大量的节税临界点以及相应的方法。③纳税人的流动筹划法，包括个人改变其居所和公司法人改变其居所两个方面的筹划。④挂靠筹划法，是指企业或个人原本不能享受税收优惠待遇，但经过一定的策划，通过挂靠在某些能享受优惠待遇的企业、产业或行业，使自己也能符合优惠条件。

一般来说，只要有税收优惠政策，就有纳税人对其进行利用，只是不同纳税人利用优惠政策的方式不同而已。有的纳税人只是被动接受并有限地利用国家的优惠政策，而有的纳税人则积极创造条件，想尽办法充分地利用国家的优惠政策。利用时要注意以下几个问题：①尽量挖掘信息源，多渠道获取税收优惠，以免自己本可享受税收优惠政策，却因为不知道而错失良机。一般来说，信息来源有税务机关、税务报纸杂志、税务中介机构和税务专家等几个渠道。②充分利用国家的税收优惠政策。有条件的应尽量利用，没有条件或某些条件不符合的，要创造条件利用。当然这种利用应在税收法律、法规允许的范围之内，采用各种合法的或非违法的手段进行，不要以身试法。③在利用税收优惠的过程中，应注意尽量保持和税务机关的关系，争取税务机关的认可。再好的方案，没有税务机关的批准，都是没有任何意义的，也不会给企业带来任何经济利益。

3. 漏洞平台

漏洞平台是指建立在税收实务中征管方的大大小小漏洞或文字忽略上的操作空间。纳税人可以充分利用漏洞平台所揭示的技巧来争取自己并不违法的合法权益。

漏洞平台主要针对税法对某些内容有文字规定，但因语法或字词有歧义而导致对税法理解的多样性，以及税法规定应该具有而实际操作时有较大部分的忽略等情况。主要有时间变化、地点差异、人员素质、技术手段以及经济状况的复杂、多样和多变的特点所决定的。

时间的变化常常使相对完善的税法漏洞百出。例如，我国的个人所得税法在改革开放的形势下逐步形成“三税并立”的格局，这在当时是必要的，支持了改革开放并增加了财政收入。但是如今，这种格局便日益不适应时代的要求，单从减征额来说，原扣除数已经大大落后于实际物质生活水平了。

地点的差异常常是令税法立法者和征管者头痛的一件事。地域差异意味着实际情况的差别，从而也使得从实际情况出发的只能是区别对待。立法者考虑各地经济实力的不均衡，对其制定了许多税收优惠政策，但是税收优惠的存在便证明了税收的差别对待，从中衍生的漏洞也在所难免。

人员的素质是导致税收漏洞的主观因素。缺乏专业化税收人才是我国税收工作的一大紧迫问题。众所周知，税务与会计是难以分开的，然而我国税务人员中却有许多不懂会计，这种前提下的税收征管工作会存在很多漏洞。

技术手段往往限制了税制的完善以及税收效率的提高。我国的经济发展水平仍然较低，现代化的技术手段还没有真正装备起来。落后的工具，低效的手段显然无法应付经济飞速发展对税法的挑战。

税法的制定体现人类的认知和实践能力，在一定的历史阶段，由于经济状况的复杂、多样和多变的特点，这种能力会受到意识、科技等多方面的限制，正是由于人类能力所限，才使得税法中的漏洞得以存在。

利用漏洞平台时应注意以下几个方面：①需要精通财务与税务的专业化财会人才，只有专业化人才，才可能根据实际情况，参照税法，再利用其漏洞进行筹划。②具有一定的纳税操作经验，只依据税法而不考虑征管方面的具体措施，只能是纸上谈兵，成功的可能性不会太高。③要严格遵守财会纪律和保密措施。没有严格的财会纪律便没有严肃的财会秩序，混乱的财务状况显然无法作为筹划的实际参考。另外，因为利用税法“漏洞”和“空白”具有隐蔽性，一次公开的利用往往会导致以后利用途径被堵死，所以要严格遵守保密措施。④要进行风险——收益的分析。

4. 弹性平台

弹性平台筹划是指利用税法中税率的幅度来达到减轻税负效果的筹划行为，主要集中在资源税、土地使用税和车船使用税等税种上。

税率幅度的存在和执法人员执法弹性的存在是弹性平台存在的前提，税率幅度发挥的作用体现在执行幅度之中，执行幅度因税率幅度而存在。在弹性平台筹划实务中实际上还存在另外两类幅度，其一是优惠鼓励政策方面的幅度，其二是惩罚限制方面的幅度。优惠鼓励方面的幅度，比如优惠税率的幅度、减征额的幅度和扣除额的幅度，这些在我国税制中是普遍存在的。惩罚限制方面的幅度，比如加成比例、处罚款项等对于将损失降低到最小也具有重大意义。

弹性平台中的弹性不同于数学中的弹性。纳税筹划中的弹性定义源于弹性的本义，因为弹性意味着大小长短的变动性，而纳税筹划中的税款正是可以变动的，且其变动特性近似于弹簧。要想缴纳的税款越少，纳税人在筹划方面下的工夫便越大。但正如对弹簧用力压缩不能超过必要的限度，否则会损坏弹簧一样，弹性平台的筹划也不能超越幅度范围的最低点，否则避税就成了逃税。

弹性平台的筹划必须有征税方的认可，不管这种认可是积极的还是消极的，弹性平台的筹划需要通过征税方对计税依据、优惠程度、惩罚程度的确定实现。弹性平台操作时有一项总原则和三项分原则。总原则是：增加利润、降低损失；三项分原则是：税率、税额最小，优惠最大，惩罚最小。这几条原则也是弹性平台筹划方法的指导思想。

利用弹性平台时应注意以下几个方面：①弹性平台依据税率幅度而永恒存在，有税收，便少不了税率；有税率，便难以避免税率幅度的存在。②弹性平台内各部分经济意义的大小程度不一。税率幅度的弹性平台的经济意义最大；鼓励优惠幅度的弹性平台次之；而限制惩罚幅度的弹性平台最小。③弹性平台的可操作性大小判定中，还必须充分考虑到征税方，因为弹性平台的筹划要达到目的，需要因人制宜。④弹性平台筹划的意义在于在幅度中找到最佳切入点，税收惩罚可能的最低点，为企业、组织、个人赢得更多的经济利益，为企业竞争、组织发展、个人致富提供可选途径。

5. 规避平台

规避平台是指利用税法中众多的临界点来争取降低税率，减轻税负，获得优惠，增加利润。

规避平台建立的基础是临界点，所以其组成分类也以临界点为标准。临界点可分为税基临界点和优惠临界点两大类。税基临界点的规避平台主要是在税基减少上做文章；而优惠临界点规避平台则多是为了享受优惠待遇。两类临界点决定了规避平台的两大组成部分：①税基临界点的规避；②优惠临界点的规避。前者主要包括起征点、税率跳跃临界点；后者主要包括时间临界点、人员临界点，优惠对象临界点等。

利用规避平台时应注意以下几个方面：

（1）规避平台的技术要求不高，但经济成本需要很高，因为规避平台利用的是临界点引起质的突破，但如果距离临界点太远，那么要突破它，就需要有足够的量变，这其中可能会耗掉许多成本，所以在规避筹划时应避免舍本逐末、本末倒置的做法，因为纳税筹划不是单纯为少纳税而筹划，而是为获得最大经济效益而筹划。

（2）具有广泛的应用性，众所周知，我国税法中临界点星罗棋布，这决定了规避平台的广泛应用性。在我国税法中，从惩罚到优惠、从资金到人员等，许多要素都含有临界点，这就为利用规避平台避税提供了无数契机。

（3）规避平台与弹性平台属于纳税筹划中两个重要的平台，两者具有很大的相通性，前者利用“点”后者利用“段”。如果将“点”和“段”综合考虑，将规避平台和弹性平台结合使用，就可以取得更好的纳税效果。

二、纳税筹划操作的技术手段

纳税筹划从基本方法看，无非有以下五种：①减、免、退政策的利用；②减少计税依据；③降低适用税率；④增加应抵扣税项；⑤推迟税款的缴纳时间。具体的操作技术手段通常有免税、减税、税率差异、税项扣除、税额抵免、退税、分劈和延期纳税等八种技术手段。

（一）免税技术手段

1. 免税和免税技术

免税是国家对特定的地区、行业、企业、项目或情况（特定的纳税人或纳税人的特定应税项目，或由于纳税人的特殊情况）所给予纳税人完全免税的照顾或奖励措施。免税可以是国家的一种税收照顾方式，同时也可以是国家出于政策需要的一种税收奖励方式。它是贯彻国家经济、政治、社会政策的经济手段。例如，我国对于某些遭受严重自然灾害地区的农业生产在一定时期给予免税，就属于国家帮助受灾地区恢复生产的税收照顾；2003 上半年，我国对某些遭到“非典型性肺炎”影响的地区免征营业税，属于特殊情况下特定应税项目的照顾；又如，我国对满足特定条件的内外资企业定期免税等，是国家出于政策需要的税收奖励。这种奖励有时也称为税收优惠、税收鼓励、税收刺激、税收激励。各国税法里的免税鼓励规定随处可见，是各国税收制度的一个组成部分，是采用免税技术合法、合理地节减税收的法律渊源。

免税技术是指在合法、合理的情况下，使纳税人成为免税人，或使纳税人从事免税活动，或使征税对象成为免征对象而免纳税收的纳税筹划技术。免税对象包括自然人免税、免税公司、免税机构等。一般来说，税收是强制性的，不可避免的，只要应税行为发生，就都要缴纳税款，但是纳税人可以成为免征（纳）税收的纳税人即免税人。例如，一个国家所得税法规规定从事工商经营活动的企业都是纳税人，但在工业开发区从事工商经营活动的企业可以免征 5 年企业所得税，设在工业开发区从事工商经营活动的企业在 5 年内就是一个免税人。尽管免税实质上相当于财政补贴，但各国一般有以下两类不同目的的免税：一类是属于税收照顾性质的免税，它们对纳税人来说只是一种财务利益的补偿；另一类是属于税收奖励性质的免税，它们对纳税人来说则是财务利益的取得。照顾性免税往往是在非常情况或非常条件下才取得的，而且一般也只是弥补损失，所以纳税筹划不能利用其来达到节税目的，只有取得国家奖励性免税的，才能达到节税的目的。

2. 免税的技术要点

免税一般可以分为法定免税、特定免税和临时免税这三种。在这三类免税规定中，法定免税是主要方式，特定免税和临时免税是辅助方式，是对法定免税的补充。许多国家对特定免税和临时免税都严格控制，尽量避免这类条款所产生的随意性和不公正性等负面影响。由于我国经济正处于转型时期，经济法律、法规尚处于不断修改完善阶段，为了保证国家各项改革措施和方针政策贯彻落实，在现有法定免税政策的基础上，及时调整和补充大量特定免税和临时免税条款，不仅是不可避免的，也是十分必要的。在免税技术手段运用过程中，尽可能做到以下两点：

（1）尽量争取更多的免税待遇。在合法和合理的前提下，尽量争取免税待遇，争取尽可能多的项目以获得免税待遇。与缴纳税收相比，免征的税收就是节减的税收，免征的税收越多，节减的税收也就越多。

（2）尽量使免税期最长化。在合法和合理的前提下，尽量使免税期最长化。许多免税政策都有期限规定，免税期越长，节减的税收就越多。例如，国家对一般企业按普通税率征收所得税，对在A经济开发区企业制定有从开始经营之日起3年免税的规定，对在B经济开发区企业制定有从开始经营之日起5年免税的规定。那么，如果其他条件基本相似或利弊基本相抵，A经济开发区企业完全可以搬到B经济开发区从事经营活动，从而可以获得免税待遇，并使免税期限延长了2年，从而合法地、合理地节减更多的税款。

（二）减税技术手段

1. 减税和减税技术

减税是指国家对特定的地区、行业、企业、项目或情况（纳税人或纳税人的特定应税项目，或由于纳税人的特殊情况）所给予纳税人减征部分税收的照顾或奖励措施。减税也可以是国家对特定纳税人的税收照顾措施，或出于政策需要，对特定纳税人的税收奖励措施。与免税一样，减税也是贯彻国家经济、政治、社会政策的经济手段。例如，我国对遭受风、火、水、地震等自然灾害的企业在一定时期给予减征一定税收的待遇，就是属于税收照顾性质的减税；又如，我国对符合规定的高新技术企业、以三废材料为主要原料进行再循环生产的企业给予减税待遇，就是国家为了实现其科技、产业和环保等政策所给予企业税收鼓励性质的减税。在各国税法里，减税鼓励规定也是随处可见，是各国税收制度的又一个组成部分，是采用减税技术合法和合理地节减税收的法律渊源。

减税技术是指在合法和合理的前提下，使纳税人减少应纳税收而直接节税的纳税筹划技术。与缴纳全额税收相比，减征的税收越多，节减的税收也就越多。

一般而言，尽管减税实质上也相当于财政补贴，但各国也有两类不同减税方法：①出于税收照顾目的的减税，例如，国家对遭受自然灾害地区的企业、残疾人企业等的减税，这类减税是一种税收照顾，是国家对纳税人由于各种不可抗拒原因造成的财务损失进行财务的补偿。②出于税收奖励目的的减税，例如，产品出口企业、高科技企业、再循环生产企业等的减税，这类减税是一种税收奖励，是纳税人贯彻国家政策的财务奖励。纳税筹划的减税技术主要是合法和合理地利用国家奖励性减税政策而节减税收的技术。

2. 减税的技术要点

（1）尽量争取减税待遇并使减税最大化。在合法和合理的前提下，尽量争取减税待遇，争取让尽可能多的税种获得减税待遇，争取减征更多的税收。与缴纳税收相比，减征的税收就是节减的税收，获得减征待遇的税种越多，减征的税收就越多，节减的税收也越多。

（2）尽量使减税期最长化。在合法和合理的前提下，尽量使减税期最长化。减税期越长，节税效果就越好。与按正常税率缴纳税收相比，减征的税收就是节减的税收，所以使减税期最长化也能使节税最大化。例如，A、B、C、D四个国家公司所得税的普通税率基本相同，其他条件基本相似或利弊基本相抵。A国企业生产的商品90%以上出口到世界各国，A国对该企业所得是按普通税率征税；B国出于鼓励外向型企业发展的目的，对此类企业减征30%的所得税，减税期为5年；C国对此类企业有减征50%的所得税，减税期为3年的规定；D国对此类企业则有减征40%所得税，而且没有减税期限的规定。打算长期经营此项业务的企业，完全可以考虑把公司或其子公司搬到 D 国去，从而在合法和合理的情况下使其节减的税收最大化。

（三）税率差异技术手段

1. 税率差异与税率差异技术

税率差异是指性质相同或相似的税种适用税率的不同。税率差异主要是出于财政、经济政策原因。例如，一个国家对不同企业组织形式规定不同的税率，公司的适用税率为 50%，经济合作社的适用税率为 45%；又如，一个国家对不同地区的纳税人规定不同的税率，一般地区的企业所得税税率为 35%，某一个特区的企业所得税税率为 20%；再如，不同国家性质相同或相似的税种的税率不同，A 国的企业所得税税率为 45%，B 国的企业所得税税率为 38%，C 国的企业所得税税率为 28%。

税率差异是普遍存在的客观情况。一个国家里的税率差异，往往是要鼓励某种经济、某种类型企业、某类地区的存在和发展，它体现了国家的税收鼓励政策。税率差异技术主要是利用体现国家经济政策的税率差异。税率差异技术是指在合法和合理的前提下，利用税率的差异而直接节减税收的纳税筹划技术。与按高税率缴纳税收相比，按低税率少缴纳的税收就是节减的税收。因为税率差异是普遍存在的情况，一个企业完全可以根据国家的有关法律和政策决定自己企业的组织形式、投资规模和投资方向等，利用税率差异少缴纳税收。同样道理，一个自然人也可以选择自己的投资规模、投资方向和居住国等，利用税率差异少缴纳税收。合法和合理利用税率差异，可以节减税收。

2. 税率差异的技术要点

（1）尽量寻求税率最低化。在合法和合理的前提下，尽量寻求适用税率的最低化。在其他条件相同的情况下，按高低不同税率缴纳的税款是不同的，它们之间的差异就是节减的税收，寻求适用税率的最低化，可以达到节税的最大化。

（2）尽量寻求税率差异的稳定性和长期性。税率差异具有一定的稳定性只是就一般而言，税率差异中还有相对更具稳定的。例如，政局稳定的国家的税率差异就比政局动荡国家的税率更具稳定性，政策制度稳健国家的税率差异就比政策制度多变国家的税率差异更具长期性。在合法和合理的前提下，应尽量寻求税率差异的稳定性和长期性。

（四）税项扣除技术手段

1. 扣除与扣除技术

扣除原意是指从原数额中减去一部分。税收中狭义的扣除是指从计税金额中减去一部分以求出应税金额。例如，我国《企业所得税法》规定，企业的应纳税所得额为纳税人每一纳税年度的收入总额减去准予扣除项目后的余额。税收中广义的扣除还包括：从应计税额中减去一部分，即税额扣除、税额抵扣、税收抵免。例如，我国的《增值税暂行条例》规定，应纳税额为当期销项税额抵扣进项税额后的余额。

扣除技术的扣除是狭义的扣除，即从计税金额中减去各种扣除项目金额，以求出应税金额，扣除项目包括各种扣除额、冲抵额等。广义的扣除所包括的抵免，将在下面讲到。

扣除与特定适用范围的免税、减税不同，扣除规定普遍地适用于所有纳税人。例如，我国的《企业所得税法》规定，在计算应纳税所得额时，所有纳税人准予扣除与其取得收入有关的成本、费用、税金和损失的金额。

扣除技术是指在合法和合理的前提下，使扣除额增加而直接节税，或调整各个计税期的扣除额而相对节税的纳税筹划技术。在同样多收入的前提下，各项扣除额、冲抵额等的数额越大，计税基数就会越小，应纳税额也越少，所节减的税款就越多。

2. 扣除的技术要点

（1）扣除项目最多化。在合法和合理的前提下，尽量使更多的项目能够得到扣除。在其他条件相同的前提下，扣除的项目越多，计税基数就越小，计税基数越小，应纳税额就越少，因而节减税收就越多。扣除项目最多化，可以达到节税的最大化。

（2）扣除金额最大化。在合法和合理的前提下，尽量使各项扣除额能够最大化。在其他条件相同的情况下，扣除的金额越大，计税基数就越小，应纳税金额就越少，因而节减税收就越多。扣除金额最大化，可以达到节税最大化。

（3）扣除最早化。在合法和合理的前提下，尽量使各允许扣除的项目在最早的计税期间得到扣除。在其他条件相同的前提下，扣除越早，早期缴纳的税收就越少，早期的现金净流量就越大，可用于扩大流动资本和进行投资的资金也越多，将来的收益也越多，因而相对节减税收越多。扣除最早化，可以达到节税的最大化。

（五）税额抵免技术手段

1. 抵免与抵免技术

税收抵免是指从应纳税额中扣除税收抵免额。

在征税机关方面，纳税人的应纳税额是征税机关的债权，表示在借方；纳税人的已纳税额是纳税人已支付的债务，表示在贷方。税收抵免额的原意是指纳税人的贷方税额——纳税人已纳税额，税收抵免的原意是指纳税人在汇算清缴时可以用其贷方已纳税额冲减其借方应纳税额。同时采用源泉征收法和申报查定法两种税收征收方法的国家，在汇算清缴时都有税收抵免规定，以避免双重征税。纳税人贷方金额冲抵借方金额，借贷相抵后贷方有余额的，表示纳税人的已纳税额大于其借方应纳税额，纳税人应收到退税额；借方有余额的表示纳税人的应纳税额大于已纳税额，纳税人还应补足应纳税额。但现在许多国家的税收抵免规定，远远不只是用于避免双重征税，也可以是纳税筹划或奖励的方法，还可以是个人所得税基本扣除的方法。

作为避免双重征税方法的税收抵免如《企业所得税法》第二十三条规定，居民企业来源于中国境外的应税所得已在境外缴纳的所得税税额，可以从其当期应纳税额中抵免，抵免限额为该项所得依照《企业所得税法》规定计算的应纳税额。

作为税收优惠或奖励方法的税收抵免正如我国税法中规定，企业开发新技术、新产品、新工艺发生的研究开发费用可以在计算应纳税所得额时加计扣除。

抵免技术涉及的税收抵免，主要是利用国家为贯彻其政策而制定的税收优惠性或奖励性税收抵免和基本扣除性抵免。很多国家包括我国，都规定了税收优惠性抵免政策，包括诸如投资抵免、研究开发抵免等。还有不少国家规定了基本扣除性抵免，包括个人生计抵免、勤劳所得抵免、已婚夫妇抵免等，也常用于纳税筹划。

纳税筹划的抵免技术是指在合法和合理的情况下，使税收抵免额增加而绝对节税的纳税筹划技术。税收抵免额越大，冲抵应纳税额的数额就越大，应纳税额则越少，从而节减的税额就越多。

2. 抵免的技术要点

（1）抵免项目最多化。在合法和合理的前提下，尽量争取更多的抵免项目。在其他条件相同的前提下，抵免的项目越多，冲抵应纳税额的项目也就越多；冲抵应纳税额的项目越多，应纳税额就越少，因而节减的税收就越多。使抵免项目最多化，可以达到节税的最大化。

（2）抵免金额最大化。在合法和合理的前提下，尽量使各抵免项目的抵免金额最大化。在其他条件相同的前提下，抵免的金额越大，冲抵应纳税额就越大；冲抵应纳税额的金额越大，应纳税额就越少，因而节减的税收就越多，从而使抵免金额最大化，以达到节税的最大化。例如，一个国家规定，公司委托科研机构或大学进行科研开发，支付的科研开发费用的65%可直接抵免应纳企业所得税，还规定公司当年科研开发费用超过过去3年平均数25%的部分，可直接抵免当年的应纳企业所得税。一个必须不断进行科研开发才能求得生存发展的企业，在其他条件基本相似或利弊基本相抵的条件下，就可以选择两个方案中缴纳税收更少的方案。

（六）退税技术手段

1. 退税与退税技术

退税是指税务机关按规定对纳税人已纳税款的退还。税务机关向纳税人退税的情况一般有：税务机关误征或多征的税款，如税务机关不应征收或错误多征收的税款；纳税人多缴纳的税款，如纳税人源泉扣缴的预提税或分期预缴的税款超过纳税人应纳税额的税款；零税率商品的已纳国内流转税税款；符合国家退税奖励条件的已纳税款。

退税技术是指在合法和合理的前提下，使税务机关退还纳税人已纳税款而直接节税的纳税筹划技术。在已缴纳税款的前提下，退税无疑是偿还了缴纳的税款，节减了税收，所退税额越大，节减的税收也越多。退税技术涉及的退税，主要是让税务机关退还纳税人符合国家退税奖励条件的已纳税款。

2. 退税的技术要点

（1）尽量争取退税项目最多化。在合法和合理的前提下，尽量争取更多的退税待遇。在其他条件相同的前提下，退税的项目越多，退还的已纳税额就越多，因而节减的税收就越多，从而使退税项目最多化，以达到节税的最大化。

（2）尽量使退税额最大化。在合法和合理的前提下，尽量使各退税额最大化。在其他条件相同的前提下，退税额越大，退还的已纳税额就越多，因而节减的税收就越多，从而使退税额最大化，以达到节税最大化。例如，A国规定企业用税后所得进行再投资，可以退还已纳企业所得税税额的50%，一个想不断扩大经营规模的公司，在其他条件基本相似或利弊相抵的条件下，选择用税后的所得而不是用借入资本进行再投资，则可以节减税收。

（七）分劈技术手段

1. 分劈与分劈技术

分劈是分开之意，不是强行分割的意思。分劈是指将一个自然人（法人）的应税所得或应税财产分成多个自然人（法人）的应税所得或应税财产。

分劈技术是指在合法和合理的前提下，使应税所得、应税财产在两个或更多个纳税人之间进行分劈而直接节税的纳税筹划技术。

出于调节收入等社会政策的考虑，各国的所得税和一般财产税基本上是采用累进税率，计税基数越大，适用的最高边际税率也就越高。使应税所得、应税财产在两个或更多个纳税人之间进行分劈，可以使计税基数降至低税率税级，从而降低最高边际适用税率，节减税收。例如，某国税法规定个人所得税，应税所得 2 万元的适用税率是 20%，应税所得 2 万元～4 万元的部分适用税率是 40%。有一对夫妇结婚后，两人原存款、股票均以丈夫名义保管，缴纳个人所得税时，丈夫的年应税股息为 2 万元，存款利息为 2 万元，而妻子无应税所得，此时，丈夫就会有 2 万元的所得要按 40% 的税率纳税。但是，如果丈夫把存款转回到妻子名下，让妻子分得利息收入，那么，这对夫妇 4 万元的年所得的最高边际税率就会从 40% 降至 20%，节减税收 0.4 万元（1.2－0.8）。

出于调节收入、解决失业、促进经济增长等原因，基本同样的社会、经济政策理由，一个国家对不同规模企业有时规定不同的税率。例如，我国对符合条件的小型微利企业，减按 20% 的税率征收企业所得税。因此，应税所得高的企业可采用分立几个小企业，将收入分散至各小企业，以降低适用税率。

采用分劈技术节税与采用税率差异技术节税的区别在于：前者是通过使纳税人的计税基数合法和合理地减少而节税，而后者则不是通过减少计税基数来节税；前者主要是利用国家的社会政策来节税，而后者则主要是利用国家的财经政策来节税。

2. 分劈的技术要点

（1）分劈合理化。使用分劈技术节税，除了要合法之外，还特别要注意的是所得或财产分劈要合法和合理。例如，严格遵循税务局宣传册子的指导来分劈所得和财产。我们上面举的一对夫妇的例子就是一个合法和合理分劈所得的例子，如果不这样分劈，那对不熟悉税法的夫妇就要缴纳更多的税，通过分劈技术的手段，他们节减了税收。

（2）节税最大化。在合法和合理的前提下，尽量寻求通过分劈能使节减的税收最大化。例如，一对英国夫妇有 40 万英镑在其丈夫名下的共同财产，他们有一个儿子。丈夫有这样的想法，如果他先去世，要把共同财产留给妻子，因为英国规定，丈夫留给妻子的遗产可享受免税，妻子去世后再将财产留给儿子，财产并没有发生被征两次税的情况。丈夫寻求税务咨询，税务顾问向他建议，正确的做法是丈夫生前就把 40 万英镑的共同财产分劈为两部分，自己留下 23.1 万英镑，把 16.9 万英镑财产划到妻子名下，在他去世后把他那部分财产留给儿子，妻子去世后再把她那部分财产留给儿子。因为尽管丈夫的财产遗赠给妻子时免税，但妻子去世后留给儿子的遗产超过 23.1 万英镑的部分，要按 40% 的税率向英国政府缴纳 6.76 万英镑的遗产税。英国的遗产税是实行夫妇分别申报纳税制度的，在遗产税上每个人都享有 23.1 万英镑的免税额。所以，丈夫生前就把共同财产分劈成两个都小于 23.1 万英镑的部分，由夫妇各自把自己部分的财产留给儿子，可以节减 6.76 万英镑的遗产税。

（八）延期纳税技术手段

1. 延期纳税与延期纳税技术

延期纳税是指延缓一定时期后再缴纳税收。狭义的延期纳税是指纳税人按照国家有关延期纳税规定进行延期纳税；广义的延期纳税还包括纳税人按照国家其他规定可以达到延期纳税目的的财务安排和纳税计划。例如，按照折旧政策、存货计价政策等规定来达到延期纳税的财务安排。

延期纳税技术是指在合法和合理的前提下，使纳税人延期缴纳税收而相对节税的纳税筹划技术。纳税人延期缴纳本期税收并不能减少纳税人纳税绝对总额，但等于得到一笔无息贷款，可以增加纳税人本期的现金流量，使纳税人在本期有更多的资金扩大流动资本，用于资本投资；由于通货膨胀、货币贬值，今天的 1 元钱要比将来 1 元钱更值钱；由于货币时间价值，即今天多投入的资金可以产生收益，使将来可以获得更多的税后收益，相对可以节减税收。

2. 延期纳税的技术要点

（1）延期纳税项目最多化。在合法和合理的前提下，尽量争取更多的项目延期纳税。在其他条件包括一定时期纳税总额相同的情况下，延期纳税的项目越多，本期缴纳的税收就越少，现金流量就越大，可用于扩大流动资本和进行投资的资金就越多，将来的收益也就越多，因而相对节减税收就越多。延期纳税项目最多化，可以达到节税的最大化。

（2）延长期最长化。在合法和合理的前提下，尽量争取纳税延长期最长化。在其他条件包括一定时期纳税总额相同的情况下，纳税延长期越长，由延期纳税增加的现金流量所产生的收益也就越多，因而相对节减的税收也就越多。纳税延长期最长化，可以达到节税的最大化。例如，国家规定公司的国外投资所得只要留在国外不汇回，就可以暂不纳税。那么可以把国外投资所得留在国外的公司用于再投资，以取得更多的收益。又如，国家规定购买高新技术设备，可以采用直线法折旧、双倍余额递减法折旧，或作为当年费用一次性扣除。那么，在其他条件基本相似或利弊基本相抵的条件下，尽管总的扣除额基本相同，但公司选择作为当年费用一次性扣除的话，在投资初期可以缴纳最少的税收，而把税收推迟到以后缴纳，相当于延期纳税。

【思考与练习】

一、复习思考题

1. 简述纳税筹划的概念、特点和原则。
2. 简述纳税筹划应具备的条件。
3. 简述纳税筹划的主要方式。
4. 简述纳税筹划的五种操作平台。
5. 简述纳税筹划的八种技术手段。

二．综合练习题

1. 某烟草集团下属的卷烟厂生产的卷烟的市场售价为每箱 5 000 元（不含增值税），该厂以每箱 4 000 元（不含增值税）的价格销售给其独立核算的销售部门 100 箱。消费税比例税率为 30%，定额税率为每箱 150 元。

要求：计算转让定价后消费税节约的数额，并做简要分析。

2. 某小店铺以两张台球桌经营，当地娱乐业营业税税率为 20%，且起征点为每月 1 000 元。2015 年 5 月份，小店铺经营收入为 1 300 元，应纳营业税税额为 260 元，税后利润为 1 040 元；2015 年 6 月，小店铺经营收入只有 1 000 元，应纳营业税税额为 200 元，税后利润为 800 元。由于店主发现自家店铺的营业额一般都在 1 000 元左右，则决定将营业额控制在 900 ~ 1 000 元之间，于是该小店铺以后每月的税款为零。

要求：简要分析该小店纳税筹划的操作平台。

3. 蓝天日用化妆品厂将生产的化妆品、护肤护发品、小工艺品等组成成套消费品销售。每套消费品由下列产品组成：化妆品包括一瓶香水 30 元，护肤护发品包括一瓶摩丝 10 元，塑料包装盒 5 元，上述价格均不含增值税。化妆品消费税税率为 30%。

要求：计算在整套销售和分散销售情况下的消费税税额，并做简要分析。

第十二章 纳税筹划实务

【学习目标】

1. 掌握流转税纳税筹划的基本操作实务。
2. 掌握企业所得税纳税筹划的基本操作实务。
3. 掌握纳税筹划的要领，做到举一反三，在实战中提高纳税筹划的技巧。

第一节 主要流转税筹划实务

一、增值税筹划实务

增值税筹划的着眼点主要有：①尽量利用国家税收优惠政策，享受减免税优惠政策；②选择不同的纳税人身份，使自己适用较低的税率或征收率；③通过经营安排，最大限度地抵扣进项税额；④推迟纳税时间，获得资金时间效益等。

（一）纳税人身份认定的纳税筹划

1. 原理与思路

增值税按经营规模及会计核算健全与否，将纳税人划分为两类，即一般纳税人与小规模纳税人。与一般纳税人相比较而言，小规模纳税人是指年销售额在限定标准以下，并且会计核算不健全，不能按规定报送有关税务资料的增值税纳税人。划分两者的基本原则，关键是看会计核算是否健全、是否能够以规范化的办法计算增值税。会计核算健全的，年销售额虽低也可按一般纳税人对待；会计核算不健全或不能以规范化的办法计算增值税的，如不经常发生应税行为的企业，年销售额虽高，也只作为小规模纳税人对待。由于有了这样较为灵活的划分原则，使一般纳税人和小规模纳税人之间的界线变得模糊，两者之间就有可能互相转化。

一般纳税人和小规模纳税人增值税税额的计算中，除了销售额的确定与进口货物应纳税额的计算一致外，其余都不尽相同。一般纳税人采用凭增值税专用发票扣税的购进扣税法计税，小规模纳税人采用简便易行的销售额乘以征收率计算税额的办法计税。一般纳税人享有税款抵扣权，小规模纳税人不享有税款抵扣权。小规模纳税人按征收率3%计算税额，而一般纳税人按规定税率计算税额。这种对一般纳税人与小规模纳税人的差别待遇，就为纳税人利用身份变化进行纳税筹划提供了可能性。

人们通常认为，小规模纳税人的税负重于一般纳税人，但实际并不尽然。假设小规模纳税人的征收率为3%，不得抵扣进项税额；一般纳税人的税率为17%，可以抵扣进项税额，则不同类型纳税人税负的比较如表12-1所示。

表 12-1 不同类型纳税人税负的比较

应纳税额 纳税人类别 购销资料	小规模纳税人	一般纳税人	结论
不含税进价 100 元，含税售价 200 元	200 ÷ (1 + 3%) × 3% = 5.83(元)	200 ÷ (1 + 17%) × 17% − 100 × 17% = 12.06(元)	一般纳税人比小规模纳税人缴纳的税款多，税负重
不含税进价 150 元，含税售价 200 元	200 ÷ (1 + 3%) × 3% = 5.83(元)	200 ÷ (1 + 17%) × 17% − 150 × 17% = 3.56(元)	一般纳税人比小规模纳税人缴纳的税款少，税负轻

从上面的计算可以看出，有时一般纳税人税负轻，有时小规模纳税人税负轻，那么企业到底选择哪种纳税人才对自己更为有利呢？一般而言，有以下两种方法可以进行选择：

（1）销售额增值率判断法。该方法即通过分析纳税人销售额增值率是否超过节税点增值率来判断。当一般纳税人的应税销售额增值率超过一般纳税人节税点增值率时，其增值税税负要大于小规模纳税人。反过来，当一般纳税人的应税销售额增值率小于一般纳税人节税点增值率时，其增值税税负就要小于小规模纳税人。在具体判断时主要分以下两种情况来分析：

1）当销售额不含税时的节税点增值率。

$$增值率 = \frac{不含税销售额 - 不含税购进额}{不含税销售额} \times 100\%$$

假设一般纳税人适用的税率为 17%，小规模纳税人的征收率为 3%。

对于一般纳税人而言：

$$应纳增值税税额 = 当期销项税额 - 当期进项税额$$

其中：

$$当期销项税额 = 不含税销售额 \times 17\%$$

$$当期进项税额 = 不含税销售额 \times (1 - 增值率) \times 17\%$$

$$\begin{matrix}一般纳税人应\\纳增值税税额\end{matrix} = \begin{matrix}不含税\\销售额\end{matrix} \times 17\% - \begin{matrix}不含税\\销售额\end{matrix} \times (1 - 增值率) \times 17\% = \begin{matrix}不含税\\销售额\end{matrix} \times 增值率 \times 17\% \quad (12\text{-}1)$$

对于小规模纳税人而言：

$$应纳增值税税额 = 不含税销售额 \times 3\% \quad (12\text{-}2)$$

若要使一般纳税人与小规模纳税人应纳税额相同，则令式（12-1）等于式（12-2），即

$$不含税销售额 \times 增值率 \times 17\% = 不含税销售额 \times 3\% \quad (12\text{-}3)$$

解得

$$增值率 = 17.65\%$$

因此，当增值率 = 17.65% 时，一般纳税人的增值税应纳税额与小规模纳税人的增值税应纳税额相同，无论是哪种纳税人都不能节减税收也不会增加税收。

当增值率 > 17.65% 时，式（12-3）左边大于右边，这时一般纳税人的增值税应纳税额

大于小规模纳税人的增值税应纳税额，因此，小规模纳税人可节税。

当增值率 <17.65% 时，式（12-3）左边小于右边，这时一般纳税人的增值税应纳税额小于小规模纳税人的增值税应纳税额，因此，一般纳税人可节税。

由于一般纳税人的增值税税率可能为17%、13%、11%或6%，而小规模纳税人的征收率为3%，因而按照上述方法，还可以计算出其他几种组合的节税点增值率，计算结果如表12-2所示。

表 12-2　不含税销售额节税点增值率一览表

一般纳税人税率（%）	小规模纳税人征收率（%）	节税点增值率（%）
17	3	17.65
13	3	23.08
11	3	27.27
6	3	50.00

2）当销售额含税时的节税点增值率。当纳税人提供的是含税销售额时，或者是从含税销售额倒算出来的不含税销售额和应纳税额时，可以通过含税销售额节税点增值率判断法来分析哪种纳税人的增值税税负更轻。

按照相同的方法，可以计算出几种组合的含税销售额节税点增值率，计算结果如表12-3所示。

表 12-3　含税销售额节税点增值率一览表

一般纳税人税率（%）	小规模纳税人征收率（%）	节税点增值率（%）
17	3	20.05
13	3	25.32
11	3	29.39
6	3	51.46

（2）可抵扣购进额占销售额比重判别法。在实际工作中，有些购进项目无法取得增值税专用发票，或者取得的增值税专用发票不合法不准抵扣，而销售额增值率判断法是基于所有购进项目均取得可抵扣增值税专用发票这一前提，因此，可以将上述销售额增值率判断法的计算公式转化为可抵扣购进额占销售额比重判别法的计算公式，即

$$增值率=\frac{销售额-购进额}{销售额}\times100\%=\frac{1-购进额}{销售额}\times100\%=1-\begin{matrix}可抵扣购进额\\占销售额的比重\end{matrix}$$

这样，只要考虑可抵扣购进额占销售额的比重，就可以判断选择哪类纳税人可以节约经营成本。这个指标对于含税销售额与不含税销售额都适用。

下面就以一般纳税人适用税率为17%、小规模纳税人征收率为3%为例，分别计算不含税可抵扣购进额占不含税销售额的比重与含税可抵扣购进额占含税销售额的比重。

当销售额不含税时：

$$\begin{matrix}一般纳税人的\\增值税应纳税额\end{matrix}=不含税销售额\times增值率\times17\%$$

$$=不含税销售额\times\left(1-\frac{不含税可抵扣购进额}{不含税销售额}\right)\times17\% \quad (12\text{-}4)$$

$$小规模纳税人的增值税应纳税额 = 不含税销售额 \times 3\% \quad (12\text{-}5)$$

当式（12-4）等于式（12-5）时，解得：

$$\frac{不含税可抵扣购进额}{不含税销售额} = 82.35\%$$

这就是说，当不含税可抵扣购进额占不含税销售额的比重为 82.35% 时，两种纳税人的税负相同。

当销售额含税时，同理可解得：

$$\frac{含税可抵扣购进额}{含税销售额} = 79.95\%$$

因此，当含税可抵扣购进额占含税销售额的比重为 79.95% 时，两种纳税人的税负相同。

需要注意的是，利用可抵扣购进额占销售额的比重来选择纳税人类别时，恰好与利用增值率来判断相反。具体来讲，就是当企业可抵扣购进额占销售额的比重大于 82.35%（或 79.95%）时，一般纳税人的税负轻于小规模纳税人；当企业可抵扣购进额占销售额的比重小于 82.35%（或 79.95%）时，一般纳税人的税负重于小规模纳税人。

一般纳税人与小规模纳税人在不同税率与征收率组合情况下的可抵扣购进额占销售额的比重的指标计算如表 12-4 所示。

表 12-4　一般纳税人与小规模纳税人的可抵扣购进额占销售额的比重的指标计算

一般纳税人税率（%）	小规模纳税人征收率（%）	不含税可抵扣购进额占不含税销售额的比重（%）	含税可抵扣购进额占含税销售额的比重（%）
17	3	82.35	79.95
13	3	76.92	74.68
11	3	72.73	70.61
6	3	50.00	48.54

因此，企业在设立时，纳税人可根据所经营货物的总体增值率水平，选择不同的纳税人身份。

2. 案例说明

【例 12-1】 永丰公司是一个年含税销售额在 45 万元左右的生产企业，公司每年购进材料 25 万元左右（含 17% 的增值税）。如果是增值税一般纳税人，则该公司产品的增值税适用税率为 17%，如果是小规模纳税人则增值税征收率为 3%。该公司会计核算健全，有条件被认定为一般纳税人。请为该公司进行纳税人身份的纳税筹划。

$$该公司的含税销售额增值率 = (45 - 25) \div 45 \times 100\% = 44.44\%$$

因为含税销售额增值率 44.44% 大于节税点增值率 20.05%，所以，该公司维持小规模纳税人身份更为有利。

该公司如果是一般纳税人，则

$$应纳增值税税额 = 45 \div (1 + 17\%) \times 17\% - 25 \div (1 + 17\%) \times 17\% = 2.91(万元)$$

若为小规模纳税人，则

$$应纳增值税税额 = 45 \div (1 + 3\%) \times 3\% = 1.31(万元)$$

小规模纳税人的节税额 = 2.91 - 1.31 = 1.6(万元)

考虑到由小规模纳税人申请成为一般纳税人还要增加一定的费用和纳税成本。所以从税收的角度来看，该公司还是作为小规模纳税人更为有利。

3. 特别提示

（1）在选择纳税人身份时，除了要比较税收负担外，还要注意以下几个方面的比较：①经营规模，一般纳税人的经营规模往往要比小规模纳税人的经营规模大；②信誉度，要求一般纳税人的信誉比小规模纳税人的信誉高一些；③赢得的顾客数量，从一般纳税人那里购进货物往往比从小规模纳税人那里购进货物所获得的可抵扣进项税额多，因此一般纳税人会赢得更多的顾客。但是，一般纳税人要有健全的会计核算制度、健全的账簿，培养或聘用会计人员将增加会计成本；一般纳税人的增值税征收管理制度比较复杂，需要投入的人力、物力、财力也多，会增加纳税人的纳税成本等。这些都是想要转为一般纳税人的小规模纳税人必须考虑的。如果小规模纳税人由于税负减轻而带来的收益尚不足以抵扣这些成本的支出，则宁可保持小规模纳税人的身份。

（2）根据税法规定，年应税销售额超过小规模纳税人标准的个人、非企业性单位、不经常发生应税行为的企业，视同小规模纳税人。对于这部分纳税人，可通过税负比较等方法进行纳税筹划，看是否有必要让个人成立一个企业、非企业性单位组建成为一个企业性单位，以争取成为一般纳税人。

（二）分散经营与联合经营的纳税筹划

1. 分散经营的纳税筹划

（1）原理与思路。企业不同的生产经营方式对企业税收负担有着不同的影响。企业依照法律规定，将部分或全部业务分离出去，分化成两个和两个以上的新企业，目的在于提高管理与资源利用效率，突出企业的主营业务，或者获取税收方面的利益。从增值税方面来看，由于一些特定产品是免税的，或者适用税率较低，但这类产品在税收核算上又有一些特殊要求，而企业往往由于种种原因不能满足这些核算要求，因而丧失了税收上的一些利益。如果通过筹划，进行分散经营，或许企业就能够获得税收利益。

（2）案例说明。

【例12-2】乐华制药厂主要生产抗菌类药物，也生产避孕药品。2014 年该厂抗菌类药物的不含税销售额为 400 万元，避孕药品的不含税销售额为 100 万元。全年购进货物的增值税进项税额为 40 万元。该厂是否要把避孕药品车间分离出来，单独设立一个制药厂呢？下面来分析一下。

合并经营时可以抵扣的进项税额 = 40 - 40 × 100 ÷ 500 = 32（万元）

假设另外设立一个制药厂，如果避孕药品的进项税额为 5 万元，则乐华制药厂可抵扣的增值税进项税额为 40 万元减去 5 万元，结果为 35 万元，大于合并经营时可抵扣的 32 万元，可多抵扣 3 万元。此时分设一个制药厂对乐华制药厂有利。

如果避孕药品的增值税进项税额为 10 万元，则乐华制药厂可抵扣的进项税额为 40 万元减去 10 万元，结果为 30 万元，小于合并经营时可抵扣的 32 万元，这时采用合并经营较为有利。

如果避孕药品的进项税额为 8 万元，则乐华制药厂可抵扣的进项税额为 40 万元减去 8 万元，结果为 32 万元，与合并经营时可抵扣的 32 万元相等，分散经营与合并经营在纳税上并无区别。此时，免税产品的增值税进项税额占全部产品增值税进项税额的比例为20%（8÷40），免税产品销售额占全部产品销售额的比例也为20%（100÷500）。因此，当免税产品的增值税进项税额占全部产品增值税进项税额的比例与免税产品销售额占全部产品销售额的比例相等时，分散经营与合并经营在税收上无差别。

从上面的分析中可以看出：当免税产品的增值税进项税额占全部产品增值税进项税额的比例小于免税产品销售额占全部产品销售额的比例时，分散经营比较有利，且免税产品的增值税进项税额占全部产品增值税进项税额的比例越小，分散经营越有利。反之，则合并经营比较有利。

（3）特别提示。企业分散经营并不能单纯地以追求税收利益为目的，还应综合考虑分散经营的成本和收益、市场、财务、经营等多个方面的因素，只有全面分析后，才能做出对企业最有利的选择。

2. 联合经营的纳税筹划

（1）原理与思路。与社会分工趋势相对的是社会生产协作。其实，分工与协作并不矛盾，两者是相辅相成、密不可分的。企业可以通过分散经营达到节税的目的，自然也可以通过联合经营来进行纳税筹划。企业通过联合经营进行纳税筹划的方式主要有两种：一是通过紧密的联合方式，即建立新的法人组织进行联合经营；二是通过合同契约联合，即企业与企业之间相互提供产品，避开交易外表，消除营业额，从而避开增值税和营业税。联合经济组织实现的利润，采用“先分后税”的办法，以联合各方按协议规定从联合经济组织分得利润，拿回原地并入企业利润一并征收所得税。这便给企业进行纳税筹划带来了方便。

（2）案例说明。

【例12-3】华强电子配件公司与华仪电子仪器总公司实行强强联合，组成经济联合体。未组建联合体之前，有关资料如下：华强电子配件公司生产甲型电子件，进价100元，售价210元（其中：原材料100元，直接人工10元，制造费用20元，其他管理费用等20元），生产周期10天，库存1天，然后进行销售，实际销售周期11天。华仪电子仪器总公司生产乙型电子仪器，进价210元，售价500元（其中：原材料210元，直接人工15元，制造费用25元，其他管理费用等35元），生产周期13天，库存2天，然后进行销售，实际销售周期14天。

根据协议，华强电子配件公司为华仪电子仪器总公司提供零部件，华强电子配件公司购进原材料的价款由自己负担，不足或不够时由华仪电子仪器总公司支付，平时所需日常管理费用由华仪电子仪器总公司暂借，年中和年末进行两次利润分配，实行“先分后税”办法，平时甲型电子件按出库移交办理。

从纳税情况来看，两个公司的企业所得税与增值税都将推迟缴纳，缓解了企业资金周转困难的压力，实现了获得税收利益的目的。

（3）特别提示。利用联合经营进行纳税筹划，关键是看企业瓜分和转移利润是否合法，或能否得到税务机关的认可，否则就有可能被税务机关认定为逃税。

（三）商业折扣与销售折让的纳税筹划

1. 商业折扣的纳税筹划

（1）原理与思路。商业折扣是指销货方在销售货物或应税劳务时，因购货方购买数量较大或购买行为频繁等原因，而给予购货方价格方面的优惠。例如，购买10件，销售价格折扣5%；购买20件，销售价格折扣10%等。这种行为在现实经济生活中很普遍，是企业销售策略的一部分。由于折扣是在销货方实现销售的同时发生，因此，税法规定，如果销售额和折扣额在同一张发票上分别注明，则可按折扣后的余额作为计税依据计算增值税；如果将折扣额另开发票，则不论在财务上如何处理，均不得从销售额中减去折扣额。因此，筹划的基本思路就是将销售额和折扣额在同一张发票上分别注明，以减少税收负担。

（2）案例说明。

【例12-4】 企业甲为促进产品销售，规定凡购买其产品1000件以上的，给予价格折扣20%。该产品不含税单价为100元，则折扣后价格为80元。

$$折扣前应纳增值税=1\ 000\times100\times17\%=17\ 000(元)$$

$$折扣后应纳增值税=1\ 000\times80\times17\%=13\ 600(元)$$

$$折扣后比折扣前少纳增值税=17\ 000-13\ 600=3\ 400(元)$$

就这笔业务而言，税法为纳税人提供了3 400元的节税筹划空间。

（3）特别提示

1）商业折扣不同于现金折扣。现金折扣是指销货方在销售货物或应税劳务后，为了鼓励购货方尽早偿还货款，缩短企业的平均收款期，而协议许诺给予企业的一种折扣优惠。它是一种时间上的优惠，即付款的时间越早，价格越低，购货方享受的优惠越多。另外，这种现金折扣也能招揽一些视折扣为减价出售的顾客前来购货，借此扩大企业销售量。现金折扣一般采用如“5/10，3/20，*N*/30”这样的符号形式。这三种符号的含义为：“5/10”表示10天内付款，可以享受5%的价格优惠，即只需支付原价的95%；“3/20”表示20天内付款，可以享受3%的价格优惠，即只需支付原价的97%；“*N*/30”表示价款的最后期限为30天，此时付款无优惠。现金折扣发生在销货之后，是一种融资性质的理财费用。因此，现金折扣不得从销售额中减除。企业在确定销售额时，应把商业折扣和现金折扣严格区分开来。

2）商业折扣仅限于货物价格的折扣。如果销货者将自产、委托加工和购买的货物用于实物折扣，则该实物款额不能从货物销售额中减除，且该实物应按视同销售货物计算征收增值税。

2. 销售折让的纳税筹划

（1）原理与思路。销售折让是指在货物售出后，由于其品种、质量、性能等方面的原因购货方虽未退货，但需要销货方在价格上给予一定的优惠。销售折让与现金折扣相比较，虽然都是在货物销售后发生的，但因为销售折让的实质是原销售额的减少，因而税法规定，对销售折让可以折让后的货款作为销售额计征增值税。

销售货物并向购货方开具增值税专用发票后，如果发生退货或销售折让，应视不同情况分别按以下规定办理：

1）购货方在未付货款并且未做账务处理的情况下，须将原发票联和税款抵扣联主动退还销货方，销货方收到后，应在该发票联和税款抵扣联及有关的存根联、记账联上注明“作废”字样，作为扣减当期销项税额的凭证。未收到购货方退还的增值税专用发票前，销货方不得扣减当期销项税额。属于销售折让的，销货方应按折让后的货款重开增值税专用发票。

2）在购货方已付货款，或货款未付但已做账务处理，发票联及税款抵扣联无法退还的情况下，购货方必须取得当地主管税务机关开具的“企业进货退出及索取折让证明单”送交销货方，作为销货方开具红字增值税专用发票的合法依据。销货方在未收到证明单以前，不得开具红字增值税专用发票，收到证明单后，根据退回货物的数量、价款或折让金额向购货方开具红字增值税专用发票。红字增值税专用发票的存根联、记账联作为销货方扣减当期销项税额的凭证，其发票联、税款抵扣联作为购货方扣减进项税额的凭证。

（2）案例说明。

【例 12-5】 A 市某家电企业以生产销售彩色电视机为主要业务，6 月份共销售彩色电视机 500 台，其记录如下：

（1）销售给某宾馆彩色电视机 300 台，每台 2 000 元，对方在规定期限内付清货款，现金折扣为 2%，共取得销售额 588 000 元。

（2）将积压在仓库中的 100 台旧型号电视机卖给某学校，每台售价 1 000 元，折扣为 25%，开出销售额和折扣额各一张发票。取得销售额 75 000 元。

（3）另有 100 台旧型号电视机卖出后，发现有问题。对方并没有提出退货，而是要求该家电企业给予一定的价格折让。企业给予价格折让 10%，取得的销售额为

$$1\ 000 \times 100 \times (1 - 10\%) = 90\ 000(\text{元})$$

同月，购进一批二极管，取得增值税专用发票，发票上的金额为 100 000 元。发票已经过税务机关认证。

企业财务主管计算 6 月份应纳增值税税额如下：

$$\text{销项税额} = 588\ 000 \times 17\% + 75\ 000 \times 17\% + 90\ 000 \times 17\% = 128\ 010(\text{元})$$

$$\text{进项税额} = 100\ 000 \times 17\% = 17\ 000(\text{元})$$

$$\text{应纳税额} = 128\ 010 - 17\ 000 = 111\ 010(\text{元})$$

显然，该计算不符合税法的规定。

业务（1）为现金折扣，是在销售货物之后发生的，其性质属于企业的融资行为，故折扣额不能从销售额中扣除。

业务（2）为商业折扣，是销售方为鼓励购买方购买货物而给予购买方的一种价格优惠。这种情况下，销售方的折扣行为和销售行为是同时发生的，根据税法规定，销售额和折扣额在同一张发票上分别注明的，可按折扣后的余额作为销售额计算增值税；若另开发票，则不得从销售额中扣除折扣额，应以全部销售额计征增值税，本例中的折扣额是另开发票的，故不得从销售额中扣除。

业务（3）为销售折让，应以折让后的销售额为计税销售额。

根据上述分析，该企业的应纳税额为：

$$(300 \times 2\ 000) \times 17\% + (100 \times 1\ 000) \times 17\% + (90\ 000 \times 17\%) - 100\ 000 \times 17\% = 117\ 300(\text{元})$$

（3）特别提示。企业在日常经营中，应掌握折扣销售、销售折让及其税务处理，根据本企业的实际经济情况，选用适当的方式进行纳税筹划，以实现企业经济效益的最大化。

（四）兼营销售与混合销售的纳税筹划

1. 原理与思路

兼营与混合销售是企业经营范围多样化的反映。税法对混合销售的处理规定如下：

（1）从事货物的生产、批发或零售的企业、企业性单位及个体经营者，以及以从事货物的生产、批发或零售业务为主，兼营非应税劳务的企业、企业性单位及个体经营者，发生混合销售行为的，视为销售货物，征收增值税。

（2）但其他单位和个人发生的混合销售行为，视为销售非应税劳务，征收营业税。

发生混合销售行为的纳税企业，应看自己是否属于从事货物生产、批发或零售的企业、企业性单位或个体经营者，如果不是，则只需缴纳营业税。不同企业发生的混合销售行为的税务处理方式不同，给企业进行纳税筹划创造了一定的条件。

同时，税法对从事兼营行为纳税人的处理规定如下：

（1）兼营不同税率的货物或应税劳务的，应分别核算，并按其各自所适用的不同税率计算应纳税额；未分别核算的，从高适用税率。

（2）兼营非应税项目的，企业应分别核算应税货物或应税劳务和应税服务的销售额和非应税项目的营业额，分别计算增值税与营业税；未分别核算的，由主管税务机关核定货物或者应税劳务和应税服务的销售额。

2. 案例说明

（1）一般纳税人兼营适用不同增值税税率和征收率项目的纳税筹划。

【例 12-6】 某公司为增值税一般纳税人，本月销售机电产品取得不含税销售额 100 万元，销售农机产品取得不含税销售额 50 万元；销售自己使用过的旧机器一台，原值 6 万元，售价 7.02 万元。购进材料准予扣除的进项税额为 20 万元。

如果不分别核算，则该公司应纳增值税税额为：

$$[100+50+7.02/(1+17\%)]\times17\%-20=6.52(\text{万元})$$

如果分别核算，则该公司应纳增值税税额为：

$$[100\times17\%+50\times13\%+7.02/(1+3\%)\times2\%]-20=3.64(\text{万元})$$

因此，分别核算可以为该公司节减增值税 2.88 万元。

结论：一般纳税人兼营适用不同增值税税率和征收率的项目时，只有分别核算，才能获得最大的税收利益。

（2）兼营应税和免税项目的纳税筹划。当纳税人同时经营应税和免税项目时，按照税法规定，应当单独核算免税项目的销售额，未单独核算销售额的，不得免税。所以，当一个企业兼营免税项目时，通过单独核算不同项目的销售额可以减少不必要的税收负担，从而获得税收利益。

【例 12-7】 京华制药厂既生产抗菌类药物，又生产避孕药品。2014 年该厂抗菌类药物的不含税销售额为 500 万元，避孕药品的不含税销售额为 100 万元。全年购进货物的增值税进项税额为 50 万元。

如果不分别核算，则该厂应纳增值税税额为：

$$(500+100)\times17\%-50=52(\text{万元})$$

如果分别核算，则该厂应纳增值税税额为：

$$500\times17\%-50\times500/(500+100)=43.33(\text{万元})$$

因此，如果分别核算，企业可以享受 8.67 万元的增值税优惠待遇。

（3）混合销售的纳税筹划。对于混合销售行为来说，如果发生混合销售行为的企业或企业性单位同时兼营非应税劳务，则应看非应税劳务的营业额是否超过总销售额的 50%，若非应税劳务年营业额大于总销售额的 50%，则该混合销售行为不纳增值税，若年营业额小于总销售额的 50%，则该混合销售行为应纳增值税。

【例 12-8】 康宁建筑装饰公司既销售材料，也代客户装修。2014 年该公司承包的装修工程总收入为234万元，为装修购进材料200万元（含17%增值税）。该公司销售建筑材料的增值税税率为17%，装修工程的营业税适用税率为3%。问如何对该公司进行纳税筹划？如果工程总收入为257万元，又该如何筹划？

（1）如果工程总收入为234万元：

$$含税销售额增值率=(234-200)/234\times100\%=14.53\%$$

该含税销售额增值率小于节税点增值率20.65%，该项混合销售缴纳增值税可以节税。

$$应纳增值税税额=234/(1+17\%)\times17\%-200/(1+17\%)\times17\%=4.94(万元)$$

$$应纳营业税税额=234\times3\%=7.02(万元)$$

$$缴纳增值税的节税额=7.02-4.94=2.08(万元)$$

（2）如果工程总收入为257万元：

$$含税销售额增值率=(257-200)/257\times100\%=22.18\%$$

该含税销售额增值率大于节税点增值率20.65%，该项混合销售缴纳营业税可以节税。

$$应纳增值税税额=257/(1+17\%)\times17\%-200/(1+17\%)\times17\%=8.28(万元)$$

$$应纳营业税税额=257\times3\%=7.71(万元)$$

$$缴纳营业税的节税额=8.28-7.71=0.57(万元)$$

综上所述，从事兼营业务又发生混合销售行为的纳税企业或企业性单位，如果预计当年混合销售行为较多，金额较大，企业就有必要通过筹划，使增值税销售额或营业税营业额占总销售额的比例在50%以上或者以下，并报请税务机关批准缴纳增值税或营业税，以降低混合销售行为的税负，从而达到节税的目的。

3. 特别提示

纳税人的销售行为是否属于混合销售行为，要由国家税务总局所属征收机关确定。企业在有条件进行纳税筹划时，千万不要忘了获得相关机关的批准，以使自己的纳税筹划活动名正言顺。另外，我国税法规定，提供增值税应税劳务和营业税应税劳务的企业，即使同时提供增值税应税劳务和营业税应税劳务，也应作为兼营而不作为混合销售，所以这些企业不能按混合销售进行纳税筹划。

（五）挂靠优惠政策的纳税筹划

1. 原理与思路

税收优惠政策是国家为了扶持某些特定地区、行业、企业和产品的发展，或者对某些有实际困难的纳税人给予照顾，在税法中做出某些特殊规定，如免除其应缴纳的全部或者部分税款，或者按照其缴纳税款的一定比例给予返还等，从而减轻其税收负担。利用税收优惠政策进行纳税筹划，是伴随着国家税收优惠政策出台而产生的，符合国家税法的判定意图，受国家宏观经济政策的引导。

但企业不是在任何时候、任何条件下都可以享受到国家给予的税收优惠政策，这就要求企业发挥主观能动性，积极创造条件，想方设法挂靠能享受税收优惠政策的企业，从而“搭便车”享受这些优惠政策，以实现少缴税款的目的。

（1）挂靠科研。税法规定，直接用于科学研究、科学实验和教学的进口仪器、设备免征增值税。我国关税的相关规定中，也对用于科学研究、科学实验和教学的进口仪器、设备给予了优惠待遇。

（2）挂靠新产品。这是指企业对照国家鼓励新产品税收优惠政策，努力使自己的产品符合新产品的规定和要求，从而光明正大地享受新产品有关增值税、企业所得税等方面的优惠待遇，进而实现节税的目的的行为。

2. 案例说明

【**例12-9**】2014年3月，某市一医科大学向该市海关申请进口一批医疗机械设备，用于科研、开发治疗中风的新药。该市医科大学是一所教育部承认学历的全日制高等学校，其医疗研究水平居全省前列。海关批准其进口的医疗机械设备免征进口关税和增值税。该医疗机械设备于4月15日抵达医科大学。5月4日，该市税务机关在检查过程中发现该医疗设备并不在医科大学，而是在同市另一家医药公司内。故税务机关迅速做出补税和罚款的决定。

本案例中，医药公司试图通过挂靠医科大学获得减免税优惠，但是失败了。其原因是使用不当。

3. 特别提示

企业实现挂靠的关键在于：①获取挂靠企业的称号，如“校办企业”“福利企业”等；②获得税务机关的认可；③努力掌握国家优惠政策，以使本企业最大限度地符合条件。

（六）委托代销方式销售货物的纳税筹划

1. 原理与思路

代销通常有两种方式：一是收取手续费，即受托方根据所代销的商品数量向委托方收取手续费，这对受托方来说是一种劳务收入；二是视同买断，即由委托方和受托方签订协议，委托方按协议价收取所代销的货款，实际售价可由双方在协议中明确规定，也可由受托方自定，实际售价与协议价之间的差额归受托方所有，这种销售本质上仍是代销。企业在从事代销时，主要考虑增值税与营业税，要从尽量避免缴纳营业税的角度出发，选择合理的代销方式。

2. 案例说明

【**例12-10**】兴华公司和华安公司签订一项代销协议，由华安公司代销兴华公司的产品，不论采取何种销售方式，兴华公司的产品在市场上以1 000元/件的价格销售。

兴华公司和华安公司最终签订的代销协议为：华安公司以1 000元/件的价格对外销售兴华公司的产品，根据代销数量，向兴华公司收取20%的代销手续费，即华安公司每代销一件兴华公司的产品，就收取200元的手续费，支付给兴华公司800元。到年末，华安公司共售出该产品1万件。

对于这项业务，双方的收入和应缴纳税金情况分别如下（不考虑所得税）：

兴华公司：收入增加800万元，增值税销项税额为170万元（1 000×17%）。

华安公司：收入增加200万元，增值税销项税额与进项税额相等，相抵后，就该项业务的应缴纳增值税为零，但华安公司采取收取手续费的代销方式，属于营业税规范的代理业务，应缴纳的营业税为10万元（200×5%）。

兴华公司与华安公司合计，收入增加了1 000万元，应缴税金为180万元。双方都从这项业务中获得了收益。

现在假设案例中的兴华公司和华安公司采用第二种代销方式，即签订的协议为：华安公司每售出一件产品，兴华公司就按800元的协议价收取货款，华安公司在市场上仍要以1 000元/件的价格销售兴华公司的产品，实际售价与协议价之间的差额，即200元/件，由华安公司所有。假定，到年末，华安公司共售出该产品1万件。

对于这项业务，双方的收入和应缴纳税金情况分别如下（不考虑所得税）：

兴华公司：收入增加 800 万元，增值税销项税额为 136 万元（800×17%）。

华安公司：收入增加 200 万元，增值税销项税额为 170 万元（1 000×17%），进项税额为 136 万元（800×17%）。

相抵后，华安公司该项业务的应纳增值税为 34 万元（170－136）。

兴华公司与华安公司合计，收入增加了 1 000 万元，应缴税金为 170 万元。

可以看出，案例中采取第二种代销方式与采取第一种代销方式相比：

兴华公司：收入不变，应缴纳税金减少了 34 万元（170－136）。

华安公司：收入不变，应缴纳税金增加了 24 万元（34－10）。

兴华公司与华安公司合计，收入不变，应缴纳税金减少了 10 万元（180－170）。

3. 特别提示

从双方的共同利益出发，应选择第二种代销方式，即视同买断的代销方式，这种方式与第一种相比，在最终售价一定的条件下，双方合计缴纳的增值税是相同的，但在收取手续费的方式下，受托方要缴纳营业税。但在实际运用中，第二种代销方式会受到以下限制：

（1）采取这种方法的优越性只能在双方都是一般纳税人的前提下才能得到体现。如果一方为小规模纳税人，则受托方的进项税额不能抵扣，就不宜采取这种方式。

（2）节约的税额在双方之间如何分配可能会影响到选择该种方式。从上面的分析可以看出，与采取收取手续费方式相比，在视同买断方式下，双方虽然共节约纳税 10 万元，但兴华公司节约 34 万元，华安公司要多缴 24 万元，所以兴华公司如何分配节约的 34 万元，可能会影响华安公司选择这种方式的积极性，兴华公司可以考虑首先要全额弥补华安公司多缴纳的 24 万元，剩余的 10 万元也要让利给华安公司一部分，这样可以鼓励受托方选择适合双方的代销方式。

明确了这一点以后，另一个问题是对于节约的税额在双方之间的分配应通过何种方式。在实际工作中，协议具体应怎么签订，这需要双方本着一致利益最大化的原则进行协商，在多级代理的情况下，这一问题将变得更加复杂。通过案例分析，只是希望能够帮助读者意识到两种不同的代销方式对纳税的影响，在实际工作中，为了降低纳税成本，可根据具体情况选择适当的代销方式。

二、消费税筹划实务

消费税纳税筹划主要可以通过利用计税销售额、纳税环节、税率和消费税扣税规定进行筹划以及利用纳税义务发生时间和纳税期限筹划等几种方法来实现。

（一）利用计税销售额的纳税筹划

对于从价计征消费税的应税消费品来说，销售额的大小直接决定了纳税人的消费税税负，在遵循税法的前提下尽量缩小计税依据是一种最直接的纳税筹划方式。

1. 计税销售额应为不含增值税的销售额

（1）原理与思路。消费税政策规定，应税消费品的销售额包括销售应税消费品从购买方收取的全部价款和价外费用，但不包括随同价款收取的增值税销项税额。随同价款另外收取的价外费用也应进行换算，如与价款一并开普通发票收取，则与价款一起换算，如价款开具增值税专用发票收取，而价外费用另外开票收取，则要进行单独换算。经过换算的销售额将小于含增值税的销售额，于是计算出的应纳税额既节省又准确。

（2）案例说明。

【例 12-11】 清泉酒厂（一般纳税人）当月销售葡萄酒一批，开出普通发票收取价款 10 000元，同时收取品牌使用费 1 000 元。就这一业务，销售额应换算为不含增值税的销售额。

$$不含税销售额=(10\ 000+1\ 000)\div(1+17\%)=9\ 401.71(元)$$

$$应纳税额=9\ 401.71\times10\%=940.17(元)$$

如果不进行换算直接计算，则

$$应纳税额=(10\ 000+1\ 000)\times10\%=1\ 100(元)$$

前后比较，将销售额进行准确换算将节税 159.83 元（1 100 - 940.17）。

【例 12-12】 美嘉日化厂当月销售化妆品一批，开出增值税专用发票收取价款 10 000 元，增值税税额为 1 700 元，同时负责运输取得运费及装卸费 1 500 元，开出运输业发票。

此时，另外收取的运费及装卸费属于价外费用，不论企业如何核算，这笔运杂费都应并入销售额中计征消费税，由于是另开票收取，应换算为不含增值税的销售额。

$$计税销售额=10\ 000+1\ 500\div(1+11\%)=11351.35(元)$$

$$应纳税额=11351.35\times30\%=3405.41(元)$$

如果运杂费不换算而直接计算应纳税额，则

$$应纳税额=(10\ 000+1\ 500)\times30\%=3\ 450(元)$$

前后比较，准确计算将节税 3 450 - 3405.41 = 44.59（元）

（3）特别提示。消费税的计税依据为含消费税不含增值税的销售额，在计算应纳税额时准确计算不含税销售额既是税法的要求，也可以避免纳税人产生不必要的税收损失。

2. 收取代垫运费的筹划

（1）原理与思路。根据消费税有关规定，收取代垫运费应符合下列条件：

1）承运部门将发票开具给购货方。

2）纳税人将该发票转交给购货方。

收取的符合以上条件的代垫运费，不作为价外费用计税。所以当纳税人发生代垫运费事项时一定要履行必要的手续，手续规范将给纳税人带来一定的纳税筹划效益。

（2）案例说明。

【例 12-13】 美嘉日化厂系增值税一般纳税人，生产的化妆品主要销往省外的一些化妆品批发商（均为小规模纳税人），在签订供货合同时，为结算方便，一律采用由该厂负责联系运输单位将货运到，购货方货到付款的方式。该厂处理账务时，会计按照取得的发票等原始凭证入账，2015 年该厂取得的购货方付款为 3 813.69 万元，其中含代为支付的运费 56.35 万元（取得运输单位开具给本单位的运输发票）。在账务处理过程中，56.35 万元的运费部分按规定抵扣了 11% 的进项税额，同时按 17% 的税率计提了销项税额并计算了应纳消费税。

$$当年应纳消费税=3\ 813.69\div(1+17\%)\times30\%=977.87(万元)$$

如果该厂当初分别签订化妆品销售合同和运费合同，运费发票开给购货方，为购货方代垫运费或者由购货方直接支付运费。则

$$2014\ 年该厂应纳消费税税额=(3\ 813.69-56.35)\div(1+17\%)\times30\%=963.42(元)$$

因此，上述做法将少缴税 14.45 万元（977.87 −963.42）。

（3）特别提示。销售货物的同时负责为客户送货是经常发生的一种经济事项，运输劳务为本企业提供时，相当于本企业发生了兼营销售行为；当由其他企业负责运输时，符合代垫运费的两个条件，可以使纳税人计算增值税和消费税的计税依据同时缩小，从而少缴消费税。同时还可以节省增值税税额，即运费金额 ×[1 ÷(1 +17%) ×17% −11%]。

3. 巧妙处理包装物问题

（1）原理与思路。消费税有关政策规定如下：

1）包装物连同应税消费品一并销售或收取包装物租金，应并入销售额征税，另开发票收取时可以换算为不含增值税的销售额。

2）收取的包装物押金，除啤酒、黄酒外的酒类产品的包装物押金当时并入销售额征税，其他应税消费品销售收取的包装物押金，分别核算的，当时不纳税，但对逾期未收回的包装物不再退回的和已收取一年以上的押金，应并入应税消费品的销售额，按照应税消费品的适用税率征收消费税。

由此可见，对于生产酒类产品以外的纳税人来说包装物的处理与纳税有很大的关系。采用押金方式可在包装物不再退回时再纳税，采用一并销售或收取租金方式的，当时就需要纳税。尽管结果相同，但纳税人可以通过押金方式推迟纳税义务的实现，取得税款使用的时间价值，有时甚至可以把本属于作价销售性质的包装物，以收取押金的名义取得价款，从而获得推迟纳税的好处。

（2）案例说明。

【例 12-14】 美嘉日化厂销售化妆品一批，产品及其包装物不含税售价为 13 000 元，即包装物随同产品一起销售。则当期应纳消费税为：

$$应纳税额 = 13\ 000 \times 30\% = 3\ 900(元)$$

如果将其中的 1 000 元以包装物押金的形式收取，则当时只对消费品的销售额征税。

$$应纳税额 = 12\ 000 \times 30\% = 3\ 600(元)$$

包装物押金当时无须纳税，一年期满后，将包装物押金转入其他业务收入，并计算缴纳消费税。

$$应纳消费税税额 = 1\ 000 \div (1 + 17\%) \times 30\% = 256.41(元)$$

假如银行同类贷款利率为 6%，则相当于为企业节省了银行贷款利息 15.38 元(256.41 × 6%)，还节省了税款 43.59 元(3 900 −3 600 −256.41)。

（3）特别提示。将部分货款作为包装物押金处理的好处如下：

1）可以促使购货方尽早退回包装物以便周转使用，从而一定程度上节省生产包装物的人力、物力，降低产品成本。

2）在产品售价中可以扣除原来包装物的价值，从而降低了产品售价，有利于增强产品的竞争力。

3）可以节税。但是在实际操作中要注意尺度，过分使用这一筹划方法，将使所售产品的销售价格明显偏低，税务机关将按照一定的方法进行销售额的调整，这就会失去筹划的效果。

4. 慎用以物易物、以物抵债和以物投资

（1）原理与思路。消费税有关政策规定，从价计征的应税消费品用于以物易物、以物抵债、以物投资时将以同类应税消费品的最高售价作为计税依据。在实际操作中，当纳税人用应税消费品换取货物或者投资入股时，其价值一般是按照双方的协议价或评估价确定的，而协议价往往是市场的平均价。如果按照同类应税消费品的最高售价作为计税依据，显然会加重纳税人的负担。由此，不难看出，如果采取先销售后入股（换货、抵债）的方式，则会少缴消费税，从而达到减轻税负的目的。

（2）案例说明。

【例 12-15】 顺风汽车制造厂，当月对外销售同型号的小汽车共有三种价格，以 3.5 万元的不含税单价销售 15 辆，以 4 万元的不含税单价销售 15 辆，以 4.5 万元的不含税单价销售 20 辆。当月以 2 辆同型号的小汽车换取原材料。双方按当月加权平均价格确定小汽车的单价，小汽车的消费税税率为 5%。

$$小汽车换取原材料应纳的消费税 = 4.5 \times 2 \times 5\% = 0.45(万元)$$

如果该企业按照当月的加权平均单价将这 2 辆小汽车销售后，再购买原材料，则

$$\begin{aligned}应纳消费税 &= (3.5 \times 15 + 4 \times 15 + 4.5 \times 20) \div (15 + 15 + 20) \times 2 \times 5\% \\ &= 4.05 \times 2 \times 5\% = 0.405(万元)\end{aligned}$$

$$节税额 = 0.45 - 0.405 = 0.045(万元)$$

（3）特别提示。将自产应税消费品用于抵偿债务、投资入股、换取其他的消费资料和生产资料，在税收方面可能会加重纳税人的负担，但由于手续简便，仍受到纳税人的青睐，但是在发生这种经济事项时，双方也可以通过货币资金的适当转移，实现先销售后购买或抵债和投资。

（二）委托加工应税消费品的纳税筹划

1. 普通货物的委托加工与自行加工的税负比较

（1）原理与思路。税法规定，委托加工的应税消费品，收回后用于连续生产应税消费品的，所纳税款准予按规定抵扣；收回后直接对外销售的，不再征收消费税。可见在委托加工与自行加工之间存在着一定的筹划空间。作为消费税纳税人，应事先搞清楚委托加工与自行加工，哪一种方式的税负较轻，然后在两者之间做出适当的选择。

（2）案例说明

1）委托加工收回后继续生产相同或相近税目的应税消费品。

【例 12-16】 绿源卷烟厂委托 B 厂将一批价值 100 万元的烟叶加工成烟丝，协议规定加工费为 75 万元，加工的烟丝运回绿源卷烟厂后，绿源卷烟厂继续加工成 400 标准箱某品牌卷烟。加工成本、分摊费用共计 95 万元，该批卷烟的出售价格为 700 万元，与调拨价格一致。烟丝的消费税税率为 30%，卷烟的消费税税率为 36%。

绿源卷烟厂向 B 厂支付加工费时，向受托方支付其代收代缴的消费税：

$$消费税组成计税价格 = (100 + 75) \div (1 - 30\%) = 250(万元)$$

$$应缴消费税 = 250 \times 30\% = 75(万元)$$

本厂销售卷烟后，应缴消费税：

$$700 \times 36\% + (400 \times 150) \div 10\,000 - 75 = 183(万元)$$

绿源卷烟厂的税后利润：

$$(700 - 100 - 75 - 75 - 95 - 183) \times (1 - 25\%) = 172 \times 75\% = 129(万元)$$

2）委托加工的消费品收回后，直接对外销售。

【例 12-17】承前例，绿源卷烟厂委托 B 厂将烟叶加工成 400 标准箱某品牌卷烟，烟叶成本不变，加工费用为 160 万元；加工完毕运回绿源卷烟厂后，绿源卷烟厂对外售价仍为 700 万元。

绿源卷烟厂向 B 厂支付加工费的同时，向其支付代收代缴的消费税：

$$(100+160)\div(1-36\%)\times36\%+(150\times400)\div10\,000=152.25(\text{万元})$$

由于委托加工应税消费品直接对外销售，绿源卷烟厂销售卷烟时不再缴纳消费税。其税后利润为：

$$(700-100-160-152.25)\times(1-25\%)=215.81(\text{万元})$$

在被加工材料成本相同，最终售价相同的情况下，后者显然比前者有利得多，税后利润多 86.81 万元。即使后种情况下绿源卷烟厂向 B 厂支付的加工费等于前者之和 170 万元（75+95），后者也比前者的税后利润多。

3）自行加工。

【例 12-18】承前例，绿源卷烟厂将购入的价值 100 万元的烟叶加工成 400 标准箱的某品牌卷烟，价格成本、分摊费用共计 175 万元，售价和调拨价均为 700 万元，有关计算如下：

$$\text{应缴消费税}=700\times36\%+(400\times150)\div10\,000=258(\text{万元})$$

$$\text{税后利润}=(700-100-175-258)\times(1-25\%)=125.25(\text{万元})$$

从上可知，在各相关因素相同的情况下，自行加工方式的税后利润最少，其税负最重。而彻底的委托加工方式又比委托加工收回后再自行加工税负要低。这主要是因为委托加工和自行加工的应税消费品的税基不同。

（3）特别提示。上述是站在纳税的角度分析几种生产方式的税负，事实上，纳税人在考虑采用哪种生产方式时，除了要考虑税费支出外，还应考虑不同生产方式下的生产成本和产品质量，尤其是生产质量，当受托方生产质量不合格时，委托加工方式则不可取。另外，为了使产品具有自己的品牌特点也应该慎重选择生产方式。有的企业为了减轻税负，又不影响质量，就按同一企业的不同生产阶段分别注册几个企业，通过委托加工的方式进行纳税筹划。

2. 酒类产品委托加工与自行加工的税负比较

（1）原理与思路。税法规定：酒类产品委托加工应税消费品在用于连续生产应税消费品时，不得扣除委托加工收回的已税酒类消费品已纳税金。因此对于酒类产品生产企业来说，更有必要对委托加工和自制应税消费品的经营方式进行纳税筹划，以便节约税收成本，增强企业在市场中的竞争力。

（2）案例说明

1）委托加工收回后继续加工酒。

【例 12-19】清泉酒厂 2015 年 5 月委托红星酒业有限公司加工散装粮食白酒一批，委托方和受托方均为增值税一般纳税人，双方已按规定签订了委托加工合同。合同上注明：委托方提供原材料小麦 30 万公斤，金额为 30 万元，加工成粮食白酒 16 万公斤，用于企业连续生产高档瓶装白酒；同时，委托方支付受托方加工费 5.8 万元，增值税 0.986 万元，运输费 0.64 万元，运费发票由运输单位开具，并直接交给委托方。假设受托方没有同类白酒的销售价格，那么，委托方这批加工的应税消费品的生产成本是多少呢？

$$\text{受托方应代收代缴的消费税}=(30+5.8)\div(1-20\%)\times20\%+16\times2\times0.5=8.95+16=24.95(\text{万元})$$

$$\text{委托加工白酒的生产成本}=30+5.8+(0.64-0.64\times11\%)+24.95=61.3196(\text{万元})$$

2）自行加工。

【例 12-20】 清泉酒厂 2015 年 5 月，购进原材料小麦 30 万公斤，账面价值 30 万元，由本公司自己生产加工成散装白酒 16 万公斤，用于企业连续生产高档瓶装白酒。假设清泉酒厂支付工人工资等其他费用和委托加工一样，也是 6.3696 万元（5.8 + 0.64 − 0.64 × 11%）。那么，这批自己加工的应税消费品的生产成本是多少呢？

税法规定，纳税人用于连续生产应税消费品的，不纳消费税；用于其他方面的，应依法缴纳消费税。因此，该公司自己加工生产的这批粮食白酒无须缴纳消费税。那么，这批自己加工生产的粮食白酒的生产成本为 36.3696 万元（30 + 6.3696）。

从以上两种方案分析、计算可以得出，第二种方案比第一种方案节约生产成本 24.95 万元（61.3196 − 36.3696）。节约的生产成本正好等于第一种方案缴纳的消费税 24.95 万元。也就是说，第二种方案比第一种方案少缴消费税 24.95 万元。

（3）特别提示。如果企业把委托加工的粮食白酒收回后，直接用于对外销售，而不用于连续生产应税消费品，那么，根据税法规定，委托加工应税消费品直接用于出售的，不再缴纳消费税。所以，在这种情况下，当委托加工应税消费品的生产成本小于自制应税消费品的生产成本时，委托加工应税消费品的税负比自制应税消费品的税负低。如果企业把委托加工的或外购的粮食白酒用于企业连续生产应税消费品，则在这种情况下，这批粮食白酒就要缴纳两道消费税：第一道是在委托加工或生产环节；第二道是在企业委托加工收回后再加工，或购进后用于加工生产，然后再销售时。显然，自制的白酒比委托加工和购进的白酒生产成本少得多。由此可见，自制白酒比委托加工和购进白酒更划算。

（三）利用税率差异的纳税筹划

消费税不但规定了两种不同的税率形式——定额税率和比例税率，而且不同的应税消费品适用不同的税率，对于经营不同税率应税消费品的纳税人来说，分开核算是至关重要的，否则就会增加消费税的纳税负担。

1. 兼营不同税率货物应分开核算

（1）原理与思路。税法规定：纳税人兼营不同税率的应税消费品，应当分别核算不同税率应税消费品的销售额、销售数量，按不同税率分别征税；未分别核算销售额、销售数量的，从高适用税率。可见分别核算、分别纳税是消费税的基本要求，同时也可以尽量降低纳税人不必要的税收损失。

（2）案例说明。

【例 12-21】 美嘉日化厂生产各种日化用品，本月销售情况如下：销售洗衣粉收入 23 万元，销售香皂收入 20 万元，销售空气清新剂收入 18 万元，销售家用灭蚊剂收入 10 万元，销售护肤用品收入 15 万元，销售护发用品收入 13 万元，销售香水收入 18 万元，销售其他化妆品收入 28 万元。

假如企业将这些收入通过两个明细账户（分别为非应税消费品、化妆品）核算，则应纳消费税为：

$$\text{应税消费税}=(18+28)\times30\%=13.8(\text{万元})$$

假如企业未分别核算这三种收入，则应纳消费税为：

应纳消费税 = (23 + 20 + 18 + 10 + 15 + 13 + 18 + 28) × 30% = 43.5(万元)

从以上分析可以看出，不进行分别核算，非应税消费品也要纳税，而且是从高适用税率纳税，低税率消费品也将采用高税率缴纳消费税，这样会大量增加企业的税收负担。所以，企业在进行纳税筹划时，应充分考虑各方面因素，尽量将不同税率的产品分别核算。

（3）特别提示。纳税人在日常核算时，为了减少应纳税额，可能会将高税率应税消费品核算在低税率应税消费品账户内，如将白酒销售额核算在酒精账户内，这样就会少缴消费税。但是这一做法属于偷税行为，是会受到税法的严厉制裁的。准确核算各项收入、依法纳税才是纳税人首选的纳税态度。

2. 成套消费品销售的巧妙处理

（1）原理与思路。企业为了提升商品档次，吸引更多的消费者，往往会采取将几种类似的消费品组成成套的消费品，并辅之以精美的包装，这样的组合产品固然会由于包装而产生一定的附加值，但也会由于包装而产生高额的消费税税负。消费税政策规定，纳税人将应税消费品和非应税消费品，以及适用不同税率的应税消费品组成成套消费品出售的，应根据组合产品的销售金额按应税消费品中适用税率最高的消费品的税率征税，所以纳税人在应纳税环节筹划时可选择分别销售的方式。

（2）案例说明。

【例 12-22】 美嘉日化厂将生产的化妆品、护肤护发品、香皂、小工艺品组成成套消费品销售，每套消费品由一瓶香水（30 元）、一瓶指甲油（15 元）、一盒胭脂（35 元）、一支口红（50 元）、一瓶洗面奶（40 元）、一瓶洗手液（30 元）、化妆工具及小工艺品（10 元）和包装盒（5 元）组成，上述价格均不含增值税。如将商品包装后再销售给商家，则每套应纳消费税为：

应纳消费税 = (30 + 15 + 35 + 50 + 40 + 30 + 10 + 5) × 30% = 64.5(元)

如果改变做法，将上述商品先分别销售给商家，再由商家包装后对外销售，则洗面奶、洗手液、化妆工具和小工艺品不征消费税。其他可分别采用相应的税率计税，应纳税额为：

应纳消费税 = (30 + 15 + 35 + 50) × 30% = 39(元)

每套节税额 = 64.5 − 39 = 25.5(元)

上述操作中只是改变了产品的包装地点，并将产品分别开具发票，账务上分别核算销售收入即可。这是因为消费税只在出厂销售环节征收（除金银首饰外），商家销售时不再征收消费税，只征收增值税，而增值税对这些货物统一采用 17% 的税率，不会因为包装为成套消费品而增加增值税。

（3）特别提示。成套消费品销售可以为商家带来更大的商机，但是，如果纳税人为此要缴纳较多的消费税，则这种销售方式将是不可取的。对属于消费税纳税环节的销售环节来说，采取分别销售的方式是明智之选。如果本销售环节不纳消费税，则成套销售还是一种很好的促销手段。

（四）外购已税消费品用于连续生产的纳税筹划

企业生产应税消费品可以用外购或委托加工的已税消费品连续生产，也可以用自产的应税消费品连续生产，但这两种连续生产的消费税政策却不同。

1. 原理与思路

税法规定，纳税人外购或委托加工已税消费品用于连续生产应税消费品的，除用已税酒和酒精生产的酒不允许抵扣外，其他允许扣除已纳的消费税税款。

当纳税人决定外购应税消费品用于连续生产时，一般来说，应选择生产厂家，而不是商业企业。因为同品种的消费品，在同一时期，商业企业的价格往往高于生产厂家。因此，生产厂家是纳税人外购应税消费品的首选渠道。

生产企业外购已税消费品用于连续生产时，除了要选择购货渠道外，在索取发票种类方面也应加以筹划。

当取得增值税专用发票时，准予扣除的已税消费品买价应是增值税专用发票上注明的不含增值税买价，不含增值税买价 = 含税买价 ÷ (1 + 17%)。

当取得普通发票时，不含税买价 = 含税买价 ÷ (1 + 3%)。

当含税买价相同时，前者的换算金额必定小于后者的换算金额，而换算金额大，就意味着可以抵扣的消费税税金多，应纳的消费税少。可见，在外购已税消费品时，取得普通发票比取得增值税专用发票更有利。

2. 案例说明

【例 12-23】 某日化厂（增值税小规模纳税人）不生产化妆品，当期外购部分散装化妆品进行简单的包装后销售，外购情况和销售情况如下：从美嘉日化厂购进价值 30 000 元的散装香水，取得增值税专用发票，注明价值 30 000 元，税款 5 100 元；从某企业购进一批指甲油，取得普通发票，注明价值 33 920 元；从某个体加工厂购进香粉，取得普通发票，注明价值 25 440 元。当月本企业将这些外购化妆品分装成成套应税消费品销售，销售收入为 100 000 元，开出增值税专用发票。

应纳税额的计算为：

$$当月允许扣除的外购消费品买价 = 30\ 000 + (33\ 920 + 25\ 440) \div (1 + 3\%) = 87\ 631(元)$$

$$当期准予扣除的已税消费品已纳税款 = 87\ 631 \times 30\% = 26\ 289(元)$$

$$当期应纳消费税 = 100\ 000 \times 30\% - 26\ 289 = 3\ 711(元)$$

如果上述日化厂从美嘉日化厂购进不含增值税价值 30 000 元的香水时，在索取发票上可以有两种选择：①取得买价 30 000 元，增值税金 5 100 元的增值税专用发票；②取得金额为 35 100 元的普通发票。在两种情况下，该纳税人可以扣除的外购香水的已纳消费税分别为：

（1）取得增值税专用发票时：准予扣除的已纳税金 = 30 000 × 30% = 9 000(元)

（2）取得普通发票时：准予扣除的已纳税金 = 35 100 ÷ (1 + 3%) × 30% = 10 223(元)

很明显，取得普通发票对纳税人更有利。

3. 特别提示

假如纳税人是增值税一般纳税人，则在考虑消费税的同时还应注意增值税，不取得增值税专用发票将无法抵扣增值税进项税额，也就是将多纳相当于进项税额的税款，如果上述日化厂为增值税一般纳税人，则取得普通发票将使 5 100 元的进项税额不能抵扣，从而使纳税人的消费税筹划得不偿失。而对于小规模纳税人来说，由于不存在进项税额抵扣问题，所以可以选择普通发票。

三、营业税筹划实务

营业税纳税筹划主要从纳税人、计税依据和税率三个方面考虑。由于营业税的税率是按行业设置的，不同行业虽然适用不同税率，但只要行业确定，税率的筹划空间不大，因此，对纳税人行业的界定和营业额的确定是营业税纳税筹划的重点。

（一）利用营业额调整的纳税筹划

1. 原理与思路

营业税的计税营业额为纳税人提供应税劳务、转让无形资产或销售不动产向对方收取的全部价款和价外费用。对不同行业，营业税的计税营业额具体内容各不相同。由于营业税与计税营业额成正比例关系，故尽可能减少计税营业额是利用营业额调整进行纳税筹划的关键。

2. 案例说明

【例 12-24】 某工程公司承包了某学校教学楼的建设工程，工程承包额为 800 万元，工程所用材料由学校自行购买，材料款为 500 万元。如果由工程公司包工包料，则工程公司可到材料生产厂家直接批量采购，材料款只需 400 万元，工程承包金额和材料费合计为 1 200 万元。

工程采取包工不包料方式时，工程公司应纳营业税为：

$$(800+500)\times 3\% = 39(\text{万元})$$

采取包工包料方式时，工程公司应纳营业税为：

$$(800+400)\times 3\% = 36(\text{万元})$$

因此，采取包工包料方式，利用自己熟悉建材市场的优势，买到价低质优的材料，既降低了材料款，同时工程公司又可节税 3 万元。

3. 特别提示

利用营业额调整进行纳税筹划是营业税筹划最常用的方法。一般情况下，营业税的计税依据是营业额全额，但在特殊情况下营业税可以实行差额计税，如旅游业的跨境旅游业务、建筑业的分包转包业务等，针对实行差额征税的业务，企业可以通过合并、分立等方式在整体收益不减少的情况下转移营业额，减少应纳的营业税税额。

（二）合理运用征税范围的纳税筹划

1. 原理与思路

税法规定，营业税的征税范围为单位和个人在我国境内提供应税劳务、转让无形资产或销售不动产的行为。应税劳务发生在我国境内是指应税劳务的使用环节和使用地在境内。也就是说，境内纳税人在境内提供劳务，其行为属于营业税的征税范围，境外单位和个人提供应税劳务在境内使用的，其行为也属于营业税的征税范围；但境内纳税人提供的劳务在境外使用的，其行为不属于营业税的征税范围。因此，纳税人可以通过各种灵活办法，将其行为转移到境外，从而避免成为该行为纳税人。

2. 案例说明

【例 12-25】 国内某建筑施工单位为达到避税的目的，将其业务发展到国外，2014 年到日本提供建筑安装劳务取得劳务收入 1 000 万元，此项收入不征营业税。因为尽管该建筑施工单位是营业税的纳税人，但其所发生的上述行为不属于营业税的征税范围，因而避免了国内营业税的缴纳。

3. 特别提示

尽管把业务转移到国外能达到不缴营业税的目的，但一要考虑成本，二要了解国外的税收情况。只有税后利润最大化，纳税筹划才有意义。

（三）几项具体业务的纳税筹划

1. 工程承包公司的纳税筹划

工程承包公司对工程的承包形式有两种：第一种形式是由工程承包公司与建设单位签订承包合同，然后将设计、采购等工作转包给其他单位。对于这种形式的承包，工程承包公司作为工程总承包人同建设单位签订合同，无论其是否具备施工力量、是否参与工程施工业务，对其取得的全部收入，均按建筑业税目征收营业税，税率为3%。第二种形式是工程承包公司只负责设计及对建设单位的保证责任，并向施工单位按工程总额的一定比例收取管理费，工程合同由施工单位同建设单位签订。对于这种形式的承包，工程承包公司不作为工程总承包人，不与建设单位签订工程承包合同，而仅作为建设单位与施工单位的中介，应按服务业税目中的代理服务征收营业税，税率为5%。比较上述两种承包形式可知，对于促成施工单位和建设单位签约的中介与总承包单位的营业税税负不同，获取中介收入的中介的营业税税负重于获取承包收入的总承包单位的税负。因此，工程承包公司具有施工能力和施工资格时，应尽量避免获取中介收入，将中介收入转化为承包收入，从而达到节税的目的。

【例12-26】 建设单位A有一工程需要寻找一家施工单位承建，在工程承包公司B的安排下最终由施工单位C承建了这一施工项目。A单位与C单位签订了承包合同，合同金额为210万元，付给B公司服务费10万元。

由于B公司未与C单位签订建筑承包合同，只负责介绍并收取中介服务费，故此项业务应按服务业税目征收营业税，应纳营业税为：

$$100\ 000\times5\%=5\ 000(\text{元})$$

若B公司直接与A单位签订承包合同，合同金额为220万元，然后，B公司将该工程再转包给C单位，转包合同金额为210万元。由于税法规定，工程承包公司与施工单位签订建筑承包合同，无论其是否参与施工业务，均按建筑业税目征收营业税。所以B公司应纳营业税为：

$$(2\ 200\ 000-2\ 100\ 000)\times3\%=3\ 000(\text{元})$$

比较上述两种情况，可知B公司采用第二种形式可少缴税款2 000元。

2. 物业公司的纳税筹划

物业公司在出租房屋时，除收取房租外，还有水电费。如果将房租收入和水电费收入合并签订合同，则需要按合计金额征收营业税；如果物业公司与承租单位分别签订房屋租赁合同和转售水电合同，并分别核算租赁收入和水电费收入，则水电费收入只需就增值部分缴纳增值税，进项税额可以抵扣，从而减轻了企业的税收负担，获得了正当的税收利益。

【例12-27】 华英物业公司（一般纳税人）2014年1月将1 000平方米的办公楼租给海峰公司，签订租赁合同，租金为160元/平方米（含水电费），租金为160 000元/月。1月份海峰公司用电8 000度，华英物业公司从供电局以0.50元/度购进；用水2 000吨，华英物业公司的购进价为1.30元/吨。

$$\text{营业税}=160\ 000\times5\%=8\ 000(\text{元})$$

房产税 = 160 000 × 12% = 19 200(元)

合计税款 = 8 000 + 192 000 = 27 200(元)

华英物业公司虽是一般纳税人，但在缴纳营业税的情况下，其购进的水电的进项税额不得抵扣。

若华英物业公司与海峰公司分别签订房屋租赁合同和转售水电合同，并分别核算、单独进行账务处理。经财会人员计算，新合同的价格分别为：水 1.80 元/吨，电 0.70 元/度，房租 142 元/平方米。

租金收入：营业税 = 1 000 × 142 × 5% = 7 100(元)

房产税 = 1 000 × 142 × 12% = 17 040(元)

水费收入：增值税 = 2 000 × (1.80 − 1.30) × 13% = 130(元)

电费收入：增值税 = 8 000 × (0.70 − 0.50) × 17% = 272(元)

合计税款 = 7 100 + 17 040 + 130 + 272 = 24 542(元)

前后每月相差额 = 27 200 − 24 542 = 2 658(元)

每年少缴税额 = 2 658 × 12 = 31 896(元)

3. 旅游业的纳税筹划

营业税的计税营业额是指纳税人向对方收取的全部价款，但对某些行业又根据其具体特点制定了若干“税前扣除”的特殊规定。对旅游业来说，旅游企业组团到境外或境内旅游，无论在境外还是在境内改由其他旅游企业接团的，应以全程旅费扣除接团费用和替旅游者付给其他单位的餐费、住宿费、门票费等代付费用后的余额为营业额。

【例 12-28】逍遥旅行社主要从事出境游，为方便业务开展，与国外旅行社签订合作协议。在与国外旅行社签订的合同中，有一条是逍遥旅行社组团出境旅游，其导游在国外期间的所有费用由逍遥旅行社直接支付。税务顾问余某在审核该协议时提出，先由国外旅行社支付导游的相关费用，再由逍遥旅行社将导游相关费用并入旅客的旅游费支付给国外旅行社。这样做的目的是为了减轻税收负担，因为按照税法规定，旅行社组织旅游团到境外旅游，在境外改由其他旅游企业接团的，以全程旅游费减去付给接团社的旅游费后的余额为营业额。将导游的国外费用先支付给国外旅行社再由国外旅行社支付，意味着支付给国外旅行社的旅游费增加，而支付给国外旅行社的旅游费可以从营业额中扣除，这样营业额就减少了，相应地应纳营业税税额也就减少了。

同样，按照现行税法规定，建筑施工企业、保险企业等都可以采用同样的方法减少计税依据以降低税收负担。

4. 房地产投资业务的纳税筹划

企业以房地产投资常见的有两种途径：①以出租方式取得租金收入；②以房地产入股联营方式分得利润。房地产企业将开发的商品房对外出租收取租金，除按规定应缴纳营业税、房产税、城市维护建设税和教育费附加外，之后还要缴纳企业所得税等，税种多，税收负担较重。

如果将不动产投资入股，参与投资方利润分配，共同承担投资风险，则既可免征营业税，同时也可免征城市维护建设税和教育费附加。对于收到的投资利润，对投资方无须按 12% 的高税率缴纳房产税，但是接受投资方要按房产计税余值的 1.2% 缴纳房产税，这样计算的房产税负担较之按租金收入的 12% 计算的房产税负担要轻得多。并且投资利润对接受投资方来说是税后利润，投资方在与接受投资方适用相同企业所得税税率的情况下，不用再缴纳企业所得税。因此，房地产企业可以通过将房屋出租业务转化为投资业务，有效降低企业的税收负担。但在具体运用上述筹划方法时应注意，以房地产投资入股必须是共负盈亏、共担风险。对于形式上以房地产投资入股，实质上是以取得固定利润或按销售额提成方式取得报酬的，应属于普通的销售或出租不动产行为，只是其取得销售收入或租金收入的方式有些特殊罢了，应征收营业税。

第二节　企业所得税筹划实务

企业所得税是对企业的所得征税，即对纯收入征税，因此税务筹划的着眼点，应在成本、费用及损失的认定以及纳税人对于税收优惠措施的运用，主要可分为以下几个方面：一是对纳税人的纳税筹划；二是对计税依据的纳税筹划；三是利用企业所得税的优惠政策进行的纳税筹划等。

一、存货计价的纳税筹划

1. 原理与思路

企业存货包括原材料、产成品、半成品、低值易耗品、包装物等，其发出的计价方法关系到企业的生产成本、销售成本和其他费用的大小，直接影响所得税税额。由于企业商品的进货渠道、进货批量、付款条件和交货方式各不相同，同种规格的商品，前后不同批次进货的单价可能也各不相同，因此必须根据商品的特点和核算要求，采用一定的方法来确定一个适当的计价方法，从而计算发出商品的价格，即已销商品的销售成本。

企业存货的计价方法有个别计价法、移动加权平均法、先进先出法、后进先出法、加权平均法等。利用不同的计价方法，计算出的存货价值不同，成本不同，实现的应纳税所得额不同，缴纳的税款也不同，这既是企业财务管理的重要步骤，也是企业进行税务筹划活动需要研究的一项重要内容。一般企业为了合理避税，经常在存货的几种计价方法中选择对企业有利的计价方法，将存货计价作为调节利润从而调节应纳所得税的工具。

2. 案例说明

【例 12-29】 东方贸易有限公司 2014 年 6 月初甲商品结存 200 件，单价 4 元/件。6 月份甲商品购进资料如表 12-5 所示。

表 12-5　东方贸易有限公司甲商品明细账　　单位：元

2014 年		凭证	摘要	收入			发出			结存		
月	日			数量	单价	金额	数量	单价	金额	数量	单价	金额
6	3		购入	150	4.40	660						
6	10		购入	100	4.80	480						
6	15		购入	200	5.00	1 000						
6	28		购入	100	5.20	520						
6	30		合计	550		2 660						

本月该企业销售甲商品 650 件，采用不同计价方法的销售成本的计算如下：

(1) 采用先进先出法，本期销售成本为：

$$200 \times 4.00 + 150 \times 4.40 + 100 \times 4.80 + 200 \times 5.00 = 2\,940(\text{元})$$

期末结存金额为：

$$800 + 2\,660 - 2\,940 = 520(\text{元})$$

(2) 采用后进先出法，本期销售成本为：

$$100 \times 5.20 + 200 \times 5.00 + 100 \times 4.80 + 150 \times 4.40 + 100 \times 4.00 = 3\,060(\text{元})$$

期末结存金额为：

$$800 + 2\,660 - 3\,060 = 400(\text{元})$$

(3) 采用加权平均法，6 月份商品加权平均单价为：

$$\text{单位单价} = (800 + 2\,660)/(200 + 550) = 4.613\,3(\text{元/件})$$

$$\text{本期销售成本} = 650 \times 4.613\,3 = 2\,998.65(\text{元})$$

$$\text{期末结存金额} = 800 + 2\,660 - 2\,998.65 = 461.35(\text{元})$$

个别计价法和移动加权平均法这里不再举例介绍。

以上几种方法，计算出的销售成本不同，其结果对企业应纳税所得额及应纳所得税税额的影响也不同。本例中东方贸易有限公司 6 月份采用先进先出法销售成本低，税负最高，采用后进先出法销售成本高，税负最低。一般来说，在物价上涨时期，采用后进先出法计算的发出商品成本高，应纳税所得额低；而在物价下跌时期，采用先进先出法期末存货为最近成本，其价值较低，发出商品成本则较高，应纳税所得额也低。而采用加权平均法计算的发出商品成本价值较稳定，起伏不大，适合于采用累进所得税税率的情况。

3. 特别提示

如果企业处于征税期，其应纳税所得额越多，则缴纳所得税越多，那么企业宜选择发出存货成本最大而结存存货占用资金最少的计价方法，将当期成本尽量扩大，以达到减少当期应纳税所得额，减少所得税的目的。相反，如果企业处于所得税的免税期，企业实现的应纳税所得额越多，得到的免税额就越大，那么企业宜选择发出存货成本最小而结存存货占用资金最大的计价方法，将当期成本缩小，扩大当期应纳税所得额，而将成本费用留在以后征税期实现。

作为企业内部核算的具体方法，存货计价方法的选择是通过利用市场价格水平变动的差异来达到避税的目的的。由于商品的市场价格总是处于变动状态之中，政府对商品市场上的价格控制也总是有一定的限度，这就为企业利用这种价格变动使自己得到最大利益创造了条件。对存货费用而言，企业获得最大利益的基本手段就是选择存货计价方法，以达到少缴税的目的。但是，国家规定，企业一旦选定了某一种计价方法，在一定时期内就不得随意变更。这就要求企业在选择存货计价方法时，要谨慎处理，长短期利益兼顾。

二、固定资产折旧的纳税筹划

1. 原理与思路

固定资产在企业中属于资本性支出，企业所购置的固定资产在其有效使用期内应按期计提折旧，将折旧费用计入成本费用，从财务管理和企业税收利益角度来看，折旧具有抵税的效果，因此出于降低企业所得税税基的目的，企业应研究固定资产折旧的税务处理策略，即研究固定资产的折旧方法和折旧期限。

固定资产的折旧方法有直线折旧法和加速折旧法，运用不同的折旧方法计算出来的折旧额在量上不一致，分摊到各期的固定资产成本也存在差异，从而影响到企业的应纳税所得额。加速折旧法可以使企业前期的折旧费用加大，应纳所得税减少，以充分享受货币时间价值所带来的税收利益。

固定资产折旧年限按照财政部制定的财务制度执行，现行财务制度规定的固定资产折旧年限是一个折旧年限范围，纳税人可以在规定范围内选择一个具体的折旧年限，但是不能超过规定范围。

折旧方法的选择和折旧年限的确定应立足于使折旧费用的抵税效应得到最充分或最快的发挥。不同企业，应根据实际情况选择不同的折旧方法，才能使企业的所得税税负降低。

2. 案例说明

【例 12-30】 东风科技工程有限公司的计算机网络设备共投资 200 万元，税法规定的折旧年限为 5 年，预计净残值率为 5%。按照税法规定，对于科技进步较快的电子设备，经主管税务机关批准后，其折旧方法既可采用直线折旧法，也可采用加速折旧法，加速折旧法包括年数总和法和双倍余额递减法。假设该企业在不考虑折旧情况下，其应纳税所得额为 500 万元，比较不同折旧方法对企业净利润的影响如表 12-6 所示。

表 12-6　不同折旧方法对企业净利润的影响　　单位：万元

项目		第一年	第二年	第三年	第四年	第五年	合　计
折旧额	直线法	38	38	38	38	38	190
	年数总和法	63.34	50.66	38	25.34	12.66	190
	双倍余额递减法	80	48	28.8	16.6	16.6	190
应纳税所得税	直线法	462	462	462	462	462	2 310
	年数总和法	436.66	449.34	462	474.66	487.34	2 310
	双倍余额递减法	420	452	471.2	483.4	483.4	2 310
应纳所得税	直线法	115.5	115.5	115.5	115.5	115.5	577.5
	年数总和法	109.17	112.34	115.5	118.67	121.84	577.5
	双倍余额递减法	105	113	117.8	120.85	120.85	577.5
净利润	直线法	346.5	346.5	346.5	346.5	346.5	1 732.5
	年数总和法	327.49	337	346.5	355.99	365.5	1 732.5
	双倍余额递减法	315	339	353.4	362.55	362.55	1 732.5

3. 特别提示

从表 12-6 可以看出，加速折旧对企业不同经济指标的影响方向是不同的。

对企业经营者而言，加速折旧法下，由于前期折旧费用较大，进而应纳税所得额相应减少，应纳所得税也减少。虽然这 5 年中，三种折旧方法下应纳所得税的数额是相同的，但考虑到货币时间价值，延期纳税等于享受到一笔无息贷款，因此，加速折旧对企业经营者来说，是可以取得“节税”的好处的。

对投资者而言，投资者所关心的一个重要指标是企业的税后利润。在不同的折旧方法下，5 年之中净利润的总额虽然相同，但其各年的金额不同，由于加速折旧法下企业前期折旧费用加大，使企业税后利润递延。作为投资者，一般都希望企业在近期获得较高的利润，以尽快收回投资。企业采用加速折旧的方法将所有收益递延，势必延长所有者的投资回收期，使投资处于企业经营风险之中，因此从投资者的利益出发，是不希望企业采用加速折旧法的。

在享受所得税优惠政策的企业中，由于减免税期内折旧费用的抵税效应会全额或部分地被减免税优惠所抵消，所以应选择减免税期折旧少、非减免税期折旧多的折旧方法。企业在盈利前期若可享受免税、减税待遇，则固定资产折旧速度越快，企业所得税税负越重。因为企业在享受减免税期间，将可以作为利润的部分作为折旧费用扣除了，而没能使这部分利润享受减免税优惠待遇。而到以后的正常纳税年度时，折旧费用减少，所得税增加，从而加重了企业的总体税负。因此企业在享受减免税期内，应尽可能减少费用，加大利润，把费用尽可能安排在正常纳税年度摊销，以减少正常纳税年度的应纳税所得额，降低所得税负担。

三、利用转让定价进行纳税筹划

1. 原理与思路

转让定价是指在经济活动中，有经济联系的企业各方为了均摊利润或转移利润而在产品交换或买卖过程中，不依照市场买卖规则和市场价格进行交易，而根据它们之间的共同利益或为了最大限度地维护它们之间的收入进行的产品或非产品转让。在这种转让中，产品的转让价格根据双方的意愿，可高于或低于市场上供求关系决定的价格，以达到少纳税甚至不纳税的目的。这也就是说，在经济生活中，凡发生业务关系、财务关系或行政关系的纳税个人或企业会为了躲避按市场价格交易所承担的税收负担，实行某种类似经济组织内部核算的价格方式转让相互间的产品，以达到转让利润，减少纳税的目的。例如，在生产企业和商业企业承担的纳税负担不一致的情况下，若商业企业承担的税负高于生产企业承担的税负或生产企业承担的税负高于商业企业承担的税负，则有联系的商业企业或生产企业就可以通过某种契约的形式，增加生产企业的利润，减少商业企业的利润，或者增加商业企业的利润，减少生产企业的利润，使它们共同承担的税负及它们各自所承担的税负达到最少。

众所周知，商品价格上的任何增减变化都会带来明显的税收后果。对一个具有一定规模的产品品种数量较多的企业来说，产品价格的变动与经济利益有着十分密切的关系。基于价格变动对生产企业的影响，纳税企业和个人往往会不遗余力地对价格制度和转让进行分析研究，以寻找最有利的纳税筹划技巧。其筹划方法总结如下：

（1）当甲企业所得税税率较高时，采取低价出，高价进，使乙企业实现更多的利润，减少所得税税额。

（2）当乙企业所得税税率较高时，采取高价进，低价出，将利润转移到甲企业，使乙企业减少所得税税额。

2. 案例说明

【例 12-31】 A 公司和 B 公司为我国国内的关联公司，A 公司所得额为 350 000 元，B 公司业务所得为 400 000 元。我国税法规定，对符合条件的小型微利企业（如年度应纳税所得额不超过 30 万元，从业人数不超过 100 人，资产总额不超过 3000 万元的工业企业），减按 20% 的税率征收企业所得税。

在正常情况下：

$$A\text{公司应纳所得税} = 350\ 000 \times 25\% = 87\ 500(\text{元})$$

B 公司应纳所得税 = 400 000 × 25% = 100 000（元）

该关联企业合计应纳所得税 = 87 500 + 100 000 = 187 500（元）

该关联企业的税负水平 = 25%

假如 A 公司和 B 公司采用一定手段，转移利润，A 公司向 B 公司转移了 50 000 元利润。此时：

A 公司应纳所得税 = (350 000 − 50 000) × 20% = 60 000（元）

B 公司应纳所得税 = (400 000 + 50 000) × 25% = 112 500（元）

该关联企业合计应纳所得税 = 60 000 + 112 500 = 172 500（元）

该关联企业的税负水平 = 172 500 ÷ (300 000 + 450 000) × 100% = 23%

可见，在存在差别优惠税率的情况下，关联企业通过转移利润，可减轻税负。

3. 特别提示

《企业所得税法》对关联企业业务往来所得以及应纳税所得额的计算做出了专门规定：纳税人与其关联企业之间的业务往来，应当按照独立企业之间的业务往来收取或者支付价款、费用，不按照独立企业之间的业务往来收取或者支付价款、费用，而减少应纳税所得额的，税务机关有权进行合理调整。

所谓关联企业，按照《税收征收管理法》及其实施细则的规定，是指有下列关系之一的公司、企业、其他经济实体：①在资金、经营、购销等方面，存在直接或者间接的拥有或者控制关系；②直接或者间接地同为第三者所拥有或者控制；③其他在利益上具有相关联的关系。

所谓独立企业之间的业务往来，是指没有关联关系的企业之间，按照公平成交价格和营业常规所进行的业务往来；所谓合理调整，是指税务机关按照下列顺序和确定的方法调整：①按照独立企业之间进行相同或者类似业务活动的价格；②按照再销售给无关联关系的第三者的价格所取得的收入和利润水平；③按照成本加合理的费用和利润；④按照其他合理的方法。

所以我们在使用转让定价进行纳税筹划时，一定要注意税务机关有权对关联企业的转让定价进行调整的规定。因此，如何制定转让价格就成为问题的关键。转让定价只有在一个合理的范围内才能既达到转移利润、降低税负的目的，又不至于被税务机关行使调整权。

四、弥补亏损的纳税筹划

1. 原理与思路

《企业所得税法》规定：纳税年度发生年度亏损的，可以用下一纳税年度的所得弥补；下一纳税年度的所得不足弥补的，可以逐年延续弥补，但是延续弥补期最长不得超过 5 年。纳税人前 5 年内发生的亏损，在用本年度的所得弥补时，并不影响企业本年度的会计利润，这是因为弥补亏损在会计上并不做专门的账务处理，当本年度实现的税后净利润转入“利润分配”账户时，企业以前年度的亏损自然得到弥补。

企业应充分利用 5 年内可以弥补亏损这一规定，运用会计政策调整利润的实现时间，使企业尽量享受更多的优惠。

2. 案例说明

（1）本年度收益额大于前 5 年亏损额时，应就其差额缴纳所得税。

【例 12-32】A 公司年度所得额的资料，如表 12-7 所示。

表 12-7 A 公司年度所得额的资料 单位：万元

年　度	本年度所得额
2009 年	0
2010 年	0
2011 年	-13
2012 年	8
2013 年	-9

假设 A 公司 2014 年度的收益额为 25 万元，减去前 5 年亏损额 14 万元，抵扣后的收益额如下：

$$25-13+8-9=11(万元)$$

应纳所得税税额如下：

$$11\times25\%=2.75(万元)$$

（2）本年度收益额小于前 5 年亏损额时，所剩余额于次年度留抵扣除。

【例 12-33】B 公司年度所得额的资料，如表 12-8 所示。

表 12-8 B 公司年度所得额的资料 单位：万元

年　度	本年度所得额
2009 年	0
2010 年	0
2011 年	-15
2012 年	-6
2013 年	-20

假设 B 公司 2014 年度全年所得额为 12 万元，前 5 年亏损额为 41 万元，抵扣后的收益额如下：

$$12-15-6-20=-29(万元)$$

2014 年抵扣后，所得额小于 0，故可免纳企业所得税。

（3）本年度结算如发生亏损，则当年无须缴纳所得税，前 4 年之亏损额加上当年度亏损额的总额，留下年度抵减。

3. 特别提示

这里所说的年度亏损，是指按照税法规定核算出来的亏损，而不是利用推算成本和多列工资、业务招待费、其他支出等手段虚报的亏损。根据规定：企业故意虚报亏损，在行为当年或相关年度造成不缴或少缴应纳税款的，适用《税收征收管理法》第六十三条第一款的规定，即按偷税处理；企业依法享受免征企业所得税优惠年度或处于亏损年度发生虚报亏损行为，在行为当年或相关年度未造成不缴或少缴应纳税款的，适用《税收征收管理法》第六十四条第一款的规定，即由税务机关责令限期改正，并处 5 万元以下的罚款。因此，企业必须正确地向税务机关申报亏损，才能有效利用国家允许企业用下一纳税年度的所得弥补本年度亏损的优惠政策。

五、分回利润先补亏后缴税的筹划

1. 原理与思路

根据税法规定：如果投资方企业发生亏损（指经主管税务机关审核确定后的应纳税所得额），其分回的利润可先弥补亏损，弥补亏损后仍有余额的，再按照规定补缴所得税。为了简化计算，企业发生亏损，对其从被投资方分回的投资收益（包括股息、红利、联营分利等）允许不再还原为税前利润，而直接用于弥补亏损，剩余部分再按规定计算补税。因此实际工作中如果企业既有按规定需要补税的投资收益，也有不需要补税的投资收益，则可先用需要补税的投资收益直接弥补亏损，弥补后还有亏损的，再用不需要补税的投资收益弥补亏损，弥补后有盈余的，不再补税。

现行税法还规定，联营企业投资方从联营企业分回的税后利润，如投资方企业所得税税率低于联营企业，则不退还所得税；如投资方企业所得税税率高于联营企业，则投资方企业分回所得税后利润应按规定补缴所得税。补缴税款的计算公式为：

应补缴所得税税额 = 投资方分回利润额 ÷ (1 − 联营企业税率) × (投资方税率 − 联营企业税率)

从上述公式可以直观地看出，在投资方税率大于被投资方的情况下，投资方与被投资方的税率差异越大，那么计算补缴的税款就越多；反之，税率差异越小，则计算补缴的税款就越少。

2. 案例说明

【例 12-34】 甲企业与 A、B 两企业发生股权投资业务。A 企业为设在西部地区的鼓励类产业企业，企业所得税税率为 15%；B 企业为小型微利企业，企业所得税税率为 20%。甲企业适用所得税税率为 25%。2014 年甲企业发生如下经济业务：

(1) 甲企业弥补亏损前所得额为 −20 万元。

(2) 2014 年 2 月份，A 企业因上年度盈利，董事会决定对甲企业分配利润 54.6 万元，甲企业于本月份以银行存款收讫。

(3) 2014 年 3 月份，从 B 企业分回利润 24 万元。

分别采取以下两种方案计算应补缴税款：

方案一：先用 A 企业分回利润弥补亏损，然后再计算补缴税款。计算过程如下：

弥补亏损：

$$54.6 - 20 = 34.6(\text{万元})$$

$$\text{A 企业分回利润应补税额} = 34.6 \div (1 - 15\%) \times (25\% - 15\%) = 4.07(\text{万元})$$

$$\text{B 企业分回利润应补税额} = 24 \div (1 - 20\%) \times (25\% - 20\%) = 1.5(\text{万元})$$

$$\text{甲企业合计应补税额} = 4.07 + 1.5 = 5.57(\text{万元})$$

方案二：先用 B 企业分回利润弥补亏损，然后再计算补缴税款。计算过程如下：

弥补亏损：

$$24 - 20 = 4(\text{万元})$$

$$\text{B 企业分回利润应补税额} = 4 \div (1 - 20\%) \times (25\% - 20\%) = 0.25(\text{万元})$$

$$\text{A 企业分回利润应补税额} = 54.6 \div (1 - 15\%) \times (25\% - 15\%) = 6.42(\text{万元})$$

$$\text{甲企业合计应补税额} = 0.25 + 6.42 = 6.67(\text{万元})$$

通过比较，方案一比方案二减少税负 1.1 万元（6.67 − 5.57）。

3. 特别提示

企业投资于两个以上的企业，并且投资方企业尚有在税前弥补的亏损，那么，当两个以上的被投资企业均有分回的利润时，若被投资方适用的所得税税率不同，企业可选择对自己有利的方式计算补缴税款，即先用低税率的分回利润弥补亏损，再用高税率的分回利润弥补，然后计算应补缴税款。采取这种方法，虽然弥补亏损后应计算补缴税款的所得额不变，但可以将低税率补税基数转移给高税率补税基数，其结果必然会减轻所得税的税负。上例中，方案一比方案二减少税负 1.1 万元，如果 A、B 两企业适用的所得税税率相同，则无论采取哪种方案税负都不变。

第三节　企业不同情况的纳税筹划实务

一个企业从拟创办时起，到解散、破产为止，每一个阶段、每一个环节，甚至解散、破产的过程中，都无不渗透着纳税筹划的内容。纳税筹划贯穿于企业的一切经济活动之中。本节本着立足税法，拓宽思路，用好会计核算方法，积极找寻筹划空间的目的，着重分析企业组建、注册地点及经营范围的纳税筹划问题。

一、企业组建形式的纳税筹划

企业成立时，首先面临的问题就是以何种组织形式来组建企业。在现代高度发达的市场经济条件下，企业的组织形式日益多样，依据财产组织形式和法律责任权限，国际上通常把企业组织形式分为三类，即公司企业、合伙企业和独资企业。从法律角度上讲，公司企业属于法人企业，出资者以其出资额为限承担有限责任；合伙企业和独资企业属于自然人企业，出资者需要承担无限责任。公司又可分为有限责任公司和股份有限公司，还可以分为总分公司及母子公司等。在税收上，国家对不同的企业组织形式实行不同的征税办法。正是由于征税办法的差别，为企业利用不同的组织形式进行纳税筹划提供了生存和发展的空间。

（一）股份有限公司和合伙企业的选择

1. 原理与思路

股份有限公司属于公司企业，具有法人主体资格；合伙企业属于自然人主体，不具有法人主体资格。目前，许多国家对公司和合伙企业实行不同的征税规定，我国也不例外。公司的营业利润在企业环节课征企业所得税，税后利润作为股息分配给投资者，其中的个人投资者还要缴纳一道个人所得税，而对合伙企业的营业利润只课征各个合伙人分得收益的个人所得税。

2. 案例说明

【例 12-35】 李某准备经营一家会计师事务所，预计年盈利为 400 000 元。该事务所如果采取合伙企业组织形式，则按合伙人课征个人所得税，依现行税制，李某的税后利润为 274 750 元（400 000 -（400 000 ×35% - 14 750））；该事务所如按公司课征所得税，则税率为 25%，税后利润为 300 000 元（400 000 - 400 000 ×25%），全部作为股息分配，李某还要缴纳一道个人所得税 60 000 元（300 000 ×20%）。这样，其税后净收益只有 240 000 元。与前者相比，李某将多负担所得税 34 750 元（274 750 元 - 240 000 元）。面对公司企业税负重于合伙企业税负的情况，李某做出了不设立公司，而办合伙企业（如以个体工商户的形式设立）的决策。李某的这一举动是法律规定所许可的，在纳税行为未发生之前进行筹划，并达到了节税的效果。

3. 特别提示

一般来说，不考虑其他因素，合伙企业的总体税负要低于公司企业，但是，在比较两种课征方法的税收利益时，不能仅看名义上的差别，重要的是看实际上的差别，要比较合伙企业与公司企业的税基、税率结构和税收优惠等多种因素，因为综合税负是多种因素作用的结果。就股份有限公司而言，很多国家的税法中奖励投资的有关条款所规定的企业各项税收减免，主要是以股份有限公司组织形式的生产企业为适用对象，企业以这种形式出现，自然可以享受优惠待遇。

企业规模大小不同，对管理水平的要求也不同。对于规模庞大，管理水平要求高的大企业，一般宜采用股份有限公司，这不仅因为规模较大的企业筹资难度大，而且在于这类企业管理相对困难，经营风险大，如果采用合伙企业组织形式，很难正常、健康地运转起来；对于规模不大的企业则采用合伙企业组织形式比较适合，因为小企业管理难度不大，合伙共管即可，同时还能因为纳税规定上的“优惠”而获利。

（二）子公司和分公司的选择

1. 原理与思路

当公司要扩展业务、扩大规模时，设立分支机构再投资是一个重要渠道，但此刻也面临着建立常设机构、分公司或子公司的选择。子公司是对母公司而言的，而分公司是对总公司而言的。从法律角度来讲，子公司是一个独立的法人实体，而分公司则不是。从税收待遇方面来看，子公司承担全面纳税义务，设立子公司的所在国视其为居民纳税人，母公司所在国的税收法规对子公司没有约束力；分公司承担有限纳税义务，在设立分公司的所在国视为非居民纳税人，其所发生的利润和亏损与总公司合并计算，所影响的是总公司的税收负担。

从纳税的角度上讲，不论是子公司，还是分公司，都应在其所在国缴纳所得税。但是，大多数国家对在该国注册登记的子公司与外国公司设在该国的常设机构（分公司）在税收上有不同的规定。许多国家对外国公司的分支机构利润，除征收公司所得税外，还要征收“分支机构税”。如分支机构成为外国公司的子公司时，此税相当于对其分配股息所征的所得税。多数国家征收分支机构税时，是就分支机构扣除应征的公司所得税的全部利润征收，即使事实上并无汇出利润也要征收此税，即不考虑这笔利润是否汇往总公司作为股息。也有些国家只就分支机构未再投资于固定资产的利润征税。还有些国家是就利润的汇出部分征税，也称“汇出税”。我国税法中所规定的对非居民企业从我国居民企业获得的股息、课征10%的预提税即属于这一性质。此外，子公司和分公司在税率、优惠政策等方面也有差异。这就为公司在设立分支机构时进行选择提供了筹划的空间。

2. 案例说明

【例12-36】 某总公司在国内拥有两家分公司甲和乙，某一纳税年度总公司本部实现利润1 000万元，其分公司甲实现利润100万元，分公司乙亏损150万元，企业所得税税率为25%。则该公司本年度应纳企业所得税为：

$$(1\ 000+100-150)\times 25\%=237.5(\text{万元})$$

如果将上述甲和乙分公司换成子公司，则总体税负就不同了。假设两个子公司的企业所得税税率也为25%。则

公司本部应纳所得税 = 1 000 × 25% = 250(万元)

甲子公司应纳所得税 = 100 × 25% = 25(万元)

乙子公司由于当年亏损150万元，该年度无须缴纳所得税。

母子公司整体税负为275万元（250 + 25），高出总分公司整体税负37.5万元（275 - 237.5）。

【例12-37】 北京某总公司在西安和重庆各设一家子公司（均为鼓励类产业企业），北京地区企业所得税税率为25%，西安和重庆均为15%。某纳税年度公司本部实现利润1 000万元，西安和重庆两子公司各实现利润100万元。母公司规定，子公司税后利润的50%汇回总公司，50%自己留用。则

公司本部应纳所得税 = 1 000 × 25% = 250(万元)

深圳公司应纳所得税 = 100 × 15% = 15(万元)

厦门公司应纳所得税 = 100 × 15% = 15(万元)

总公司从子公司分回利润额 = 2 × (100 - 15) × 50% = 85(万元)

总公司分回利润应补税 = 85 ÷ (1 - 15%) × (25% - 15%) = 10(万元)

公司整体税负 = 250 + 15 + 15 + 10 = 290(万元)

若将上述两家子公司变换成分公司，则

公司整体税负 = (1 000 + 100 + 100) × 25% = 300(万元)

这样，设立子公司比设立分公司的总体税负减轻10万元（300 - 290），如果子公司税后利润全部汇回母公司，则整个公司总体税负与设立分公司一样。如果总公司与分公司的税率高低相反，则税负结果又不一样。

通过以上分析可知，设立子公司与设立分公司的节税利益孰低孰高并不是绝对的，它受到国家税制、纳税人经营状况以及企业内部利润分配政策等多种因素的影响，特别是跨国公司，其税制规定及税负水平差异更大，这就要求投资者在进行企业内部组织结构选择时必须加以考虑，以便使公司承担的整体税负最轻。

3. 特别提示

（1）在国外或外地创办子公司一般手续繁杂，要求达到当地规定的公司创办条件，但是子公司作为独立法人主体，可以享受当地税收规定的众多优惠政策；如果创办分公司，则因其不是独立法人主体，所以很难享受到地区的税收优惠待遇，但是分公司作为总公司统一体中的一部分，接受统一管理，损益共计，可以平抑自身经济波动，部分地承担纳税义务。

（2）对于初创阶段较长时间无法盈利的行业，一般设置为分公司，这样可以利用公司扩张成本冲抵总公司的利润，从而减轻税负；但对于盈利迅速的行业，则可以设立子公司，这样可以享受税法中的优惠待遇，在优惠期内的盈利无须纳税。

（3）在企业组织形式的选择过程中，要融入动态筹划的思想。例如，在生产经营初期设立分公司或者常设机构，等到生产经营正常化后，再改设为子公司。跨国公司为达到最优纳税筹划效果，可以并用两种公司组织形式，某些附属机构设立为分公司，某些设立为子公司。另外，在具体筹划公司组织形式时，还有许多可考虑的因素，如公司的发展规律、当地税率的高低、税基的宽窄以及税收的优惠条件等。

二、企业注册地点的纳税筹划

我国地域辽阔，东、西部地区经济发展不平衡，使得反映经济发展要求的税法体现出地区税收倾斜政策。也正是由于税收待遇的地域性差异，使得企业设立时注册地点的筹划成为可能，企业可以选择到相对低税率的地区进行注册。

1. 原理与思路

我国一直坚持共同富裕的经济目标，而且开放发展的战略布局也是由沿海到内地，由东南至西北逐步推进，所以这是一个利用注册地点进行纳税筹划的好机会，特别是随着西部大开发的进行，更为注册地点筹划提供了历史性契机。目前，我国的经济特区、经济技术开发区、高新技术产业开发区、保税区、沿海经济开发区、西部地区、旅游度假区等七大区域可以成为注册地点筹划的考察对象。

2. 案例说明

【例 12-38】 李某和几个好朋友均系硕士研究生，毕业后准备进入大型游乐设施制造行业，项目投资总额 3 000 万元，预计年度应纳税所得额为 1 500 万元，选址已经进入实施阶段，有西安和厦门两地可供选择。

因为大型游乐设施制造业属于陕西省新增鼓励类产业，可以享受设在西部地区的鼓励类产业企业减按 15% 的税率征收企业所得税的优惠政策，所以若设在西安，则预计年度应纳所得税为 225 万元（1500 × 15%）；若设在厦门则无此税率优惠政策，预计年度应纳所得税为 375 万元（1 500 × 25%）。由此可看出，企业设在西安能节税 150 万元（375 − 225）。

3. 特别提示

在利用区域税收政策选择注册地点时还须考虑企业自身的特点，依据自身条件“对号入座”，当然，享受税收优惠的条件可能较高，对于企业自身不符合标准的，要尽量创造条件，向优惠条件靠拢。

三、企业经营范围的纳税筹划

由于各税种所调节的范围与幅度不同，纳税人经营不同的项目将会获得不同的税收待遇，同时国家为了照顾某些行业或企业，也规定了一些优惠政策。从行业和企业类型来说，高新技术企业以及国家照顾、鼓励发展的一些行业可以获得较多的优惠政策，筹划的相对空间也比较大。因此，在经营范围的选择上，企业应该从自身经营规模及其他具体情况等入手，结合现行税制及税收优惠政策的规定，选择税负弹性较大、优惠政策较多的行业及项目从事经营活动。

1. 原理与思路

企业在进行经营之初首先要判定其经营项目按照税法规定应征收哪些流转税，是征收增值税，还是征收营业税？是否还要征收消费税？除了征收增值税、消费税、营业税外，还有城市维护建设税和教育费附加，其税率或费率是多少？这一切都将影响企业的税费负担，并进一步影响到企业的税后净收益。因此，企业需要在估算销售收入的时候充分考虑销售税金及附加，搞好纳税筹划。

2. 案例说明

【例 12-39】 某企业有甲、乙两个经营项目可选择，预计两个项目投产以后，年含税销售收入均为 100 万元，外购各种非增值项目含税支出为 90 万元。已知甲项目产品征收 17% 的增值税，乙项目征收 5% 的营业税。两个项目均要征收 7% 的城市维护建设税和 3% 的教育费附加，但企业所得税税率没有差别。选择哪一个项目收益更大呢？

甲项目年应纳增值税 = 100/(1 + 17%) × 17% − 90/(1 + 17%) × 17% = 1.45(万元)

甲项目年应纳城市维护建设税和教育费附加 = 1.45 × (7% + 3%) = 0.145(万元)

甲项目税后销售净收入 = 100 − 90 − 1.45 − 0.145 = 8.405(万元)

乙项目年应纳营业税 = 100 × 5% = 5(万元)

乙项目年应纳城市维护建设税和教育费附加 = 5 × (7% + 3%) = 0.5(万元)

乙项目税后销售净收入 = 100 − 90 − 5 − 0.5 = 4.5(万元)

甲项目与乙项目税后销售净收入差异 = 8.405 − 4.5 = 3.905(万元)

通过以上比较可知，由于两个项目的应征税种和税率存在差异，在其他条件一致的情况下，甲项目将为企业带来更多的盈利（3.905 万元），故企业应该选择经营甲项目。

3. 特别提示

企业在经营项目的选择上更重要的是考虑企业所得税的税收待遇。我国企业所得税制度规定了很多税收优惠待遇，包括税率优惠和税额扣除等方面的优惠。例如，国家需要重点扶持的高新技术企业，其企业所得税税率为 15%。其他诸如西部地区鼓励类产业企业等都存在企业所得税的优惠待遇。企业应该在综合考虑经营项目的各种税收待遇的基础上，进行项目评估和选择，以期获得最大的投资经营税后收益。

【思考与练习】

一、复习思考题

1. 简述纳税人身份认定纳税筹划的原理与思路。
2. 简述利用营业额调整纳税筹划的原理与思路。
3. 简述存货计价纳税筹划的原理与思路。

二、综合练习题

1. 某市有一家生产药品的制药公司，2009 年年初被所在地国税机关认定为增值税一般纳税人。2012 年 3 月，所在地国税局稽查局对其 2009 ~ 2011 年增值税纳税情况进行稽查时发现，该企业将随药品销售一并收取的运费 2 171 017 元，做冲减本企业当期销售费用的账务处理，当期未按规定计提销项税额 315 446.90 元[2 171 017 ÷ (1 + 17%) × 17%]。因此，稽查局做出补税和罚款的处理决定。对此，公司领导认为，之所以被稽查局补税和罚款，是因为财务部门的账务处理有问题。于是，公司经过筹划，出台了筹划方案：①设立一个不对外承运货物运输业务的二级非独立核算运输公司，主要负责运送制药公司对外销售的药品，核算运送药品所取得的运输收入以及运输过程中发生的支出；负责按月向地税部门申报缴纳营业税和按月将运输收支相抵后的盈亏数额以会计报表形式上报制药公司编制合并会计报表。②对外应收款项均由制药公司负责统一结算，制药公司将一同收取的运费收入作为代收代付处理，两公司按提供的不同票种分记往来账（运输公司开运输发票，制药公司开货物发票）。2014 年 1 月，所在地国税局稽查局对该企业 2012 ~ 2013 年的增值税纳税情况进行稽查时，发现制药公司两年内共为运输公司代收代付运费 3 321 000 元。于是，稽查局以运输公司不是独立核算的企业，其收取的运输收入仍属于制药公司的混合销售收入为由，决定补征制药公司增值税 482 538.45 元[3 321 000 ÷ (1 + 17%) × 17%]，并以偷税予以处罚。显然，这个筹划方案是失败的。

要求：请为该企业设计至少三种你认为有效的筹划方案。

2. 某啤酒厂生产某品牌啤酒，该啤酒出厂价为 2 530 元/t（不含增值税），现该厂准备为批量销售啤酒提供包装物服务，有两种选择：一是包装物随同产品出售，售价 450 元；二是包装物出借，收取包装物租金 30 元，押金 450 元。已知每吨啤酒包装物成本 400 元，每吨啤酒成本 1 500 元，假定未来押金不退。

要求：计算两种情况下的消费税税额，比较不同定价策略下啤酒的消费税税负。

3. 某宾馆在从事客房、餐饮业务的同时，又设歌厅对外提供娱乐服务。2014 年 11 月份，该宾馆业务收入如下：客房收入 80 万元，餐厅收入 20 万元，歌厅项目营业收入 50 万元。该宾馆所在地娱乐业营业税税率为 20%，服务业营业税税率为 5%。

要求：根据现行税法规定分别计算宾馆在分开核算和不分开核算情况下的应纳税额，并说明该宾馆应如何建账核算才有利于降低税负。

参 考 文 献

[1] 盖地. 税务会计与纳税筹划 [M]. 10 版. 大连：东北财经大学出版社，2014.
[2] 梁伟样. 税务会计与纳税筹划 [M]. 北京：科学出版社，2005.
[3] 李克桥，安存红. 税务会计 [M]. 2 版. 北京：北京大学出版社，2014.